Alexander Eischeid
Vesparicana

ALEXANDER EISCHEID

VESPARICANA

MIT DER VESPA VON ALASKA NACH FEUERLAND

LÜBBE

FSC
www.fsc.org
MIX
Papier aus verantwortungsvollen Quellen
FSC® C014496

Dieser Titel ist auch als E-Book erschienen

Originalausgabe

Textredaktion: Steffen Geier, Frankfurt am Main
Fotos im Innenteil: Alexander Eischeid, Köln
Grafiken im Innenteil: Bernd Eischeid, Wien
Umschlaggestaltung: Bernd Eischeid unter Verwendung
eines Motivs von © Alexander Eischeid
Satz: two-up, Düsseldorf
Gesetzt aus der Minion
Druck und Einband: GGP Media GmbH, Pößneck

Printed in Germany
ISBN 978-3-7857-2594-8

5 4 3 2 1

Sie finden uns im Internet unter: www.luebbe.de
Bitte beachten Sie auch: www.lesejury.de

INHALT

MEIN KICKSTART – DIE VIELEN VORGESCHICHTEN ZUR VESPARICANA

Wo beginnt eine Reise? Mit der ersten Idee, mit den Vorbereitungen, mit dem Abhaken der Checkliste, mit dem Verabschieden von Familie und Freunden, mit dem ersten Treten des Kickstarters?

Ich kann nicht genau sagen, wie viele Startpunkte meine Vesparicana wirklich hatte – den *einen*, an dem alles begann, gab es jedenfalls so eindeutig nicht. Alles hat eine Vorgeschichte. Die Vesparicana hatte mindestens eine ganze Handvoll. Mit 14 Jahren saß ich zum ersten Mal auf der Vespa meines Bruders Ocki und war sofort infiziert. 1998 dann meine erste eigene Vespa. Mit den Fahrten im Alltag hatte ich bis zur Vesparicana über 60 000 Kilometer auf der Uhr, denn im Laufe der Jahre unternahmen wir gemeinsam zig Vespareisen durch halb Europa: Griechenland, Türkei, Frankreich, Schweden, Großbritannien und viele mehr.

Als Tischlermeister hatte ich mich früh selbständig gemacht und war schon bald vollkommen im Hamsterrad gefangen. Jahrelang ging das so, bis ich mich mit einer neunmonatigen Weltreise befreite – ein entscheidender Moment in meinem Leben. Aufgeputscht und freudentrunken von Lateinamerika verkündete ich meinen beiden Freunden, mit denen ich als Rucksackreisender unterwegs war, was für mich der Leitfaden, das Ziel und mein Lebensinhalt für die kommenden Jahre werden sollte: »Ich komme zurück nach Lateinamerika – und zwar auf der Vespa!«

Erst war es nur eine Spinnerei, ein Traum, mit Lateinamerika und Vespareisen zwei Leidenschaften zu verbinden. Doch einmal ausgesprochen wuchs etwas in mir, das stärker war als ich selbst und mich permanent antrieb. Ich konnte und wollte mich diesem

Gefühl nicht widersetzen und ging hartnäckig, konzentriert und teilweise dickköpfig dazu über, diesen Traum Realität werden zu lassen.

Meiner Tischlerei kehrte ich den Rücken und verlagerte meinen Arbeitsplatz ans Mittelmeer, wo ich auf Booten und Yachten den Hobel in die Hand nahm. Die Arbeit im Ausland hatte zumindest schon mal ein gewisses internationales Flair, ich verdiente zudem recht gut und schaffte es, mehr oder weniger das von mir kalkulierte Budget beiseitezulegen. Irgendwann sagte ich mir: »Wird schon irgendwie reichen, zur Not wird halt improvisiert«, und machte mich an die konkreten Reisevorbereitungen.

Ohne den geringsten Peil von der Mechanik machte ich bei Dave, einem Vespamechaniker, den ich zufällig auf den Vespa World Days in London kennengelernt hatte, einen Schrauber-Crashkurs in Irland und kaufte bei ihm eine ausgemusterte spanische Postvespa. Mit Stefano und Guy konstruierte ich meinen eigenen Gepäckträger, machte eine Probetour, packte die Vespa in eine Holzkiste, verschiffte sie nach Vancouver und flog wenig später hinterher.

Dass ich am Ende mit einer alten, verbeulten Postvespa von Alaska bis Feuerland fahren würde, hätte ich vorher nicht im Traum gedacht. Obwohl es die ganze Zeit genau darum ging: einen Traum zu leben. Meinen Traum.

Die Wahrheit ist also: Es gab eine ganze Reihe von Startpunkten auf meiner Reise, ganz frühe in meinem Kopf und immer wieder neue während der Tour, denn die Vesparicana entwickelte sich – so wie ich mich als Reisender selbst entwickelte. Das war schließlich Teil der ganzen Idee. Ein anderer wichtiger Teil war, dass ich ganz einfach *machen* wollte, und zwar: worauf ich Bock hatte. Mir ging es ums Reisen an sich, ums Unterwegssein ohne einen in Stein gemeißelten Plan. Um Begegnungen und Erlebnisse, um gelebte Freiheit, um neue Freundschaften, spontane Planänderungen und noch spontanere Eingebungen wie die Idee mit dem arktischen Wasser – aber dazu kommen wir noch.

Am besten fange ich einfach mal an …

VESPARICANA
DER AUFTRAG
Nordamerika 1

WELCOME TO CANADA

Grün gemusterter Teppichboden lag unter meinen Wanderschuhen, ein künstlicher Wasserfall plätscherte neben einer Treppe, und ein riesiges Poster mit einem Bieber und einem Schwarzbären trug die Überschrift »Welcome to Canada«. Nicht gerade glamourös, aber ich war gelandet.

Freundlich, aber bestimmt winkte mich der Grenzbeamte heran, musterte mich und prüfte alle Papiere. Dabei stolperte er über den Frachtpreis, weil der den angegebenen Wert meiner Vespa deutlich überschritt. Das war für ihn unlogisch, er wurde misstrauisch und hakte nach.

»Wissen Sie, ich möchte mit meiner Vespa sehr weit reisen, von Kanada in die USA, nach Alaska, und später nach Mittelamerika und weiter bis nach Patagonien. Ich habe spezielle Gepäckträger und andere Utensilien vorbereitet, habe auch Ersatzteile und Werkzeuge an Bord, damit ich zur Not alles selber reparieren kann.« Ich gab alles, um überzeugend zu wirken.

Und dann war alles ganz einfach. Er verstand, nickte und drückte seine Stempel auf die Dokumente, gab mir alles zurück und sagte freundlich: »Hab eine sichere Reise und viel Spaß in Kanada.« Als ich über den grün gemusterten Teppich die rote Grenzlinie passierte, machte ich innerlich Luftsprünge vor Freude!

Das Gepäck war schnell geholt und der KLM-Schalter auch schnell gefunden, doch leider war er geschlossen, da es schon spät am Abend war. Auf einem Schild fand ich die Nummer einer 24h-Service-Hotline. Ewig musste ich »Yes« oder »No« sagen, bis ein menschliches Wesen am anderen Ende der Leitung abhob. Mit Cargo hatte die Frau natürlich nichts am Hut, also beschloss ich, mit öffentlichen Verkehrsmitteln zu dem im Voraus gebuchten Hostel zu fahren und für heute Feierabend zu machen.

Nach ein paar Umwegen und einem weiteren Tag Wartezeit stand ich am übernächsten Morgen schließlich vor einem Wellblechbau, dem »Cargo Warehouse«. Eine pummelige und sehr freundliche Asiatin namens Rachel, der ich am Vortag die Frachtpapiere übergeben hatte, gab mir lachend den gestempelten Wisch zurück. Damit machte ich mich sofort auf Richtung Zollamt, wo ich mir den nötigen Stempel für die Freigabe meiner Vespa abholen wollte. Im Zollamt angekommen saß eine Soldatin in kompletter Kampfausrüstung hinter dem Schalter. Ihr übergab ich freudestrahlend den Wisch, worauf sie in den Computer schaute und mir daraufhin mit freundlichem, aber sehr bestimmtem Ton eine Reihe Fragen stellte.

»Was ist in der Kiste?«

Worauf ich euphorisch antwortete: »Meine Vespa, mit der will ich durch Kanada reisen!«

»Und was noch?«

Als würde ein kleines Kind etwas zählen, nahm ich die Finger zu Hilfe und sagte: »Werkzeug, Ersatzteile und zwei Helme …«

»Was noch?«

»Ööhm … mein Zelt, Campingausrüstung … Kocher, Tasse, Teller, Messer …«

»Was noch?«

Ich war am Ende meiner Gedankenliste angekommen und sagte leise: »Ansonsten fällt mir nix mehr ein.«

»In Ihrer Kiste wurde Fleisch gefunden.«

»Fleisch? Das kann nicht sein!«

»Doch! Wer hat die Kiste gepackt?«

»Das war ich. Aber ich schwöre, da kann kein Fleisch drin sein.«

»Es wurden auch zwei Flaschen Bier gefunden.«

»Bier?!«

Dann ratterte es in meinem Kopf: Fleisch, Bier … wenn mich da mal nicht irgendjemand überraschen wollte. Ich hatte einen Verdacht: Ocki, mein lieber Bruder! Aber das war jetzt erst mal zweitrangig. Die Frage war, wie ich nun endlich meine Vespa hier rauskriegen sollte.

Ich musste an einem anderen Schalter ein Formular zur »Vernichtung illegal eingeführter Produkte« ausfüllen. Nach zwei ewig langen Stunden, in denen mir vergessene Koteletts durch den Kopf flogen, die ich vielleicht doch irgendwie selbst eingeschleust haben könnte, wurde ich aufgerufen. Ich musste 66,50 Dollar Strafe abdrücken und zur Soldatin in Kampfausrüstung zurück. Sie übergab das Ganze nun einem anderen Officer. Bevor der mir Fragen stellte, die ich eh nicht beantworten konnte, drehte ich den Spieß um: »Da waren wirklich Biere drin?«

»Ja, und Würstchen!«

»Würstchen?«

»Yes, liver saussages. Die müssen aber vernichtet werden!«

»Okay, kein Thema.«

Daraufhin wurde ich entlassen und musste bei Rachel auf die Beamten warten. Natürlich rief ich meinen Bruder an. Es war genau so, wie ich es mir gedacht hatte: Er und seine Freundin Heike, bei denen ich fast zwei Jahre vor meiner Abreise gewohnt hatte, hatten mir ein Heimatpaket geschnürt und heimlich in die Kiste geschraubt. War ja auch nur nett gemeint, aber ich hatte sogar Salz und Pfeffer zu Hause gelassen und die Karosserie mit der Zahnbürste geputzt – und die zwei packten da Leberwürste rein!

Die drei Zollmänner, die die Kiste schon vor drei Tagen geöffnet hatten, mussten schmunzeln. Ich unterschrieb wieder einen Wisch und drückte 80 Dollar Zollabwicklung ab. Der federführende Officer kam zurück, drückte mir eine Tüte mit einem aufgedruckten Kölnwappen in die Hand und sagte: »Hier sind die beiden Bierflaschen. Müsste ich eigentlich auch vernichten, kannst du aber behalten. Welcome to Canada, my friend!«

Endlich kam der Staplerfahrer mit meiner heißersehnten Kiste. Als ich die drei Schrauben, die lieblos wieder in den Kistendeckel gedreht worden waren, löste und den Deckel abnahm, flogen mir Luftballons entgegen. Die Kiste sah aus, als hätte meine Vespa Kindergeburtstag gefeiert.

Es dauerte eineinhalb Stunden, bis ich meinen Windschild angeschraubt, das Gepäck verzurrt und die Transportkiste in Teile zerlegt hatte. Egal. Ich trat den Kickstarter, und schon beim zweiten Tritt sprang die Vespa an. Gleichzeitig erleichtert und total überladen verließ ich endlich den Flughafen. Yes!

Was folgte, war eine Vespa-Sightseeing-Tour durch Vancouver City und auf Vancouver Island. Das Grinsen war nicht mehr aus meinem Gesicht zu kriegen. Vespas sind auf kanadischen Straßen wohl nicht so oft zu sehen, und so beladen wie ich war, mit dem Benzinkanister zwischen den Beinen und dem Wasserkanister an der hinteren Seitenbacke, sah ich aus, als hätte ich eine jahrelange Expedition vor mir oder würde gerade mit meinem kompletten Hausstand umziehen. War ja auch irgendwie so. Autos hupten dem fahrenden Gepäckhaufen, Fußgänger winkten lächelnd, und ich freute mich wie Bolle, dass die Vesparicana nun endlich ins Rollen kam.

Die kanadischen Beamten hatten mich zwar zwei Tage aufgehalten, aber ich wollte nichts überstürzen. Warum auch? Erst mal irgendwo ankommen, Kräfte sammeln, relaxen und dann gut erholt aufbrechen, das war mein Plan.

Von Anette und Herb wurde ich freundlich begrüßt und sehr herzlich aufgenommen. Die beiden waren Freunde von Sebb und Nora, die ich wiederum auf meiner Weltreise in Laos kennengelernt hatte. Ja, Reisen macht die Welt klein. Ich schlief aus wie ein Großer, kaufte ein, ergänzte meine Campingausrüstung, organisierte Öl und Fett und all so Dinge, die ich genauso wenig hatte mitnehmen dürfen wie Leberwurst. Ich packte noch mal alles aus und wieder ein und puzzelte um, damit die gesamte Ausrüstung an die richtigen Plätze kam. Anette und Herb zeigten mir Victoria, wir schlenderten im Abendlicht durch den Hafen, wo neben alten Holzkähnen und Segelbooten auch Wasserflugzeuge festmachten.

Als ich Victoria verließ, fühlte ich mich super ausgeruht, perfekt organisiert und voller Vorfreude! Natürlich gab es noch Frühstück von Anette und sogar ein Lunchpaket für den Weg. Drei Mäntel für die Vespa konnte ich bei ihnen zurücklassen, weil ich auf dem Rückweg von Alaska auf jeden Fall wieder hier vorbeikommen würde.

Das Wetter war durchwachsen, aber trocken. Die Küstenstraße »Malahat« war mein Ziel, die ich dank GPS nicht verfehlen konnte. Es war schön zu fahren, zwar sehr hügelig, aber nicht zu viel Verkehr. Ganz entspannt ging es Richtung Fähre nach Saltspring Island, einer der vielen kleinen Inselsplitter von Vancouver Island, der Mutterinsel, als ich hinter mir eine Polizeisirene hörte, die ich sonst nur aus Actionfilmen kannte. Ein Blick in den Spiegel erinnerte mich mehr an eine fahrende Diskothek als an einen Streifenwagen. Ich hielt, machte den Motor aus, nahm den Helm ab und blieb auf dem Sattel sitzen, bis sich der übergewichtige Polizist zu mir bewegte und mich freundlich ansprach: »Du hast die Vespa aus Europa mitgebracht?!«

Ich dachte: »Rrrrichtig!«, sagte aber: »Yes, Officer!«

»Das machen nicht viele Leute. Wie viel Kubik?«

»125 ccm.«

»Dafür brauchst du eine Versicherung.«

Ich zog meine Dokumententasche hervor und gab ihm alle Papiere auf Deutsch und auf Englisch: Führerschein, Fahrzeugpapiere und natürlich die Versicherung. Dabei erklärte ich ihm, was mein Plan wäre und vor allem, wie er den internationalen Fahrzeugschein entschlüsseln musste, da das nicht ganz selbsterklärend war. Er bedankte sich und ging in seine mobile Disko zurück. Eine Minute später kam er schon wieder und gab mir die Papiere: »Das versteh ich nicht wirklich, aber es scheint schon alles richtig zu sein.«

Ha! 2:0 für mich, erst die offiziellen Leberwurst-Zöllner und nun auch noch der dicke Disko-Polizist.

Auf dem Fährsteg Richtung Saltspring Island sprach mich ein weißhaariger Mann an. Er stellte sich als Louis vor, war ein enthusiastischer Motorradfahrer, musterte die Vespa und begann, mich auszuquetschen: »Was ist das für eine Marke?«

»Eine Vespa, eine PX mit 125 ccm.«

»Wie alt ist die denn?«

»1998 gebaut, also 15 Jahre alt. Sie ist aber von der Technik wie alle: Keine Elektronik, keine Automatik, alles wird durch Bowdenzüge bedient wie beim Fahrrad. Nur die Bremse vorne ist

eine Scheibenbremse, also Hydraulik, die war schon drauf. In Deutschland hatten die 1998er Vespas noch Trommelbremsen, aber diese hat in Spanien für Correos gearbeitet, die spanische Post.« Dabei zeigte ich auf den Aufkleber mit dem Posthorn und der Krone. »Hab ich gebraucht gekauft.«

»Und du meinst, mit dem alten Ding kannst du den gesamten Kontinent bereisen?«

»Na klar! Vespas sind so gut wie unkaputtbar. Und wenn ich Probleme habe, muss ich Lösungen finden. Das ist Teil des Abenteuers.«

Er zeigte auf den Kanister im Durchstieg: »Was ist das?«

»Ein Reservekanister mit zehn Litern Extrasprit. Sollte meine Schätzung stimmen, dann komme ich damit gut 450 Kilometer weit, ohne eine Tankstelle.«

»Oh, das ist gut, das brauchst du auch da draußen in der Wildnis. Hast du auch ein GPS?«

»Ja, und der Strom kommt von der Vespabatterie«, sagte ich stolz und zeigte auf die 12-Volt-Steckdose im Gepäckfach.

»Und das?«, dabei zeigte er auf den Plastikkanister.

»Das sind fünf Liter Wasser, damit ich unabhängig bin und immer spontan irgendwo kampieren kann.«

»Du scheinst gut vorbereitet zu sein, wie es aussieht. Aber meinst du nicht, dass du überladen bist?«

»Na ja, schon ein bisschen, aber ich werde nach und nach die Dinge aussortieren, die ich nicht mehr brauche.«

»Deswegen hast du auch keinen Platz für einen Mitfahrer oder eine Mitfahrerin.«

»Ja, ich habe die Sitzbank gekürzt und mir spezielle Gepäckträger geschweißt, um die ganze Ausrüstung unterzukriegen.«

»Ich wünsche dir eine schöne Reise, und wenn du magst, ruf mich an, und wir trinken auf der Insel ein Bierchen.« Er gab mir seine Nummer.

»Cool, mach ich.«

Saltspring ist eine Hippieinsel, zumindest würde ich das behaupten. Ruhig und entspannt. Ich kam bei Lara und John unter, ebenfalls Freunde von Sebb und Nora. Sie haben eine kleine Farm, verdienen ihr Geld aber mit Kaffeerösten. Ich half John unter anderem, den total zugesetzten Kaffeeröster zu entkrusten. Anschließend gab es eine Röstprobe, und wir tranken einen superfrischen Kaffee. Saulecker.

Als ich nach zehn anstatt der geplanten zwei Nächte der Farm den Rücken kehrte, hatte ich als »Arbeitslohn« nicht nur vier Pfund besten Kaffee im Gepäck, sondern auch eine Kaffeemühle und eine Handkaffeepresse, die mir überall feinsten Kaffeegenuss garantierten. Und mich vor allem an diese so netten Menschen erinnerten.

Auch mit Louis von der Fähre traf ich mich noch und hatte eine entspannte Zeit auf Saltspring. Es war schön, eben noch keinen Reisealltag zu haben. All die typischen Reisefragen kamen früh genug: Was esse ich heute? Wie weit schaffe ich es? Wo schlafe ich? Ist die Straßenqualität in Ordnung? Reicht der Sprit noch?

Nach Saltspring war es nun aber Zeit, all diese Fragen zu stellen.

Das Gefühl, wieder auf der voll bepackten Vespa zu sitzen, war phänomenal. Die Sonne brannte auf mich nieder, und als ich von der Fähre fuhr, durchströmte mich ein Gefühl der Freiheit. Des Glücks.

Ein Stück des Trans-Canada-Highways führte mich an der Ostküste von Vancouver Island entlang. Gute Straßen, zweispurig, ohne Schlaglöcher. Später wurde es einspurig, sehr kurvig und hügelig. Zum Glück zeigten sich die Kanadier als sehr rücksichtsvolle Fahrer, die nur dann überholten, wenn sie die Situation auch klar einsehen konnten. Trotzdem merkte ich bereits auf dieser ersten längeren Etappe: Ein Fahrfehler, warum auch immer, konnte fatal enden, denn wenn die so schwer beladene Vespa einmal außer Kontrolle geriet, dann wäre ein Sturz unvermeidbar. Und die unbefestigten Straßen lagen ja erst noch vor mir. Doch das schmälerte das Vergnügen in keinster Weise. Es war ein purer Genuss, durch wunderschöne Wälder zu fahren, an Seen entlang, durch Täler und wieder auf Anhöhen. Alles super.

Auf einem Campingplatz bei Tofino traf ich Kaffee-John und seine Tochter Calli wieder. Bevor wir abends grillen wollten, erwartete uns der Ozean. Ich wechselte kurzzeitig das Gefährt und paddelte auf einem Board stehend langsam auf die kleinen Inseln im Ozean zu. Plötzlich tauchte keine 20 Meter vor mir ein dunkler Felsen auf und blies eine Wasserfontäne in den Himmel. Das war natürlich kein Geysir, es war tatsächlich ein Wal. Langsam paddelte ich in seine Richtung und sah vor ihm noch zwei weitere Wale ihre Luft auspusten. Beim Abtauchen zogen sie majestätisch ihre Heckflossen hinterher. Was für ein unglaubliches Schauspiel! Ich war so geflasht von diesen eleganten Kolossen, dass mir am Abend fast die Marshmellows ins Lagerfeuer gefallen wären.

Wenn das mal kein gutes Omen für die weitere Reise war! Gleich morgen früh sollte die Reise so richtig losgehen.

GOING NORTH – AUF SUPERTRAMPS SPUREN

So früh, wie er mal sein sollte, war mein Morgen dann doch nicht. Egal. Ich verabschiedete mich von John und Calli und machte mich zügig auf zum Fährhafen in Nanaimo – das Festland rief. Kaum übergesetzt ging es auch schon Richtung Whistler. Die Strecke verlief direkt am Ozean entlang, in einer Art Fjord – in strahlendem Sonnenschein! Als der Nachmittag so langsam in den Abend überging, machte ich mir die ersten Übernachtungsgedanken.

Die überall am Highway aufgestellten Schilder warnten vor einer »Black Bear Area« und hielten mich davon ab, einfach irgendwo alleine im Grünen zu übernachten. Irgendwann erspähte ich ein Schild zu einem Campground und bog ab. Die Schotterstraße wurde immer steiniger und überall gab es Schlaglöcher. Bald war es nur noch eine Buckelpiste. Am Ende war ein kleiner Parkplatz als Schneise in den Wald geschlagen. Zufällig kam ich mit zwei Franzosen ins Gespräch, wir unterhielten uns und beschlossen, gemeinsam hier zu kampieren. Ich schnappte Zelt und Rucksack und verstaute alles Überflüssige, was nach Essen oder Bärenfutter riechen konnte, in ihrem Auto. Wir machten ein Lagerfeuer und kochten gemeinsam, und dabei zeigten mir Fabian und Charlotte, was ein französischer Campinggourmet so aus den Töpfen zaubern konnte. Chapeau! Nach dem Essen packten wir unsere Lebensmittel in die bereitstehenden Eimer und zogen diese an Seilkonstruktionen in die Bäume. Pech für die Schwarzbären.

Es folgte ein sonniger Tag, die Straßen waren gut, und alles fluppte, nachdem wir Adieu gesagt hatten. Ich hielt, um mir einen Wasserfall anzuschauen, und unterhielt mich mit zwei Motorradfahrern, die so von meinem Vorhaben beeindruckt waren, dass

sie mich dreimal fragten, ob sie irgendwas für mich tun könnten. Als ich zum dritten Mal sagte, dass alles okay wäre, zückten beide ihr Portemonnaie und schenkten mir jeweils 20 Dollar. »Hier, kannst du gut gebrauchen, nimm und pass auf dich auf!« Es war nur eines von vielen Beispielen für die gegenseitige Unterstützung unter Reisenden, die ich so oft auf meiner Vesparicana erleben sollte – ein bisschen wie in einer großen Familie.

Von Whistler ging es Richtung Prince George, und so langsam stiegen die Anforderungen. Die Straßenqualität wurde schlechter und die Strecke immer steiler und steiler. Vierter Gang – *röööhh* – noch fast 70 km/h, dann ging es weiter bergauf, die Drehzahl sank und sank … nicht zu früh, aber natürlich auch nicht zu spät, jetzt, Kupplung ziehen, Handgriff eine Schaltraste runterdrehen, dritter Gang, Kupplung kommen lassen – *röööhh* – noch 55 km/h … lange konnte das nicht gutgehen. Die Motorleistung gab nach, die Drehzahl fiel wieder ab, jetzt, Kupplung, Schaltraste in den zweiten Gang, kommen lassen und – *röööhh* – mit 35 km/h weiter. Minuten über Minuten, bis endlich die Steigung flacher wurde und ich wieder in den dritten Gang schalten konnte – dann war endlich der Scheitelpunkt des Berges erreicht.

Nachdem der Berg erklommen war, konnte ich mich auch wieder auf die Natur konzentrieren, Tannenbäume spitz wie Bleistifte und mit grünen Moosfasern beworfen, was sie fast ein bisschen traurig daherkommen ließ. Dann wurde das graue Gestein immer rötlicher und das Tal, in das ich fuhr, immer enger, bis es zu einer Art Schlucht wurde. Bestimmt 120 Kilometer kam kein Ort, keine Hütte, nichts. Bis plötzlich ein See zum Vorschein kam.

Langsam verließ ich das Gebirge, es wurde nun immer sandiger und staubiger. Ich rollte gut auf der geteerten Straße, aber der Wind nahm zu und blies auch noch von vorne. Es wurde so stürmisch, dass ich trotz Bergabfahrt fix und fertig war, als ich den Cariboo Highway erreichte. Ich fühlte mich ausgelaugt, fand aber zum Glück schnell einen Campingplatz und machte Feierabend. Die Duschgelegenheit nutzte ich kräftig aus und versuchte dabei herauszufinden, wann ich das letzte Mal geduscht hatte. Musste auf Saltspring gewesen sein. Die letzten zwei Wochen war es immer nur ein See oder das Meer. Sauber, aber ziemlich ausgepowert kochte ich was, warf mir eine Aspirin ein und fiel, nachdem ich mal wieder alles Bärenfutter verstaut hatte, ins Zelt.

Die halbe Nacht wälzte ich mich hin und her, Schweiß am ganzen Körper, als ich aufwachte, fühlte ich mich elend: Ich hatte Fieber, Kopf-, Hals- und Gliederschmerzen. Ganz klar, das kam aus den Mandeln, so gut kannte ich meinen Körper. Also fummelte ich das Halsantibiotikum aus meiner gut bestückten Reiseapotheke und schluckte die erste Tablette, frühstückte, duschte heiß und legte mich wieder hin. Ich verbrachte den ganzen Tag mit Erholung.

Als ich am nächsten Morgen erwachte, ging es mir schon erheblich besser, trotzdem kostete mich die gesamte Frühstücks-, Einpack- und Duschaktion volle drei Stunden, bis ich wieder im Sattel saß und mich reisebereit fühlte. Der Cariboo Highway führte Richtung Prince George und war recht stark befahren. Die Anstiege zogen sich lange hin und gingen auch langgezogen wieder bergab, was der Vespa sehr gut gefiel, sie rannte und rannte. Apropos rennen, ein Wolf querte in schlaksigem Laufschritt vor mir die Fahrbahn, der erste Wolf, den ich in meinem Leben zu Gesicht bekam. Fast hätte ich vor Freude ein Wolfsgeheul angestimmt.

Der Tag verlief im Flow, ich stoppte ein paar Mal, auch wenn der Tank noch halbvoll war, da schon die ersten Schilder mit Warnhinweisen kamen: »*Überprüfen Sie Ihren Benzinstand! Nächste Tankstelle in 148 km.*«

Als es Zeit wurde, irgendwo einzukehren, versuchte ich mein Glück auf einer Farm. Als ich knatternderweise vors Haus fuhr, begann dort sofort ein Hund zu bellen und rannte auf mich zu. Ein Mann kam aus dem Haus und schaute mich fragend an. Wir unterhielten uns kurz. Er hieß Jamie und meinte: »Komm doch rein und sag den anderen hallo.«

Ich folgte ihm ins Haus, das bei genauerem Hinsehen eigentlich nur ein Wohnanhänger mit vorgebauter Veranda war. Drinnen saßen Jamies Frau, seine Schwester und seine Mutter. Ich schüttelte fleißig raue Farmerinnenhände und erzählte den drei Frauen, wer ich war, woher ich kam, warum ich hier war, und ging dann raus, um mein Nachtlager vor ein paar runden Strohballen aufzubauen.

In der Nacht fing es an zu regnen, aber wie. Den ganzen Morgen ebenfalls. In einer Regenpause krabbelte ich aus dem Zelt, und Jamie stand vor mir. »Guten Morgen, Alex. Komm ins Haus, wir trinken einen Kaffee«, sagte er mit einem freundlichen Grinsen. Nachdem wir den Kaffee getrunken hatten, ging ich im strömenden Regen raus, packte im Zelt so weit alles zusammen, baute zuletzt das Zelt selbst ab und rollte es triefend naß in seinen Sack. Ich bedankte mich noch mal bei meinen Gastgebern und fuhr im Regen schnurstracks nach Barkerville, das mir Jamie noch empfohlen hatte.

In Barkerville schaute ich mir trotz Regen das Freilichtmuseum der alten Goldgräberstadt an, bevor ich mich wieder auf die Vespa schwang. Die nasse Straße war kaum befahren. Als sich eine Lichtung auftat, stand keine 20 Meter vom Straßenrand plötzlich eine Elchkuh. Sofort bremste ich ab und schaltete den Motor aus, da fing sie an zu laufen. Dass Elche so lustig aussehen, wenn sie laufen, wusste ich nicht, ich kannte bislang nur Fotos. Sie erinnerten mich an die Stockpuppen vom kölschen Hänneschen-Theater. Wenn die Puppen laufen, werden sie ein bisschen gedreht, und die Beine, die unten an der Puppe dran sind, wirbeln lustig hin und her.

Der Ritt führte weiter über ein langes, gerades Asphaltband. Über leichte Hügel, durch kleine Wälder, vorbei an Wiesen, auf eine entfernte Bergsilhouette zu. Es wurde langsam Abend, als sich der Cariboo Highway in einem Tal wiederfand. Er führte an einer Felswand entlang, immer weiter in die Höhe, fing an, sich zu schlängeln, und ließ mich durch dichten Nadelwald kurven. Wieder öffnete sich ein Tal, dahinter lag nun eine massive Bergformation, grau und riesig, aber bald auch friedlich in rötliches Abendlicht getaucht. Dabei brummten ununterbrochen 125 ccm, die die gesamte Last von Mann, Maschine und Gepäck stoisch bergauf schleppten.

Am nächsten Morgen – ich hatte mit Erlaubnis der Besitzer vor einem Haus campen dürfen – war ich nach eineinhalb Stunden schon startklar. So langsam wurde ich besser, alles hatte seinen Platz gefunden, und beim täglichen Zusammenpacken kam schon eine gewisse Routine auf. Die Griffe saßen immer besser.

Nun hatte ich wieder mal Sonne satt, an die 30 °C war es heiß, als ich Chetwynd erreichte, das für seine abgefahrenen Kettensägenskulpturen bekannt war. Drachen, Adler, natürlich Grizzlys und ein Elch, Fische und allerlei dubiose Fabelwesen, Trolle und verrückte Tier-Mensch-Kombinationen. Respekt für die Künstler mit den Fichtenmopeds!

Der Highway sollte nicht weiter besonders sein, also nahm ich den Bypass. Vorbei an einem langgezogenen See und durch einen hellen Birkenwald gewann er langsam an Höhe. Kurze, steile Serpentinen, eine nicht enden wollende Gerade, die aus den Serpentinen auf ein Plateau führte. Rechts fiel der Hang ab, tief unten rann der halb ausgetrocknete Fluss durch ein riesiges Flussbett. Links füllte sich die Hochebene mit einem Blumenmeer aus gelben, rosafarbenen und vereinzelten weißen Blüten und tränkte die Luft in Blütenduft. Die kurzen, knackig steilen Serpentinen kletterte die kleine, voll beladene Vespa tapfer im zweiten Gang hoch.

Die rundlichen Formen der drei Felsmonoliten vor mir erinnerten an drei Männerköpfe: die Stirn nackt, aus glattem Felsgestein, seitlich Moos und Farngewächse wie Haare. Einer hatte vom Wind niedergedrückte Nadelbäume auf seinem Kopf, die so aussahen, als wollte der Glatzenträger sie über die kahlen Stellen kämmen, um die hohe Stirn aus rauem Felsgestein zu vertuschen. Nach dieser wunderschönen Fahrt mit sehr wenig Verkehr rollte ich auf einer langen Geraden vom Plateau bergab.

Dann sah ich Alaska – zumindest stand es auf dem Schild, das mir den Weg bis Fairbanks weisen sollte, wo er endete: der Alaska Highway. Eine Tankstelle tauchte vor mir auf, und obwohl sie an einem vielbefahrenen Highway lag, strahlte sie irgendwie Einsamkeit aus. Überhaupt vermittelte der Alaska Highway ein ganz besonderes Gefühl: Hier fuhren Trucks und Pick-ups, aber es waren kaum Wohnanhänger, Camper und andere Touristenfahrzeuge zu sehen. Das Tempo war allgemein zügiger, und die wenigen Orte, die am Alaska Highway lagen, waren überhaupt keine richtigen Orte mehr. Sie bestanden nur noch aus einer Tankstelle mit Shop, einem oder zwei Motels, ein paar Holzhütten, manchmal auch zweistöckigen Holzwohnkoffern mit mehreren Wohnungen drin, und das war es auch schon. Keine Kirche, keine Schule, keine Arztpraxis, keine Werkstatt oder sonst was. Man war hier schon sehr weit »draußen«.

Und wenn ich überlegte, dass Whitehorse – eines meiner nächsten Etappenziele – noch gut 1200 Kilometer entfernt war und ich dann noch mal zwei oder drei Tage bis zur Grenze nach Alaska brauchen würde und von da dann bestimmt auch noch mal zwei Tage bis Fairbanks – yo, dann bekam ich so langsam ein Gefühl davon, was es hieß, mal eben mit der Vespa von Vancouver nach Fairbanks und wieder zurück zu fahren. Und dann weiter nach Südamerika. Mann, was war ich bekloppt!

Ab jetzt hieß es also: tanken bei jeder Möglichkeit, man konnte nie wissen, wann die nächste kam. Ich begann, mich nach einer Bleibe umzusehen, was jedoch gar nicht so einfach war, da hier draußen keiner wohnte und ich somit auch nicht freundlich bei einem Farmer anklopfen konnte. Die Straßen, oder besser: Schotterwege, die rechts und links vom Highway abgingen, zierte der Hinweis: »Achtung, betreten verboten, Gas-Pipeline!« Hier oben wurden überall Gasfelder erschlossen, und immer wieder liefen Pipelines unweit der Strecke lang. Klar, ich könnte einfach drauf scheißen, aber ich war mir nicht sicher, ob Bären lesen können. Unter den beiden Aspekten Petz und Pipeline stünde mir keine erholsame Nacht bevor. Also knatterte ich fröhlich weiter, mit der entspannten Einstellung: Es wird sich schon was ergeben. Was es auf einem kleinen Campingplatz irgendwann auch tat.

Pink Mountain war schnell erreicht, und es gab außer der Tanke und einem Motel sogar vier oder fünf Wohnhäuser. Weiter ging es durch viel Laubwald. Erst standen Rehe am Straßenrand, dann viele rosa und gelbe Blumen auf großen Wiesen. Das sah sehr schön aus, erhöhte jedoch das Insektenaufkommen. Klar, die dachten, da kommt ein riesiger gelber Blütenstaubhaufen angefahren, und flogen voll drauf ab. Das Problem war, dass sie dann – *pöck!* – am Helm oder sonstwo am Fahrzeug aufschlugen und unter meinen Füßen auf dem Trittbrett liegen blieben. Nach ein paar

Minuten erwachten sie aus dem K.o. und krabbelten an der Vespa oder an meinen Hosenbeinen hoch, bis der Fahrtwind sie holte.

Ich fuhr und fuhr, als ich auf einmal eine Biene auf meinem Daypack sitzen sah. Mein Daypack war die Umhängetasche mit all meinen wichtigen Papieren und meinem Laptop, die auf dem Benzinkanister griffbereit zwischen meinen Beinen lag. Die Biene krabbelte auf mein Hosenbein, und als ich versuchte, sie mit meinem Handschuh in den Wind zu katapultieren, schoss ich – *zack!* – mein Daypack bei 80 km/h auf den Highway. Scheiße.

Sofort fuhr ich ran, bremste scharf, weil ich wusste, dass hinter mir gleich der fette Zementsack-Lkw kommen musste, mit dem ich seit Stunden ein Maus-und-Elefant-Spiel spielte. Das hieß, jeder fuhr sein Tempo, wir teilten friedlich den Highway und überholten uns ständig gegenseitig. An manchen Bergen wurde er extrem langsam, doch bei leichten Steigungen zog er easy an mir vorbei. Ich drehte mich um und hörte – MÖÖÖÖH – nur noch die Lkw-Hupe.

»Nein, nein, nein, nicht mein Laptop, nicht mein Laptop!«

Glücklicherweise machte der Truck einen Bogen um meine Tasche und wich auf die Gegenspur aus. Danke, Elefant!

Ich rannte los, hob mein Daypack auf und holte den Laptop raus. Auf den ersten Blick sah er gut aus, kein gerissener Bildschirm oder so, ich schaltete ihn an, und er fuhr auch ganz normal hoch. Noch nie hatte ich mich so gefreut, die Windows-Oberfläche zu sehen. Puh, noch mal Glück gehabt. Das Daypack wanderte sofort in eine der wasserdichten Werkzeugtaschen, die ich umsortierte, und saß nun direkt hinter mir auf dem Gepäckhaufen. Cooler Nebeneffekt: mehr Beinfreiheit. Auf entspannten Highwayabschnitten konnte ich jetzt die Füße auf dem Benzinkanister abstellen, was den Rücken entlastete.

Die nächste Tanke ließ ich links liegen, weil 76 Kilometer später schon die nächste kommen sollte, und brach damit gleich mal die einzige Tankregel im Niemandsland. Der nächste Ort kam zwar, jedoch gab es keine Tanke mehr, nur noch eine verwaiste Zapfsäule. Zum Glück hatte ich ja den Reservekanister, der mir das erste Mal auf dieser Tour aus der Patsche half.

Später ging mir aus irgendeinem Grund am Ende einer Bergetappe der Motor aus. Keine Ahnung, warum. In der Einsamkeit der dünn besiedelten Gebiete gab es selten Gelegenheiten, vom Highway abzubiegen, ohne querfeldein zu müssen. Doch zum Glück fand ich gleich einen Schotterweg, auf dem ich aus der Schusslinie rollen konnte. Ich war seit fünf Stunden unterwegs, immer voll am Gas, vielleicht war es dem Motor einfach zu heiß geworden. Ich nahm die rechte Seitenhaube ab, alles total staubig, also reinigte ich erst mal alles um den Motor. Dabei fiel mir auf, dass das Erdungskabel von der Zündungsbox abgerissen war. Ich schnitt den Rest der Kabelbefestigung ab, zwirbelte die blanken Litzen an eine Unterlegscheibe und montierte das Provisorium wieder am Motorblock. Reisen und Improvisieren waren ein und dasselbe. Dann nahm ich den Vergaserwannendeckel ab und war schockiert, als ich den Luftfilter sah. »Ich bin voll der Otto!« Ja, ich hatte den Filter schon mal gereinigt, fuhr aber seit Tagen über staubiges Terrain, kein Wunder, dass der Filter komplett zu war.

Also holte ich den Reservekanister hervor und schüttete einen guten Schluck Benzin in den Filter, nahm mir einen Lappen und rieb den Dreck ab. Die Prozedur wiederholte ich so lange, bis alles einigermaßen sauber war und alles wieder lief.

Bei der nächsten Gelegenheit kaufte ich ein Glas Gurken. Nicht wegen der Gurken, sondern weil das Glas aussah, als könnte der Luftfilter reinpassen, denn für die nun regelmäßige Reinigung wäre es am besten, das Ding in einem Benzinbad einzulegen. Eingelegte Luftfilter statt eingelegte Gurken – so what?

Auf dem Supermarktparkplatz unterhielt ich mich noch ein paar Minuten mit einer Familie aus Alaska, die mir ihre Adresse gab und mich zum Abendessen einlud, wenn ich dort vorbeikommen sollte. Wie nett. Wenig später kam mir ein voll beladenes Motorrad entgegen. Wir hielten beide an, und es stellte sich heraus, dass Kai auch aus Deutschland kam. Er war mit Eric, einem Ami, unterwegs, den er heute unterwegs kennengelernt hatte. Spontan entschied ich mich, mit den beiden auf den nahegelegenen Campingplatz zu fahren.

Dort gesellte sich noch ein weiterer Kollege dazu, und so kam es, dass vier Alleinreisende zusammensaßen und sich lebhaft ihre Reisegeschichten erzählten. Dabei fiel mir auf, dass die kleinste Maschine der anderen noch immer 65 PS hatte, da konnte ich mit meinen 8 PS nur lachen: »Voll übertrieben.« Allerdings wurde ich ein bisschen neidisch, als der BMW-GS-Mann mir sagte, dass er mit einer Tankfüllung fast 800 Kilometer weit kam. Zwei Räder, zwei Welten.

Gemeinsam machten wir die Liard River Hot Springs als gemeinsames Ziel unseres Motorradquartetts aus, einen Nationalpark etwa 350 Kilometer entfernt. Jeder fuhr für sich, und ich war natürlich der Letzte, der den Campingplatz verließ, und genoss die in den Wald geschlagene Piste, vorbei an wunderschönen Seen mit dem Blick auf die Northern Rocky Mountains. Die Sonne lachte, und ich durchquerte bestens gelaunt ein Tal nach dem nächsten.

Ein Warnschild mit einem Bison zeigte mir, dass hier nun die Wildnis sein musste. Natürlich hielt ich die Augen in der Hoffnung auf, irgendein Tier zu sehen, da sich der Wal und der Wolf bereits tief in meine Erinnerung eingebrannt hatten. Hoch und runter kurvte ich weiter, da sah ich etwas Schwarzes am Waldrand. War das ein Bär? Tatsächlich: ein Schwarzbär, keine fünf Meter entfernt. Ich konnte genau sehen, wie er die dicken Steine einfach so mit seiner Pranke beiseiterollte, um darunter Tausendfüßler oder andere Snacks zu finden. Für mich interessierte er sich nicht. Zum Glück. Als ich weiterfuhr, freute ich mich in meinen Helm: »Ein Bär, ein Bär!« Ich war vollkommen aufgedreht.

An einer Baustelle musste ich langsam fahren, denn die folgende Schotterpiste wäre selbst ohne Bäreneuphorie nicht ganz einfach zu befahren. Vorne wartete ein »Pilot Car«. Nachdem der Fahrer per Walkie-Talkie mit den Kollegen am anderen Ende der Baustelle gesprochen hatte, fuhr es los – wie das Safety Car in der Formel 1 –, und alle anderen Fahrzeuge, ob fetter Truck, langer Pick-up mit Wohnanhänger oder kleine gelbe Vespa, fuhren hinterher.

Ich war das Schlusslicht. Als der Schotter begann, stand da ein Schild: 14 Kilometer. Zwischen den Spuren der Vierräder war der Schotter höher und viel weicher, wie ich feststellen musste. Bei einem Spurwechsel hätte ich mich beinahe hingelegt, weshalb ich danach tapfer in den Spurrillen der Autos blieb. Dann hielt der Wagen vor mir, und wow: Keine zehn Meter vom Straßenrand graste ein riesengroßer Bison. Motor aus, Kamera raus und – *klick!* Er kaute ganz entspannt, schien aber zu registrieren, dass ihm irgendwer beim Essen zuschaute. Ich fuhr weiter und fraß wieder Schotter, Bär und Bison zwischen den Ohren.

Einen weiteren Bären und auch noch einen weiteren Bison später tauchte das Schild zum Campground Hot Springs auf. Als ich ins Büro eintrat, sagte die Rangerin: »Hi, deine Jungs sind auf Platz 12 und 13, kannst bei denen mit drauf.« Das nenne ich einen Empfang.

Die Bikes standen neben den Zelten, aber die Jungs waren nicht zu sehen. Klaro, die saßen längst im pisswarmen Wasser. Schnell errichtete ich mein Camp, nahm den Luftfilter aus dem Vergaser und legte ihn im Benzingurkenglas ein. Dann spazierte ich über einen langen Holzsteg durch ein Moor, bis eine sehr schöne Terrassenlandschaft auftauchte. Es dampfte und roch ein bisschen nach Schwefel. Das Wasser hatte 40 °C, und je näher man der Quelle im Boden kam, desto heißer wurde es. Eigentlich hätte ich mich in diesem Moment über einen kühlen See fast mehr gefreut, aber ich wollte mich mal nicht beschweren. Zumal mich die drei schon weichgespülten Motorradjungs freudig begrüßten.

Später saßen wir zusammen am Lagerfeuer und plauderten über unsere Reisepläne – dabei überdachte ich meinen Plan. Ursprünglich hatte ich gedacht, in den Süden Alaskas zu fahren, zum Beginn des Highway 1, also der Panamericana, und von dort gen Süden zu starten. Je länger wir redeten, desto ernsthafter überlegte ich nun, noch weiter nach Norden bis an den Polarkreis zu fahren. Noch zweifelte ich: Ab Fairbanks hätte ich angeblich 800 Kilometer fast nur Schotter vor mir. Ein Weg, versteht sich. Ich hasste Schotter schon jetzt. Sollte ich mir das wirklich antun?

Es ratterte den ganzen Abend in meinem Kopf. Und dann änderte ich tatsächlich meinen bisherigen Plan: Die Vorstellung, vom Polarkreis über den Äquator zum südlichsten Landstück der Erde zu fahren, rockte mich am allermeisten! Also verlängerte ich die Vesparicana in den Norden.

Am nächsten Morgen löste sich das Quartett auf, und es ging wieder alleine weiter für mich. Bei einem Tankstopp ein paar Tage später traf ich auf zwei ausgewachsene BMW-Motorräder. »Ach, da ist ja endlich die Attraktion des Alaska Highway. Schön, dass wir dich treffen, gestern haben die Jungs auf dem Campingplatz über dich gesprochen. Du bist so was wie unser ›Held‹. Unglaublich, was du machst. Mit 125 ccm, und wir schaffen es kaum mit 1200. Wo fährst du denn hin?«

»Zum Arctic Circle, dann zum Äquator und dann nach Feuerland!«

»Gute Idee, von Fairbanks bist du nach 350 Kilometern oben, alles geteert, selbst wenn du bis nach oben ans Polarmeer willst, ist der weiteste Weg ohne Tanke 240 Meilen. Und beim Arctic Circle ist auch irgendwo eine, also alles machbar.«

»Yes! Richtige Antwort.«

Dann sagten sie mir noch, dass die letzten 30 Kilometer vor dem Arctic Ocean, der in Deutschland Beaufortsee genannt wird, ein Gasfeld sei, das BP gehöre. Man musste sich vorher anmelden, sonst kam man nicht ans Wasser.

»Danke, Männer, super Infos.« Wir schlugen kräftig ein, wünschten uns eine glückliche und sichere Reise. Nun war endgültig klar: »Polarkreis, ich komme!«

Da konnte ich noch nicht ahnen, dass längst nicht alles geteert sein würde, wie die BMW-Fahrer behaupteten.

Es folgte eine entspannte Strecke, bis eine Brücke einen Fluss überspannte, die mit ihrem Gitterboden zu der gefährlichsten Sorte für mich zählte. Mit den kleinen Reifen geriet mein schweres Gefährt ganz schön ins Schwanken, und dazu kam, dass über dem Fluss immer wieder ein fieser Seitenwind wehte. Dann fast noch lieber Schotter. Aber wenigstens war es nicht auch noch nass.

Für die kommenden Tage war allerdings Regen vorhergesagt. Da ich in Whitehorse sowieso ein paar Tage Pause einlegen wollte, störte mich das aber nicht weiter. Pausen waren wichtig, egal bei welchem Wetter. Kurz vor Whitehorse fing es dann tatsächlich an zu regnen. Dem Mädel an der Campingtheke erklärte ich, dass ich einen kleinen Platz für mich und meine Vespa suchte.

»Vespa? Da hat jemand eine Nachricht für dich hinterlassen.«

Es war Kai vom Motorradquartett. So schnell sah man sich in diesem riesigen Land wieder, und schon schlug ich mein Zelt neben seinem auf. Schönes Wiedersehen.

Alles, was ich in der Zivilisation erledigen wollte, erledigte ich in den nächsten Tagen. Wäsche waschen, Internet und all die anstehenden Reisehausarbeiten. Außerdem füllte ich Proviant und Ausrüstung auf. Gut präpariert verabschiedete ich mich wieder einmal von Kai. Mal sehen, für wie lange diesmal.

Die Pause war nicht wirklich lang, aber den Asphalt wieder unter den Reifen zu haben machte mich glücklich. Der Alaska Highway war nun fürs Erste Geschichte, mein neues Teerband hieß Klondike Highway. Nach etwa zwei Stunden verbreiterte sich die Straße durch einen großen Schotterplatz, an dem ein Holzhaus mit Zapfsäule stand. Da ein Vorhängeschloss um die Zapfsäule hing, ging ich hinein und traf Santa Claus. Also wenn der Typ hier nicht an Weihnachten die Geschenke mit dem Schlitten auslieferte, dann hat ihn wirklich Coca-Cola erfunden. Rentiere gibt's hier oben jedenfalls genug. Santa schloss die Zapfsäule auf, tankte voll, und ich bedankte mich. Als ich losfahren wollte, eierte mein Hinterrad, und mir war sofort klar: Plattfuß.

Kein großes Problem, da die Vespa ja ein Reserverad unter der linken Seitenhaube hatte. Erst mal packte ich alles ab, klemmte die Batterie ab und nahm sie raus. Dann legte ich die Karre so auf mein Gepäck, dass das Hinterrad frei war. Die Ratsche mit der Verlängerung gegriffen und die fünf Muttern gelöst. Hinterrad raus, Reserverad drauf, die fünf Radmuttern festgezogen, Batterie und Rad wieder unter dem Kotflügel verschraubt. Da kam Santa Claus aus seinem Haus und fragte, ob ich ein Problem hätte.

»Nee, schon alles wieder gut.«

In dieser Sekunde fing es so plötzlich zu schütten an, dass ich gerade noch unter das Vordach flüchten konnte. Irgendwann wurde es mir dort aber zu langweilig, und ich packte im Regen die Säcke auf die Vespa, wünschte mir noch Weltfrieden zu Weihnachten und fuhr weiter. Leichtsinnigerweise. Keine zehn Minuten später prasselte ein monsunartiger Regen auf mich runter, als hätte sich auch noch das Christkind gegen mich verschworen.

Eine kleine Holzhütte bot mir Unterschlupf. Als es aufhörte, brachen augenblicklich Sonnenstrahlen durch die Wolkendecke und ließen friedliches Himmelblau durch das trübe Grau dringen. Helles, fast unnatürlich quietschendes Entengeschnatter hallte über einen See. Das waren Loons, eine ganz spezielle Vogelart: Auf die Eistaucher waren die Kanadier so stolz wie die Neuseeländer auf ihren Kiwi. Einer ziert sogar die kanadische 1-Dollar-Münze, weshalb die auch liebevoll »Loonie« genannt wird. Spontan blieb ich und errichtete mein Camp mit Panoramablick direkt am Wasser. Es gab mehrere kleine Inseln auf dem nun spiegelglatten See, der von Nadelbäumen umsäumt war. Der fette Regenbogen machte den Anblick fast schon zu kitschig.

Ich flickte den platten Reifen, widmete auch dem Zelt einen Reparaturversuch und verstaute nach dem Essen mein Bärenfutter unter der überdachten Sitzgruppe, die mir zuvor als Unterschlupf gedient hatte. Ein Lagerfeuer läutete schließlich den arbeitslosen Teil des Abends ein, und ich legte mich bei Totenstille ins Zelt. Auch die Loons hatten Feierabend.

Die Sonne kam raus, und ich breitete all meine Klamotten auf dem Kieselboden zum Trocknen aus. Die letzten Tage hatten mehr Feuchtigkeit an die Sachen gelassen, als ich mir das gewünscht hatte. Nicht weil Regen von außen eindrang, eher weil die Sachen beim Zelten und Reifenwechseln draußen waren, naß wurden und dann feucht wieder zurückgepackt werden mussten.

Eine 50-Quadratmeter-Wohnung hätte nicht ausgereicht, so war ich in die Breite explodiert. Ich schnappte mir die Regenhülle vom vorderen Gepäckträger, klebte innen und außen ein Gaffatape drauf, und vernähte diese mit Nadel und Zahnseide. Von außen noch ein Band drauf, und fertig ist die nächste Improvisation. Nach und nach verkleinerte sich meine großflächige Trockenanlage und war am Ende wieder kompakt auf die Vespa geschnürt.

Als ich links vom Campground auf den Klondike Highway abbog, konnte ich schon das »Loose Gravel«-Schild lesen. Schotter und Split erwarteten mich. Na toll. Meine Konzentration gehörte also erst mal wieder nur dem Untergrund.

In der Nähe einer Brücke über den Pelly River, einem Nebenfluss des Yukon, kampierte ich. Das Zelt errichtete ich auf einem Waldboden, der so weich federte, dass ich mir fast die Isomatte hätte sparen können. Der nächste Morgen hatte etwas absolut Beruhigendes. Unter den Nadelbäumen sitzend lauschte ich in den Wald. Vogelgezwitscher drang aus den Baumkronen, und Spechte klopften rhythmisch, als sich ein dubioses Klickgeräusch einmischte. Es waren Streifenhörnchen, die mit ruckartigen Bewegungen die Bäume hoch und runter flitzten, sich Tannenzapfen stibitzten und wieder verschwanden. Schlaksig und zügig lief ein

Fuchs an mir vorbei. Nur die Mücken waren immer da. Hunderte und Tausende von Moskitos schwirrten umher und versuchten, mir Blut abzuzapfen.

Der Asphalt floss unter den Reifen. An einer Baustelle musste ich wieder auf ein Pilot Car warten. Irgendwann erreichte ich Dawson City am Yukon, direkt an der Mündung des Klondike. Von hier waren es nur noch 100 Kilometer bis zur Grenze nach Alaska.

Dawson City ist wunderschön, auch ein alter Goldgräberort wie Barkerville. Bunte Holzhäuser im Westernfilmstil und ein altes Schaufelradschiff schienen aus einer anderen Welt zu kommen. Eine kleine Fähre führte über den Yukon, der an dieser Stelle sehr breit war und sehr, sehr schnell floss, umso unglaublicher, dass er hier im Winter zufror, wie mir der Fährmann berichtete. Der sagte außerdem, dass auf der weiteren Strecke alles ungeteert wäre, jedoch recht fest und eben, da die Bahn regelmäßig abgezogen wurde.

Nach einem Kilometer hörte der Teerbelag tatsächlich auf, und die feste, mit feinkörnigem Splitt überzogene Piste begann. Unter den Reifen quietschten die Steinchen und schossen mit einem permanenten Klicken an die Karosserie. Schnell fand ich mein Tempo, da schlängelte sich der »Top of the World Highway« auch schon in den Berg. Rechts öffnete sich ein Tal, in dem der Yukon gar nicht mehr so wuchtig wirkte wie noch unten, und dahinter ragten am Horizont die schneebedeckten Rocky Mountains empor. Schattiert, bläulich und grau mit spitzen weißen Bergkämmen.

Es war nicht die Piste, um lange »aus dem Fenster« zu schauen, also hielt ich öfter und genoss das Panorama und das Gefühl, hier oben zu sein. Das hatte schon was von Freiheit. Ich atmete tief durch.

Irgendwann fuhr ich in einen der kleinen Schotterwege rein, der nach einem kurzen Anstieg auf einem Hochplateau endete. Links und rechts ein Wahnsinnspanorama, wie gemalt. Und unbezahlbar.

Ich wachte auf, weil der Regen aufs Zelt trommelte. Auf einmal lag ich wach, und der Gedankenkolben war nicht mehr zu bremsen: War es bei Regen überhaupt machbar, den Top of the World Highway und vor allem den ungeteerten Taylor Highway zu packen? Dichte Wolken standen sinnbildlich für meine Zweifel in der Berglandschaft, die ich nur noch erahnen konnte, weil ich wusste, dass sie da sein musste. Durch das trübe Weiß ließ sich nichts mehr von der gestrigen Schönheit erkennen – aber ich wollte weiter.

Feucht war die Schotterpiste nicht mal schlechter zu befahren

als trocken, jedoch schlugen sich Dunst, Nebel und Regen auf dem Helmvisier und auf meiner Brille nieder. Teilweise konnte ich nur wenige Meter weit sehen. Vorsichtig fuhr ich in das weiße Nass, bis nach 60 Kilometern wie aus dem Nichts eine hölzerne Zollhütte vor mir auftauchte.

»Bitte stell dein Fahrzeug ab und lass dich registrieren.«

Der Officer bat mich, meine vier Finger der rechten Hand auf den Scanner zu legen, dann den Daumen. Und das ganze Procedere noch mal mit links.

»Ich arbeite hier seit Jahrzehnten und habe noch keine Vespa hier oben gesehen.« Dann wurde sein Blick sehr ernst, er schaute mir tief in die Augen und sagte laut und nachdrücklich: »Ist auch besser so. Weißt du, was für Straßen auf der anderen Seite warten?«

»Ja, ich habe mit vielen Bikern gesprochen.«

»Und dann bist du trotzdem hierhergekommen?«

»Ja, es ist ein Abenteuer und auch eine Herausforderung.«

Heute würde ich bestimmt nicht mehr so antworten. Er wurde fast schon sauer, schaute mir wieder in die Augen und zeigte mit dem Finger auf mich: »Ich sage dir jetzt eins, wir haben dieses Jahr schon zwei Motorradfahrer hier oben verloren. Pass auf dich auf! Und fahr vorsichtig!«

»Ja, versprochen, das mache ich.«

Mit dem Mann wollte ich wirklich nicht weiterdiskutieren. Ich war nur froh, dass ich einreisen konnte und damit die nördlichste Etappe der Vesparicana begann: Alaska!

ALASKA!

Ein bisschen mulmig war mir schon zumute, nachdem mich der Officer eingenordet hatte. Trotzdem dachte ich mir: »Verspotten kann er mich, wenn ich in zwei Stunden mit gesenktem Kopf wieder vor ihm stehe, aber ich werde es versuchen!« Nach einem beherzten Tritt auf den Kickstarter rollte ich langsam in die USA und wurde von einem riesigen Schild begrüßt: »Willkommen in Alaska!«

Neues Land, altes Wetter. Leider blieb mir das Traumpanorama verwehrt, aber das konnte meine Freude nicht trüben, als ich realisierte: »Ja! Ja! Ich bin wirklich in Alaska!« Schon über dreitausend Kilometer lagen hinter mir. Und ich hatte einen weiteren Startpunkt der Vesparicana erreicht.

Ein Auto stoppte, und eine ältere Frau steckte mir zwei Power Bars zu. Super Timing, ich bedankte mich und verschlang die beiden Riegel sofort. Nun aber los, nächster Halt: Chicken, Alaska.

Das Gestein unter den Reifen wurde gröber und die Schlaglöcher tiefer. Weit vorausschauend kurvte ich um die Hindernisse. Der Nebel lichtete sich, sodass ich wieder mit offenem Visier fahren konnte. An einer unbeschilderten Abzweigung schickte mich mein Navi nach rechts. Eine matschige Schlaglochpiste folgte. Die Reifen griffen zum Glück gut, doch ich stellte fest, dass ich seit fast einer Stunde alleine war: kein Auto von hinten, kein Auto von vorne. Nichts. Irgendwie wurde ich stutzig, startete das GPS neu und gab »USA Alaska Chicken« ein. Wieder zeigte es geradeaus. Ich wollte das irgendwie nicht glauben, holte die Karte raus und stellte fest, dass ich hätte links abbiegen müssen. Zur Sicherheit gab ich »USA Alaska Tok« ein, den nächsten größeren Ort hinter Chicken auf dem Alaska Highway. Es sagte ganz klar 273 Kilometer geradeaus. Okay, dann musste das wohl stimmen. Also weiter.

Regen prasselte auf mich nieder, als das Navi die Straße verlor und nichts mehr von sich gab. Ich hielt an und brüllte es an: »Ey, hast du sie noch alle? Das ist hier kein Sonntagsausflug zum Eiscafé. Mach keinen Scheiß!« Spinnende Technik konnte in der Natur genauso frusten wie im Büro. Nervös und viel zu hastig fuhr ich zurück zur Kreuzung und übersah zum Leidwesen meiner Vespa das ein oder andere Schlagloch. Die Reservelampe leuchtete auch schon, aber zum Glück hatte ich ja noch den vollen Kanister dabei. An der Kreuzung berechnete das GPS die Route neu – und zeigte eiskalt nach links.

»Ja, ja, du kannst mich mal, du Drecksack.« Frackig schaltete ich das Teil aus und bog auf die richtige Piste ab – zum Glück war außer unnötiger Buckelei nichts wirklich Schlimmes passiert. Ich schüttete den Reservekanister in den Tank. Dabei betrachtete ich die dreckverschmierte Vespa und stellte fest, dass das Gepäck irgendwie schief hing. Na toll, der Gepäckträger war gebrochen und musste an Ort und Stelle provisorisch repariert werden.

Langsam rollte ich um die großen Steine herum und über die kleineren drüber. Es regnete wieder, die Schlaglöcher füllten sich mit Matschwasser, sodass ich sie kaum noch erkennen konnte. Zweimal wäre ich fast zum Schlamm-Catcher geworden.

Ein RV, so ein Pick-up mit übertrieben riesigem Wohnanhänger, lag im Seitengraben. Auch die Großen hatten hier ihre Probleme. Ich sah, dass sich schon einige Menschen um den RV kümmerten, also konnte ich langsam an ihnen vorbeikriechen. Ausgelaugt und matschverschmiert erreichte ich Chicken.

Elche und Schwarzbären begrüßten mich am Morgen. Die Straße war nun trocken und geteert, alles lief gut. Die Umgebung wurde flacher, zuerst dünner Wald, Sträucher und schließlich nur noch Moosflechten. Die Tundra begann.

Der Taylor Highway zog sich in Richtung einer massiven Bergkette. Es ging eine Abfahrt runter, die ich vorher mühselig hochgeklettert war. Am Fuße der nächsten Steigung sah ich mein Lieblingsschild »Loose Gravel«, also bremste ich ab und fuhr auf den unbefestigten Untergrund. Als das Vorderrad im Schotter versank, spürte ich sofort, dass es diesmal nicht gutgehen würde. Das Rad rutschte nach links weg, ich stürzte auf die rechte Seite, schlug im Schotter auf und rutschte einige Meter weiter. Dabei wurde mein rechter Fuß unter der beladenen Vespa eingeklemmt. Glücklicher- und zufälligerweise hielt sofort ein Auto, ein Paar stieg aus und half mir, meinen Fuß zu befreien. Zu dritt wuchteten wir die Karre auf die Reifen. Ich bedankte mich, versicherte meinen Helfern mehrfach, dass es mir gutginge, und ließ mich einige Meter bergab rollen, wo ich an einem Wegabzweig die Vespa abstellte und erst mal durchatmete.

Das Allerwichtigste: Mir ging es wirklich gut. Glück gehabt. Nur meine dicke Wanderhose und die Winterjacke, die den Aufprall gedämpft hatten, waren nun ein bisschen löchrig. Dann inspizierte ich das Fahrzeug, packte alles ab, bog den deformierten vorderen Kotflügel einigermaßen zurecht, checkte Bremse, Radaufhängung, Kupplung und drückte den E-Starter. Ein fieser »*Dit-dit-dit*«-Ton jagte mir einen Schrecken ein. Ich nahm die Motorseitenbacke runter und entdeckte eine ausgefräste Nut in den Polradlamellen. Durch den Aufprall war der Kotflügel ein-

gedrückt worden, und die Muttern, die den Gepäckträger hielten, wurden in den Rotationsraum des Polrads gedrückt. Beim Starten verursachte das nun diesen fiesen Ton. Mit dem Kunststoffhammer dengelte ich die ausgebaute Lüfterradabdeckung und den Kotflügel zurück, und – puhhh! – alles lief wieder mit normalem Sound.

In Tok fand ich eine Autowerkstatt und ließ meinen Gepäckträger verstärken, säuberte die verkrustete Vespa und haute mir die Wampe voll. Die letzten Tage hatte ich nicht so viel gegessen, und ich beschloss, das auszugleichen. Gerne wäre ich danach sofort ins Zelt gegangen, doch vorher musste ich noch mit der Ledernadel die Seitentasche flicken, da die Naht aufgerissen war, als die Vespa mit voller Wucht aufschlug.

Mit einem blauen Fleck und schmerzender Hüfte setzte ich die Reise fort. Es wurde windig, bergig, und irgendwie zog es sich, bis die Laune wieder stieg. An einer Tankstelle, die mit ihren ausgestopften Tieren wie ein Jägerhauptquartier aussah, lauschte ich interessiert dem Tankwart, der mir viel über das Tierleben Alaskas berichtete.

Vor dem Ort stand eine Waage für Lkws. Da mich mein Gewicht brennend interessierte, fuhr ich auf das Teil drauf. Die Beamten lachten und gaben mir den Computerausdruck: 240 Kilogramm leer, mit mir 320, das sind zehn Kilo über dem zulässigen Gesamtgewicht und definitiv zu viel, um über ungeteerte Buckelpisten zu fahren. Ich musste möglichst bald aussortieren, ob ich nun wollte oder nicht.

Vor Fairbanks fing das Fahrzeug an, zu schwanken und zu schlagen, schnell rechts ran. Und? Na klar, Hinterrad platt, die Zweite. Ein Nagel auf der Straße. War schnell gemacht, aber ein Scheißjob, weil der erstaunlich dichte Verkehr vor der 30 000-Einwohner-Stadt den Seitenstreifen extrem ungemütlich machte.

Auf dem Parkplatz vor dem Recreation Campground standen fast 20 Motorräder und eine Meute in Lederklamotten, Westen mit Aufnähern und Kopftüchern. Sie schauten mich alle etwas verdutzt an und winkten mich rüber. Es war das jährliche Treffen der »Christian Motorbike Association«. Nach ein paar Minuten Smalltalk hatten sie mich in ihr Herz geschlossen und fragten mich, ob ich was gegen einen christlichen Motorradsegen hätte.

»Nee, ich kann jede Unterstützung brauchen!«

Sie umringten mich, berührten meine Vespa und beteten laut für gutes Reisewetter, stabile Vespateile, gute Straßen und dass mir nichts Schlimmes zustoßen möge. Dann luden sie mich zu ihrer Grillparty ein und überreichten mir noch einen heiligen Aufkleber, den ich an Ort und Stelle anpappte: »Gesegnet 2013.«

Ich konnte es drehen und wenden, wie ich wollte: Ich war heillos überladen. Da half nicht mal beten. Das Aussortierspiel war schmerzhaft für mich, da ich ja nicht einfach blind gepackt hatte. Bei jedem Teil hatte ich mir vorab Gedanken gemacht. Doch jetzt musste ich mich von ein paar Dingen trennen. Andere tauschte ich aus. Im Ort fand ich ein Laptop-Ladekabel, das alte hatte den Daypack-Abflug doch nicht überlebt. Danach konnte ich mich mal wieder um meinen Blog kümmern und ließ mich online für den Zugang zum Arktischen Ozean registrieren, da das letzte Stück im Norden im Gasabbaugebiet tatsächlich nur nach Anmeldung und Bezahlung gestattet war. Scheiß drauf, ich wollte den Ozean nicht nur in der Nähe haben, ich wollte ihn auch sehen, hören, riechen, schmecken und vielleicht auch in ihn eintauchen.

Der geteerte Highway 2 ging nach etwa zwei Stunden in den Dalton Highway über. Tiefer, loser Schotter verschluckte locker und fluffig meine Reifen. Mit erhöhter Geschwindigkeit versuchte ich, die Vespa stabil zu halten. Als ich bei der ersten Abfahrt zu ruckartig abbremste, fiel sie in den Schotter. Zum Glück ohne schmerzhafte Konsequenzen.

An einem Anstieg sah ich von weitem einen Fahrradfahrer mit dem Schild »Oversize« am Heck. Ein spindeldürrer Kerl aus Holland namens Thomas. Er startete zu Hause und war erst mal nach Asien geradelt, runter nach Australien, mit dem Boot nach Südamerika und seitdem hier hoch. Seit zweieinhalb Jahren war er unterwegs. Krass. Ich hätte mich Stunden mit ihm unterhalten können, aber der Schotter zwang uns beide zurück zur »Arbeit«, wie Thomas sagte. Irgendwie hatte ich zu kämpfen, der Untergrund war immer noch nichts für mich. Doch dank des Tipps meines holländischen Freundes nahm ich mir die Zeit, in der Gewissheit: Irgendwann würde ich schon ankommen.

Vorher ärgerte mich noch ein weiterer Platten, das Hinterrad war glühend heiß, denn es schleifte am Kupplungsdeckel. Mit Unterlegscheiben zwischen Bremstrommel und Felge gewann ich mehr Luft und gab beim Aufpumpen mit der Rennradpumpe so viel Druck, wie ich nur konnte. Drei Autos hielten – eigentlich alle, die vorbeikamen – und die Insassen wollten wissen, ob alles okay war. Ich freute mich jedes Mal, dass ich ihnen nicht gleichgültig war, konnte sie aber beruhigen und weiterfahren lassen.

Knapp drei Stunden später erreichte ich den Yukon River, und es gab nach 240 Kilometern die erste Möglichkeit zu tanken. An der Tankstelle fragte ich, ob ich für ein paar Tage Gepäck bunkern dürfte, was kein Problem war. Cool. Ich warf alles ab, was ich in den kommenden Tagen nicht brauchen würde. Nur mit Werkzeug, Ersatzteilen, Zelt und ein paar Klamotten fuhr ich weiter. Der Tankwart warnte mich noch vor nassen Straßen.

»Ja, danke, aber laut Vorhersage wird es nicht regnen.«

»Schon, aber wenn die Piste zu staubig ist, dann kommt der Wasserwagen und macht sie nass.«

Ach so. Und tatsächlich erreichte ich keine zwei Meilen später eine gewässerte Piste. Der Schmierfilm war sauglatt, Schneckentempo war angesagt. Wirklich Meter machte ich erst mal nicht. Dann kam irgendwann Asphalt, der hatte allerdings Löcher, war total grob und ebenfalls mit Schotter überzogen. Dafür wurde die Landschaft wunderschön. Die Hügel waren mit grünem Teppich überzogen, es gab keine Spitzen oder Ecken, alles sanft und rundgeschliffen. Dann erspähte ich ein grünes Schild und dachte erstaunt: »Ist er das?«

Ja, er war es: der Polarkreis! Am liebsten hätte ich mein Zelt direkt vor dem Schild aufgeschlagen, so sehr freute ich mich. Aber nach ein paar Fotos musste es schon wieder weitergehen, schließlich hatte ich die Tour zum Ozean fix gebucht.

Zwar war der Asphalt weiter sehr grob, durchlöchert, geflickt, gerissen und mit Bodenwellen übersät, jedoch allemal besser als der weiche Schotter, auf dem mich irgendwann sogar der radelnde Holländer überholt hätte. Coldfoot, der nächste Ort, war eigentlich nur ein Restaurant mit Zapfsäule. Aber immerhin. Erst reparierte ich den Reifen, schlug mein Zelt auf, organisierte was Essbares und unterhielt mich in einer Bar mit Truckfahrern, Straßenarbeitern und echten Inuit. Die ersten Ureinwohner, die ich kennenlernte. Sehr spannend.

Am Morgen machte ich hinne und startete früh. Schattig und kühl war es in den Bergen, die Wolken hingen tief. Zum Glück waren die ersten Kilometer geteert, das vereinfachte den Tageseinstieg, da noch eine gewisse Müdigkeit in den Gliedern saß. Doch der Spaßfaktor beim Fahren sank mit der Zeit wieder in den Keller. Eine weiche Matschschicht hatte sich auf der Piste in den Truckfahrrinnen gebildet. Im zweiten Gang und mit langsam

schleifenden Bremsen manövrierte ich die Vespa langsamst herunter. Immer im Kopf: Mach ruhig, hetz dich nicht selbst, pass auf dich auf.

Ein paar miese Stellen folgten noch, dafür fing es zum Ausgleich wieder kräftig an zu regnen. Mir kam über Stunden kein Mensch entgegen, und es überholte mich auch niemand. Nur ein paar Rentiere kreuzten meinen Weg. Über 200 Kilometer lotste ich die Vespa, so gut es ging, durch das Schlaglochfeld und hielt nur ein paar Mal an, um meine Brille zu putzen.

Nach zwölf Stunden pausenlosem Fahren kam ich in Deadhorse an, einer total widerlichen Baracken- und Container-Ansammlung. Vor dem Ortsschild wollte ich ein Foto schießen, aber da war besetzt. Ein voll beladenes Fahrrad lehnte am Schild. Davor stand ein kleiner Kerl aus Argentinien. »Ich kann es nicht glauben, ich kann es nicht glauben. 19 Monate bin ich mit dem Fahrrad von Ushuaia bis hierher gefahren. Und jetzt ist es vorbei. Ich hab's geschafft!«

Brüderlich umarmte ich ihn und gratulierte ihm zu dieser großen Leistung. Dabei ging mir plötzlich durch den Kopf: »Wie wird das wohl sein, wenn ich irgendwann mal da unten ankomme, wo dieser Typ gestartet ist?«

Die Mücken umschwärmten mich, während ich draußen kochte. Dabei trank ich die erste Flasche Kölsch, die ich seit Vancouver in meinem Gepäck hatte – Übergewicht hin oder her. Ich dachte an Köln, die Leberwurst und meine Reise und schlüpfte total geplättet, aber glücklich und stolz, die ersten 6500 Kilometer geschafft zu haben, in meinen mit einer Wärmflasche vorgeheizten Schlafsack.

Hier im Norden gab es Moskitos groß wie Kanarienvögel, mit Rüsseln wie Strohhalme. Wenn die dich anzapften, war das, als würdest du Blut spenden. Und leider gab es danach nicht mal was zu essen und zu trinken umsonst, sonst hätte ich mir das ja noch gefallen lassen. Alleine waren die Biester auch nicht, ganze Geschwader attackierten mich, und so musste ich vorm Schlafengehen erst mal zum Massenmörder werden, um zu Morpheus zu gelangen.

Dann war es so weit. Am Ozean füllte ich drei Döschen mit dem Wasser der Beaufortsee, denn aus Morpheus' Reich brachte ich einen durchgeknallten Plan mit: Da meine Vespa ja für die Post gearbeitet hatte, reifte schon in den letzten Tagen die Idee in mir, ihr einen neuen, einen großen, einen ehrenvollen Transportauftrag zu erteilen.

Doch vorher zog ich mich erst mal aus und ging ins Wasser. Das war eigentlich verboten, aber mir war es egal. Das war hier schließlich die Vesparicana – und ich feierte gewissermaßen einen wichtigen Wendepunkt: Ab sofort würde ich nur noch gen Süden reisen!

Zurück bei der Vespa öffnete ich ein Döschen und stellte mich vor sie: »Hiermit taufe ich dich auf den Namen Elsi. Elsi, bringe dieses Wasser vom nördlichsten Punkt Alaskas zum südlichsten Punkt Argentiniens. Mögest du mir immer treu bleiben, mich sicher vom einen zum anderen Ozean bringen. Mögen uns keine Unfälle passieren, kein Maschinenbruch und auch kein Knochenbruch.«

Dann schüttete ich das Döschen über ihr aus. Sie war jetzt nicht nur gesegnet, sondern auch getauft. Durch den Luftansaugschlauch des Vergasers ließ ich das zweite Döschen Wasser in den Rahmen fallen. Dort würde es bleiben, bis Elsi uns bis ans andere Ende des amerikanischen Kontinents gebracht hatte.

Ab diesem Moment sprach ich nicht mehr von mir in der Einzahl, wenn ich mit anderen Menschen über die Vesparicana redete, ich sagte immer »Wir«. Das fiel so vielen Menschen auf, dass ich immer wieder gefragt wurde, ob ich einen Reisebegleiter hätte. Doch mit »Wir« meinte ich nur meine Vespa und mich, die abgefahrene Symbiose aus Mensch und Maschine. Für bekloppt hielten mich so einige, die das mitbekamen, aber ich glaube, die Sympathien waren trotzdem auf meiner Seite. Vor allem natürlich die der anderen Reisenden und der großen Vespafamilie, die mich auf dem Weg in den Süden noch erwartete. Aber davon konnte ich noch nichts ahnen.

Auf dem Rückweg sah ich schon von weitem einen breiten dunkelhäutigen Typen mit einem Stoppschild in der Hand. Es war Lao, mit dem ich die Tage zuvor in Coldfoot ein Bierchen getrunken und mich so gut über das Leben der Inuit unterhalten hatte. Er begrüßte mich freudig und sagte mir, dass wir etwa eine halbe Stunde auf das Pilot Car warten müssten. Ich stellte den Motor ab und sagte: »Wie?! Ich will zu meinem Feierabendbier!«, und grinste ihn an. Er drehte sich um, ging zu seiner Kühlbox und holte eine eiskalte Flasche Guiness hervor, gab sie mir unauffällig, weil hinter mir mittlerweile zwei dicke Trucks standen, und sagte: »Hier mein Freund aus Deutschland, ein gutes Bier aus Irland.« Guter Mann.

Am Yukon holte ich meine gebunkerten Klamotten wieder ab und regte mich über mich selbst auf. Die Axt, den Klappspaten, das Motorradschloss, das 25-Meter-Seil mit dem Flaschenzug und all das, Alter, brauchst du das wirklich? Ich musste nicht von Anfang an für jeden denkbaren Notfall gerüstet sein. Es würde eh anders kommen. Also warf ich noch einmal etwas Ballast ab und verschenkte das meiste sofort.

Leider hatte ich trotz der Ausmüllaktion noch immer das Gefühl, die entscheidenden Kilos zu viel hintendrauf zu haben. Trotzdem schafften wir es auf den Asphalt, den ich nach 1350 Kilometern erst einmal dankbar küsste, und machten uns auf, zurück nach Fairbanks. Für die Bodenverhältnisse, die ganzen Schlaglöcher und die staubige Luft kämpfte Elsi echt bravourös. Doch die Etappen der letzten Tage hinterließen Spuren. Es war Zeit für etwas Pflege, also machte ich Elsi sauber wie am ersten Tag.

Zwischen Auspuff und Karosserie waren Matschbrocken von mehreren Zentimetern Dicke. Der Motorblock und der Vergaser waren kaum noch voneinander zu unterscheiden. Die Felgen vorne wie hinten hatten beide ganz schöne Eier drin, und auch

die Mäntel waren schon fast runter. Zum Glück fand ich welche, denn weitere 6500 Kilometer zurück nach Vancouver hätten die nicht mehr gemacht. Wir gingen auf Mitte August zu, und ab Ende August konnte hier schon der Herbst anfangen. Dem wollte ich nicht unbedingt mit abgefahrenen Pellen begegnen.

Weiter ging die Putzaktion. Gepäckträger runter, Sitzbank runter, Tank raus, Vorderrad und Stoßdämpfer raus, um die ganze Bremszange zu reinigen. Als ich gerade die neuen Bremsbeläge probeweise auf die alten legte, fing es an zu regnen. Schnell in Deckung. Nach einer Viertelstunde hörte es schon wieder auf, ich kroch aus meinem Zelt und machte weiter. Die neuen Beläge schob ich links und rechts in die dafür vorgesehenen Plätze, dann ging ich zu meinem Schraubenhaufen und wollte die Klammern nehmen, um die Beläge zu sichern. Doch die waren irgendwie nicht mehr da.

»Keep cool. Erst mal die Werkzeugtaschen aufmachen. Hast du bestimmt beim Regenrückzug da reingesteckt.« Fehlanzeige. Ich suchte alles ab, alle Klamotten, die ich anhatte, Taschen, Zelt, im und um den Roller – weg. Einfach weg. Ich kniete mich in den sandigen Boden und nahm jeden Kiesel in die Hand, doch ich fand sie nicht. Nachdem ich mit den Händen den gesamten, jetzt fast kiesellosen Boden durchkämmt hatte, gab ich total frustriert auf.

»Wie doof bist du eigentlich, dass du es noch nicht mal hinbekommst, die demontierten Teile in eine Dose, Tüte oder was auch immer zu werfen?« Frustriert, mit Millionen Gedanken und Zweifeln im Kopf, die ich vergeblich auf morgen zu vertagen versuchte, schlief ich ein.

Hier in Fairbanks fand ich kein Ersatzteil. Ein Mechaniker riet mir, die Bremsbeläge mit Silikon aufzukleben, was ich aber zu krass fand. Der logischste und schnellste Weg war das Scooter Center bei Köln, denn die hatten das Teil bestimmt auf Lager, und da ich in Fairbanks war und nicht irgendwo im Nirgendwo, sollte das nicht ewig dauern.

Als ich für die Reise meine Ersatzteilkiste füllte, fuhr ich wie immer zum Scooter Center, denn die hatten mehr oder weniger alle Vespamodelle in Einzelteilen auf Lager. Als ich von meinen Reiseplänen berichtete, wurden mir zur freundschaftlichen Unterstützung meiner Vesparicana nicht nur Sonderkonditionen gegeben, sondern auch noch wichtige Telefonnummern, wo ich im Notfall Hilfe und sofortigen Ersatzteilversand angeboten bekam. Jetzt war die Zeit gekommen zu testen, wie gut das funktionierte.

Also blieb ich bis Mitternacht wach, was in Deutschland zehn Uhr morgens war, und rief beim Scooter Center an. Genau wie ich es mir erträumt hatte: Klar kannten sie jedes Teil in- und auswendig und sahen auch sofort im Computer, dass es auf Lager vorrätig war. Wir klärten die Lieferadresse, und sofort war das Paket via Express auf dem Weg. Was für eine Erleichterung!

Und kaum zu glauben: Nach lächerlichen zwei Tagen hatte ich das Paket mit der kompletten Bremszange schon in den Händen. Es konnte mal wieder weitergehen.

Die Expedition »Into the Wild«

Nachdem meine Bremszange erfolgreich montiert war, fuhren Elsi und ich zum Denali Nationalpark. Der war im Grunde gar nicht mein Ziel, denn eigentlich wollte ich außerhalb des Parks den »Magic Bus« aufsuchen. Den kannte ich aus dem Buch und Film *Into the Wild*, die auf der wahren Lebensgeschichte von Christopher McCandless beruhten, einem jungen Mann, der Anfang der Neunziger radikal aus seinem bisherigen Leben, den familiären Zwängen und gesellschaftlichen Erwartungen ausbrach. Er spendete all sein Erspartes für gute Zwecke, stellte sein Auto einfach irgendwo ab und streunte umher. Er querte die USA und reiste nach Mexiko. Er lebte mit den Hippies, sein Traum aber war Alaska. Hier oben fand er schließlich Unterschlupf in einem ausrangierten Bus, den Trapper jahrelang als Domizil nutzten. Er richtete sich in seinem »Magic Bus« ein, doch er hatte mehr und mehr Probleme, Nahrung zu finden, und wurde immer schwächer. Als er sich entschloss zurückzukehren, war der Fluss, den er Monate zuvor durchquert hatte, zu einem reißenden Strom geworden und schnitt ihm den Rückweg ab. Er war gefangen in der Wildnis. Er aß Pflanzen, die sein schwacher Körper nicht vertrug, und verhungerte elendiglich.

Eigentlich eine traurige Geschichte, aber Alexander Supertramp, wie er sich selber nannte, gilt für viele junge Menschen als der Aussteiger schlechthin, als Ikone. Und er steht für das Leben eines Traumes. Ich hatte herausgefunden, dass der echte Magic Bus noch immer in der Wildnis stand und auch schon Leute dorthin gewandert waren. Gefangen von dem Mythos verspürte ich den Reiz, meine Reise und die von Alex Supertramp kreuzen zu lassen, und machte mich auf nach Healy, den Ort, der dem Magic Bus am nächsten liegt.

In Healy gab es einen Pub, und dort stand der Nachbau des Busses, in dem der Film gedreht wurde. Dort wollte ich versuchen, von den Locals so viel Infos wie möglich zu erhaschen, und hoffte auch, dass ich jemanden finden würde, der mit mir zusammen in die Wildnis aufbrechen würde, da ich einen Heidenrespekt vor der Wildnis hatte und nicht so enden wollte wie Supertramp.

Ich wurde an einen alten, weißhaarigen Trapper verwiesen, der an der Theke saß. Er hatte mehrfach für Monate in dem Bus gelebt, seine Fallen ausgelegt, war weitergezogen, zurückgekommen. Er gab mir unzählige nützliche Tipps, die ich aufsaugte wie ein Schwamm. Als er fertig war mit seinen Anekdoten und Hinweisen, schaute er mir in die Augen und sagte: »Du versprichst mit jetzt, dass du nicht alleine da rausgehst!« Und nach einer kurzen Pause: »Los, versprich es!«

Ich reichte ihm die Hand und sagte: »Ja, Sir, ich verspreche es.«

Irgendwie war ich traurig, als ich zu meinem Zelt ging. Ich war der Geschichte so nah, dieser Bus saß so fest in meinem Hirn, und ich wollte diesen Ort nicht verlassen, ohne ihn zu sehen. Aber ich hatte niemanden gefunden, der mitkommen wollte, denn es war mehr als ein Tagesausflug. Zwei Übernachtungen mindestens.

Auf dem Campingplatz fuhr ein Fahrrad mit Farbeimern anstelle von Satteltaschen an mir vorbei. Alex, der mit dem Rad aus Toronto bis hierher gefahren war, hatte die Dinger am Rahmen festgeschraubt. Herrlich bekloppt. Auch er träumte vom Magic Bus. Wir unterhielten uns, lernten uns kennen, und nach reiflicher Überlegung entschlossen wir uns, zusammen aufzubrechen. Es konnte also doch noch klappen.

Im Nationalpark legte ich die Karten offen auf den Tisch und sagte dem Ranger, wohin wir wollten. Er riet uns davon ab, da der Bus nicht mehr im Gebiet des Parks lag. Doch am Ende druckte er eine Karte aus und checkte die Wetterkarte. »Es wird diese Nacht regnen, dann sind die Pegel morgen früh höher. Durchquert den Teklanika River deshalb besser am Abend. Und passt auf die Bären auf, niemals Essen in der Nähe vom Zelt aufbewahren, auch keine Konserven. Die Nase eines Grizzlys ist so gut, er riecht geschlossene Konserven.«

Mit beladenen Rucksäcken fuhren wir in die Stampede Road, wo wir Elsi und das Eimerrad bei netten Menschen abstellten und loswanderten. Etwa 20 Kilo auf dem Rücken und fast 40 Kilometer bis zum Bus vor uns, über Steine und Geröll, durch trockene

und nasse Flußbetten, über Wiesen und Matsch. Wir erreichten zunächst den Savage River. Ohne Hosen, aber mit Wanderschuhen schritten wir durch den doch recht kräftigen Strom, der glücklicherweise nicht höher als bis zur Mitte meines Oberschenkels reichte.

Lockerer Aufgalopp, denn nach der Hälfte der Strecke erreichten wir den Teklanika. »FUCK«, dachte ich laut. Gut 25 Meter breit und eine verdammt kräftige Strömung. Arschkalt obendrein. Das trübe Schmelzwasser ließ keine Tiefeneinschätzung zu. Wir suchten eine Stunde nach einer geeigneten Stelle, beobachteten dann einen Schweizer mit seiner Freundin auf der gegenüberliegenden Seite, die vor uns mit Stöcken den Fluss durchschritten.

Nachdem die zwei jubelnd unser Ufer erreichten, machten wir uns startklar und schnappten uns die Stöcke. Arm in Arm, fest eingehakt, schritten wir durch den Fluss. Schon bald spürte ich meine Beine kaum noch, so kalt war das Wasser, aber wir kamen auf die Stöcke gestützt heil durch den Strom. Nach einem aufwärmenden Essen wanderten wir noch zwei Stunden weiter, bis wir todmüde irgendwo das Zelt aufschlugen. Das Bärenpfefferspray

immer griffbereit und unsere Rucksäcke mit dem Essen 200 Meter weiter irgendwo im Busch.

Die Nacht war okay, doch wirklich gut schlafen konnte ich nicht. Nach noch einmal fünf Stunden wandern, öffnete sich der mit Tannen zugewachsene Weg, und auf einer Lichtung stand er: der MAGIC BUS. Unbeschreiblich. Ich hatte eine Gänsehaut, und gleichzeitig schoss freudige Wärme durch meinen Körper. Irgendwie widersprüchlich und doch ganz logisch: Du bist so frei in der Wildnis, aber auch so isoliert vom Rest der Welt.

Im Bus fanden wir eine Box, in der Original-Briefe und handschriftliche Erklärungen von Supertramps Schwester lagen. Eine Art Gästebuch gab es auch, in das andere Reisende ihre Geschichten und Lebenseinstellungen reingeschrieben hatten. Klar machten wir Hunderte von Bildern, sahen uns alle Details an, und natürlich ritzte ich meinen Namen in den Rost und hinterließ einen kleinen Kölner-Dom-Pin, den ich in ein Rostloch drückte. Wir zelebrierten eine wundervolle Mittagspause vor dem Bus, dabei hörten wir den geilen Soundtrack von Eddie Vedder und philosophierten über das Leben. »Life is for living« – mein Lebensmotto.

Die Situation brannte sich so fest in mein Hirn ein, dass sie mir erst der Sensenmann wieder nehmen wird.

Als wir wieder aufbrachen, waren wir wie aufgeladen.

Nach noch einmal fünf anstrengenden Stunden erreichten wir wieder den Teklanika, checkten die Lage und stellten fest, dass er nur geringfügig angestiegen war. Also machten wir uns bereit zum Entern.

Alleine hätte er mich umgerissen. Nur harte Teamarbeit brachte »Alex und Alex« durch den Fluss, der mir diesmal fast bis zur Brust ging. Danach war ich komplett geschafft und todmüde. Ein entspanntes Abendessen, heißer Tee und ein Lagerfeuer wärmten uns wieder auf und ließen die Wanderschuhe ein bisschen trocknen. Diesmal schlief ich wie ein Stein.

Als wir aufstanden, brannte die Sonne schon so sehr, dass wir an fast jedem Bach hielten, um unsere Flaschen aufzufüllen. Auf einmal kam uns ein Typ entgegen, kurze Hose, Cola-Flasche in der Hand und eine Tüte voller Sandwiches. »Wann kommt denn der Bus?«, fragte er.

»Noch drei Stunden bis zum Fluss, dann durch und noch mal gute sechs Stunden bis zum Bus. Hast du kein Zelt oder Schlafsack?«

»Brauche ich nicht, ich war bei der Army. Ich gehe nur hin und sofort zurück.«

Wir gaben ihm noch so viel Infos wie möglich und warnten ihn vor dem Fluss mit seiner derben Strömung, aber er wollte weiter. Ich hoffe, er hat es überlebt oder war so klug umzudrehen.

Die letzten zwei Meilen zogen und zogen sich, doch irgendwann standen wir wieder vor der Vespa und dem Farbeimerfahrrad. Im Pub tranken wir einen, und Alex schenkte mir noch seine Ausgabe von *Into the Wild*, die ich auf der weiteren Reise in Erinnerung an unsere Expedition noch mal las.

Im Pub traf ich auch den Trapper wieder, dem ich brühwarm von unseren Erlebnissen berichten konnte. Doch die Bedeutung, die diese drei Tage für meine Vesparicana hatte, obwohl ich gar nicht im Sattel saß, ließ sich kaum in Worte fassen, so überwältigt war ich noch.

Out of Alaska

Vorbei am Denali Nationalpark und dem Mount McKinley, dem höchsten Berg Nordamerikas, der seit 2015 nur noch Denali heißt, ging es nach Wasilla, und ich stattete der Familie, die ich vor ein paar Wochen auf dem Supermarktparkplatz in Kanada kennengelernt hatte, einen Kurzbesuch ab. Eine Dusche, ein Bett. Danke, das tat gut.

In Anchorage gab es einen Witz von Vespavertretung. Die hatten nicht eine Vespa und nicht ein Ersatzteil auf Lager. Die Felgen eierten mir zu stark, hielten mich aber auch nicht davon ab, in diesem Zustand bis Vancouver zurückzufahren. Das war noch kein worst case.

Dafür erhielt ich via Internet zufälligerweise einen Kontakt zum Worst Scooter Club Ever, einem Vespaclub in Vancouver, der mich freundlich zum Jahrestreffen der Vespaclubs einlud, das in drei Wochen in Vancouver stattfand. Coole Aussicht, nach all der Wildnis.

Bis dahin gab es aber erst mal wieder Regen satt. Und wie. Drei Tage und Nächte schüttete es ununterbrochen und wurde unangenehm frisch. Mein dicker, wasserabweisender Regenponcho feierte Premiere. Wie bei Pegasus verbanden sich nun Mensch und Maschine auch optisch. Mein Handy nahm allerdings, bevor ich alles regenfest machen konnte, einen Schluck Wasser zu viel und verabschiedete sich von dieser Reise. Nutzte ich eh kaum. Zum Kommunizieren reichte das Internet, und als Uhr hatte ich es auch nicht mehr genutzt, denn ich lebte mittlerweile in einem angenehm zeitlosen Rhythmus. Aufwachen, losfahren, ankommen. Was die Uhr sagte, war meistens vollkommen irrelevant. Und um lange Reisetage nutzen zu können, konnte ich mich auch von meinem GPS aus den Träumen reißen lassen. Handy? Definitiv kein herber Verlust.

Bei Tok stieß ich wieder auf den Alaska Highway und fuhr über den Grenzposten zurück nach Kanada, womit ich gleichzeitig eine Wetterscheide überschritt, das hieß, ich kehrte zurück in trockenere Klimaregionen. Juhu, endlich wieder mehr blauer Himmel. Die Straße nach Haines Junction sollte für ihre Schönheit bekannt sein, weshalb ich die direkte Route wieder verließ, um mich selbst davon zu überzeugen. Eine weiche, runde, grüne Hügellandschaft mit einzelnen Tannenbäumen wirkte schon fast so künstlich, als müsste gleich eine riesige Hand die Bäume versetzen und die Märklin-Bahn neben mir aufbauen.

Über den Haines Highway erreichte ich den südlichen Wurmfortsatz von Alaska und reiste noch mal für einen Abstecher in die USA ein. Ein Naturcampingplatz war ausgeschildert, hinter einer kleinen Brücke bog ich ab und folgte dem Weg. Plötzlich kreuzte ein Grizzlybär den Weg. Sofort stoppte ich und sah, wie ein kleiner Bär tapsig hinterhereilte. Adrenalin schoss in meinen Körper, ich wendete, fuhr einige Meter zurück und stellte den Motor ab. Ein Auto hielt, es war ein offizielles Fahrzeug mit einem braun uniformierten Ranger am Steuer. Er stellte ebenfalls sein Fahrzeug ab und stieg aus. Als er meine scheue Neugier realisierte, sagte er nur knapp: »Folge mir.«

Wir gingen langsam zum Fluss, wo Mama Bär mit dem Kleinen

versuchte, Lachse zu fangen. Mit großem Sicherheitsabstand gingen wir parallel zum Fluss, und dann sah ich, wie sie erfolgreich fischten und fraßen. Ich konnte kaum glauben, was ich fast eine Stunde lang geboten bekam. Zum Finale ging ich auf die kleine Holzbrücke, von wo aus ich die beiden noch einmal aus wenigen Metern Entfernung sehen konnte. Der Ranger prophezeite auf dem Naturcampingplatz »nächtliche Bärenaktivität«, worauf ich bei aller Begeisterung keinen Bock hatte. Also verlegte ich mein Camp näher an den Ort. Zwar waren Bären vor dem Winterschlaf permanent auf Nahrungssuche, und da hatten auch eine Farm, eine Ortschaft, allgemein Zivilisation natürlich ihren Reiz, weshalb es dort nicht ungefährlicher sein musste. Aber alleine im Wald, in der tiefen dunklen Nacht in einem Stoffzelt zu schlafen, wohl wissend, dass Grizzlys in der Nähe waren, würde mir garantiert keinen erholsamen Schlaf bringen. Mit einem Adrenalinstoß aus dem Schlaf gerissen zu werden, weil jedes Geräusch, ob von einer Maus, von Streifenhörnchen oder Waschbären, erst mal bedrohlich klang – darauf konnte ich trotz griffbereitem Pfefferspray und Seenot-Horn getrost verzichten.

»Wenn du in der Wildnis kampierst und dein Zelt nicht genau auf einem Trampelpfad eines Grizzlys aufbaust, dich an die allgemeinen Lebensmittelregeln hältst, dann wird er sich nicht für dich interessieren«, sagte mir der Ranger. Ich wollte trotzdem lieber wieder unter Menschen, da fühlte ich mich sicherer – und so rollten wir weiter … out of Alaska.

UND WIEDER ZURÜCK NACH VANCOUVER

Von Haines setzte ich mit der Fähre über den Fjord, beobachtete dabei Wale und kam in Skagway an, einem künstlichen Ort, der hauptsächlich von Kreuzfahrtschiffen angelaufen wird. Also schnell weg auf den White Pass. Abgefahrenes Ding. Der White Pass bot mir oben eine Landschaft mit weißlich-gelbem Gestein, was mit dem grün-blauen Moos und dem tiefblauen See irgendwie aussah, als wäre ich nicht Fähre, sondern Raumfähre gefahren – es war wie auf einem anderen Planeten. Wieder kreuzte ich eine Landesgrenze und war zurück in Kanada.

Als ich wieder auf den Alaska Highway stieß, wäre es eigentlich rechts gen Süden gegangen, ich fuhr aber nach links zurück nach Whitehorse, weil meine Lebensmittelvorräte aufgebraucht waren und mir klar war, dass ich zwar Alaska verlassen hatte, mich auf dem Cassiar Highway in British Columbia aber die pure Wildnis erwartete.

Dort traf ich an einem Fluss einen Haudegen von Jäger samt Frau und Sohn, die mich für den nächsten Morgen zur Elchjagd einluden. Die drei waren irgendwie derbe, aber auch sehr nett, und wollten mir alles über die Wildnis und das Jagen erklären. Sie waren ein eingespieltes Team: Am Morgen machte sie das Frühstück, der Sohn das Gummiboot mit dem Aluboden klar, und der Vater kümmerte sich um die Flinten. Kein Elch war zu sehen, nur Schwarzbären und Wolfsspuren. Dann rief Cindy: »Ein Wolf!«, und noch bevor ich ihn richtig sah, lähmte ein Knall und das direkt folgende Tinituspiepen meine Ohren. Der Wolf war sofort tot, und der Sohn klopfte dem Vater auf die Schulter: »Clean kill, dad.«

Am Camp wurde der Wolf gehäutet und das löchrige Fell mit dem Kopf nach unten aufgehängt. Der restliche Kadaver wurde nackt in den Fluss geworfen. »Das regelt die Natur.«

Nicht ganz mein Ding, das Jagen. Ich war irgendwie froh, dass wir kein weiteres Tier mehr schossen. Nach erfolgloser Jagd, auf der ich aber noch viel über Elche, Bären, Wölfe und den Wert ihrer Felle und sonstigen Einzelteile erfuhr, wurden fürs Abendessen Schwarzbärkeulen aus dem Gefrierfach geholt.

Die folgende Nacht war unentspannt. Es raschelte ums Zelt, und am frühen Morgen wachte ich vom Wolfsgeheule auf und dachte: »Jetzt kommen sie und rächen sich.« Dann doch lieber Vespafahren.

Durch die pure Wildnis führte der Cassiar Highway weiter. Ich sah Schwarzbären, viele Schwarzbären. Als es dämmerte und ich einen Campspot suchte, waren nur noch Bären um mich rum: 13 Bären in einer halben Stunde. Hm. Ein Fahrradreisender kampierte genau in diesem Bären-Hotspot. Glücklicherweise hatte ich meine treue Elsi mit ihrem guten Motor, der mich geschwind ein paar Kilometer weiter brachte, wo keine Bären mehr sichtbar waren.

Hinter der Kleinstadt Stewart quälte ich mich stundenlang über eine durchweichte Schotterpiste auf den Salmon Glacier. Obwohl der »Lachsgletscher« in Alaska lag, gab es kein Grenzhaus und keinen Stempel im Pass – das wäre zu aufwendig für diese Sackgasse. Dafür wurde ich von dem schönen Gletscher für die Mühen belohnt.

Bevor ich den Cassiar verließ, fuhr ich noch in einen Ort, wo Menschen vom Totempfahlschnitzen lebten. Anstatt dem Suff anheimzufallen (wie traurigerweise so oft in der Geschichte der Ureinwohner), schnitzten sie hier nach alter Tradition Totempfähle. Zwölf Stück mit den lustigsten und angsteinflößendsten Tieren und Fratzen standen auf dem Dorfplatz. Stolz erklärten sie mir die Bedeutung, während sie fleißig auf die Schnitzeisen schlugen.

Der Highway of Tears führte nach Prince George. Hier sollen seit 1969 über 20 Mädchen ermordet worden und viele weitere verschwunden sein. Am Straßenrand standen überall riesige Schilder, die verzweifelte Eltern vermisster Mädchen aufgestellt hatten. Schon gruselig die Vorstellung, dass irgendwo in dieser wunderschönen Natur Serienmörder ihr Unwesen trieben. Noch gruseliger als eine Nacht im Bären-Hotspot. Deswegen war in BC trampen auch strengstens untersagt.

Ich traf Kevin wieder, den ich am Arktischen Ozean kennengelernt hatte. Zwei Nächte blieb ich bei ihm, rastete, genoss das Bett, die Dusche und all die Annehmlichkeiten, die ich in meinem Reisealltag gar nicht vermisste, mich aber immer freute, wenn ich sie nutzen konnte. Beim Blick ins Internet erfuhr ich außerdem, dass die Jungs vom Vespaclub in Vancouver zwei Felgen für mich organisiert hatten und mich schon erwarteten. Nichts wie los.

Stunden über Stunden rannte Elsi gut, bis wie aus dem Nichts: ein Kolbenklemmer. Sofort zog ich die Kupplung und rollte rechts ran. Seitenhaube und Motorverkleidungen demontiert und erst mal den Motor abkühlen lassen. Ein Wagen hielt, ein Typ und eine total witzige Lady stiegen aus. Sie wollten mir eigentlich helfen, aber da es nichts zu helfen gab, blieben sie bei mir und wollten wissen, warum ich so beladen durch die Wildnis brauste. Es entwickelte sich ein abgefahrenes Gespräch, eine dieser unverhofften Begegnungen, die mir richtig Aufwind gaben. Die Vespa lief auch wieder, ich war super drauf und gab mich gut gelaunt ein paar Gedanken hin.

In meinem Tagtraum baute ich grade an einem See in Kanada eine Blockhütte, wo neben meinem Segelboot auch mein kleines Wasserflugzeug lag. Bären, Wölfe, Elche, Rentiere, Waschbären und Streifenhörnchen spielten friedlich zusammen und kamen gelaufen, wenn ich pfiff. Geschossen wurde nur mit Fotoapparaten. Plötzlich krachte es über mir, und ein Donner riss mich aus meinem Gehirnparadies. Ein Wolkenbruch übergoss mich, binnen Sekunden war ich bis auf die Knochen durchweicht, fand aber Zuflucht auf einem kleinen Campingplatz. Es gab sogar eine Dusche, die allerdings für drei Minuten heißes Wasser einen Loonie kostete. Ich schob einen Kabelbinder in den Münzschlitz und betätigte damit den Duschautomaten. Guter Trick, den ich von den Jägern hatte, genau wie den Kabelbinder. Nicht weitersagen.

Auf dem Cariboo Highway erkannte ich einige Stellen von der Hinreise wieder. Es wurde wieder bergiger, der Highway wurde beidseitig durch Felswände eingequetscht, als irgendwann die Tachowelle brach und die Tachonadel auf null sank. Natürlich hätte ich ein paar Kilometer weiterfahren sollen, um mir eine geeignete Reparaturstelle zu suchen, aber mein Sturkopf wollte die Tachonadel hier und jetzt wieder in Bewegung setzen. Lkws schossen gefährlich nah an mir vorbei, als ich am Tacho fummelte, bis sich die Nadel wieder bewegte.

Es wurde immer windiger, mit fiesen Böen, nicht ganz ohne. Es war zwar schön, aber auch steil. Unermüdlich kämpfte der Motor durch Wind und Berge, bis wir das Tor zur Hölle erreichten. »You have to pass Hell's Gate to reach Hope«, sagten die Kanadier hier. Hell's Gate war der Name einer engen Schluchtpassage und Hope eine Kleinstadt dahinter. Zu dem Sturm und der Steigung fing es wieder an zu regnen, es war richtig ungemütlich, als ich am Höllentor anklopfte. Die nackte Felswand, in die die Straße geschlagen war, ließ keine Möglichkeit, zu rasten oder zu nächtigen. Es wurde immer später und dunkler, als ich an einer Brücke über dem Fraser River ein Campground-Schild erkannte. Ich konnte kaum noch was sehen, als ich im Regen das Zelt aufbaute. Das Abendessen beschränkte sich auf Tortillas, mit allem eingerollt, was ich noch so fand. Todmüde fiel ich ins Zelt.

Die letzten 300 Kilometer bis Vancouver waren dann aber fast regenfrei, wir kamen ohne weitere Zwischenfälle an. Dank des WLANs stand wenig später Sean vom Worst Scooter Club Ever neben mir, wir waren direkt auf einer Wellenlänge, und ohne mit der Wimper zu zucken, ließ er mich mein Zelt in seinem Garten aufschlagen. Das Haus war nämlich schon belegt von vollkommen vespaverrückten Jungs aus Calgary, die schon für das Jahrestreffen eingefallen waren.

Zusammen fuhren wir in einen Pub, vor dem schon ein Haufen Zweiräder stand. Nicht nur Vespas, auch getunte Honda Ruckus. Hier war die Szene so klein, dass sie sich selbst das Motto gegeben hatte: »Egal was du fährst, komm mit, wir fahren zusammen.« Ein anderer Spruch lautete: »It takes money to ride a Harley on the highway, it takes balls to ride a scooter.« Noch Fragen?

Ich wurde mit offenen Armen empfangen, sprach viel mit Christian, der mal einen eigenen Vespashop in Vancouver hatte. Nun hatte er eine kleine Hinterhofwerkstatt, wo er nur aus Spaß an seinen Vespas und Lambrettas schraubte. Er war schon mal in

Köln gewesen und kannte die Jungs vom Scooter Center. Zusammen mit den anderen cruisten wir durch das nächtliche Vancouver. Eine lustige Abwechslung nach all der Natur und Einsamkeit.

Lustig war auch, dass ich eigentlich keinen, aber trotzdem irgendwie jeden kannte. Ich unterhielt mich mit so vielen Menschen wie seit Wochen nicht mehr und konnte mir deshalb kaum einen Namen merken. Ich wusste nur noch, mit wem ich worüber gesprochen hatte und wer zu welcher Maschine gehörte. Egal. Wer interessierte sich für Namen? Ich fühlte mich wohl in der ganzen Meute, das zählte.

In den Tagen danach fuhren wir irgendwann zu Christian, tauschten die Tachoschnecke und die Welle, tranken Bier, hörten Musik, quatschten und hingen zusammen ab.

»Du bist noch nie Lambretta gefahren? Hier!« Mir flog ein Schlüssel in die Arme. Krass, mein erster Lambrettaritt und dann mit einer durchgepimpten Höllenmaschine. Hat mich voll gerockt! Und recht gemütlich zu fahren. Aber ich blieb natürlich Elsi treu.

Abends gab es die verschiedensten Aktivitäten und Ausfahrten, ich lernte Rocket kennen, einen absoluten Mechanikerprofi, Inga aus Deutschland, die eine gelbe Vespa fuhr (verrückt!), und Jill aus Seattle, die mir erzählte, dass ich auf keinen Fall an Seattle und Portland vorbeifahren sollte, denn da sei die Vespaszene sehr aktiv.

Bei der größten Ausfahrt an einem Sonntag waren wir 120 Vespas. Christian und seine Kumpel hatten extra einen Soundtrack gemixt, den wir alle auf den Playern hatten. Alles gut organisiert, na ja, fast alles. Wenn wir in Köln zusammen fuhren, dann war jedem klar, dass er gefälligst mit vollem Tank zu erscheinen hatte. In Vancouver war Tanken quasi der erste Programmpunkt. Mit 120 Karren aus allen Richtungen die Zapfsäulen zu erstürmen hatte schon was extrem Rowdiehaftes. Abgesehen davon ein cooler Ausritt.

Am späteren Abend traf sich hier der gesamte Club zu einer Preisverleihung. Prämiert wurden das längste selbstgeschweißte

Hondavehicle, die langsamste Fahrt des Nachmittags, der schönste und älteste Roller und so weiter. Als Letztes sprach der Conférencier von einem Gast, der den Preis der längsten Vespafahrt schon jetzt erhalten sollte, obwohl seine Fahrt noch lange nicht zu Ende war. Dann überreichte er mir meine Urkunde, nicht im Bilderrahmen wie alle anderen, sondern im eingeschweißten Scheckkartenformat. Umgehend verkündete ich glücklich, dass meine Kreditkarte ab sofort nicht mehr die wichtigste Karte in meinem Portemonnaie war. Feierlich wurden mir auch noch zwei Felgen überreicht, sogar Rennfelgen, die dicker und hoffentlich widerstandsfähiger für zentralamerikanische Buckelpisten waren. Unglaublich, ich kannte die Jungs eigentlich kaum und war sofort Teil der großen Vespafamilie!

Katerstimmung in Vancouver. Die Feierlichkeiten – Details spielen hier keine Rolle – hatten Spuren hinterlassen. Wieder beladen verabschiedete ich mich vom Worst Scooter Club Ever, der seinem Namen wahrlich keine Ehre gemacht hatte. Christian war auch da, um mich zu verabschieden. Als er sah, wie beladen ich war, wollte er unbedingt Elsi vom Ständer schieben, um ein Gefühl für das Gepäck und die Straßenlage zu bekommen.

»You are a lunatic, oh man, a lunatic.« Vollkommen bekloppt.

Abgesehen davon war ich noch ziemlich übernächtigt, aber auch vollkommen euphorisch und verliebt in die Vespafamilie, in das Gefühl, von Fremden aufgenommen zu werden, nur weil wir die gleichen Fahrzeuge fuhren. Und noch viel krasser, ich fuhr nicht alleine von Vancouver los: Jill, die mich nach Seattle zu ihrem Club, den MetroBetties, eingeladen und den Kontakt zu den Leuten aus Portland aufgebaut hatte, begleitete mich. Ich hatte zu diesem Zeitpunkt nicht den blassesten Schimmer, dass das der Startschuss war, um in die Vespaszene des gesamten Kontinents einzutauchen, und dass am Ende der Reise mehr als zwanzig Clubs auf meiner Liste stehen würden.

Auf der Fähre zurück nach Victoria war ich überglücklich, denn von geplanten achtzehn Reisemonaten waren noch nicht einmal drei vergangen. Über 13 000 Kilometer waren bis hierher auf der Uhr, ich hatte keine Angst mehr vor Entfernungen, und Straßenqualitäten konnten mich so schnell nicht schocken. Die Grizzlys hatte ich auch überlebt, und Elsi lief noch immer wie die Sau. Wirklich Sorge hatte ich eigentlich um nichts. Ganz im Gegenteil: Das, was in den kommenden Wochen und Monaten auf mich wartete, darauf war ich heiß wie ein Auspuff ohne Abkühlpause.

In Victoria zog ich bei Herb und Anette noch die frischen Mäntel auf die neuen Rennfelgen, sagte ihnen ein letztes Mal Servus und machte mich auf zur nächsten Fähre. West Coast USA wartete auf uns.

6450

VESPARICANA

DER WILDE NORDEN

Nordamerika 2

VON SEATTLE BIS RUNTER NACH SAN DIEGO

Der Grenzübertritt von Vancouver Island in den Staat Washington war ein bisschen chaotisch, weil sich die Beamten uneinig waren, mit welchem Wisch Elsi und ich wohin sollten. Bei einer Sache herrschte allerdings unmissverständliche Einigkeit: Ein Europäer ohne Sondervisum bekam 90 Tage Aufenthalt in den USA. In diesem Zeitraum war das Ausreisen nach Kanada oder Mexiko zwar erlaubt, allerdings zählte eine Grenze als keine Grenze, das bedeutete: Ab der ersten Einreise liefen die 90 Tage gnadenlos runter.

Damit versuchten sie, illegalen Grenzhoppern das Leben schwer zu machen, die sich mit Touristenvisa ihre Aufenthaltszeit in den USA verlängern wollten. Für mich hieß das aber, dass mit dem Tag, an dem ich vor ein paar Wochen den Grenzposten nach Alaska passiert hatte, meine 90 Tage USA abliefen und somit auch die Zeit, bis ich an der Grenze zu Mexiko spätestens wieder ausreisen musste. In der Theorie sollte das locker reichen, allerdings wäre es schön gewesen, heute noch mal 90 Tage zu bekommen, um bei spontanen Planänderungen nicht wegen Formalitäten ins Schleudern zu geraten.

Soweit ich wusste, durften die Grenzbeamten im Grunde machen, was sie wollten: Sie hätten die Einreise grundlos verweigern, aber auch auffrischen können. Auf jeden Fall saßen sie am längeren Hebel. Und so, wie die grimmigen Officer hier drauf waren, wollte ich sie nicht unnötig reizen. Ich konnte froh sein, dass sie mich durchließen. Also schwang ich mich auf meine Karre und verschwand im Bauch der Fähre.

Das Lunchpaket, das mir Anette freundlicherweise auch diesmal mitgegeben hatte, enthielt einen Apfel, den ich schnell verschwinden lassen musste, weil in die USA Früchte genauso wenig eingeführt werden dürfen wie Leberwurst nach Kanada. Vollkommener Quatsch, dass ein Apfel aus Kanada nicht in die Staaten darf, zumal auf diesem Apfel ein »California«-Aufkleber pappte, quasi ein Lunchpaket-Reimport-Apfel. Aber, wie gesagt, ich wollte lieber nicht nachfragen.

Washington und Oregon – nice and easy

Über die Halbinsel erreichte ich das US-Festland und fuhr in prasselndem Regen nach Seattle, eine sehr futuristische Stadt. Jill holte mich mit ihrem Roller ab, wir knatterten gemeinsam zu ihr nach Hause, wo ich all meinen Kram ins Wohnzimmer warf, bevor wir auf einen Burger durch die Stadt fuhren und das Großstadtfeeling genossen. Schließlich kehrten wir in einer Bar mit Happy Hour für Vespafahrer ein und trafen weitere Zweitaktöl-Konsumenten.

Lange blieb ich nicht in Seattle, wir verbrachten noch einen Tag zusammen. Jill zeigte mir die besten Aussichtspunkte, von denen wir einen hammermäßigen Blick auf die Skyline hatten, wir fuhren zum Strand, saßen in stylishen Cafés, und es gab sogar einen Vespaladen, in dem ich eine Ersatz-Tachowelle kaufte. Wir hingen den ganzen Tag entspannt ab, und ich genoss die herzliche Gastfreundschaft.

Gegen Nachmittag verließ ich Seattle und fuhr Richtung Küste, um den Highway 101 in den Süden zu cruisen. Der Weg zur West Coast war sehr angenehm, nicht zu viel Verkehr, sehr sonnig und trocken. Wenn es mal steil wurde, dann waren immer zwei Spuren da. Und auch der Asphalt war in Oregon bei weitem besser als in Washington, das wir in einer Bucht über eine Wahnsinnsbrücke von über vier Meilen und über hundert Metern Höhe hinter uns ließen.

Danach plätscherte die Straße wieder die Küste entlang, durch Wälder, die nun immer mehr von Pinien bewachsen waren, die mich an die französische Atlantikküste erinnerten. Nachdem wir die Küste wieder verlassen hatten, fegte uns die Pazifikbrise mit

Vollgas nach Portland, wo ich dank Pete, wie ich meinen GPS-Navigator auf dieser Strecke taufte, zwei Freunde von Jill fand. Schon irre, nur weil Elsi eine Vespa war, wurde ich von Yoni und MJ im wahrsten Sinne des Wortes mit offenen Armen empfangen, als würde ich sie seit Jahren kennen. Yoni kratzte Musik aus den Schelllackplatten, MJ zauberte was Leckeres auf den Tisch, und Rodney, mit dem ich über meinen Blog die Tage vorher kommuniziert hatte, kam auch vorbei.

Bei brennender Sonne stiegen wir in Rodneys alten BMW mit den abgerocktesten Ledersitzen, die ich je gesehen hatte, und drehten eine kleine Sightseeing-Runde durch Downtown Portland. Irgendwann fuhren wir noch zur Firma Leatherman, die hier ihre Multifunktionswerkzeuge herstellte. Als ich 16 wurde, hatte mir mein Vater einen Leatherman geschenkt, der mittlerweile so gut wie Schrott war. Nur noch der Dosenöffner war im Einsatz, der Rest stumpf und einfach durch. Im Laden legten sie mir einen flammneuen Leatherman auf den Tisch. Eine Reparatur des alten wäre auch möglich gewesen, allerdings hätte das zu lange gedauert. Mit dem neuen, auf Garantie (25 Jahre!) getauschten Werkzeug verließ ich zufrieden den Laden.

Am Abend starteten MJ, Yoni und der Rest des Twist & Play Scooter Club noch einen kleinen gemeinsamen Ausritt, der uns zu einer Donut-Bäckerei und schließlich in eine Kneipe führte, wo noch mehr Vespafahrer auf uns warteten. Sehr nettes und lustiges Volk, das sich auch als »Drinking Club with a Scooter Problem« bezeichnete.

Über einen schnellen Highway verließ ich Portland und kam zurück an den Ozean. Die Küste von Oregon hatte einen spektakulären Ruf, schon in Kanada rieten mir alle, nicht durchs Inland zu fahren. Leider zeigte sich mir meist ein trüber Nebelbrei, die Sonnenbrille blieb in ihrer Hülle und die warme Jacke an meinem Körper. Die Wolken blieben über der Küste kleben, mal dichter, mal luftiger, trotzdem ein Genuss.

Über eine Küstenschleife verließ ich die 101. Die Redwoods begannen. Die Bäume wurden immer größer und größer, der Wald dichter und dichter. Unglaublich, ich fühlte mich wie ein Zwerg. Einer der Riesenbäume war als Tunnel ausgesägt – abgefahren! Mit ungläubiger Freude fuhr ich durch den Baum und konnte die Größe trotzdem noch nicht fassen. Weil die Campingpreise hier wie die Bäume über 40 Dollar stiegen, entschloss ich mich, früh den Feierabend einzuläuten, und kampierte noch vor dem ganzen Touristending.

Sie waren einfach riesig, diese Redwoods. Und wenn die Sonne von oben auf den Wald schien, dann ergab sich ein herrliches, langgezogenes Licht- und Schattenspiel. Ein Mensch, oder auch eine Vespa, sah neben diesen Riesen unscheinbar und winzig aus, das flößte Respekt ein, war aber wunderschön.

Kurz vor der 101 sah ich von weitem ein kleines, beladenes Zweirad. »Eine Vespa?«, dachte ich. Und schon folgten noch zwei. »Ja, Vespas!« *Ratter-ratter-ratter – klick!* machte es in meinem Hirn. Klar, das konnten nur die drei Jungs sein, die mich über MJ und Yoni eingeladen hatten. »Die schnapp ich mir!«

Ein paar Autos blockierten die Auffahrt auf den Highway, als ich mit langgezogenen Gängen die arme kleine Elsi zurück gen Norden trieb. Kurve für Kurve kamen wir dem Vespatrio näher, bis ich es an einer Abzweigung stellen konnte. Bingo, da standen sie verpeilt an der Kreuzung und berieten, wo sie nun weiterfahren sollten. Hupenderweise fuhr ich an sie ran und sah durch die Helme in erstaunte Gesichter.

»Du musst der verrückte Deutsche sein, von dem MJ erzählt hat«, sagte der Erste, schwang seine muskulösen, tätowierten, ewig langen Arme um mich und drückte mir fast die Luft aus der Lunge.

Das Blind Date dauerte nur eine Viertelstunde, weil die Jungs noch fast 200 Meilen machen wollten, um am Abend bei den anderen Vespisti aus Oregon zu sein. Mit denen sollte es dann zu einem Vespawochenende nach Washington weitergehen. Davon hatte ich in Portland auch gehört, mich aber dagegen entschieden, denn ich wollte unbedingt die Runde Yosemite, Vegas, Monument Valley, Grand Canyon und Joshua Tree mitnehmen, und meine Zeit war begrenzt.

Nachdem wir noch Adressen, Aufkleber und die obligatorischen Straßenempfehlungen ausgetauscht hatten, fuhren wir alle zurück auf den Highway, das Trio in den Norden und die einsame kleine Postvespa in den Süden.

Kalifornien – Riesenbäume und Polizeikontrollen

Der 101 wurde zweispurig und zog das Tempo gehörig an, weshalb ich mich entschloss, eine der »Backroads« zu nehmen und über die kleinen Dörfchen zwischen Wald und Ozean zu fahren. Pete schickte mich zur Küste, wo sich die immer buckliger werdende Asphaltkreation immer steiler, kleinkurviger und schlaglochübersäter ins kalifornische Nirgendwo quetschte. Irgendwann endete der Asphalt, es bildete sich mittig ein Strohirokese, und ich begann, an meiner Hinterland-Expedition zu zweifeln. Aber nur so lange, bis ich Gewissheit hatte: ein verrostetes »no thru road«-Schild. Na toll, ich kehrte um und quälte uns die Strecke wieder zurück und war erleichtert, als wieder Zivilisation kam.

Es ging zurück auf den 101, den ich nach einer Weile aber schon wieder verließ, um weiter südlich einen zweiten Versuch zu starten, über die Backroads an die Küste zu gelangen. Ein braunes Schild kündigte den Humboldt Forrest an, cool, da wollte ich sowieso hin: Riesenbäume, Riesenbäume und noch mal Riesenbäume.

Der Bodenbelag verschlechterte sich schlagartig, und die Straße schlängelte sich nach einigen hundert Metern in Serpentinen auf den Berg. Wir hüpfen über die Klippen, und dahinter warten Sonne, Strand und nackte Weiber auf uns, dachte ich leichtsinnig. In Wirklichkeit war ich müde und hungrig und sehnte mich dem Feierabend entgegen. Die Sonne rutschte immer tiefer, Elsi gab alles und quälte sich die teilweise mit 14 Prozent beschilderten Serpentinen hoch. Ich schickte erste Stoßgebete gen Himmel und bat um ein Ende, bevor die Dunkelheit hereinbrach. Nach fast zwei Stunden erreichten wir eine verrostete Stahlbrückenkon-

struktion, die mit Holzbrettern belegt war. Auf der anderen Seite standen zwei halb verrottete Bauernhöfe.

Ich stellte den Motor ab, suchte auf meiner Karte, wo ich hier überhaupt war, als ich Stimmen hörte. Im Schatten eines Baumes saßen fünf Gestalten. Ich ging rüber, um sie um Rat zu fragen. Ein total entstelltes Gesicht mit schielenden, blutroten, total gläsernen Augen sah mich an. Die filzigen, ungepflegten Haare fielen ihm unter dem Strohhut ins Gesicht. Er erinnerte mich an die Band Rednex, die in den Neunzigern mit »Cotton Eye Joe« Begeisterung und Entsetzen auslöste. Er sagte: »Hier bist du richtig«, und grinste mit seinen gelb-braunen Zahnresten. Sein Sitznachbar öffnete einen Flachmann, während er einem zerzausten Mädel lallend zurief: »Bring mir auch noch ein Bier, ach, besser zwei.«

Hier konnte ich kaum mit verlässlichen Informationen rechnen, verabschiedete mich schnell wieder von Rednex & Co. und verließ diesen schrägen Abseitsort, wie ich gekommen war. Ich fuhr zurück und fand nach wenigen Meilen einen Zeltplatz. Ging doch.

Am nächsten Tag erreichte ich schon früh die Avenue of the Giants und war spätestens jetzt froh, dass ich gestern noch mal umdrehen musste. Sonst hätte ich diese Mammutbaumshow womöglich verpasst. Spektakulär! Einer der Giganten war einem Sturm zum Opfer gefallen, was zwar nicht schön für diesen Kollegen war, jedoch wurde mir die Dimension eines Redwoods erst so richtig klar, als ich die hundert Meter Länge am Stamm entlangwanderte. Zwischendurch fragte ich mich, ob ich es von der Wurzel bis zur Krone ohne Proviant überhaupt schaffen würde.

Wir verließen die Redwoods und fuhren bei praller Sonne vom 101 in Richtung Küste, Backroad-Anlauf Nummer drei. Wieder eine nicht enden wollende Serpentinenstraße, doch diese führte nun endlich zum Pazifik. Nicht nur die Bäume waren gigantisch, auch die Klippen schien ein Riese in die Landschaft gehauen zu haben. Und dazu feinstes Sommerwetter, endlich hatte ich das kalte Klima hinter mir gelassen und genoss mit kurzen Klamotten die heiße Freiheit Kaliforniens.

Der Ausblick auf die sonnenerleuchtete Golden Gate Bridge. Sehr geil. Über Serpentinen fuhr ich auf verschiedene Aussichtspunkte. Im Visitor Center erfuhr ich von einem kleinen Campingplatz hier oben, auf dem nur sechs Personen zugelassen waren.

»Du bist nun einer von ihnen«, sagte der alte Herr und übergab mir die mit zittriger Handschrift ausgefüllte Lizenz. »Heb sie gut auf, die Polizei kommt öfter mal und prüft das.«

Kostenpunkt: nichts. Und das legal. Genau mein Ding!

Ich fuhr mit Sack und Pack über die Golden Gate Bridge, was sich als stürmisches Unterfangen herausstellte, kreuzte planlos durch die Stadt und erreichte am späten Nachmittag den Campingplatz. Keine Sau war hier, also suchte ich mir den windgeschütztesten Platz aus und baute mein Zelt auf. Es war schon dunkel, als ich kochte und etwas hörte. Ich leuchtete in die Dunkelheit und sah Glühwürmchen. Nein, bei genauerem Hinsehen

stellte ich fest, dass es dreimal zwei phosphoreszierende Punkte waren. Das waren Augenpaare, und die kamen nun auf mich zu. Waschbären! Krass, die ersten, die ich sah. Und frech wie die Sau. Sie kamen total nah, einer umrundete mein Zelt und wollte schon reinschlüpfen. Ich rief: »Ey, mach dich fott, sonst kriegen wir zwei Ärger.« Als ich ihn verscheuchte, witterten die anderen beiden ihre Chance und gesellten sich zu meinen Nudeln und der geöffneten Bohnendose. Doch ich verscheuchte sie genau wie ihren Kollegen.

Die Nudeln schüttete ich ein paar Meter entfernt von meinem Zelt ab. Als ich in Verteidigungshaltung aus dem heißen Topf aß, wurde mir eine erneute Waschbärenvorstellung geboten. Die Eierdiebe hatten Verstärkung geholt: Jetzt schlichen sechs Augenpaare zügig an mich heran, ich griemelte in mich hinein und sagte laut zu ihnen: »Ihr kriegt nix!« Mama Waschbär lief mit zwei Kollegen schurstracks zum Nudelwasser und fand natürlich auch die drei herausgefallenen Spaghetti. Die anderen hatten sich getrennt, einer umwanderte mein Zelt, einer hielt die Stellung, und der sechste beschnüffelte Elsi, stellte sich auf die Hinterbeine und begutachtete den ölverschmierten Lappen, der am vorderen

Gepäckträger hing. Dabei kommunizierten sie mit klickenden, grunzenden Geräuschen. Ich verstand kein Wort, aber als sich die Augenpaare wieder sammelten und klickenderweise den Zeltplatz verließen, wünschte ich ihnen eine gute Nacht.

Ich verbrachte den Tag in der Stadt und an der Hafenpromenade und hätte gerne auf der Golden Gate angehalten, um das Abendrot im Zwielicht zu fotografieren. Aber es gab keinen Seitenstreifen, und so speicherte ich diesen großartigen Anblick auf keiner Festplatte, sondern einfach in meinem Hirn ab.

Die zweistöckige Bay Bridge wurde erst zum Highway, dann zum Freeway. Erst fünf Spuren, dann sechs, dann gingen zwei ab, und drei kamen zurück. Siebenspurig und das nicht ohne Grund, der Freeway war vollgestopft mit Riesenautos. Und das hörte die kommenden 120 Kilometer auch nicht auf. Wahnsinn. Zudem war der Asphalt schlecht, teilweise mit Fräsrillen, Schlaglöchern und reifenbreiten, tiefen Rissen – kaum vernünftig befahrbar für uns.

Dann wurde die Umgebung schlagartig »leer«. Keine Stadt mehr, keine Häuser, erst endlose Walnussplantagen, dann nur noch trockenes, verbranntes Gras in der hügligen Landschaft. So ging es über Stunden, bis ich meinen Knotenpunkt erreichte und endlich die Bahn wechselte.

Die Sonne stand schon tief, also änderte ich meinen Plan, heute noch weiter gen Yosemite National Park zu fahren, und fing an, mich nach einer Bleibe umzuschauen. Ich befand mich an einem typischen Durchreiseort, und deswegen gab es nur Motels. Ein älterer Herr, der rauchend auf einer Veranda saß, erklärte mir den Weg zu einem Campingplatz, der noch etwa 20 Kilometer entfernt war. Das schien für heute die beste Lösung zu sein, denn es dämmerte schon. Also fuhr ich wieder auf den Freeway, bis irgendwann ein kleines braunes Schild zu sehen war, dem ich bis zu dem kleinen Campground folgte.

Bis auf zwei Wohnmobile war niemand hier. Ich suchte mir einen Platz, parkte die Vespa, nahm meine Stirnlampe und checkte die Bezahlbox, die Toiletten und spazierte noch einmal zum Eingangstor, um mir die Preise anzuschauen. Zurück am Roller fing ich gerade an, das Zelt aufzubauen, als ein Auto auf den Platz gefahren kam: eine Polizeistreife. Eine Frau kam aus einem der beiden Wohnmobile und unterhielt sich mit dem Polizisten. Danach fuhr der Streifenwagen zu mir herüber und richtete einen riesigen Suchscheinwerfer direkt auf mich. Ein Polizist trat ins Licht, ich konnte ihn im Gegenlicht kaum erkennen. Er rief: »Sind Sie schon länger hier?«

»Nein, Sir, ich habe mein Zelt noch nicht mal ganz aufgebaut«, dabei hob ich die Hände, in denen ich die Heringe und den Holzklotz hielt. Er zog seine Knarre, richtete sie auf mich und schrie: »Sofort die Waffen fallen lassen!«

Reflexartig ließ ich alles aus den Händen fallen.

»Was ist in Ihren Hosentaschen?«

»Eine Kamera, mein Vespaschlüssel, ein Feuerzeug … Ach ja, und ein Messer.«

Darauf schrie er: »Legen Sie sofort die Hände auf Ihren Kopf.«

Langsam legte ich die Hände auf meinen Kopf. Er kam näher, hielt mit einer Hand meine Linke an meinem Kopf fest. Meine Rechte drehte er auf meinen Rücken. Dann drehte er auch meine Linke auf meinen Rücken und – *klick-klick* – legte mir Handschellen an.

Ich dachte: »Okay, was passiert hier bitte?« Der Polizist griff in meine Hosentaschen und holte all meinen Prüll heraus. Dann wollte er meinen Pass sehen. »Das wird jetzt dauern«, sagte er, »am besten, Sie setzen sich hin.« Ich ließ mich an Ort und Stelle auf der Bank nieder. »So war das nicht gemeint«, sagte er und schob mich zum Auto. Er öffnete die hintere Wagentür, drückte leicht meinen Kopf nach unten und schloss hinter mir die Tür wieder. Der schwarze, harte Plastiksitz war so geformt, dass die Handschellenhände in der Rückenschale Platz hatten. Er funkte nun mit der Zentrale und gab meine Daten durch. Auf freundliche Nachfrage erklärte er mir, dass vor zwei Tagen die Bezahlbox vom Campingplatz aufgebrochen worden war und dass ihn jemand angerufen hatte, der gerade einen verdächtigen Mann mit Taschenlampe an dieser Box gesehen hatte.

»Ja, das war ich«, sagte ich und erklärte ihm, dass ich nur checken wollte, wo und wie das mit dem Geld ging und ob es Warnhinweise wegen Waschbären, Kojoten oder Bären gäbe. »Sir, und außerdem bin ich vor zwei Tagen in San Francisco gewesen. Das kann der Chef vom dortigen Campground bestätigen.« Und ich wäre sicher nicht so scheißeblöd und würde wiederkommen und dann auch noch mein Zelt hier aufschlagen, dachte ich mir, sprach es aber nicht aus.

Er meinte, er wäre in einer Minute wieder da, und schloss die Autotür. Dann kontrollierte er mein Zelt, leuchtete und wühlte in meinem Gepäck. Ich sah mich derweil in Ruhe in diesem fahrenden Gefängnis um. Auf die Fenster war ein Stahlgitter geschweißt, hinter dem Fahrersitz zum Bösewicht eine dicke Plexiglasscheibe, hinter dem Beifahrer ebenfalls Stahlgitter. Dass an den Türen der Hebel zum Öffnen fehlte, erklärte sich von selbst. Ein Laptop stand auf einem Halter am Armaturenbrett, und zwischen Fahrer- und Beifahrersitz lagen zwei Gewehre. Die Elchjäger in Kanada hatten kleinere Kaliber.

Die Tür öffnete sich wieder, und der Polizist sagte: »Sie sind nicht festgenommen, nur damit Sie verstehen, was hier passiert. Aber ich lese Ihnen jetzt trotzdem Ihre Rechte vor.« Er zog einen visitenkartengroßen Spickzettel hervor und las ab: »Sie haben das Recht zu schweigen. Sie haben das Recht, ein Telefonat zu führen, um einen Anwalt zu kontaktieren. Alles, was Sie sagen, kann gegen Sie verwendet werden.« Original wie in Hollywoodfilmen. »Wir konnten feststellen, dass Sie über viele Grenzen von Norden nach Süden gereist sind und dass Sie zum Zeitpunkt des Diebstahls in San Francisco waren. Sie müssen den Campingplatz aber jetzt verlassen.«

Was 'ne Logik: Ich war es nicht, musste aber weg. Wahrscheinlich aber eh besser, wenn im Wohnmobil gegenüber die Stasi wohnte. Er nahm mir die Handschellen ab und gab mir einen Zettel mit einer Adresse von einem anderen Campingplatz. Super, danke. Wir beide unterschrieben noch ein Formular, auf dem stand, dass ich nicht in Arrest war, nicht festgenommen wurde, sondern dass lediglich eine »Kontrolle« durchgeführt worden war. Als ich endlich wieder auf dem sechsspurigen Freeway fuhr, dachte ich mir nur: »Arme USA.«

Nach 40 Kilometern fand ich in tiefster Dunkelheit den Campingplatz. Damit ich nicht wieder als Dieb verdächtigt werden konnte, hielt ich mich diesmal von der Bezahlbox fern. Tja, Pech.

Durch ewig lange Mandelbaumplantagen erreichte ich die Avenue Yosemite, die im Nationalpark endete. Trotz der kühlen Morgenluft war mir schon gut warm. Es versprach, knackig heiß zu werden. Dürre Kühe kauten auf trockenem Gras vor klassischen Holzscheunen und Windrädern. Gleich musste Lucky Luke ums Eck kommen.

Die Sonne drückte immer mehr, als sich ein qualmiger Geruch bemerkbar machte und eine immer trüber werdende Luft der Sonne die Kraft raubte. Verheerende Waldbrände hatten in der Gegend gewütet. Bis zum Yosemite Nationalpark, der auch betroffen war, konnte es nicht mehr weit sein.

Für 80 Dollar kaufte ich mir einen Pass für alle Nationalparks – es sollte ja nicht der Einzige bleiben. Weiter ging es bergauf, Elsi ackerte und ackerte. Ich wollte eigentlich gar nicht stoppen, da das Anfahren am Berg immer so ein Kraftaufwand war, den ich meiner tapferen Bergziege gerne erspart hätte. Der Wald wich immer mehr dem Felsgestein, deutlich waren Schichten zu erkennen, die wie ein Stapel weißer Spielkarten, leicht verschoben aufeinanderlagen. Leichte, aber stetig steigende Serpentinen waren in den Fels gehauen. 8000 Fuß, also über 2400 Meter mittlerweile, doch meine Elsi ließ sich nicht viel anmerken. Ich überlegte, ob ich die Düse im Vergaser wechseln sollte, entschied mich aber dafür, so lange wie möglich weiterzufahren, um mal zu schauen, wie hoch wir kamen.

Der Zweitakter ist nicht wirklich für die Höhe gebaut, die dünnere Luft und der damit verbundene Sauerstoffgehalt hemmen die Verbrennung. Ähnlich wie beim Grillfeuer oder Schweißbrenner ist der richtige Sauerstoffgehalt wichtig für die optimale Ausbeute der Flamme. Um das mal selbst zu testen, öffnete ich bei einer Heimfahrt von der französischen Mittelmeerküste über die Alpen am Col du Galibier mal den Vergaser und tauschte die Hauptdüse für den Benzinfluss, machte sie kleiner, weil weniger Sauerstoff auch weniger Benzin braucht. Den Galibierpass auf 2620 Metern erreichte ich nach dem Düsenwechsel mit meiner 200-ccm-Vespa problemlos, doch hier und heute machte selbst meine kleine 125-ccm-Maschine, ohne umzudüsen, einen ausreichend kräftigen Eindruck.

Dennoch war maximal der zweite Gang angesagt, und so fuhren wir mit 35 km/h Meter für Meter oder besser Fuß für Fuß den Tioga Pass hoch. Nach einem grünlichen Bergsee und bizarren Fels- und Baumformationen endete der Anstieg an einem Holzhäuschen auf 9944 Fuß, dem Scheitelpunkt: Respekt, Elsi, das waren 3031 Meter. Ein freundlicher Ranger bedankte sich für unseren Besuch und wünschte noch eine gute Reise.

Dann rollten wir wieder bis auf 6000 Fuß runter. Ohne Serpentinen, laaaanggezogen, teilweise schnurgerade, ich musste immer wieder runterbremsen und -schalten, weil sich das Gewicht sonst verselbständigt hätte. Unten fuhren wir weiter nach Osten, Richtung Tal des Todes: Das berühmte Death Valley wartete auf uns.

Wir waren noch immer auf 6000 Fuß, um uns herum nichts als bräunliche Bergketten, die links wie rechts zuerst eine fast schluchtartige, dann eine sich immer weiter öffnende Landschaft bildeten. Das langsame, aber stetige Bergabfahren machte die Strecke zu einem einzigen Vergnügen. Yosemite zu erleben war eines, aber mit der Vespa, das war für mich ein wahrgewordener Traum. Das Gefühl ließ sich schwer beschreiben, irgendwas zwischen dem lauten Jubelschrei und Tränen in den Augen, die von einer sentimentalen Ehrfurcht stammten. Schon fast ein ur-kölsches Jeföhl, und das an einem der schönsten Flecken Nordamerikas: Cölleformia feeling!

Um fünf Uhr ging der Wecker. Spannende Tage starteten meist früh, und beim Durchqueren von Wüstengebieten sollte man natürlich versuchen, nicht gerade die extremsten Temperaturen zu erwischen – so weit man das in der Hand hatte. Also ging es im Morgengrauen los.

Distelartige Bäume mischten sich in die karge Landschaft. Ich musste an die Anden denken, als mich in der schon bald brütenden Hitze ein Schild eines Besseren belehrte: »Welcome to Death Valley.« Sobald ich hielt, schoss mir der Schweiß aus den Poren. Also versuchte ich, mich in Bewegung zu halten, denn je tiefer wir ins Tal fuhren, desto heißer wurde es.

Dann erinnerte ich mich an etwas, das ich aus Neapel kannte: Weil Vespas kein Wasserkühlungssystem hatten, fuhren fast alle Italiener im Sommer ohne Kotflügel, um den Fahrtwind als Kühlung zu nutzen. Ich stoppte, nahm schnellstmöglich die Seitenhaube vom Motor runter und schnürte sie vorne auf mein Gepäck. Zwar knallte die Sonne jetzt direkt auf den Motor, aber ich fand die Idee trotzdem gut.

Weil es so schön war, hielt ich oft an. Zu gerne hätte ich eine lange Pause gemacht, doch es war weit und breit kein Schatten zu sehen. Kein Baum, kein Strauch, nichts, was mich auch nur

ein bisschen schützen konnte. Der Fahrtwind kühlte auch nicht mehr, es wurde unerträglich, und das schon am Morgen.

Nachdem wieder fast 4000 Fuß erreicht waren, war in der Ferne das zweite Tal zu sehen: weißlich-roter Sandboden auf dem Plateau, umgeben von heißem, staubigem Berggestein. Konnte nicht mehr weit sein bis zum Mars.

An einem Holzhaus, an dem ich dank meiner Nationalpark-Flatrate keinen Eintritt abdrücken musste, rastete ich kurz. Das Thermometer zeigte muckelige 38 °C im Schatten, den es aber nur um das Thermometer gab. Und im zweiten Tal wurde es noch heißer.

Weiter drinnen im Valley musste ich meinen Kopf von links nach rechts drehen, da die Hitze frontal nicht auszuhalten war. Dass meine Füße viel schneller unangenehm kalt wurden, wenn sie außen überstanden, kannte ich – dass sie draußen auch zu heiß werden konnten, war neu für mich. Als ich für ein Foto auf dem Boden kniete, sprang ich schnell wieder auf, da meine Knie fast schon Feuer fingen. Und es kam noch schlimmer: Mitten in dieser Hitze lag – unter dem Meeresspiegel – der tiefste Golfplatz des Planeten. Wie krank musste man sein, um hier einen Golfplatz anzulegen?

Irgendwann sehnte ich mich dem Ende entgegen. Gar nicht so sehr wegen mir, aber mir war vollkommen klar, was der luftgekühlte kleine Motor da mitmachte. Voll beladen, bergauf, in brütender Hitze und dann auch noch mit Gegenwind, heißem Gegenwind, versteht sich. Es waren genügend Touristen im Death Valley unterwegs, sodass ich bei einem Motorschaden nicht wirklich in Gefahr gewesen wäre, aber ich wollte das Tal des Todes trotzdem vollzählig überleben.

Dann erreichten wir die Grenze zwischen Kalifornien und Nevada. Es war noch gar nicht so spät, aber ich war vollkommen platt, fand einen schattigen Campingplatz und machte sofort weiter: trinken, Vergaser reinigen, trinken, Kupplung nachstellen, trinken, Zelt aufbauen, trinken, kochen und noch was Wichtiges: duschen.

Nevada, Utah, Arizona – wunderschöne Valleys

Als ich auf den Highway Richtung Las Vegas fuhr, war der Wind schon fast ein Sturm und gemeinerweise sehr böig. Ich legte mich gegen den Wind, um geradeaus zu fahren, was bei plötzlichem Nachlassen oder Zunehmen des Windes einen Ausfallschritt nötig machte. Zum Glück war der Verkehr nicht wirklich dicht, und ich konnte fast ungestört meine Balance austarieren.

An einer Tanke fragte ich die Frau hinter der Theke, ob es immer so heiß ist. Sie darauf: »Heiß? Das sind noch nicht mal 40 °C, das ist warm, heiß beginnt bei 55 °C.« Wie konnte ich nur fragen …

Nach stundenlanger purer Wüste sah ich Häuser, die sich aneinanderketteten, gegenüber ebenfalls. Die Straße wurde zwei-, dann dreispurig. Auffahrten für noch mehr Autos folgten, sogar eine Art Autobahnkreuz, was ich so ähnlich nur in San Francisco gesehen hatte. Und dann tuckerten wir in das brodelnde, schräge Las Vegas.

Nach dem Death Valley fühlte ich mich im Auto- und Menschengewirr total fehl am Platz. Doch auch das Zockerparadies gehörte zu Amerika und durfte für mein Gesamtbild nicht fehlen. Um es kurz zu machen: Ich fand ein Hostel, mischte mich mitten in das bunte Treiben auf dem Strip, vorbei an den skurilsten Hotels und bombastischsten Casinos, beobachtete das durchgeknallte und überwiegend betrunkene Glücksspielvolk und warf selbst ein paar Münzen in einen einarmigen Banditen. Erfolglos. Am frühen Morgen wühlten Obdachlose in Mülleimern, das Automatengedudel war kaum noch auszuhalten, schien aber niemals enden zu wollen. Nüchtern betrachtet war der ganze Zirkus hier die reinste Energie- und Wasserverschwendung, aber nüchtern waren hier nur die wenigsten. Also ab ins Bett.

An der Grenze nach Arizona schaute ich mir den Hoover Dam an, ein imposantes Bauwerk, das mich an eine Festung in »Herr der Ringe« erinnerte. Der Pegel stand sehr tief, auch eine Folge der zunehmenden Dürre der letzten Jahre, was ziemlich krass war, nicht nur für die Schleuder Las Vegas. Umso bekloppter, dass ich auch im weiteren Verlauf immer wieder auf durstige Golfplätze stieß.

Im Südwesten Utahs nahm ich noch den Zion-Nationalpark mit, eine rötliche Felsenschlucht, die im noch rötlicheren Abendlicht förmlich zu glühen schien. Im Morgengrauen wanderte und kletterte ich auf den Landeplatz der Engel, den Berg »Angels Landing«, steil und nicht ohne, aber traumhaft schön.

Mit der Vespa fuhr ich durch die Schlucht, die nun wieder gold-rot brannte, in einen Tunnel, durch den ich den Park verließ. Natürlich war es danach nicht vorbei mit der Schönheit Utahs. Den Bryce Canyon, der bis auf 8000 Fuß hochführte, was wieder nur im zweiten Gang machbar war, erreichten wir durch den Red Canyon, der so abgefahren spektakulär war, dass ich mich kaum von ihm trennen wollte: die Felsen von der Witterung teilweise zu kegelartigen Turmgebilden geformt, knallrot bis orange.

Durch den Bryce Canyon konnte man nicht durchfahren, er war nur von verschiedenen Aussichtspunkten einzusehen. Was für eine bizarre Schönheit: So weit das Auge reichte, unzählige lochzerfressene Felstürmchen, weiß bis rot schimmernd, je nachdem, aus welcher Höhe man die Felsenschlucht anschaute. Man könnte Tausende Male hierherkommen und würde immer wieder neue abgefahrene Felskombinationen entdecken. Ein bisschen wie ein riesiges Wimmelbuch aus Stein.

Hinter dem Bryce wurden die Felsen dann überraschend grün, fast bläulich, noch weiter drin war alles weiß. Abgefahren, wie unterschiedlich die Gesteine hier in Utah waren. Einziger Minuspunkt war die Versorgungslage, weil es nur kleine, teure, schlecht sortierte Tankstellenshops gab, die kein Obst und Gemüse verkauften. Dafür gab es in jedem größeren Ort mindestens einen Fastfoodladen. Ein netter Opi schenkte mir eine Tomate und ein lustiger Fahrradreisender eine Möhre, so wurde aus dem langweiligen Reis mit Pesto am Ende doch noch ein leckeres Abendessen.

Ein poröser roter Berg endete in einem gelben Birkenwald, der zum ersten Mal eine herbstliche Stimmung aufkommen ließ. Die Felswände rissen ab, es wurde flach und staubig. Riesige rote Felsmonolithen prägten die Umgebung. Monument Valley konnte nicht mehr weit sein – und das war ein wichtiges Zwischenziel der Vesparicana. Als ich noch von dieser Reise träumte, war mein Plan ursprünglich, nur durch Lateinamerika zu fahren. In einem Anflug von »Scheiß drauf, das ist dein Leben, deine Reise, die Zeit deines Lebens« verlängerte ich die Reisezeit und schloss den gesamten Norden mit ein. Dabei hatte ich Bilder vom Marlboro-Cowboy im Kopf. Schon als kleiner Junge wollte ich einmal so ein Cowboy sein, als ich auf dem Fußweg in die Grundschule an den Werbeplakaten vorbeistiefelte. Jetzt war es endlich so weit!

Es war keine Menschenseele zu sehen, als ich auf meiner Vespastute durch die rote Prärie ritt. Weit im Tal konnte ich die Marlboro-Cowboy-Monolithen schon sehen und trabte mit festen Zügeln langsam ins Tal, bis ich Elsi an der Talsohle wieder die Sporen gab und das Postpferdchen in den Galopp trieb. Als ich an einer Tankstelle abstieg, war ich ein total aufgedrehter Möchtegern-Cowboy. Ich flitzte in die Tanke und fand sogar einen Stroh-Cowboyhut, ein Harleyfahrer öffnete die Zigarettenschachtel und schenkte mir eine echte Marlboro. Der beladene Gaul wieherte und galoppierte gen Monument Valley. Je weiter wir in das Indianerreservat hineinfuhren, desto mehr Felsexoten tauchten auf.

Ich schoss genau die Fotos, von denen ich so lange geträumt hatte: der Cowboy auf der Vespa, Hut auf, Kippe im Mundwinkel, cool und lässig. Ich war überglücklich, setzte mich in den roten Staub und beobachtete eine Herde echter Wildpferde, was diese einsame Freiheit noch unterstrich. Wind zog auf. Ich beschloss weiterzuziehen und verließ glücklich mit ein wenig Wehmut die Monumente.

Zurück auf der Hauptstraße sah ich in der Ferne windhosenartige Staubwirbel. Es wurde so stürmisch, dass ich in den Böen fast die ganze Straßenbreite benötigte, weil ich nur noch ein Spielball war. Als ich an einer T-Kreuzung wieder gen Westen fuhr, ballerte der Sturm frontal auf uns drauf. Teilweise konnte Elsi den dritten Gang nicht mehr drücken, sodass wir im zweiten mit 35km/h zum Hindernis für alle überholenden Fahrzeuge wurden. Die verschiedensten Gesten wurden mir gezeigt: von Daumen hoch über Peace-Zeichen bis zu Kopfschütteln. Und mir hat sogar jemand den Mittelfinger gezeigt, was auch immer das bedeuten sollte.

Nach einem stundenlangen Kampf war das Wüstenplateau besiegt, und im hügligeren Terrain schwächte der Wind ab. Kurz vor dem Grand Canyon, die Sonne war schon tief, der Himmel rot. Höchste Zeit, ein Nachtlager zu finden, doch es war weit und breit nichts zu sehen. Neben der Straße waren bis zum Weidezaun etwa zehn Meter Platz. Es waren kein Tor und keine Farm zu finden. Ich hatte keinen Bock auf Bullen jeder Art, also blieb mir nichts anderes übrig, als einfach neben der Straße mein Zelt aufzubauen. Da es schon dunkel war, verschob ich das Kochen auf morgen, aß einen der letzten Äpfel und schlief wie ein Cowboy.

Vor dem Park hatten wir die 7000-Fuß-Marke schon erreicht, und es wurde mal wieder spürbar kälter. Ist schon ein Riesending, der Grand Canyon, über 1600 Meter tief und ewig breit, die bizarrsten Auswaschungen und rötlichen Farben. Als Nummer eins konnte er auf meiner persönlichen Hitliste aber nicht thronen, zu sehr schwamm ich noch auf der emotionalen Welle vom Monument Valley.

Vom Grand Canyon ging es langsam, aber sicher wieder bergab. Vor Flagstaff fuhr ich auf die Interstate, und schlagartig war der Traum vom entspannten Cruisen vorbei. Auch die Lkws bügelten hier mit gut 120 km/h entlang, also musste ich voll am Anschlag fahren, um einigermaßen mithalten zu können. Wirklich Spaß machte das nicht, bis ich die »Historic Route 66« erspähte.

So manch einer träumt ja sein ganzes Leben davon, einmal auf der Route 66 zu fahren. Das ließ ich mir nicht entgehen. Und ja, sie hatte schon ein ganz besonderes Flair, das musste ich zugeben. Aber die Umgebung an sich ist vergleichsweise langweilig und unspektakulär. Dafür war es sehr klischeehaft: Harleyfahrer in schwarzen Lederwesten und Stiefeln fuhren ohne Helme, dafür mit US-Fahnen als Kopftuch und Sonnenbrillen. Breitbeinig saßen sie cool und lässig auf ihren schweren Maschinen. Im Gespräch fand ich heraus, dass viele von ihnen auch nur in die Jahre gekommene Jugendliche waren, die am Wochenende mal eine Runde drehten. Zelten und kochen natürlich ausgeschlossen, Hotels und Restaurants waren angesagt. Die meisten hatten mit ihren 1600 ccm mehr als zehnmal so viel Power wie ich, jedoch angeblich keinen Platz, um eine Campingausrüstung zu verstauen. Weicheier!

Die Route 66 führte weiter nordwestlich, ich jedoch fuhr in den Süden, denn ich wollte durch den Joshua-Tree-Nationalpark nach Los Angeles fahren und nicht schon wieder über den schnellen Freeway. Es wurde wieder sehr trocken, heiß und bergig. Unglaublich, an wie vielen Golfplätzen ich trotzdem wieder vorbeifuhr. Zwischen zweien gab es einen kleinen Grenzposten, und ich war zurück in Kalifornien.

Back in California – und ein Rundtrip mit Ulla

Wahnsinn, es herrschte Totenstille. Nichts, kein Tier, kein Auto, nur ein warmer Windhauch streifte über den Wüstenboden, der langsam einen rötlichen Ton erhielt. Es wurde Abend, und ich war ganz, ganz alleine. Ich schlief erstaunlich gut, auch wenn mir die Stille schon fast gespenstisch vorkam.

Am nächsten Morgen hatte ich Probleme, auf die Straßen zurückzukommen, denn ich geriet in weicheren Sand. Mit Vollgas schaffte ich es auf den Teer, auch wenn die Kupplungsbeläge litten. Mein heiliger Reservekanister stand randvoll für mich parat, als die Reservelampe leuchtete. In den USA hatte ich ihn nun schon fünf Mal gebraucht. Drei Autos fuhren einfach an mir vorbei, als ich den Kanister in den Tank füllte. Komisch, die Amerikaner in den »Lower 48«, wie sie die Staaten nannten, also Hawaii und Alaska ausgeschlossen, schienen nicht so aufeinander aufzupassen wie in Alaska oder Kanada. Dabei ist ein Maschinenbruch hier in der Wüste bei weitem gefährlicher als in den nördlichen kühleren Gefilden. Aber bislang war ich nie wirklich liegen geblieben, dem Kanister sei Dank.

Der Joshua-Tree-Nationalpark ist nach speziellen Bäumen, die es weltweit nur hier gibt, benannt. Josua-Palmlilien sind optisch eine Mischung aus Kakteen und Palmen: verholzte Baumstämme mit einer weit ausladenden und verästelten Baumkrone aus Kakteen. Schien ein guter Trick zu sein, um in der trockenen Hitze und der manchmal sehr stürmischen Landschaft zu überleben. Über 1500 verschiedenen Kakteen bietet der felsig-schroffe Park ein Zuhause.

Mir wurde es zu heiß, und deshalb machten wir uns wieder auf in Richtung L.A. Trotz gut asphaltierter Straßen entpuppte sich der Weg zurück an die Pazifikküste als sehr beschwerlich.

Über Stunden hatte ich stürmischen Wind frontal gegen mich. Windräder über Windräder, die nicht zufällig hier stehen konnten, begleiteten mich und drehten mit ihren riesigen Flügeln ihre Runden. Trotz etlicher Pausen ließ die Kompression nach, vermutlich brauchte ich einen neuen Kolben. Außerdem stellte ich fest, dass die Kupplungsbeläge schwarz und von der Bremstrommel zwei Felgenbolzen abgerissen waren – es war höchste Zeit für ein paar Reparaturen und Ersatzteile. Zum Glück konnte ich schon Kontakt mit Vespaexperten in San Diego aufnehmen, doch vorher gab es Wichtigeres.

In L.A. fuhr ich zum Flughafen und checkte nicht weit von den Terminals in einem Motel ein, denn ich erwartete Besuch von Ulla, meiner Freundin. Sie hatte sich für drei Wochen für einen gemeinsamen Rundtrip angemeldet.

Nachdem wir uns am Flughafen wie geplant gefunden hatten, holten wir unseren Mietwagen ab: einen nagelneuen Ford Mustang in Babyblau, hübsch prolliger Amistyle. Zuerst fuhren wir die Küste entlang gen Süden, genauer gesagt nach San Diego, denn dort ist ScooterWest, die größte Vespavertretung in den Staaten, mit denen ich seit Tagen im E-Mail-Kontakt stand. Cool drauf, die Leute. Ich wurde auch hier mit kräftigem Handschlag und offenen Armen empfangen. Mit Jeff, dem Mechaniker, sprach ich ab, was ich gerne kontrolliert und getauscht haben wollte, deponierte all mein Gepäck in einer Ecke des Lagers und setzte mich mit Ulla in den offenen Mustang zurück gen Wüste.

In den drei Wochen drehten wir eine ähnliche Runde wie ich zuvor, doch leider gab es einen US-weiten »Government shutdown«. Die Staaten zahlten wegen irgendwelcher Querelen die Regierungsangestellten nicht, und das hatte unter anderem auch zur Folge, dass die Nationalparks weitestgehend geschlossen waren. Statt in den Joshua-Tree-Nationalpark ging es dafür durch die Wüstenregion zum »Crater«, einem riesengroßen Meteoritenkrater, durch den Grand Canyon zum Antilope Canyon, dem abgefahrensten Canyongebilde von allen: Dieser wunderschöne, superenge Canyon mit bizarren Gesteinsstelen lag auf indianischem Grund und war deswegen offen. Auch das grandiose Monument Valley konnten wir mitnehmen, Red Canyon und Zion Canyon. An meinem 36. Geburtstag landeten wir beim Partyvolk in Vegas. Wir konnten durchs Death Valley fahren und auch durch den Yosemite (offiziell war es verboten, zu halten und zu campen; zweimal wurden wir von einem Sheriff beim Zelten gesehen, und beide Male standen die Gesetzeshüter auf unserer Seite. Wo sollten wir auch hin, wenn alles zuhatte?)

Die Runde noch einmal zu erleben war komplett anders als zuvor, einige Passagen erlebte ich intensiver, weil ich nicht fuhr und deswegen permanent auf die Landschaft achten konnte, aber das eigentlich Schwierige – der starke Wind, die steilen Anstiege, die brutale Hitze, die langen Reisetage – erlebten wir in dem übermotorisierten Fahrzeug so gut wie gar nicht. Was kümmerte es eine 200-PS-Maschine, ob es windete oder bergauf ging? Klimaanlage an, Gas gegeben und los ging's. Der Faktor Abenteuer war bei der tiefen Schleuder nur hoch, wenn wir versuchten, über den Wüstenboden die Campspots zu erreichen, da war Elsi definitiv geländegängiger.

Zu zweit zu reisen hatte auch einen höheren Erholungsfaktor, weil sich alles auf zwei Schultern verteilt. Wir hatten eine sehr schöne Zeit zusammen und versuchten, in den kommenden Monaten noch ein zweites Treffen zu organisieren. Zum Abschluss stand noch San Francisco auf dem Programm, bevor wir an der Küste entlang zurück nach San Diego fuhren, wo Elsi mit neuem Kolben, neuer Bremstrommel und neuen Kupplungsbelägen auf mich wartete.

Und dann hieß es auch schon wieder Abschied nehmen. Ulla fuhr zum Flughafen, und ich kümmerte mich um meine anstehende Reisealltagsorganisation, denn bevor es nach Mexiko ging, gab es noch ein paar Dinge zu besorgen.

Steve, einer der ScooterWest-Chefs, bot mir ein Zimmer bei sich zu Hause an, und wir hatten mit vielen anderen Vespafahrern eine gute Zeit, feierten und fuhren zusammen die wunderschöne Küste Kaliforniens entlang. Wegen des neuen Kolbens und der neuen Kolbenringe wollte ich so viele Kilometer wie möglich ohne Gepäck fahren, damit der Kolben nicht im Zylinder klemmte. Hörte sich gut an, Elsi war wieder topfit. San Diego wurde zu Support Diego.

Am Tag, bevor ich nach Mexiko aufbrechen wollte, sagte ich Steve, dass ich in Tekate über die Grenze wollte, um Tijuana, die gefährliche Grenzstadt nur wenige Kilometer südlich von San Diego, zu umgehen.

»Vollkommen übertrieben, ist nur ein weiter Umweg. Wenn du bei Tag über die Grenze fährst, dann passiert nichts. Wenn du durch den Grenzposten kommst, dann fahre einfach weiter, tanke vorher voll und halte bis Ensenada einfach nicht an. Das sind 130 Kilometer.«

Na dann.

Kurz vor meinem Aufbrechen machten die ScooterWest-Jungs noch ein Interview mit mir, stellten es ins Netz, und nur Minuten später meldete sich ein Vespaclub aus Querétaro in Mexiko bei mir und lud mich ein.

»Auf jeden Fall komme ich bei euch vorbei, wo auch immer Querétaro liegt«, schrieb ich kurz zurück und freute mich auf die neue Welt – sechs Jahre nach meiner Weltreise betrat ich endlich wieder Lateinamerika.

MÉXICO, SÍ CLARO!

Vor dem Grenzposten schaute eine Reihe halber Edelstahlkugeln, groß wie Honigmelonen, aus der Fahrbahn. Die tückischen Dinger sollten den Grenzverkehr stoppen. Mich sowieso, denn beim Drübereiern wollte ich nicht riskieren, abzurutschen und Felgen und Radaufhängung zu beschädigen. Als die rote Ampel auf Grün umsprang, winkte mich eine bewaffnete, uniformierte Beamtin heran.

»Passaporte, por favor.«

Etwas angespannt übergab ich ihr meinen Pass. Neben mir zerpflückten ihre Kollegen mit geschulterten Maschinenpistolen einen Pkw und klopften auf die Verkleidung, um herauszufinden, ob sich dahinter Hohlräume verbargen. Ganz normaler Schmuggelalltag.

Die Beamtin fragte mich: »Wo kommen Sie her?«

»Ich-anfangen-Reise-Kanada-Alaska-USA-Baja California. Gehe-Mexiko-bis-Panama«, reihte ich meine Etappen aneinander.

Sie zeigte auf mein Gepäck: »Was ist da drin?«

»Dinge-Camping-Werkzeuge-Ersatzteile-für-Vespa-reparieren.«

Sie gab mir den Pass wieder und winkte mich durch.

Das war's? Langsam fuhr ich weiter, merkte jetzt erst, dass es gar keinen US-Grenzbeamten gab. Auch ein Migrationsbüro von den Mexikanern war weit und breit nicht zu sehen. »Komisch – aber das ist nicht mein Problem«, dachte ich und rollte gemächlich auf die Straße, als mir augenblicklich wieder in den Kopf kam, was mir Steve in San Diego gesagt hatte: »Wenn du durch den Grenzposten kommst, dann fahr immer weiter und halte bis Ensenada einfach nicht an.«

»Sí claro«, dachte ich und drehte am Gasgriff.

Wie bereits erwähnt war ich nicht das erste Mal in Mexiko. Trotzdem war ich schockiert, was es mir zur Begrüßung bot: Favelas, bittere Armut und Berge von Müll! Mehrstöckige, total heruntergekommene Häuser, teilweise ohne Glas in den Fenstern. Qualmender, übel riechender Unrat am Wegesrand. Ein Mann mit einem riesigen Müllsack auf dem Rücken, in dem ich leere Dosen erkennen konnte, streunte suchend am Straßenrand entlang. Die Straße lag in Fetzen, voller Risse, Löcher und Dreck. Laute, halb verrottete Lkws fuhren viel zu nah an mir vorbei. Rechts von mir lag Tijuana in dunklen Smog gehüllt. Die nun zweispurige Straße führte durch traurig anmutende Vorstädte, bis sie die Häuserbekleidung ablegte und sich an Tijuana vorbei in die trockenen Berge schlängelte.

Es war sehr heiß und vor allem stickig. Die karge unfruchtbare Landschaft, die dem kalifornischen Hinterland ähnelte, führte uns bergauf und bergab zum Ozean. Obwohl es nicht viel zu sehen gab, fuhr ich langsam, weil mein neu eingebauter Kolben noch nicht eingefahren war und ich ihn unter keinen Umständen in dieser Gegend zerstören wollte.

In den Bergen kam ich an eine Baustelle. Ein Arbeiter stand mit einem Stoppschild an der Straße und hielt den Verkehr an, hinter ihm war die Straße aufgerissen, es gab keinen Asphalt. In den USA oder in Kanada hätte ihm der Kollege auf der anderen Seite per Funkgerät gesagt, ob er die Autos durchlassen konnte. Hier winkte der Arbeiter mit einer Fahne, ein zweiter Arbeiter gab das Signal weiter, vom einen zum anderen durch die kurvige, nicht einsehbare Bergstraße. Man benötigte viele Fahnenwinker für den Job des Funkgeräts. Dafür winkten mir die Arbeiter zu und pfiffen, als wollten sie eine Frau auf sich aufmerksam machen. Welches Funkgerät konnte das schon?

Am Ozean änderte sich das Bild rapide: Sand und Palmen lockerten die Stimmung auf, Häusersiedlungen standen unsortiert in Strandnähe, es wurde schöner, doch ich hielt noch immer nicht an. Erst hinter Ensenada folgte ich einem rostigen Campingschild über eine aufgerissene Straße. Ich schaukelte über eine abenteuerliche Matschpiste, bis ich stutzig wurde und mich fragte, ob das alte Schild überhaupt noch galt. Doch dann, nach sechs Kilometern, rollten wir auf den kleinen Platz – direkt am Meer gelegen.

Alfredo, der Chef, war sehr nett und zeigte mir die Zeltplätze, die alle mehr oder weniger liebevoll einen Palapa hatten, eine schattenspendende Überdachung aus Palmenzweigen, die in diesem Falle zusätzlich aus verrostetem Stahl und zerfetzter weißer Plastikfolie bestand. Die Duschen waren bloße Wasserrohre ohne Duschkopf, aus denen das kalte Wasser herausplätscherte, das in schwarzen Behältern auf dem Dach stand. Aber immerhin gab es eine Klospülung und natürlich den berühmten Eimer neben dem Klo, denn in der gesamten lateinamerikanischen Welt wurde das Klopapier nach Benutzung in einen Eimer geworfen, da es sonst die Rohre verstopfte.

Für 50 Pesos, was 3,50 Dollar waren, schlug ich natürlich ein und errichtete mein Camp unter einem Palapa. Für kurze Zeit wurden Ilona und Jan, ein Paar aus der Schweiz, und ihr allradbetriebener Toyota meine Nachbarn. Ganze fünf Nächte blieb ich, um mich in Ruhe um diverse Haushaltsarbeiten zu kümmern und auszuschlafen.

Gut ausgeruht startete ich nach Süden auf die große Halbinsel. Die Baja California, also »Niederkalifornien«, kurz Baja genannt, präsentierte sich nicht trocken, sondern sehr trocken: staubig, heiß und unbewohnt. Außer ein paar kleinen Ortschaften waren eigentlich nur Kakteen und Bodensträucher zu sehen. Das Leben in den Ortschaften spielte sich nur auf der Straße ab. Oder daneben. Typischerweise war neben der »carretera« genannten Hauptverkehrsstraße ein etwa 20 Meter breiter ungeteerter Streifen bis zur Häuserfront mit ihren Geschäften. Auf diesem Streifen spielte sich alles ab: Zwischen Autos, Bussen und Straßenständen lief alles völlig unkontrolliert umher, auch Hunde, Katzen, Kühe, Pferde, Esel. Wie gesagt: alles!

Auf der Suche nach einem Lager musste ich beim Verlassen der Carretera immer wieder durch Sand. Gerne auch Tiefsand. Oft musste ich, ohne zu halten, mit Vollgas reinfahren und die Beine zu Hilfe nehmen, um durchzukommen. Ein paar Mal dachte ich schon: »Gleich stürze ich!«, aber irgendwie ging es doch immer wieder weiter.

Mein Adrenalinspiegel stieg, als ich auf eine Straßensperre mit Soldaten zufuhr. Mit Handzeichen wurde mir gezeigt, dass ich halten sollte. Ein Soldat verlangte meinen Pass, ein anderer lief mit der Maschinenpistole im Anschlag musternd um mich herum und fragte nach meinem Gepäck. Als Erstes erklärte ich, dass ich Deutscher war und aus Alaska kam, Campingausrüstung und Vespateile an Bord hatte.

Er grinste: »Alaska? Kalt da oben? Du hast viele Sachen dabei, aber du hast keinen Platz für eine Mexikanerin. Die Mexikanerinnen sind wunderschön.«

Ich grinste zurück: »Ja, leider kann ich niemanden mitnehmen.«

»Und die deutschen Frauen?«

»Oh ja, blond, braunhaarig, schwarzhaarig, alle sexy, und die haben Körper ...«

Sein Grinsen wurde breiter: »Okay, du nimmst dir eine Mexikanerin und schickst mir eine Deutsche vorbei.«

Dann hielt er mir seine Hand hin, ich schlug ein, wir machten beide eine Faust und schlugen die Fäuste aufeinander. Das war ein kumpelhafter Gruß bei den Latinos. In der ausgebauten Version schlug man sich dann noch mit der Faust aufs Herz und sagte dabei »México« oder eben »Guate« oder »Nica« – es war nur wichtig, bei schnell wechselnden Grenzen auch das richtige Land zu nennen.

Die erste Etappe erinnerte mich an die Wüstenregionen in Utah, Arizona und den Joshua-Tree-Nationalpark in Kalifornien, klar, war ja auch nicht wirklich weit weg von hier. In einem Abschnitt wurde es felsig, und die wunderschönen Kakteen wurden immer größer. Neben einem bestimmt acht Meter hohen Kaktusungetüm wirkte selbst die überladene Elsi wie Spielzeug. Kein Mensch weit und breit. Dafür zog Wind auf, ich musste mich mal wieder konzentrieren, um von den Böen nicht umgenietet zu werden.

Permanent schielte ich auf die Tanknadel und versuchte, an-

hand der runterlaufenden Kilometer zu ermitteln, ob ich es bis an meinen Zielpunkt Los Angeles schaffen würde, genauer: Bahía de los Ángeles, eine traumhafte Bucht an der Ostküste der Halbinsel. Ein Fluss oder vielleicht auch eine Quelle brachten Leben an diesen Ort, ließen saftige Palmen aus dem Boden sprießen, während sich davor Delfine und Wale tummelten. Auf einmal las ich auf

einem handgepinselten Schild das Zauberwort »Gasolina« und hielt. Ein alter Mann verkaufte am Straßenrand gefüllte Plastikflaschen mit Benzin. Meine Rettung, ich kaufte eine Gallone und musste mir keine Sorgen mehr machen.

Kaktusplantagen folgten, hatte ich auch noch nie so gesehen. Dicht über weite Flächen stehen die fleischblättrigen Pflanzen, die getoastet oder auch wie Gurken eingelegt sehr lecker und sehr gesund sind – wenn man vorher die Stacheln entfernt.

Direkt am Meer fand ich eine sandige Campmöglichkeit. Und zufällig traf ich auch Ilona und Jan wieder, wir aßen zusammen, und Jan sagte mir, dass man für die Baja ein Visum brauchte oder zumindest einen Einreisestempel. Die beiden allradbetriebenen Schweizer hatten genau wie ich einfach die Grenze passiert – allerdings würden die beiden auch wieder in die Staaten ausreisen. Mir dämmerte so langsam, dass ich Nase nicht nur aus den Staaten nicht sauber ausgereist war, sondern offensichtlich auch nicht ganz sauber eingereist war, und das auch noch mit einem eigenen Fahrzeug. Hoffentlich gab das keinen Ärger an der nächsten Grenze.

Die beiden fuhren am nächsten Tag weiter, ich machte Pause

und checkte erst mal im Netz die Einreiselage. Ich skypte sogar mit der Botschaft in Mexiko-City und dem deutschen Konsulat in Cancún. Voll die Nichthelfer, angeblich wussten sie von nichts und ließen mich mit meinem Problem alleine. Eine Enttäuschung. Dafür kam ich mit Amis ins Gespräch, die neben dem Campingplatz ein Haus besaßen, und die beruhigten mich: »Kein Problem. Fahr einfach weiter, bald kommt die Grenze zwischen Baja und Baja-Süd, da kannst du die Formalitäten regeln.« Na dann.

Als ich die innermexikanische Grenze zwischen den beiden Bundesstaaten erreichte, sagte mir die Frau, dass ich hier keinen Einreisestempel mehr bekommen könnte, die Bestimmungen hätten sich geändert. Man brauchte den Einreisestempel nur, wenn man aufs Festland wollte – genau das wollte ich ja. Was also tun? Die Beamtin riet mir, zum Hafen nach Santa Rosalía weiterzufahren, dort gäbe es ein Hafenamt, die Beamten wüssten Rat. Also weiter.

Es wurde schon bedrohlich dunkel, als ich unter einem Bushaltestellenpalapa drei beladene Fahrradfahrer sah. Sie sagten mir, dass sie hier schlafen würden, und bauten auch tatsächlich ihre Zelte auf. »Hier ist Platz für alle. Die Frau da drüben meinte, dass das alles kein Problem sei.«

Bevor ich noch lange alleine weitersuchte, schlug auch ich mein Zelt auf. Auf alten Autositzen im Sand lümmelnd erzählten wir uns noch bis tief in die Nacht Geschichten. Zwei der Fahrradfahrer kamen aus Alaska und kannten viele der Orte, an denen ich war. Für die Baja schloss sich ihnen eine weitere Reisende an, die die langen Wüstenabschnitte nicht alleine radeln wollte. Und alle wollten sie bis Patagonien – Wahnsinn!

Am nächsten Morgen trennten sich unsere Wege wieder. Wie so oft auf Reisen ein Abschied ohne Schmerz, im Gegenteil: Er gab mir das gute Gefühl, dass es da draußen immer wieder Leute gab, die ähnlich tickten wie ich. Ich liebte es, wenn sich Reisende trafen, unbekannt, wildfremd, sich auf Anhieb gut verstanden, vielleicht ein Stück zusammen reisten, miteinander verschmolzen und sich dann wieder trennten – jeder reich an Einblicken in ein anderes Reiseleben.

Es waren noch 300 Kilometer bis Santa Rosalía. Doch zum eigentlichen Etappenort La Paz wären es 600 Kilometer. Wenn die mir da unten auch die Tür vor der Nase zuschlagen würden, dann hätte ich ein amtliches Problem, denn die Halbinsel war 1200 Kilometer lang. Und über das Festland wollte ich echt nicht fahren, das galt als unsicheres Gebiet, denn da wurden tonnenweise Drogen vermaggelt. Also schickte ich einige Stoßgebete zum Visahimmel, bis ich in Santa Rosalía das Hafenamt betrat.

»Das kann doch nicht sein, Señor! Wir sind in Mexiko, gibt es da keine andere Lösung?«

»Was meinen Sie?«

»Vielleicht lade ich Sie und Ihre Frau zum Essen ein, oder so?! Ich fliege keinen Helikopter, ich fahre eine kleine Vespa. Wissen Sie, was das heißt, wenn ich jetzt den ganzen Weg wieder zurückfahren muss? Das sind mal eben 2000 Kilometer Umweg! Haben Sie schon mal einen luftgekühlten Motor durch heißen Sturm gequält?«

Er schlug mit der flachen Hand auf den Schreibtisch und schrie mich an: »Es ist mir vollkommen egal, was das heißt. Sie sind illegal in Mexiko und fahren jetzt sofort zurück zur Grenze und holen sich Ihren Einreisestempel!«

Vollkommen genervt und angepisst, dass ich so naiv und dämlich gewesen war, mir beim Grenzübertritt in Tijuana keinen Einreisestempel geholt zu haben, verließ ich das betongegossene Hafenbüro. »Scheiße«, brüllte ich mich selber an, kickte den Starter in sengender Mittagshitze und fuhr zurück nach Norden, wo ich hergekommen war – und wohin ich überhaupt nicht mehr zurückwollte.

Ungewollte Bonusmeilen

Ich hatte nie vorgehabt, nordwärts durch Mexiko zu reisen, aber es half alles nichts, ich musste in den sauren Apfel beißen und wieder durch die Wüste zurück. Also tankte ich auf und drehte um.

Die Nacht verbrachte ich in Guerrero Negro, da gab es zwar keine Schlafmöglichkeiten, aber ich zeltete einfach in einem Vogelschutzgebiet zwischen schnatternden Enten. Am kommenden Tag stand ich um vier Uhr auf und bügelte fast 400 Kilometer. Wir hätten noch mehr geschafft, wenn der Wind nicht so sturmartig und böig seitlich in uns reingeschlagen wäre. Außerdem gab es nur schlechten 84-Oktan-Sprit zu tanken, was sich vor allem im Verbrauch bemerkbar machte: Mit allen Reserven waren normalerweise easy 450 Kilometer drin, fieser Wind und mieser Sprit ließen nur 300 zu. Zum Glück rettete mich derselbe Opi, der wieder hinter seinem Holztischchen saß und »Gasolina« in Plastikflaschen anbot.

Zurück in Ensenada baute ich mein Zelt wieder auf Alfredos kleinem Campingplatz auf und fuhr zum Hafenbüro, wo ich nach einiger Wartezeit glücklicherweise meinen Einreisestempel erhielt. Ich war nun wieder legal, aber die Fahrzeugregistrierung für Elsi gab es erst in La Paz, also der Hafenstadt im Süden, von wo aus ich die Fähre aufs mexikanische Festland nehmen wollte. So konnte ich mir wenigstens die letzten 260 Kilometer bis zur Grenze in Tijuana und wieder zurück sparen. Immerhin.

Vielleicht war es auch besser, keinen US-Grenzbeamten mehr zu treffen. Zum einen konnte ich gar nicht beweisen, dass ich pünktlich aus den USA ausgereist war, denn mein mexikanischer Einreisestempel war ja von heute und nicht von vor zwei Wochen. Zum anderen suchten sie vielleicht gerade mal wieder einen Campingplatzräuber und hatten mich schon auf der roten Liste. Wie auch immer, die vollkommen überflüssigen Extrakilometer wegen meines Patzers bei den Grenzformalitäten sollten mir eine Lehre sein. Zu allem Überfluss hatte ich auch keine Versicherung für die Vespa, obwohl es in Mexiko eine Versicherungspflicht gab. Mann, Mann, Mann, so etwas sollte mir besser nicht noch einmal passieren. Bitte nicht nachmachen, liebe Kinder!

Nachdem alles ausgebügelt war, ging es am Tag drauf wieder zurück in den Süden. Die Kakteen begrüßten mich mittlerweile mit Namen und winkten mir zu wie einem alten Bekannten.

Bei den Militärkontrollen, die ich nun zum dritten Mal passierte, fiel auf, dass sie in diese Richtung sehr lapidar gehalten wurden, auf dem Weg in den Norden sehr streng. Dass sich die stets freundlichen Soldaten nicht daran gestört hatten, dass ich ohne Einreisestempel im Land war, obwohl ich allen brav meinen Pass gab, zeigte nur, dass es ihnen am Ende gar nicht um die Touristen ging. Sie zerpflückten eigentlich immer nur mexikanische Autos und vor allem Lkws.

Der Wind half mir und schob mich an. Allerdings schossen mir dicke Laster auf der schmalen Straße entgegen. Die riesigen Trucks schoben eine enorme Druckwelle vor sich her, die dann frontal auf mich draufknallte. Ich brauchte fast die ganze Straßenbreite, um mich sturzfrei wieder einzupendeln. Vor allem, wenn zwei Lkws kurz hintereinander kamen, drohte der Abflug vom Asphalt. Da es neben dem Teerbelag gut 15 Zentimeter in weichem, staubigem Sand runter ging, wäre das niemals gutgegangen. Zum Glück gab es die Lkw-Doppelpacks nicht oft, und ich konnte immer frühzeitig abbremsen.

In Kurven erinnerten Holzkreuze an Unglücksfälle. Es waren sehr viele, und trotzdem heizten sie wie die Irren, überholten viel zu schnell und viel zu nah in nicht einsehbaren Kurven. Ohne Worte.

Obwohl ich vier Liter Wasser getrunken hatte, fühlte ich mich staubig und matt, die Haut spannte von der Sonne, und die Nasennebenhöhlen waren unangenehm trocken. Vor mir lag San Ignacio, durch das ich die ersten beiden Male nur durchgefahren war. Es war eine Oase, ja wirklich, eine echte Oase, die erste, die ich in meinem Leben sah. Unglaublich, von der Hauptstraße sah ich schon die Palmenhaine. Eine Brücke führte über einen See, ein dichter Palmenrand säumte die Ufer, Seerosen und andere Wassergewächse teilten sich die Wasseroberfläche mit Hunderten von Enten. Am Ufer entdeckte ich ein Campingschild, als mir ein Mann zuwinkte. Er hatte säckeweise Datteln vor sich stehen und sortierte die schlechten aus. Wir unterhielten uns gut, während ich bestimmt 30 Datteln in mich reinstopfte und erst mit vollem Magen raffte, dass die leckeren Dinger direkt über uns wuchsen.

Ich schlug mein Zelt am lauschigen Ufer unter Palmen auf. Einzig die Moskitos versuchten, mir dieses Paradies zu versauen, diese Biester.

Am Morgen kam die Frau des Dattelmanns und gab mir einen Laib Dattelbrot, den ich zu zwei Dritteln sofort verschlang, und einen weiteren kaufte ich ihr ab. Die letzte Etappe nach Santa Rosalía zog sich, und obwohl ich es seit dem Formularfiasko wusste, staunte ich, als ich an derselben Tankstelle wie vor sechs Tagen wieder volltankte: Über 2100 Kilometer war ich »mal eben« Umweg gefahren. Das war etwa die Strecke von Köln nach Marseille und wieder zurück. Toll.

Ich schüttelte die ungewollten Bonusmeilen aus den Klamotten und genoss die sonnige Baja, die im südlicheren Teil mit Hunderten von Buchten, Palmen und Ruhe ein Paradies blieb. In einer versteckten Bucht fand ich direkt am Wasser ein zerfetztes Palapa. Es war zwar keine einsame Insel, aber ich musste an Robinson denken, als ich die weit verstreuten Palmzweige einsammelte und den Unterschlupf liebevoll zu meinem Heim ausstaffierte. Hier könnte ich tagelang leben. Ein Mann kam vorbei und kassierte 50 Pesos für den Platz, die ich ihm gerne gab.

»Kennst du den Baja-Schritt?«, fragte er mich.

»Den bitte was?«

»Den Baja-Schritt. Wer auf der Baja California ins Wasser geht, sollte nicht normal gehen. Du darfst die Füße nicht heben, zieh sie flach durch den Sandboden oder zieh am besten Schuhe an. Hier gibt es viele Stachelrochen, die unter einer dünnen Sandschicht versteckt auf dem Grund liegen. Sie sind nicht wirklich gefährlich, aber sehr schmerzhaft, wenn du auf sie drauftrittst.«

Guter Tipp.

Eigentlich war es paradiesisch ruhig in der Nacht, doch ich wurde regelmäßig aus dem Schlaf geholt, als wieder einer der riesigen, meist überladenen Laster die nahe Bergstraße mit dem Motor runterbremste, also einen kleineren Gang einlegte. Die Motoren drehten dann so hoch, dass sie einen lauten Schrei ausstießen. Also steckte ich mir Ohropax in die Gehörgänge und schlief weiter.

Bis ich von brutal lauter Musik aus dem Schlaf gerissen wurde. Ich wusste im ersten Moment gar nicht, wie mir geschah. Ein Auto parkte keine zwei Meter von meinem Palapaparadies, die Türen wurden aufgerissen und die Musik so hochgedreht, dass die Boxen krachten. Es war so laut, dass ich mir Ohropax in die Ohren stecken wollte und dann erst feststellte, dass ich schon welches drin hatte. Verpeilt und schlaftrunken warf ich einen Blick auf Pete, der mir 6:05 Uhr anzeigte, es wurde langsam hell.

Meine neuen Partynachbarn grölten, während die basslastige Techno- und Raggaton-Musik durch die ganze Bucht hallte. Nach etwa einer Stunde wurde die Musik heruntergedreht, dafür schwappte nun ihr Gejohle aus dem Ozean herüber. Wenig später fuhr der Wagen weg, außer den Wellen und dem Möwengeschrei herrschte wieder Stille. Aber nur bis die Jungs mit Frühstück und einer neuen Bierladung zurückkamen. Zum Glück nicht lange, dann stiefelten sie mit Angeln, oder besser: mit Angelschnur, die um Colaflaschen gewickelt war, und einer Kühltasche, in der vermutlich Cerveza steckte, Richtung Klippen.

Später am Tag kam ich zurück zu meinem Palapa und hoffte nur, dass mir die »lauten Jungs« nicht mein Zelt ausgeräumt hatten. Als ich eintraf, winkte mich einer der Jungs rüber, sie hatten zwölf Fische gefangen, die nun nacheinander in der Pfanne im Öl schwammen. Sie luden mich ein zu Tacos, Avocados, Tomaten, Paprika und Fisch. Als ich so zwischen ihnen saß und kaute, schämte ich mich für meinen Gedanken, dass sie mich hätten beklauen können. Als könnten sie meine Gedanken lesen, sagten sie mir, dass ich auf dem mexikanischen Festland auf meine Dinge besser achtgeben sollte, gerade in Touristengebieten. Sie selbst kamen aus den unterschiedlichsten Ecken Mexikos, arbeiteten in der Nähe in einer Mine und konnten nur am Wochenende hier rausfahren, weshalb sie auch schon so früh am Morgen hier aufgeschlagen waren. Den Lautstärkewink mit dem Zaunpfahl verkniff ich mir. Sie konnten ja eh Gedanken lesen.

Es zog mich weiter, das Baja-Paradies wurde wieder trockene Wüste, als ich zufällig Biggi und Flo aus Bayern kennenlernte. Die beiden reisten mit einem VW-Bus T3 und begrüßten mich herzlich, denn auch sie hatten unterwegs von der beladenen Vespa gehört. Spontan übernachteten wir zusammen und reisten die kommenden drei Tage als Team weiter, bevor jeder in seinem Tempo weitermachte. Vielleicht kreuzten sich die Wege ja irgendwo wieder, denn auch ihr Ziel hieß Patagonien.

Irgendwann hatte ich zu viel Staub gefressen, also schenkte ich mir Cabo, das Kap der Halbinsel, und steuerte den Hafen in La Paz an. Die Zollformalitäten liefen glücklicherweise problemlos, nur das Beladen der Fähre dauerte ewig, da alle Fahrzeuge rückwärts eingeparkt werden mussten, inklusive Lkws. Ein elendes Gekurbel, aber irgendwann war auch das erledigt, und wir legten ab über den Golf von Kalifornien.

Viva la México – geliebte Lebenseinstellung

Die Überfahrt nach Mazatlán verlief reibungslos. Auch das Zolldokument, das mir so viele Selbstvorwürfe und Bonusmeilen eingebrockt hatte, wurde mir ohne Diskussionen ausgestellt. Wie geil – die Vesparicana erlebte einen weiteren neuen Startpunkt, ich fühlte mich wie frisch angekommen. Nicht in einem Land, mehr in einer ganzen Region, und vor allem bei Menschen, die ich so mag, weil sie einfach leben. Es war ein Gefühl der Glückseligkeit, das sich urplötzlich in mir einstellte. Das Gefühl, dass so vieles um uns herum unnötig und übertrieben war. Dass Menschen auch lachen und Lebensfreude zeigen konnten, ganz ohne materielle Dinge – oder vielleicht genau deswegen.

Die Mexikaner hier in der Region waren sehr arm, wohnten in Hütten mit Palmen- oder Blechdach. Sie winkten, sie pfiffen und freuten sich, mich zu sehen. Sie liebten die Vespa und nannten sie »Chiquita«, kleines Mädchen. Auf trockener roter Erde fuhr ich durch eine Baustelle, wo mich jeder, wirklich jeder grüßte. Das Glücksgefühl war so stark, dass ich mich schütteln musste. Ich jubelte, ich quiekte förmlich vor Freude, hielt an, ein Mann, der mit einer Machete Unkraut vom Straßenrand schlug, schaute mich an. Ich ihn auch, riss meine Arme in die Luft und rief laut: »*México!*«

Er lachte: »Mucha suerte, amigo!« – Viel Glück, mein Freund.

Ich fuhr weiter und konnte es immer noch kaum glauben. Ich war da!

Da Nachtfahrten laut ungeschriebenem Vesparicana-Gesetzbuch strengstens verboten waren, machte ich mir langsam Sorgen, weil in dieser touristisch kaum erschlossenen Gegend keine Campingplätze oder Hospedajen zu finden waren. An einer PEMEX – so hießen die Tankstellen, allesamt staatlich und nachts bewacht – fragte ich, ob es irgendwo einen Platz zum Zelten oder ein billiges Hotel gab.

Der uniformierte Mann sagte, ohne zu zögern: »Sí claro, amigo. Du kannst hier schlafen, dahinten neben den Trucks ist Platz.«

»Vielen Dank, aber ist es auch sicher hier?«

Er hob seine Schrotflinte demonstrativ an und meinte: »Ich passe schon auf dich auf, und die Truckfahrer halten auch zusammen. Hier kommt so schnell nichts weg.«

In diesem Moment hielt ein Pick-up, der Fahrer stieg aus, dann die drei Mitfahrer, alle trugen kugelsichere Westen und Maschinenpistolen. Während der Fahrer auf die Toilette verschwand, bewachten sie das Auto und den Toiletteneingang. Als er rauskam, wurde er abgesichert, alle stiegen wieder ein, und der Pick-up fuhr wieder davon. »Willkommen in Mexiko«, dachte ich nur. Die Menschen waren alle sehr freundlich, aber es wehte gleichzeitig ein rauer Wind, und damit war nicht das Wetter gemeint. Herzlichkeit und geladene Waffen schlossen sich hier nicht aus, sondern gehörten beide irgendwie zum Alltag.

In der Nacht fing es an zu regnen. Schon am Tag war es deutlich feuchter und schwüler als noch auf der Baja. Ich schwitzte, war dreckig und stank wie lange nicht. Jetzt lief auch noch Wasser ins Zelt, weil ich es nur halbherzig aufgebaut hatte. Am Morgen war alles klamm, ich packte im Regen, war schlecht drauf. Mitten im Packen hörte ich einfach auf, kaufte mir an der Tanke einen Kaffee, setzte mich unter das Vordach, schaute in den Regenwald, roch den Regenwald, die Wolken, den warmen Regen. Ein freundlicher Trucker quetschte mich aus und klopfte mir auf die Schulter. Meine Stimmung drehte sich schlagartig. Ich trank den Kaffee aus und baute pfeifend das triefend nasse Zelt ab. Der Sand der Baja hing überall, ich lachte und sagte laut: »Das ist der Reiseshit, und ich liebe ihn!«

Die nasse Straße roch nach grünem Tee, der Regen, die klare Luft, Bananenpflanzen, Kühe, Ziegen, winkende Menschen, alles sog ich in mich auf. Bei einem kleinen Restaurant am Straßenrand machte ich Pause. In der offenen Küche standen drei Frauen, Kinder liefen umher und scheuchten Hühner und Gänse über einen Schotterplatz. Frische Tacos wurden mir serviert, dazu Bohnenpaste, Fleisch, Tomaten und Zwiebeln. Die Hühner liefen unter meinen Tisch, während ich mir Tacos mit Hühnerfleisch in den Mund schob. Hier lief der Belag noch in der Gegend herum.

Später fuhren zwei Motorradfahrer an mich heran, die Soziusbraut hielt die Kamera auf mich, ich winkte, Daumen hoch, es blitzte, und sie gaben wieder Gas. Kurz darauf sah ich sie wieder, sie fuhren sehr langsam, damit ich an sie ranfahren konnte. Der Fahrer winkte und rief: »Cerveza?« Dazu machte er mit seinen Händen eine Trinkbewegung.

»Sí claro.«

An der nächsten Tankstelle hielten wir an, er stieg ab, umarmte mich und bohrte mir tausend Fragen in den Bauch. Er holte Bier, ein Pärchen mit einem Motorrad gesellte sich dazu, wir unterhielten uns, mehr mit Händen und Füßen, denn ich hatte Wortfindungsprobleme. Der Fahrer der anderen Maschine gab mir zum Abschied seine Karte, er war Anwalt und hieß Jesus. »Wenn du Probleme hast, dann meld dich.« Nun konnte nichts mehr schiefgehen, Jesus war mein Anwalt.

Über die Ruta de Tequila fuhr ich ins Inland. Es wurde wieder trockener, kein Regen und auch kein Regenwald mehr, dafür stundenlang an Agavenplantagen und Destillerien entlang. Bis nicht weit hinter der Kleinstadt Tequila eine Metropole auf uns wartete.

Guadalajara hatte über anderthalb Millionen Einwohner, fast fünf im ganzen Ballungsraum. Marc, ein kölsche Jung aus meinem Nippeser Freundeskreis, war seit 16 Jahren einer von ihnen. Wir kannten uns nur flüchtig von seinen Heimatbesuchen, umso spannender war es für mich, ihn und seine mexikanische Frau Tania und die zwei Kinder Luna und Emiliano hier zu besuchen.

Sie wohnten in einem Colectivo, das ist eine eingezäunte Häusersiedlung, die von Wachpersonal geschützt wurde, auf Neudeutsch »gated community«. Jedes Fahrzeug wurde registriert, Passnummern und Nummernschilder aufgeschrieben. »Für uns ist es sehr wichtig, dass die Kids auf der Straße spielen und frei und gefahrlos zu den Nachbarn können. Natürlich wäre es super, wenn alles so friedlich wäre, dass man das alles nicht bräuchte, aber das ist die Realität, amigo. Wärst du vor drei Jahren auf die Idee gekommen, uns zu besuchen, wir hätten es nicht zugelassen. Zu gefährlich.«

Mexiko war von den Drogenkartellen geteilt. Vor ein paar Jahren kämpften in Guadalajara die Kartelle um die Vorherrschaft, es kam täglich zu Toten, auch Marc fuhr mehrmals auf dem Wege zur Arbeit an erschossenen Menschen vorbei. Es wurden auch Menschen entführt, vor allem Kinder. Ein Kartell besiegte das andere, und seither war alles ruhig, was nicht hieß, dass der Konflikt nicht wieder aufbrach. Drogenkartelle, Morde, niedrige Löhne, Arbeitslosigkeit, Korruption, es gab ein paar richtig schwere Brocken, über die wir sprachen. Und trotzdem war es vor allem eine gute Zeit. Mexiko, Land der krassen Gegensätze.

Es war an der Zeit, Spanisch zu lernen, also nahm ich im »Instituto Cultural« eine Woche Einzelunterricht. Der morgendliche Weg in die Stadt war abenteuerlich, aber ich hatte den Dreh schnell raus. Vor dem Zentrum bretterte, bremste und quetschte ich mich durch den meist sehr langsam fahrenden Verkehr. Im Zentrum war dann Vorsicht geboten, weil Autoscheibenputzer, Zeitungs- und Lebensmittelverkäufer um die stehenden Autos schwirrten und »meinen« Platz versperrten. Tagsüber war ich in der Schule, und später lernte ich im schattigen Garten der Familie. Sicher ist sicher.

Nach einem unvergesslichen Stadionbesuch mit 62 000 komplett ausrastenden Fans des Zweitligaclubs Leones Negros, den schwarzen Löwen, und voller Dank verließ ich Guadalajara. Und musste mich sogar ein bisschen sputen, denn ich hatte für denselben Abend ein Blind Date mit zwei Jungs vom Vespaclub Querétaro, die sich nach dem ScooterWest-Interview gemeldet hatten. Ich sollte sie in Guanajuato treffen, das leicht östlich von Guadalajara lag. Gut so, denn südöstlich, in Morelia, war der Drogenkrieg angeblich in vollem Gange, schlimmer noch als in Guadalajara drei Jahre zuvor, man sollte einen großen Bogen darum machen.

Die Vespa sah noch mehr nach Expedition aus als sonst. Vom Scooter Center hatte ich ein Paket mit neuen Reifen erhalten, extra dickes Profil für anstehende Hinterlandtouren. Mein GPS schickte mich dummerweise gefährlich nah in den Drogenkrieg, weil es mehrere Guanajuatos gab. Das fand ich zwar noch heraus, bevor mir Kugeln um den Kopf flogen, aber ich verlor viel Zeit. Als ich mittels herkömmlicher Landkarte über die Autobahn ins richtige Guanajuato fuhr, stand die Sonne bereits tief. Etwa 100 Kilometer davor brach mal wieder eine Tachowelle, worauf ich keine Rücksicht nehmen konnte, denn jeder Kilometer bei Tageslicht zählte. Bald wurde es dunkel, und mir wurde ein bisschen unwohl, weil ich die Situation nicht wirklich einschätzen konnte.

Am Ende der überraschend kräftezehrenden Etappe erreichte ich das Zentrum der Stadt ohne weitere Zwischenfälle. Doch die verschlungene Altstadt brachte mich um den letzten Funken Orientierungssinn, den ich noch hatte. Das Tunnelgewirr am Berg war im Laternenlicht ohne Ortskenntnis nicht mehr zu durchschauen. Ich fragte einen Straßenpolizisten nach dem Weg, und der erklärte mir, dass mein Treffpunkt, das Teatro, »dahinten« liegen würde, und hob die Absperrkette der Fußgängerzone über mich. Mir war es recht, voll beladen durch die Fußgängerzone zu fahren, quer über den Marktplatz, wo Menschen an Tacobuden Schlange standen, entgegen einer vollen Einbahnstraße, einmal über den Gehweg, und – zack – stand ich direkt vor dem Hauptportal des majestätisch glitzernden Theaters. Puh … geschafft.

Aber wo waren die Vespisti? »Kein Handy, keine Information«, dachte ich, als mich ein hagerer Mann mit silbrigem Stoppelbart in gebrochenem Englisch ansprach. Die Jungs steckten im Stau, ich sollte ihm folgen. Okay, aber fuck, war das steil. Die letzten dreißig Meter ging es gefühlt senkrecht eine Einfahrt hoch. Ich versuchte es, bis die Kupplungsbeläge stanken, hatte aber keine Chance. Also öffnete ich die Gepäcknetze und lud alles ab, als mir der silberbärtige Kollege zu Hilfe kam. Er schleppte peu à peu meine Gepäckstücke nach oben, ich startete derweil den Motor, lief nun neben Elsi her und fuhr sie nur mit ihrem Eigengewicht berghoch, und war völlig außer Atem, als ich oben ankam.

Wenig später erschienen Eduardo und Frederico, sie hatten ihre Vespas auf einen Pick-up geschnallt. Weite Strecken auf der

Vespa zu fahren schien nicht jedermanns Sache zu sein. Wir unterhielten uns nur noch kurz, ich hatte keine Energie für mehr und fiel in einen komatösen Schlaf.

Am nächsten Morgen wechselte ich als Erstes die Tachowelle, bevor ich die Jungs traf. Schon der Knaller, die hatten im Internet meinen Blog gefunden, und jetzt kamen sie extra hierher, um ein Stück mit mir zu fahren. Und zu allem Überfluss bestanden sie darauf, auch die Übernachtungsrechnung zu begleichen. Was für nette Menschen. Vor allem, weil sie nicht nur laberten, sondern auch machten.

Wir schauten uns das Museum der Mumien an, das aber überhaupt nicht mein Ding war. In allen möglichen Körperhaltungen lehnen, stehen, liegen und sitzen hier mumifizierte Leichen hinter Glas. Dann auch noch aufgespießte Skelette, Guillotinen, Folterwerkzeuge und Knochensägen – nicht mit mir. Aber krass, wie unterschiedlich die Kulturen mit dem Thema Tod umgehen. Dieses besondere Faible der Mexikaner hatte ich schon am »Día de los Muertos«, dem Tag der Toten, in Guadalajara erlebt. Schädel und Skelette überall, um der Verstorbenen zu gedenken.

Der anschließende Ausflug war umso schöner: Hölzerne Balkone und Terrassen aus Bruchsteinwänden, verputzte Wände bunt bemalt, Zwiebeltürme und jahrhundertealte Torbögen. Gemeinsam verließen wir Guanajuato, als sich auf einmal die Sicht verdunkelte. Was zur Hölle war das? Ein Mückenschwarm, wie ich nur wenig später sehen und hören konnte. Feuchte Geschosse zerplatzen auf meinem Helm und meiner Brille und ließen mich instinktiv den Kopf hinter meinem Windschild einziehen, wo es nur so prasselte. Während der nächsten Pause obduzierte ich das gesprenkelte Massengrab – Totenkult à la Vesparicana.

Wir cruisten nach San Miguel de Allende, wo sich Champi zu uns gesellte, den ich auf Anhieb sympathisch fand. Gemeinsam fuhren wir nach Querétaro, der Heimat der drei, und Champi nahm mich bei sich auf. Es folgte eine feucht-fröhliche Nacht, um mal die Details elegant auszusparen – als ich erwachte, war ich jedenfalls komplett unbrauchbar. Eigentlich wollte ich die

Vespa putzen, den platten Reservereifen flicken, doch ich war dazu nicht in der Lage. Als mich Eduardo sah, meinte er nur: »Du siehst scheiße aus. Ich hab dich ja gesehen nach deiner Tour nach Guanajuato, da sahst du müde aus. Heute einfach nur scheiße.«

Als ich wieder fit war – zwei Tage und noch ein Gelage später –, fuhren wir zu Eduardos Arbeit, der Schrauberbasis des Vespaclubs. Ein Italiener, der vor Jahren nach Mexico-City ausgewandert war, hatte sich selbständig gemacht und – Achtung, Klischee! – ein Pizzataxi gegründet. Er lieferte natürlich mit Original aus Italien importierten Vespas aus, und da er einer der Ersten war, der gute Pizza frei Haus lieferte, ging sein Business durch die Decke. Am Ende hatte er zwölf Vespas und zwei Pizzabäcker eingestellt, die die Pizzeria managten, während er sich um sein Hobby kümmerte: Er reparierte die Vespas. Und nicht nur seine eigenen, irgendwann bildete er neben Pizzabäckern auch noch Vespamechaniker aus. Auch ein Mann, der zwei Leidenschaften miteinander verband.

Der Club Vespa Querétaro buchte nun einmal in der Woche den fitten Azubi des Pizzakönigs für 1000 Pesos, rund 70 Dollar. Für die 50 Euro, dic wir in Deutschland für eine Handwerkerstunde hinblättern mussten, schraubte er von morgens bis abends und reparierte alles, was ihm die Jungs vor die Füße stellten.

»A huevo, güey!« – »A huevo, cabrón!«, so begrüßten sich die mexikanischen Kumpels, was so viel bedeutete wie: »An die Eier, Alter!«, und als Antwort: »An die Eier, du Saukerl!« Auch um anderen unnötigen Slang erweiterte sich dank meiner neuen Freunde mein Spanischwortschatz. Und noch besser, Elsi war wieder fit, alle Kleinigkeiten geflickt.

Zum Abschied waren alle da, sogar Louis, der mich am ersten Abend zu besonders üblen Drinks verleitet hatte. Wir fuhren noch zusammen zu den Bögen eines Aquädukts, schossen ein paar Fotos, lagen uns in den Armen und verabschiedeten uns. Dann bekam ich den obligatorischen Arschtritt von Eduardo, mit dem er mich symbolisch aus Querétaro kickte. Laut lachend, versteht sich.

Ehrlich gesagt war ich schon ein bisschen sentimental, denn was die Jungs für mich getan hatten, war einfach der Wahnsinn. So freundlich, so brüderlich. Unfassbar. Und sie hatten die ganze Zeit für mich bezahlt, obwohl ich immer versuchte, mich zu revanchieren, was sie jedoch erfolgreich verhinderten. »Wir wollen dir helfen«, hatte Eduardo andauernd gesagt. »Wir wollen ein Teil deiner Reise sein.« Und das waren sie auf jeden Fall. Das war so sicher, wie die Mumien tot waren.

Eduardo fädelte noch meinen Besuch beim Vespaclub in D. F. ein, also in Mexiko-City, denn logischerweise kannten sich die Vespaclubs durch die Pizza-Connection. Die Strecke in den Distrito Federal war nicht besonders sehenswert, da ich über die Autobahn fuhr. Irgendwo im Chaos angekommen dauerte es nicht lange, bis zwei Vespas um mich herumfuhren: Conan und Emmanuel.

Als kurze Einweisung sagten sie mir, alles sei erlaubt, und ich müsse mir um die Polizei keine Sorgen machen – was auch immer sie damit meinten. »Pinche puto tráfico« hieß etwa so viel wie »ganz schön dichter Verkehr« und traf es ganz gut: Der Feierabendverkehr war die Hölle, so was hatte ich noch nicht erlebt.

Total chaotisch ließen die fast neun Millionen Stadtmexikaner (20 im ganzen Ballungsraum!) die Kreuzungen einfach nicht frei, das System kollabierte in allen Richtungen. Emmanuel fuhr vor, quetschte sich durch die Autoreihen, ich folgte ihm, so gut es ging, da mein Lastenesel natürlich breiter war als sein unbeladenes Vehikel.

Nachdem ich einigermaßen gecheckt hatte, wie die Dinge hier liefen, fuhr ich vor, quetschte mich durch jede Lücke, fand ein Schlupfloch zum Gehweg, fuhr darauf parallel zur Autoschlange und vorne an der Ampel wieder zurück auf die Straße. Ich startete bei Grün, bis wir wieder standen, querte die komplette Fahrbahn, fuhr über den Mittelstreifen ein Stück im Gegenverkehr und schob mich wieder zurück. Conan folgte mir und meinte: »Genau so. Bald bist du dein Gepäck los, und dann geht es richtig ab.«

Fast zwei Stunden Gehupe und Geheize, Schweiß und Abgase folgten, bis wir in Emmanuels WG ankamen. Elsi wurde vom Gepäck befreit und all mein Kram in die Bude geschleppt. Nach einer Erfrischungspause schwangen wir uns wieder auf die Vespas und fuhren los. Der Verkehr war fast noch dichter, Elsi jedoch leicht und dünn wie selten.

»Los, Alex, einfach brutal durch.«

»Wie soll das gehen?«, fragte ich mich an einer komplett blockierten Kreuzung. Ich folgte Emmanuel über hunderte Meter zwischen stehenden Autoreihen – im Gegenverkehr! Was besonders spannend wurde, als sich die Blechlawine langsam gegen uns in Bewegung setzte. Ein Gehweg rettete uns. Wir fuhren zwischen Fußgängern, querten noch einmal die verstopfte Fahrbahn und standen irgendwann vor dem Stammlokal der Malportados Vespa Gang, der »Rüpel«, einem der beiden großen Vespaclubs in Mexiko-City. Es war wieder total überwältigend, wie ich aufgenommen wurde. Zig Vespisti umarmten mich, stellten mir sehr interessante Fragen, woran ich direkt merkte, dass sie alle meinen Blog verfolgten. Cooler Abend.

Conan war bis hinter die Ohren tätowiert, er holte mich am nächsten Tag ab und fragte mich, was ich sehen wollte.

»Mexiko-City, das echte Mexiko-City.«

»Okay, folge mir. Wir fahren nach Tepito.«

»Tepito? Das ist doch ein Ghetto, oder?«

»Keine Sorge, ich wohne da, und die letzte Schießerei ist auch schon wieder ein paar Wochen her.«

Ich fragte mich, ob es wirklich eine gute Idee war, das größte Ghettoviertel zu besuchen. Als wir uns Tepito näherten, gab mir Conan irgendwann ein Handzeichen, dass ich dicht zu ihm aufschließen sollte. Wir standen an einem Straßenrand, neben uns waren Marktstände, die wohl die äußersten Stände eines größeren Marktes waren, wie es den Anschein hatte. Zwischen einem Stand mit bunten Plastikschuhen und einem mit Haushaltswaren fuhr Conan auf den Markt. »Was macht der da?«, fragte ich mich und legte den ersten Gang ein. Wir fuhren einfach über den voll belebten Markt. Menschen, Kleidung, Plastikkram. Durch einen Marktstand gelangten wir in einen anderen Marktteil mit allen möglichen Lebensmitteln. Als wir irgendwann zwischen Plastikstühlen und einem Saftstand aus dem Markt heraus auf eine heruntergekommene Straße kamen, stellte Conan seine Vespa ab. Er ging zu den drei Gestalten, die in einem Hauseingang irgendetwas Süßliches rauchten, gab ihnen die Hand, unterhielt sich kurz und kam zurück. »Kannst alles auf der Vespa lassen, auch den Schlüssel stecken lassen, ist alles sicher.« Natürlich schloss ich Vespa und Helm an und nahm auch meinen Schlüssel mit, egal, wie sicher dieses Ghetto für mich als Besucher auch angeblich sein mochte.

An einem kleinen Stand aßen wir eine Kleinigkeit, Conan erzählte allen von meiner Vesparicana. Man drückte mich, schüttelte meine Hand, wünschte mir Glück und Gottes Segen. Irgendwie war es paradox, weil ich mich sehr sicher und wohl fühlte, obwohl ich mich an einem der gefährlichsten Orte von Mexiko-City befand. Als wir über den Markt spazierten, erklärte mir Conan das Schwarzmarkt-System, wie viel gestohlen wurde, wie viel Drogengeld hier gewaschen wurde, und auch, dass in dem Gewirr keiner durchblickte, denn hinter den Kulissen – in den Katakomben der Marktgebäude – befanden sich Drogenküchen, in denen das bolivianische Rohkokain aufbereitet wurde, um es dann weiter nach Norden in die USA zu schaffen. Später las ich im Internet, dass es 2003 auf dem Markt 30 Tote gegeben hatte. Conan meinte: »Auf den Dächern liegen Scharfschützen, die abdrücken, wenn etwas schiefläuft. Deswegen geht ein Polizist niemals alleine auf den Markt, der ist hier in höchster Gefahr. Wir aber nicht.«

In aggressivster Fahrweise, die dem Namen des Clubs alle Ehre machte, bretterten wir zum Aztekenstadion – einer geilen Schüssel für 95 500 Zuschauer –, die wir dreist durch den Lieferanteneingang enterten, und betraten den heiligen Rasen. Danach schlugen wir uns wieder durch den Verkehr, diesmal zum Zócalo, dem »Sockel«. So hieß der zweitgrößte Platz des Planeten, nach dem Roten Platz, mit Dom und Präsidentenpalast.

Eines der Clubmitglieder hatte sich eine Ape, eine Dreiradvespa, gekauft und sie in ein kleines fahrbares Restaurant verwandelt. Sehr cooler Typ und sehr leckere Chicken-Wings. Er stand immer an einer total abgefahrenen Straßenkreuzung, schon mehrere Straßenblocks vorher gab es nur noch Autoteile. Alle möglichen Karosserieteile quollen nur so aus den offenen Fensterlöchern: Autotüren, Motorhauben und Heckklappen in den verschiedensten Ausführungen bis über die Dächer der Häuser aufeinandergestapelt.

Wir wurden immer mehr und fuhren zu anderen Leuten vom Club. Es wurde ein sehr lustiger Abend, nicht ganz alkoholfrei. Am nächsten Morgen ging es mir aber zum Glück gut, viel besser zumindest als den meisten anderen. Bei vergleichsweise entspanntem Sonntagsverkehr fuhren wir aus der Stadt, sägten einen Weihnachtsbaum ab und fanden uns am Abend zum offiziellen Adventsstart im Stammlokal ein. Die beste Gelegenheit, mich bei allen zu bedanken und zu verabschieden. Nur einer fehlte noch, der Club-Mechaniker Ricardo, ihn wollte ich noch kennenlernen. Als er eintrudelte, schenkte er mir zum Abschied eine 94er-Vergaserdüse und drückte mir einen dünnen Draht in die Hand. Ich verstand nicht. Dann steckte er den Draht durch das Düsenloch, zwirbelte es zusammen und sagte: »Nun ist das Loch kleiner. Nimm dir unterschiedlich dicke Drähte oder zieh immer einen

mehr rein, wenn sie zu fett läuft.« Was für ein cooler Trick zum Abschied, muchas gracias!

Über Tehuacán erreichte ich Oaxaca. D.F. lag schon auf 2300 Metern, doch nun ging es permanent bergauf, bis auf 3300 Meter, und wurde recht frisch. Ich zählte nach und musste lachen: Nach 23 Nächten musste ich hier mal wieder für eine Übernachtung zahlen – nach Wildcampen und vor allem, weil ich von Freunden und hilfsbereiten Vespisti aufgenommen und unterstützt wurde. Schon sehr geil.

Dafür legte ich anders drauf. Als wollte mich irgendwer bestrafen, fing es seit Wochen das erste Mal wieder zu regnen an. Und an einem Hostal stellte ich fest, dass meine Jacke weg war. Mist. An dem Teil hing jetzt nicht mein Herz, aber Dinge zu verlieren ärgerte mich grundsätzlich. Auf Reisen änderte sich das Verhältnis zu den wenigen Sachen, die man besaß. Mit meinem Rucksack war ich nicht nur um die Welt gereist, ich hatte die letzten sechs Jahre mehr oder weniger aus ihm gelebt. Wenn ich ihn oder meine Vespa sah, dann fühlte ich mich ein Stück weit zu Hause. Nicht zu verwechseln mit Heimat. Man konnte viel über mich sagen, aber heimatlos war ich nicht, im Gegenteil: Was ich hier tat, das hundertprozentige Ausleben meiner Träume, konnte ich nur machen, weil ich eine stabile Basis aus Familie und Freunden hatte. Und schon war der Verlust der Jacke fast schon wieder verschmerzt, zumal ich Backpack und Elsi ja noch hatte. Und wie.

Zur Küste zu gelangen war ein hartes Stück Arbeit. Über zehn Stunden bügelten wir pausenlos über hügelige und kurvige Straßen, die Pazifikbrise frontal im Gesicht. Aber Elsi lief wie eine Eins. Auf unserem Trip waren nun schon 28 000 Kilometer gerockt, und sie schnurrte wie am ersten Tag.

Entlang der Pazifikküste Mexikos

Ich grüßte die vielen Esel, die immer wieder am Straßenrand grasten, und freute mich auf den Pazifik. In den Ortschaften winkten mir niños, die in Schuluniformen steckten, lachend zu. Unter Bananenstauden vor einem Holzhaus öffnete ich den Vergaser, als plötzlich zwei kleine Kinder neben mir standen und mir neugierig auf die Finger schauten. Ich hob sie auf den Sattel und ließ sie – *brumm-brumm* – Fahrer spielen. Eine ältere Frau trat aus dem Haus und bat mich ohne Umschweife, die Kinder mitzunehmen und ihnen ein Zuhause zu geben. Vollkommen perplex setzte ich die Kids auf den Boden, entschuldigte mich bei der Frau, dass ich nicht spontan zwei Kinder adoptieren konnte, und nahm Reißaus.

Es gab sie noch, die einsamen und untouristischen Flecken, und zum Glück bekam ich einen Geheimtipp. Mein Zelt stand im Sand, direkt neben der schattigen Hängemattenkonstruktion, die ich für zwei Tage nicht verließ. Fließend Wasser und Strom gab es nicht, nur ein kleines Restaurant, wo es etwas zu essen gab, vorausgesetzt der Fischer war tagsüber erfolgreich. Was er zu meiner Freude war.

Viel Zeit zu rasten hatte ich nicht. Einerseits schade, andererseits schön, denn Ocki, mein Bruder, hatte sich für einen Weihnachtsbesuch angemeldet. Bei absolutem Traumwetter cruiste ich entspannt die Küste entlang, vorbei an Puerto Escondido, durch Mazunte und Zipolite. Die Küste kannte ich von der Weltreise und hatte sie damals lieben gelernt. Klar, der Tourismus hatte mittlerweile das Ruder in der Hand: Internetcafés, Bars und Strandaccessoires-Buden reihten sich genauso aneinander wie die Hängemattengestelle und die Cabañas, die kleinen Hütten, die am Strand auf Urlauber warteten. Trotzdem war ich sehr glücklich und zufrieden, zurückzukehren – schließlich hatte diese Region auch ihren Anteil daran, dass es die Vesparicana überhaupt gab.

Zurück auf der Panamericana lief es gut, denn es war wenig Verkehr. Stunden über Stunden legte ich mich in eine Kurve nach der anderen, musste mir einen Pulli anziehen, um mir die Unterarme nicht komplett zu verbrennen. Immer wenn es in Ortschaften ging, wurde der Verkehr durch Betonhubbel abgebremst. Ich hasste diese Scheißdinger, die so kurz und hoch waren, dass das Vorderrad schon wieder unten war, bevor das Hinterrad drauffuhr. Mein Auspuff schlug auf, und ich fragte mich ernsthaft, wie lange er das noch mitmachte.

Mein Schatten streckte sich schon weit über die Fahrbahn, es war Zeit, irgendwo einzukehren. Auf gut Glück folgte ich einem Schild mit einer Palme in der Hoffnung auf den nächsten Traumstrand. Einfache Häuser auf staubigem Grund säumten die geteerte Straße, bis ich auf eine T-Kreuzung stieß, die total zugewuchert war. Auf dem Eckgrundstück war ein Mann gerade dabei, einen Blätterhaufen zusammenzurechen.

»Hallo, ich suche einen Platz, wo ich mein Zelt aufschlagen kann?!«

»Der Strand hier ist sehr steinig und total schlecht zum Zelten.«

»Gibt es denn sonst einen Platz für mein Zelt?«

Er zeigte auf sein Grundstück: »Hier, bei uns kannst du schlafen.«

Nachdem ich mich mehrfach bedankt hatte, baute ich mein Zelt auf und schaute mich erst einmal um. Das Haus stand auf einem Lehmboden und war aus gebrannten Lehmziegeln gemauert, es hatte nur ein Fenster und eine Tür, die allerdings nur mit Vorhängen zu schließen waren. Im Haus waren Betten für José – so hieß der Mann –, seine Frau und die zwei Kinder. Er holte einen frischen Fisch aus dem Lehmhaus und fragte mich, ob ich Fisch mag. »Sí claro.« Links neben dem Haus gab es eine Überdachung, unter der auf Holz gekocht wurde. José erzählte, er hätte zwölf Jahre in Tijuana gelebt.

»Da kochten wir auf Gas. Wie dumm ist denn Gas? Das muss man ja bezahlen. Holz bringt zwar mehr Arbeit mit sich, aber das hole ich hier aus den Wäldern umsonst. Fließendes Wasser braucht man nicht. Das geht doch auch so«, meinte er und schritt aus dem Licht, bückte sich über ein Kunststofffass und schöpfte Wasser mit einer Schüssel. »Wichtig ist Elektrizität, und Strom haben wir.«

Er zeigte stolz auf eine der beiden Glühbirnen. Während seine Frau mit einem blauen Stahleimerchen aus dem Haus kam, nahm José den Fisch aus. Sie stellte vier Tassen auf den Tisch und fragte mich, ob ich Kaffee mag. »Sí claro.« Sie schüttete den süßen dünnen Kaffee aus dem blauen Stahleimerchen in die Tassen. Der siebenjährige Sohn freute sich und trank seine Tasse zügig leer, worauf ihm die Mutter auf die Schulter klopfte und nachschenkte. Der lauwarme Kaffee ließ eine Synapse in meinem Hirn funken. Ich sprang auf, holte meine Thermoskanne und schenkte sie meinen Gastgebern, die sich sehr darüber freuten.

Beim Essen erzählte José weiter: Er verließ die Stadt, weil er hier mehr Optionen hätte, Geld zu verdienen, mal als Straßenarbeiter, mal als Fischer. Auf meine Frage, ob er ein Boot besäße, stand er auf und kam kurze Zeit später mit einem dünnen Fischernetz zurück, an das Korken geknotet waren. »Das hänge ich mir um den Rücken. Dann schwimme ich raus, lasse es treiben und ziehe es später an diesem Stück Leine an Land. Die Fische verheddern sich, und meistens fange ich mehr, als wir brauchen. Dann verkaufen wir sie.«

Seine Frau erzählte, dass sie zusätzlich auch Brot verkauften. »Jeden zweiten Tag backe ich, aber nur jeden zweiten. Es ist sehr anstrengend. Hast du schon mal den ganzen Tag Brote geknetet und sie auf dem Holzfeuer gebacken? Da weißt du am Abend, was du getan hast. Zum Glück haben wir seit ein paar Wochen diese Überdachung, dann kann ich auch im Regen backen.« Ich stand auf und schaute mir das dunkle Dach genauer an.

»Gepresste Wellpappe«, erklärte José und grinste übers ganze Gesicht. Sie waren im Vergleich zu uns Westeuropäern so bitterarm, aber diese Familie wirkte so zufrieden auf mich, wirklich zufrieden – und nie würde ich ihre Gastfreundschaft vergessen.

In San Cristóbal de las Casas, einem wundervollen Kolonialort mit bunt bemalten Häusern und Kopfsteinpflaster, kümmerte ich mich mal wieder um die Ausrüstung und reparierte meine Regenjacke mit Klebeband, da ich ja leider meine gute Jacke verloren hatte und es seit Tagen regnete.

»270 Kilometer bis Palenque«, meldete mein GPS. Ich hatte ein paar Tage zuvor Biggi und Flo, die beiden Bayern mit dem T3, wiedergetroffen, die von einem netten Campingplatz direkt an den Maya-Ausgrabungen von Palenque sprachen. War ja eigentlich gar nicht mein Stil. Na klar war es hilfreich, wenn man wusste, wo es gute und günstige Campingmöglichkeiten gab, aber vorab im Internet zu recherchieren und zu planen, fand ich irgendwie läppsch, denn gerade auf der zugegebenerweise manchmal mühseligen Suche nach einem Nachtlager lernte ich immer die schrägsten Vögel kennen. Aber gut, auch Ausnahmen mussten mal drin sein.

Es regnete ohne Unterbrechung, und Blütenstaub, Blätter und anderer »Schmier« von den Bäumen machten den Belag ziemlich rutschig. Dampf stieg aus dem Regenwald, es wurde feuchtheiß, wie sich das für einen anständigen Regenwald gehörte. Ein Dorf kam nach dem anderen und überall wieder die verdammten »topes«, diese übertrieben hohen Rüttelschwellen. Irgendwann passierte es einfach: Ich sah die Mistdinger zu spät, trat voll auf die Bremse, das Hinterrad blockierte, und Elsi brach aus. Ich ließ schnell alle Bremsen wieder los, die Karre pendelte zurück

und knallte auf einen Hubbel. Es war ein Wunder, dass ich nicht stürzte.

Doch es blieb gefährlich. Die Straße war öfter weggespült, teilweise fehlte die halbe Fahrbahn, die den Steilhang hinabgerutscht war. Es war kein vorheriges Warnschild zu sehen, nur ein paar Steine am Abbruchrand »sperrten« die Unfallstelle ab.

Eine Liane hing hinter engen Kurven bis auf die Fahrbahn, prallte auf die Frontscheibe und zwang mich zu einer weiteren Vollbremsung. Tarzan und Jane folgten nicht, soweit ich das sehen konnte, denn die Sicht blieb schlecht: Von außen waren Nebel und Regentropfen auf der Brille, von innen beschlug sie durch meinen Schweiß. »Safety first«, sagte ich mir und nahm mir alle Zeit der Welt.

Ich war zwar pitschnass, als ich auf dem Campingplatz ankam, aber es war auch eine erfüllende Tour durch diesen Dschungel. Ich baute mein Zelt unter einer Strohüberdachung auf, kochte, aß und machte den muffig-stinkenden Hausköter mit den Resten glücklich.

Mit den T3-Reisenden schaute ich mir trotz dicker Regenwolken die unglaublichen Ausgrabungen an. Hier in Palenque waren erst fünf Prozent der Maya-Fundstätte freigelegt. Der Rest lag noch im Verborgenen – vom Dschungel überwuchert.

Weihnachten und Ocki warteten. Doch irgendwo in Campeche, einem Bundesstaat auf der Halbinsel Yucatán, war auf einmal der Fahrstreifen blockiert. Kilometerlang überholte ich stehende Fahrzeuge, bis ich an einem Baustellenschild ganz vorne anhielt. Wir sollten drei Stunden warten, hieß es, da Brückenarbeiten durchgeführt wurden. Aber die Mexikaner gaben keine Ruhe, erst hupte einer, dann alle. Autos drängten weiter nach vorne, die Fahrer pöbelten die Arbeiter an, bis die Polizei kam und versuchte, für Ruhe zu sorgen. Aber der Mob fuhr einfach los und drängte hupend und fluchend in die Baustelle, bis die beiden Kräne die Fahrbahn freigaben. Mit der Vespa flutschte ich schnell durchs Nadelöhr, denn die Autos von der anderen Seite schoben sich ebenfalls anarchistisch auf die einspurige Brücke. Keine Ahnung, wie das ausging.

Im weiteren Verlauf erhöhte sich die Polizeipräsenz, mehrfach wurde ich kontrolliert. Dabei war ich immer freundlich und kommunikativ, erklärte, dass ich Europäer war und nur ein kleines Budget hätte, sonst würde ich ja eine BMW oder Harley fahren und hätte bestimmt eine Helmkamera auf dem Kopf. Das kam anscheinend glaubhaft rüber, und da meine Papiere in Ordnung waren, lief alles glatt.

In Quintana Roo, dem touristischen Bundesstaat der Halbinsel, änderte sich das schlagartig. Ein Polizist wollte meine Dokumente sehen, während sein Kollege mit dem Gewehrlauf auf meine Hosentaschen zeigte und sagte, ich sollte alles auf meine Sitzbank legen. Als Dreikäsehoch waren meine Hosentaschen schon immer voll gewesen, aber das war nichts im Vergleich zu dem, was ich auf Reisen in den Taschen trug. Mein heiliges Laguiole-Klappmesser war für ihn eine Waffe und in Mexiko verboten. Auch mein GPS wollten sie mir abzocken, wegen Spionage. Sofort verstand ich und fing an, mich mit Worten, Händen und Füßen zu verteidigen. Ohne Punkt und Komma schwadronierte ich von meiner Webseite und den Millionen Menschen, die mir folgten und mich sponserten. »Wenn ich heute Abend meine Koordinaten nicht durchgebe, dann suchen sie mich mit Helikoptern.«

Er schaute mich fragend an und sagte: »Okay, hau ab.«

Hastig stopfte ich meinen Kram in die Hosentaschen zurück, trat den Kickstarter und machte mich aus dem Staub.

Das waren nicht die einzigen Abzockversuche auf Yucatán. Einmal hatte ich das Spritspiel gespielt, also zuerst den Tank und dann den Reservekanister leergefahren und 465 Kilometer mit dem gesamten Sprit geschafft: um die 3,5 Liter auf 100 Kilometer, nicht schlecht. Beim Tanken füllte der Tankwart 7,85 Liter in den Tank. Ich musste lachen, denn mehr als sieben hatte ich noch nie reinbekommen, so schräg, wie die voll beladene Elsi dastand. Falsch laufende Zapfsäulen bei einer verstaatlichten Tankstelle. Sí claro.

Nur noch eine Tagesetappe trennte mich von Cancún, doch leider fand ich ewig keine Zeltmöglichkeit. Die Hotels wollten über 50 Dollar haben, das fand ich unverschämt und fragte deshalb so höflich wie möglich, ob ich im Hotelgarten mein Zelt aufschlagen könnte. Nach fünf Absagen fing ein Hotelier an zu handeln. Wir duellierten uns mit Zahlen, bis ich irgendwann entnervt einschlug. In Campeche hatte ein Hotelbesitzer mich noch unter Palmen zelten lassen und gesagt, gelbe Vespas müssten nichts zahlen, und geweckt wurde ich dort von einem piependen Tukan, der sich auf meinen Windschild setzte. Na ja, man konnte nicht immer alles haben.

In Cancún freute ich mich riesig, als ich Ocki in die Arme schloss. Fast alle meiner vorherigen Vespareisen waren wir zusammen gefahren, durch halb Europa. Wir hatten uns gegenseitig auf unseren Rucksack-Weltreisen besucht, zusammen in einer WG gewohnt, und auch sonst hatten sich unsere Wege nie lange getrennt. Und genau dieser Ocki saß nun anstatt meines Gepäckes auf dem Gepäckträger, aber nur kurz, denn wir organisierten einen Yamaha-Roller für ihn. Das eingespielte Gespann setzte auf die Insel Holbox über, campte in Mangrovenwäldern und genoss Sonne und Strand. Der heftige Regen der letzten Wochen hatte tiefe Schlaglöcher in die Sandstraßen gefressen, doch wir überstanden alles ohne Zwischenfälle und konnten dank WLAN sogar live miterleben, wie der 1. FC Köln 3:1 gegen Fortuna Düsseldorf gewann. Herrlich. Wir tranken mexikanischen Kaffee zu Mutterns Plätzchen, die Ocki erfolgreich eingeschmuggelt hatte. Doch wie wir schmerzhaft feststellen mussten, gab es auch in Mexiko Waschbären: Die Langfinger hatten die im Baum verstaute Zimtsterntüte gefunden und aufgebissen.

Ausgeruht verließen wir Holbox und erkundeten die Gegend. Wir schwammen in Tropfsteinhöhlen und Cenoten, eingestürzten Höhlen, die sich mit Wasser gefüllt hatten. Auf der gesamten Halbinsel Yucatán gab es keine überirdischen Flüsse, das Wasser floss unterirdisch in einem riesigen Unterwasserhöhlensystem. Wir aßen Quesadillas und Tacos, tranken Cerveza und sahen uns am Morgen des 24. Dezembers die Mayapyramide von Chichén Itzá an, die auch nach vielen Jahrhunderten unglaublich gut erhalten war. Etwas abseits sahen wir das Spielfeld, auf dem die Maya eine Art Fußball spielten, wobei ein Stoffball in einen Ring aus Stein gekickt werden musste. Der Überlieferung nach wurde die Mannschaft, die das »große Turnier« gewann, feierlich enthauptet – eine Ehre, denn die Maya glaubten fest, dass der gewaltsame Opfertod die Erlösung sei und sie zu ihren Göttern bringen würde. Das Dasein bis zum natürlichen Tod war kein Zeichen für ein ehrenvolles Leben. Eigentlich krass, wenn die Besten nicht mehr da waren, dann gab es bestimmt keine Transferliste. Und der FC hätte wahrscheinlich auch nicht gewonnen.

In vielen Ortschaften standen Händler an den Hubbeln, um ihre Ware zu verkaufen: Hängematten, Tacos, Früchte, alles. Da die »Hubbel-Verkaufsplätze« nicht ausreichten für die vielen Verkäufer, hatten einige Schlauberger Autoreifen aufgeschnitten und das lange Gummiband als Privathubbel auf die Straße gelegt. Als ich so einen Gummi-Topes mit etwa 60 km/h überfuhr, schlug das Ding hoch und blockierte mir das Vorderrad, das Hinterrad brach aus, ich schlug auf dem Asphalt auf, rutschte sieben Meter über die Fahrbahn und drehte mich dabei um die eigene Achse, bis ich gegen die Fahrtrichtung liegen blieb. Zuerst schnallte ich gar nicht, was geschehen war, so schnell ging das alles. Dann stand ich auf und machte den Händler zur Schnecke. Der wollte mir allen Ernstes erklären, dass ich um das Hindernis hätte herumfahren sollen. Da wurde ich noch lauter: »No, Señor! Mach du das Dingens richtig fest!«

Der Windschild war zerbrochen, der Spiegel lag in Splittern auf der Fahrbahn, und ich roch Benzin, was kein gutes Zeichen war.

Aber zum Glück war mir selbst trotz kurzer Jeans und T-Shirt überhaupt nichts passiert. Wenigstens was.

Ocki, der vor mir gefahren war und von alldem nichts mitbekommen hatte, kam zurück, und zusammen stellten wir Elsi auf die Räder. Zeitgleich verschwanden sämtliche Gummihindernisse von der Bildfläche. Auf einmal standen drei uniformierte Beamte neben mir. Ich erklärte ihnen, was passiert war, zeigte in Richtung des Souvenirhändlers, der wohl plötzlich einen wichtigen Termin hatte, denn er hatte sich wie seine Gummihindernisse in Luft aufgelöst.

Dann startete und startete ich, bis die Zündkerze das Gemisch entzündete und der Motor langsam lief. Ich checkte kurz die Radaufhängung, rappelte mal an den Kugellagern des Lenkers, holte das Klebeband hervor und reparierte mein Windschild provisorisch. Ich fuhr einige Meter, Elsi schien manövrierfähig, und wir machten uns wieder auf. Wäre Schlimmeres passiert, ob mir oder der Vespa, dann wäre ich mit den Polizisten dem Souvenirhändler auf die Pelle gerückt, aber so konnten wir glücklicherweise davonfahren, ohne den restlichen Heiligabend mit der Polizei zu verbringen.

Es zog uns nach Tulum, wo wir die beiden Weihnachtstage bei praller Sonne zelebrierten und uns zusammen mit einigen Leguanen auch hier die Ruinen anschauten. Auf dem Weg aus Tulum regnete es dann fies, was die Betonpiste, die den Teer ablöste, ziemlich glatt machte. Die Fahrbahn hatte keine Neigung, was einen gefährlichen Aquaplaning-Film permanent auf der Fahrbahn stehen ließ. An einem Hubbel bremste ich zu ruckartig ab, das Hinterrad rutschte weg, und ich stürzte auf die rechte Seite. Obwohl das Tempo viel langsamer war als drei Tage zuvor, schlug ich mit dem Helm und mit der Hüfte auf. Reibekuchen, wie Fußballer das nannten: eine blutige Schürfwunde, die auf meiner Hüfte zwei Tage Schmerzen verbreitete.

Aber das schlug nicht lange auf die Laune. Wir erkundeten weitere Cenoten in der Umgebung, hüpften von Sprungtürmen ins kristallklare Wasser und hatten eine Menge Spaß. An Silvester wurde mit anderen Reisenden gegrillt und gefeiert. Um zwölf

lag sich die bunt zusammengewürfelte Bande in den Armen, und mit mexikanischer Gitarrenmusik am Lagerfeuer begann das Jahr 2014.

Als krönender Abschluss unserer gemeinsamen Brüderzeit wurde ich noch von Ocki in den Río Secreto eingeladen, eine lange, windungsreiche Cenote, die wir mit Neoprenanzügen, Helmen, Schwimmwesten und Kopflampen erkundeten. Was für ein geiles Abenteuer zum Abschied! Danach brachte ich Ocki zum Busbahnhof, wo es für ihn wieder nach Cancún und zurück nach Köln ging.

Nach dieser entspannenden Zeit wurde ich erst mal fleißig, wirbelte ein paar Tage um die Vespa – die beiden Stürze hatten doch mehr Spuren hinterlassen als gedacht. Im Sand zu schrauben, nur unterbrochen von Regenschauern, die mich ins Zelt trieben, nervte zwar ganz schön, aber es klappte alles.

Da mich die Cenoten so faszinierten, gab ich mich außerdem

der Leidenschaft des Tauchens hin. Unglaublich, die Tropfsteinhöhlen waren schon beim Durchlaufen wunderschön, aber durch diese Höhlen zu tauchen, unter Wasser durch diese Stalaktitenlandschaft zu fliegen haute mich einfach um. Begeistert kam ich am nächsten Tag wieder und nahm mit dem Divemaster einen anderen Weg durch die Höhle. Diesmal war es draußen so sonnig, dass Bündel von Sonnenstrahlen durch die Höhlendecke ein abgefahrenes Lichtspiel in die Dunkelheit zauberten.

Viel spektakulärer hätte das Mexikokapitel der Vesparicana für mich gar nicht enden können. Der Reibekuchen war gegessen, und voller Energie machte ich mich auf nach Zentralamerika.

VESPARICANA

DIE HÖHEN UND TIEFEN DER MITTE

Zentralamerika

BELIZE – VORGESCHMACK AUF DAS »ECHTE« ZENTRALAMERIKA

Ernesto Rafael Guevara de la Serna, oder einfach nur: Che, stand mit seinem Barett auf dem Kopf vor mir und wollte meinen Pass sehen. Die Revolution war gescheitert, deswegen hatte er lustlos einen Job als Grenzbeamter angenommen und versuchte nun, die Grenze nach Belize zu sichern. Da die gelbe Vespa augenscheinlich nichts mit dem Feind – dem Kapitalismus – zu tun hatte, ließ er uns durch und wünschte uns eine gute Reise.

Jemand hatte aufgeräumt. Was in Mexiko noch unsortiert und chaotisch aussah, hatte hier Struktur: säuberlich getrimmter Rasen, die Wege geradlinig, schon fast spießig. Holzhäuser mit Veranden und Hollywoodschaukeln, Briefkästen und weißen Zäunen hatten nichts mit meinem Lateinamerika zu tun. Belize gehörte auch nicht zu Lateinamerika, lag geografisch aber in Zentralamerika. Mexiko hingegen gehörte politisch zu Lateinamerika, geografisch aber zu Nordamerika. Was so ein kleiner Schritt über eine Grenzlinie so alles ändern konnte.

Lange bevor die Europäer hier aufschlugen, war auch diese Region Mayaland. Die Engländer bekämpften und besiegten schließlich 1798 die spanischen Conquistadores und konnten »British Honduras«, wie das heutige Belize genannt wurde, für sich erobern. Der fischreiche Küstenstreifen wurde zur britischen Kronkolonie, bis er 1981 unabhängig wurde. Seither war Belize, wie Kanada und Australien, ein Teil des Commonwealth und das einzige Land Zentralamerikas mit der Amtssprache Englisch. Im Hinterland erinnerte einiges an England, in den Städten überhaupt nichts.

Belize City war vergittert, überall standen Zäune, was die schönen bunten Holzhäuser wie ein farbenfrohes Gefängnis wirken ließ. Gegenüber dem Guesthouse, in dem ich unterkam, gab es einen kleinen Laden. Hinter Gitterstäben standen die chinesischen Verkäufer und reichten den Kunden – ähnlich wie in einer Apotheke – die Waren heraus, nachdem bezahlt war. »Supermärkte oder Geschäfte, in denen der Kunde frei die Ware aus den Regalen nehmen kann, gibt es hier nicht mehr«, erklärte mir Keith, der schlaksige Besitzer des Guesthouses.

Abends wurde das Pflaster noch ungemütlicher. Es liefen angetrunkene Gestalten durch die Stadt, einer zog eine Machete, klapperte mit dieser an den Gitterstäben entlang und rief mir zu: »Buy me beer, my friend.« Nicht der einzige Grund, weshalb ich keinen Bock hatte, hier nachts alleine unterwegs zu sein. Der tiefenentspannte Keith wollte mich beruhigen, bestätigte aber nur meinen Eindruck: »Es ist nicht wirklich gefährlich hier, solange du nicht auf die Straße gehst.« Na dann. Ich hatte eh anderes vor.

Am nächsten Tag erfuhr ich, dass alle Tauchtouren in der Gegend von Caye Caulker starteten, einer Sandbank vor der Stadt. Da es nur Personentransporte auf die Insel gab, ich aber unter keinen Umständen meine Vespa hier parken wollte, änderte ich mal wieder meinen Plan und wollte es im Süden noch einmal mit dem Tauchen versuchen.

Ein Kerl namens Marobo saß neben mir auf der Veranda. Er war ebenfalls Deutscher und hatte schon 150 Länder betreten. Alleine im vergangenen Jahr flog er angeblich 200 Mal. So ganz verstand ich ihn nicht, bis er seine aktuelle Flugliste hervorholte: vier DIN-A4-Seiten mit Flugdaten, 80 Flüge aneinandergereiht. Er wäre hier, um »die Karibik zu machen«. Die kommenden Wochen würde er kreuz und quer über die Großen und Kleinen Antillen fliegen und alle Inseln betreten. »Von Guatemala-Stadt geht es in drei Tagen los.«

In meinen Augen war Marobo kein Reisender, sondern lediglich ein Länderbetreter. Aber gut, wenn es ihn glücklich machte, sollte er seine Träume so leben. Für mich wäre das nichts, außer Flughäfen und Großstädten die ganzen Länder nicht zu erleben.

Die reinste Verschwendung – aber auch das interessierte ihn wahrscheinlich nicht sonderlich. Umso mehr freute *ich* mich auf die anstehende Etappe.

Das Hinterland war friedlich und schön, die dunkelhäutigen Menschen hupten, winkten und begrüßten mich mit Handschlägen. Schulbusfahrer fuhren extra langsam an mir vorbei, damit die Kinder mir besser zuwinken konnten. Schuluniformen hatten bestimmt ihren Vorteil, das Problem war allerdings, dass die armen Familien sie sich nicht leisten konnten und den Kindern deshalb die Schule verweigert wurde.

Durch das sattgrüne Hinterland erreichte ich Placencia, einen Strandort, an dem es Tauchtouren ins Great Blue Hole geben sollte, einem kreisrunden Unterwasserloch von über 300 Metern Durchmesser, das in der Tiefe mit einem Höhlensystem verbunden ist, ähnlich der Cenoten, nur im Meer. Und das war das Problem: Weil die See zu unruhig war, ging die nächste Tour, die 350 Dollar kosten sollte, erst in zwei Wochen. Damit hatte sich das Thema leider für mich erledigt, und ich änderte mal wieder meinen Plan.

Auf die Enttäuschung folgte ein Schock. Zurück am Zelt sah ich, dass es geöffnet war, irgendwer hatte in meiner Werkzeugtasche gewühlt und mein Ladegerät geklaut. Zum Glück nicht mehr. Die wichtigen Dinge hatte ich am Mann, allerdings fühlte ich mich nicht mehr wohl hier und kehrte dem Ort schnell den Rücken.

Über die Küste und das Hinterland erreichte ich die zentral gelegene 17 000-Einwohner-Hauptstadt Belmopan. Sprit war teurer als in den USA und streckenweise nur schwer zu finden. Außerdem fiel mir so langsam auf, dass alle, aber auch wirklich alle Geschäfte von Chinesen geführt wurden. Wieso führte kein Belizer einen Supermarkt? Hatte das was mit der Vorgeschichte zu tun? Weil sie Sklaven waren? Oder hatte das was mit der sozialen Ungerechtigkeit zu tun? Brachten die Chinesen vielleicht Startkapital und Handelsbeziehungen mit, die ein einfacher Belizer nicht hatte?

Ein platter Reifen riss mich aus meinen offenen Fragen. Müsste

insgesamt der siebte gewesen sein, war aber schnell erledigt. Beim Austausch sah ich allerdings, dass der Pott doch mehr abbekommen hatte von den ganzen Dreckshubbeln, und notierte ihn schon mal auf meiner imaginären Transferliste für die nächste Ersatzteillieferung.

Weiter ging es zum »Spanish Lookout«, wo Mennoniten lebten wie vor Jahrhunderten. Die Glaubensgemeinschaft, die ich hier gar nicht erwartet hatte, kam ursprünglich aus Deutschland über Kanada ins Land (wie ich), lehnte jegliche Art von Maschinen ab (nicht wie ich), bestellte die Felder mit Pflügen und Schaufeln, wässerte und erntete von Hand. Alles wurde mit Kutschen und Handkarren transportiert. Die Männer trugen lange Bärte (wie ich, nur ohne die bunten Beads, die mir lebensfrohe Belizerinnen reinknüpften), einfache Hosen und Hemden, Frauen Kleider und Hauben. Die extreme Auslegung verbot ihnen, Geld zu berühren, weshalb sie Waren tauschten oder jemanden brauchten, der für sie ein Geschäft abwickelte. Das machte inzwischen meist die jüngere Generation, die modern lebte, Landmaschinen benutzte und angeblich 90 Prozent aller Landwirtschaftsprodukte von Belize produzierte. Außerdem förderten sie ihr eigenes Öl und raffinierten es auch – 100 Prozent autarke Selbstversorger bis heute.

Nach etwas über 1000 Kilometern sollte eine der kürzesten Länderetappen der Vesparicana schon bald enden. Bei meinem letzten Stopp vor der Grenze machte ich Elsi noch einmal hübsch, reparierte den E-Starter, wechselte mal wieder das Getriebeöl und verschönerte den Rückspiegel mit bunten Bead-Perlen. Dann waren wir ausgehfertig für Guatemala.

In San Ignacio wurde die Vespa am Grenzposten halbherzig mit Desinfektionsmitteln besprüht. Es gab irgendwelche Milben, Larven oder Käfer in Belize, auf die die Guatemalteken keinen Bock hatten, in Sorge um ihre Bananenplantagen. Und Bananenplantagen gab es auch in Belize reichlich, oft mit Plastikfolie um die Stauden. Wohl auch wegen der Krabbelviecher. Bugs and Beads. Bye-bye Belize.

Menschen wirbelten umher, ein Kind nervte mich – »Give me Dollar, give me Dollar« –, ich parkte Elsi genau vor den Grenzsoldaten und kümmerte mich um die Formalitäten. Alles easy.

GLÜCK UND LEID – MEINE ZWEI GUATEMALAS

Mit dem Grenzübertritt im Norden Guatemalas betrat ich das eigentliche Zentralamerika. Für den Staatenverbund aus Guatemala, El Salvador, Honduras und Nicaragua hielt ich nun eine Aufenthaltsgenehmigung für 90 Tage in den Händen. Das sollte reichen, um bis Costa Rica zu rollern. Also auf ins Zentralabenteuer.

Es war neblig, der Regenwald um mich herum mehr zu hören als zu sehen. Ein Wirrwarr aus rebellischem Vogelgezwitscher und aggressivem Affengebrüll. Papageien schrien sich in den Baumkronen an, bis die grün-rot gefiederten Schwätzer davonflogen, lange Schwanzfedern nach sich ziehend. Doch keine Papageien, das waren Quetzales – wie schön, das Wappentier, das

die guatemaltekische Landesfahne zierte und auch der Währung ihren Namen gab, begrüßte mich im Land. Gutes Omen.

Und gleich noch mehr Tierbesuche. Eine Nasenbärin mit hochgestelltem Schwanz schlich mit ihren Freunden um mein Zelt. Sie hatte einen verflucht hungrigen und diebischen Ausdruck im Gesicht, biss in meine Zahnpastatube und flitzte davon. Ich schaltete auf Angriff, lief dem Biest hinterher, das tatsächlich die Beute auf der Flucht verlor und ins Gestrüpp türmte. Wenigstens die Zähne wollte ich mir putzen, nachdem der einsetzende Regen den Matsch bis zu meinem Helm hochgespritzt hatte. Ich sah aus wie Sau. Der Regen hörte drei Tage nicht auf, aber das kümmerte mich nicht weiter, ich hatte mal wieder ein Strohdach über dem Zelt.

Als ich mich aufmachte, um Tikal zu erkunden, spielte das Wetter wieder mit. Tikal war das Zentrum, die Mutter der Mayakultur, mitten im dichten Regenwald – die abgefahrenste Mayastätte bisher. Aus dem Waldmeer ragten stolz zwei Tempelspitzen empor, die wie Segel auf dem Ozean über alles herausragten. In meinem Rücken lag der Sitz der damaligen Häuptlinge, riesige Fratzen aus Stein unterstrichen die gottgleiche Macht der damaligen Priester. Ich erspähte von dort oben einen riesigen Greifvogel, keine Ahnung, was für einer es war, doch er beobachtete aufmerksam und majestätisch das unten im Baum krakeelende Papageienvolk. So musste sich der Maya-Häuptling auch gefühlt haben, alles im Blick, alles unter Kontrolle, der unumstrittene Herrscher.

Über die primitive Holztreppenkonstruktion kletterte ich die immer noch glitschig-feuchten Stufen herab und schritt beeindruckt zum Hauptplatz von Tikal. Über siebzig Meter ragten die spitzen pyramidenähnlichen Stufentempel empor, erhoben sich mit fein verzierten Wänden deutlich über die Baumkronen.

Arbeiter kratzten mit Drahtbürsten loses Gestein und Moos von den Ruinen, füllten diese mit einer Art Putz und strichen sie ähnlich wie beim Kölner Dom mit einer hellen Schutzfarbe an. Ganze Tempelanlagen fand ich eingerüstet vor. Längere Projekte zur endgültigen Freilegung und Restauration aller Ruinen.

Über Stunden kletterte ich wie ein Kind durch die Ruinen, wanderte einige Kilometer und schaute mir die versteckte Welt an. Überwucherte Ruinen und Opferstätten – was für eine unglaubliche Arbeit, dies alles freizulegen. Und zu erschaffen erst!

Vollkommen fasziniert verließ ich Tikal und merkte plötzlich, dass mich der Hunger quälte, zwischen zwei Orten erspähte ich ein qualmendes Haus und sah aus dem Augenwinkel eine kleine Frau Tortillas kneten. In ihrer traditionellen Kleidung strahlte sie mir mit ihrem golden eingerahmten Schneidezahn entgegen.

»Tengo hambre«, sagte ich zu ihr und zeigte demonstrativ auf meinen Bauch.

Sie schob ein paar Äste aufs Feuer und stellte eine Pfanne drauf, während ich mit dem Kleinen spielte, der mir freudig sein Spielzeugauto vorführte. Die Tochter brachte frischen Saft, Mama Köchin setzte sich zu mir, als ich mir im Holzfeuerqualm den Bauch vollschlug.

»Lecker«, wiederholte ich wahrheitsgetreu, was die Köchin offenbar freute, denn ich sah wieder Gold. Für 12 Quetzales, unter 1,50 Dollar, war das ein sehr leckeres und günstiges Essen – aber die Erfahrung, so mit den Menschen essen zu können, war unbezahlbar.

Dagegen war der Sprit auch in Guate verhältnismäßig teuer, schon irgendwie eigenartig, wie unterschiedlich die Relationen von Land zu Land waren. Für das Essen hätte ich gerade mal einen Liter Sprit bekommen.

Satt und bereichert ging es weiter, und ich erreichte wenig später Flores, eine Stadt auf einer kleinen Insel in einem See. Hier rastete ich, befreite Elsi endlich vom Schlamm, der schon für ein Schleifgeräusch der Bremsen sorgte, kümmerte mich um die Ausrüstung und mein leibliches Wohl. Aber schon sehr bald fuhr ich weiter, da dieser Ort als Ausgangsort von Tikal-Besuchern erobert wurde. War mir in diesem Moment zu viel, es zog mich stattdessen ins Hinterland, auf die Suche nach dem »echten« Guatemala.

Guatemala im Hinterland

Genau die richtige Entscheidung: Es wurde eine der schönsten Etappen, die ich bisher gefahren war. Nachdem die Umgebung um Flores hinter mir lag, schlängelte sich die Straße in die Berge, hoch und runter, der Regenwald drückte sich dicht an den Asphalt, wenn er nicht gerodet war und von Viehweiden verdrängt wurde. Aber auch der Blick auf die Weiden mit den schlappohrigen Kühen und dem in der Ferne dampfenden Regenwald war der Hammer.

Ich fuhr langsam und hielt oft an, um nach dem Weg zu fragen, da das GPS hier nicht lief. Pause für Pete. Manchmal fragte ich einfach, obwohl ich die Antwort kannte, nur um mich mit der indigenen Bevölkerung zu unterhalten. Alle waren so freundlich, so friedlich. Als ich mitten in den guatemaltekischen Bergen steckte, bestanden die Häuser nur noch aus Holzbrettern mit Stroh-

dächern, ganz einfach und einfach schön. Die Frauen trugen alles auf dem Kopf – Körbe, Krüge und auch Bananenstauden, was sehr lustig aussah, zumal die knallbunte traditionelle Kleidung vor den hölzernen Hütten schon fast leuchtete. Fast alle winkten mir zu oder schauten mir nach, was ich natürlich mit Zurückwinken und Hupen erwiderte.

Durch die einfachen Ortschaften schlich ich fast und beobachtete Mütter, die auf offenem Feuer kochten, Männer, die mit der Machete Bananenstauden zerkleinerten, und Kinder, die freudig herumtollten. Zwischen zwei Ortschaften stieß ich auf einen Fluss, in dem eine ganze Familie badete. Barbusige Indianerinnen wrangen ihre Kleider aus, Kinder liefen nackig umher, und auf den Bäumen und Sträuchern hingen bunte Kleidungsstücke zum Trocknen in der Sonne. Waschtag. Die riesigen Schaumhaufen auf dem Wasser versuchte ich zu ignorieren, so gut es ging.

Eine der kleinen Ortschaften zog mich so in ihren Bann, dass ich umkehrte und mir im Zeitlupentempo die Szenerie noch ein-

mal anschaute. Mädchen riefen »amigo, amigo« und hüpften um mich herum. Ich deutete das als Zeichen, dass ich hier eine Pause einlegen sollte, und kampierte unter Bananenstauden.

Ein Schild wies zu Tropfsteinhöhlen – vielleicht gab es dort wieder eine Zeltmöglichkeit. Der Urwald schloss sich zeitweise über meinem Kopf, es wurde hüglig, teilweise steil und irgendwann brutal steil. Elsi drückte und drückte, wurde aber selbst im ersten Gang immer langsamer. Ich zog die Kupplung und versuchte mit schleifender Kupplung irgendwie Halt zu bekommen, aber das Hinterrad rutschte durch, Kieselsteine schlugen in die Karosserie, und schließlich fiel Elsi nach rechts um. Zum Glück lag kein Gewicht auf dem Kickstarter, doch sie lag abschüssig, schon fast auf der Sitzbank, so konnte ich sie unmöglich aufstellen. Also öffnete ich Stahlnetze und Zurrbänder und ließ das ganze Gepäck einfach in den Matsch plumpsen. So ging's. Ich stellte Elsi auf die Beine, checkte sie kurz, alles okay. Der Motor war abgesoffen, doch er meldete sich irgendwann qualmend zurück.

Nun war eine Entschuldigung fällig. »Wollte ich nicht, meine Kleine«, sagte ich laut, legte den ersten Gang ein und fuhr ohne Gepäck an den Scheitelpunkt der Steigung. Danach hatte ich drei Mal das Vergnügen, die Strecke mit meinen Gepäckstücken zu wandern.

Unten erschien eine Lichtung mit Strohhütten und den wildesten Urwaldpflanzen, die über die Steinwege drängten. Ein Mann, der sich als Miguel vorstellte, zeigte mir, wo ich mein Zelt aufschlagen konnte, bevor er mir eine Taschenlampe in die Hand drückte. Wir stapften über den weichen Lehmboden einer dicht bewucherten Felswand entgegen, an der sich auf einmal ein Eingang auftat. Eine riesige natürliche Halle öffnete sich, Stalaktiten blühten aus den Decken, und das leise Tropfen verriet, dass in der Dunkelheit noch viel mehr Tropfsteingebilde sein mussten. Ich musste natürlich direkt an das Tauchen in den mexikanischen Cenoten denken.

In der Nacht schreckte ich hoch und spürte seit langem mal wieder diese Adrenalinwelle durch den Körper schießen und war sofort hellwach. Tierisches Gebrüll im Baum über mir, heftiges Ein- und Ausatmen, dann wieder Gebrüll. Bis auf diese Unterbrechung durch randalierende Brüllaffen war es aber eine sehr erholsame Nacht.

Bei der Abfahrt ließ ich größte Vorsicht walten. Ein Regenintermezzo segnete den noch jungen Morgen und machte den Boden noch flutschiger, doch es gab keine weiteren Zwischen- oder sonstigen Fälle. Und nach dem Regen entwickelte sich wieder ein einfach großartiger Reisetag: herrlicher Regenwald, viele Stopps, einfache, freundliche, neugierige Menschen, alles sehr entspannt. Da ich nicht gefrühstückt hatte, hielt ich an und kaufte einer Omi zwei Bananen ab, die ich an Ort und Stelle verputzte. Schon im nächsten Dorf hielt ich wieder und erstand an einem knallblau angepinselten Häuschen ein Stück süßes Brot. Dann ließ ich Elsi mal ein paar Kilometer rollen, bis mir eine Frau in traditionellem Rock und mit einer weißen bestickten Bluse mit einem Korb auf dem Kopf entgegenkam. Ihren Sohn hatte sie an der Hand und ein Baby in einem Tuch auf den Rücken gebunden. Wir plauderten ein bisschen, weil sie wissen wollte, wo ich herkomme.

»Ich bin Deutscher und komme gerade aus Alaska.«

»Wie lange fährt man denn mit dem Motorrad von Deutschland hierher?«

»Man muss fliegen oder wochenlang mit dem Boot fahren.«

Der Atlantik sagte ihr nichts. Sie schaute mich ungläubig an: »Kommst du von hinter den Bergen?«

»Ja, und sogar von noch weiter her, und nun fahre ich in den Süden zum Pazifik.« Dabei zeigte ich in die andere Richtung. Im Grunde blieben die Menschen in Guatemala in ihren Häusern, Feldern und Orten. Wenn jemand die Provinzhauptstadt persönlich kannte, war er schon ziemlich weit rumgekommen. Leider setzte irgendwann der Regen wieder ein und brachte einen sehr dichten Nebel mit, sodass mein lustiger Ausflug am Ende doch noch zu einer anstrengend-konzentrierten Fahrt mutierte.

Plötzlich fuhr ein kleines Fahrzeug an mich heran, es war eine Vespa. Sie überholte mich, und der Fahrer machte ein Zeichen, dass ich anhalten solle. José, wie er sich vorstellte, verfolgte mich nun schon seit einigen Kilometern und war froh, dass er mich gestellt hatte. Es gäbe keine Vespaclubs in Guatemala, als er versuchte, einen zu gründen, fand er heraus, dass nur zwanzig Vespas in ganz »Guate« gemeldet waren. Umso glücklicher war er, mich zu treffen. Unser Rendezvous ging nur ein paar Minuten, am Ende umarmten wir uns herzlich, und José fuhr wieder zurück, wo er herkam – er war tatsächlich nur hier entlanggefahren, um mich einzufangen und auszuquetschen. Netter Kerl.

Am Straßenrand las ich Schilder, die auf die Führerscheinpflicht aufmerksam machten. Auch die zwei Polizeikontrollen interessierten sich nicht für meinen Pass oder die Zollpapiere, sie wollten nur meinen Führerschein sehen. Hatte hier wohl nicht jeder Fahrer.

Ein entgegenkommendes Fahrzeug blendete mit dem Fernlicht auf. Was bestimmt auch hier hieß, dass eine Polizeikontrolle folgte, vermutete ich. Wenig später ging es leicht bergab, ein Kleinbus stand auf meiner Spur dicht am Seitenstreifen. Menschen standen daneben, ein Mann saß mit dem Kopf in die Hände gestützt am Fahrbahnrand. Irgendetwas stimmte hier nicht. Ich sah einen Polizisten, der meinen Blick aber nicht erwiderte. Er schien irgendwie durch mich durchzuschauen. Dann sah ich mitten auf der Fahrbahn etwas liegen, abgedeckt mit einer Decke, und als ich vorbeifuhr, sah ich eine riesige Blutlache aus der Decke herausrinnen. Mir lief ein Schauer über den Rücken, weil ich verstand, dass vor wenigen Minuten ein Mensch ums Leben gekommen war.

Es dauerte ein bisschen, bis ich nach dieser bedrückenden Szene meinen Kopf wieder hundertprozentig auf der Straße hatte. Und mir wurde mal wieder klar: Ob mit Führerschein oder ohne, der Straßenverkehr konnte zum größten Feind werden, für Einheimische wie für Reisende.

Nicht nur der Verkehr verdichtete sich, es waren immer mehr Geschäfte, Häuser, Menschen zu sehen: Ich war in Guatemala-Stadt angekommen. Das GPS kannte meinen Zielort nicht, also musste ich mich durch die Stadt quälen und mal wieder feststellen, dass eindeutige Beschilderungen nicht die Stärke der Latinos waren. Es war nervig, aber zum Glück konnte ich diese unsympathische Hauptstadt ohne große Probleme queren. Guatemala-City galt als eine Stadt mit sehr hoher Mordrate – also schnell weg!

Das Wetter war noch immer sehr schön, auch wenn die Sonne schon recht tief stand, als ich in Antigua ankam. Das Kopfsteinpflaster war absoluter Horror, nicht nur grob, sondern auch wahnsinnig uneben. Ich buckelte mich zwischen den süßen, bunt bemalten, einstöckigen Kolonialgebäuden hindurch, als ich erfuhr, dass man in Antigua auf dem Polizeigelände zelten durfte.

Halb zerfallene Hausreste standen noch auf dem Grund der Touristenpolizei, alles ist recht provisorisch, aber funktional, und ich fand es super, dass die Polizei das Zelten dort tatsächlich erlaubte und keinen Cent dafür verlangte. Müssten sie ja nicht, und war für sie ja auch nur Arbeit. Auf der anderen Seite hatten sie es so auch einfacher, weil die zu beschützenden Schäfchen quasi im eigenen Stall schliefen.

Ich lernte die Swisskids kennen, vier reisende Schweizer, die vollkommen auf derselben Reisewelle wie ich ritten. Zwei von ihnen waren schon ein Jahr unterwegs, die anderen kamen hinzu. Gestartet waren sie in Kalifornien, wo sie als Erntehelfer auf Hanfplantagen Kohle verdienten, bis sie sich ein Auto kauften und einen Hippiewohnwagen dazu und seither lustig über den Kontinent zogen.

Wir machten gemeinsam einen schweißtreibenden Ausflug zum Vulkan Pacaya, der wenige Wochen zuvor das letzte Mal ausgebrochen war, stiefelten zur frisch erkalteten Lava und hatten eine richtig geile Zeit. Schade, dass sich unsere Wege schon bald wieder trennten und ich eine weniger nette Bekanntschaft machen musste.

Bandidos im Doppelpack

Über bergiges und teilweise mal wieder richtig schön steiles Terrain ging es durch kleine Dörfer, Kaffeeplantagen und Vulkanlandschaften gen Panajachel, dem größten Ort am Lago de Atitlán, einem riesigen See, der sich inmitten einer Vulkanlandschaft gebildet hatte. Um den See lagen indigene Dörfer, in denen noch mehrere Mayasprachen aktiv gesprochen wurden. Da es keine Fähren, sondern nur Holzboote für Personen gab, schlief ich in Panajachel, um am nächsten Tag über Land um den See zu fahren. Die Region war berühmt für ihre Tier- und Pflanzenwelt, an einem klaren Tag musste die Aussicht auf die Vulkane um den See unglaublich schön sein.

Die bucklige Kopfsteinpflasterstraße, die zum See führte, war links und rechts von Marktständen gesäumt. Indigene Handwerkskunst aus den buntesten Stoffen hing zum Verkauf bereit, was sehr schön aussah, mich momentan aber nicht interessierte.

Ich wollte Natur. Es war recht steil und im Schatten der begrünten Hügel auch noch frisch, als Panajachel hinter mir in einer Schlucht aus Plantagen verschwand. Elsi schraubte sich langsam bergauf, es vergingen ein paar Stunden, zwischendurch pausierte ich bei einer Familie am qualmenden Grill und verspeiste vier Maisteigrollen, die mit knochigem Hühnerfleisch gegrillt und serviert wurden. Ein Opi schälte mir eine Orange in einer manuellen Drehmaschine, um die gespritzte Schale abzuschaben, süß und saftig und lecker.

Nachdem ich Santiago Atitlán erreicht hatte, konnte mein Zielort San Pedro la Laguna nicht mehr weit sein. Hinter Santiago fragte ich noch einmal nach dem Weg und setzte meine Reise fort. Die Teerqualität wurde schlechter und schlechter, ich fuhr langsam weiter, bis der Teerbelag irgendwann komplett aufhörte. Vorsichtig fuhr ich auf die sehr sandige Piste, die zwar in der Mitte einen recht festen Untergrund hatte, der jedoch von groben Steinen durchsetzt war. Dann wurde die sandige Piste auch noch steil, zu steil für Elsi. Zum Glück vermied ich diesmal einen Sturz und rollte den sandigen Hügel wieder bergab.

Ich beschloss, die Vergaserdüsen zu tauschen, um mit mehr Power noch mal einen Versuch zu starten, weil San Pedro wirklich nicht mehr weit sein konnte. Auf dem Weg zurück zu einem geeigneten Platz für das Umrüsten, sah ich einen Mann mit einer Machete in einem Feld. Ich hielt und erkundigte mich über den weiteren Streckenverlauf. Er meinte: »Es bleibt bis San Pedro so schlecht, aber das Dorf kommt in fünf bis zehn Minuten.«

Ich bedankte mich, fuhr noch einen Steinwurf weiter in eine Wegmündung, stellte den Motor ab und nahm die Seitentasche und die Motorabdeckung ab. Dann öffnete ich den Vergaserdeckel, nahm den Luftfilter raus, den ich fix durch einen sauberen ersetzte, und schraubte die Hauptdüse raus. Zwei Stufen düste ich ab, denn sie lief im Standgas kaum noch von alleine. Als ich den Vergaserdeckel schloss und grade die zweite Deckelschraube anzog, hörte ich etwas hinter mir. Ich drehte mich um.

Dort standen zwei maskierte Männer, einer mit einer Pistole, der andere mit einer Machete. Das Adrenalin schoss mir durch den Körper. Der Kleinere der beiden rief: »Dinero! Dinero!«

Ich war schockiert und gab ihm mein Reiseportemonnaie. Er öffnete es, durchwühlte es und holte die 200 Quetzales – etwa 16 Dollar – raus und gab es mir leer zurück. Dann wollte der andere mehr haben: »Más, más dinero!«

»Hab ich nicht.«

»Cámara?!«

Meinen Fotoapparat hatte ich in meiner Hosentasche und wollte ihn erst nicht hergeben, zog ihn dann aber doch raus und übergab ihn widerwillig. Dann sagte ich: »Nicht meine Fotos, bitte nicht meine Fotos. Da sind meine Fotos von Guatemala drauf.«

Er fummelte am Kartenfach, bekam es nicht auf, ich signalisierte ihm, wie es funktionierte. Daraufhin hielt er mir die Kamera hin, ich öffnete das Fach, zog die Karte raus und gab ihm meine Kamera zurück.

Dann wurden sie irgendwie nervös, sie wirkten auch nicht so, als wären sie knallharte Profis. Trotzdem hielt ich mich zurück und blieb ruhig. Sie wollten wissen, was noch in meinen Hosentaschen steckte. Ich zog all meinen Plunder hervor, doch mit den Dingen, die ich auf meine Sitzbank legte, konnten sie nichts anfangen. Mein Taschenmesser hatte ich nicht dazugelegt.

Der Größere schnappte sich noch die Tasche, die sonst auf der Motorseite saß, während der Kleinere mit dem Zeigefinger vor dem Mund zeigte, dass ich still sein sollte. Dann liefen sie davon.

Hektisch zog ich die Vergaserschrauben an, warf alles, was ich an Werkzeug und anderen Dingen draußen hatte, in mein Gepäckfach, hängte die Motorabdeckung wieder ein und startete den Motor. So schnell wie nur möglich machte ich mich aus dem Staub, weil ich befürchtete, dass sie zurückkommen könnten, und mit einer Pistole und einer Machete wollte ich wirklich keinen weiteren Ärger.

Ich manövrierte schnurstracks wieder auf die Steigung zu, für die ich die Vergaserdüse gewechselt hatte, ignorierte den Mann auf dem Feld und gab Gas. Obwohl ich wusste, dass ich zwei Steinbrocken mit dem Auspuff touchieren würde, bremste ich nicht, um den Schwung mit in den Hang zu nehmen.

Wieder im ersten Gang, wieder vergrub sich das Hinterrad im losen Untergrund, die Drehzahl fiel ab, und ich merkte, dass es wieder nicht klappen würde. Dann stand ich, zog alle Bremsen, rutschte wegen des sandigen Bodens zurück und krachte mit voller Ladung auf die Seite.

Elsi fiel so unglücklich, was auch mit der geraubten Seitentasche zu tun hatte, die sonst auch als Stoßdämpfer gedient hätte, und blieb bergab liegen. »Fuck! Auch das noch.«

Ich packte sie, wuchtete meinen Körper gegen sie und – ich weiß nicht, wie – stellte sie beim ersten Versuch auf, setzte mich beim Nullpunkt auf den Sattel und stabilisierte sie mit den Füßen.

Normal schaffte ich das nicht, wahrscheinlich lag es am Adrenalin.

Gerade wollte ich den Motor starten, da sprang ein weiterer vermummter Mann mit einer Machete vor mir auf die Straße. Ich spürte meinen Puls an der Halsschlagader.

»Dinero!«

Mit einer etwas flauen Stimme sagte ich: »Hab ich nicht, haben schon andere geraubt«, und übergab ihm das leere Portemonnaie. Er durchwühlte es, gab es mir wieder.

»Cámara!«

»Hab ich auch nicht mehr.«

Dann wollte er den Inhalt meiner Hosentaschen sehen, außer Ohropax, Taschentüchern und anderem Kram, den die anderen schon nicht wollten, hatte ich nichts zu bieten.

Ich selbst saß diesmal auf der Vespa und drückte meine Knie an das Gepäckfach, um ihn nicht auf die Idee zu bringen, dass ich da vorne ein Gepäckfach hatte, als er das Fahrzeug nach brauchbaren Dingen untersuchte. Denn da war mein echtes Portemonnaie drin: mit all meinen Kreditkarten, noch etwa 300 Dollar in bar und meinem GPS. Das durfte er nicht finden.

Er stand vor mir und fing an, mit der Machete mein Stahlnetz aufzuschneiden, das mein Gepäck sicherte. Dass die Machete scharf war, sah ich sofort, aber er kam nicht weit. Das Netz war zwar teuer, dafür bestand es den Praxistest. Das Absurde war, dass er sich seiner Macht in diesem Moment wohl gar nicht bewusst war. Hätte er mich aufgefordert, das Netz aufzumachen, hätte ich es natürlich sofort getan. Dann hätte er meinen Laptop und andere Dinge zum Verticken gefunden.

Dann trat der Bandido plötzlich zur Seite und schaute bergab, ich folgte seinem Blick und sah noch einen Mann mit einer Machete. »Fuck, jetzt bist du geliefert«, dachte ich verzweifelt. Bandido Nr. 3 war wohl fertig mit mir und machte sich davon. Instinktiv drehte ich die Vespa um und rollte dem anderen entgegen.

»Ich hab nichts mehr, bin gerade schon zweimal ausgeraubt worden.«

Der Mann sah mich komisch an. Dann erst erkannte ich, dass

er gar nicht maskiert war. Er sagte: »Amigo, ich stand da auf dem Feld, hörte deine Vespa ausgehen und dachte, dass du vielleicht Hilfe brauchst.«

Oh Mann, mir fiel ein Stein vom Herzen, er gehörte zu den Guten. Ich war dankbar, aber erwiderte nur kurz: »Ich muss hier weg, sofort!«

In diesem Moment kam ein Polizei-Pick-up den Berg heruntergefahren. Die Polizisten hielten, mein Freund mit der Machete und ich erklärten ihnen, dass ich ausgeraubt worden war. Ich bat sie, mir eine Eskorte zurück nach Santiago Atitlán zu geben. Sie boten mir an, mich auch nach San Pedro zu eskortieren, doch ich konnte ihnen klarmachen, dass ich da gar nicht hinwollte und Elsi es von dort gerade nicht wegschaffen würde – schließlich stimmten sie zu. Erst als wir in Santiago hielten und ich mich bedankte, fragten sie mich noch nach Größe, Alter und Kleidung der Räuber. Ich konnte mich nach all der Aufregung an kaum etwas Markantes erinnern, außerdem wollte ich schleunigst weg.

Der Rückweg nach Panajachel verging, ohne zu halten, ohne zu winken, ohne zu fotografieren – wie auch ohne Kamera. Ich fuhr wie mit Autopilot bergauf und bergab, bis ich irgendwann meine Hospedaje in Panajachel wieder erreichte. Hier stellte ich Elsi ab und setzte mich auf den Boden – und tat nichts. Leer, vollkommen leer war ich. Dann lief alles noch einmal wie ein Film vor mir ab.

Langsam konnte ich wieder klarere Gedanken fassen. Der erste war, Guatemala für immer zu verlassen. Nach weiteren Überlegungen drehte ich den Spieß um: Ich blieb in Panajachel, buchte hier einen Spanischkurs mit Gastfamilie, und das war am Ende das Beste, was ich tun konnte. Mit vier Kindern tobte hier das pure Leben. Es waren freundliche und friedliche Guatemalteken, wie im Grunde alle in diesem Land bis auf die paar Idioten, die man ja leider überall findet.

Als ich Tage später meine E-Mails las, war ich total ergriffen, sentimental und auch ein bisschen melancholisch. Vor allem weil meine Liebsten, meine Familie und die engen Freunde, alle, ausnahmslos alle sehr lange, gute, persönliche Worte geschrieben

hatten, die mich aufmunterten, aber auch so ergriffen, dass ich die ersten Tränen auf dieser Reise vergoss. Es war für mich sehr wichtig und sehr gut zu wissen, dass sie hinter mir standen und alle bei mir waren, auch wenn viele tausend Kilometer und ein paar Milliarden Hektoliter Meerwasser zwischen uns lagen.

Ich stürzte mich wieder ins aktive Leben, genoss den netten Familienanschluss und meine Klasse in der Sprachschule, mit der ich Ausflüge auf Märkte, kunterbunte Friedhöfe und zu einer traditionellen Maya-Zeremonie machte. Dem Hahn, der ebenfalls daran teilnahm, wurde der Hals angeschnitten, bis er ausblutete – ein Glück, dass ich nur mit ein bisschen Geld und meiner Kamera bezahlen musste, als mir Ähnliches drohte. Die doppelten Bandidos hatten mir einen Stich in mein guatemaltekisches Reiseherz versetzt, doch es hatte sich bereits gelohnt, deshalb nicht den Rückzieher zu machen: Die guten Menschen rückten langsam, aber sicher mein Weltbild wieder gerade und zauberten mir nach und nach wieder das alte Lachen ins Gesicht.

Während der Zeit in Panajachel ließ ich Handwerker für mich werkeln, bunte Stoffe wurden zu Gepäckhüllen, eine neue Tasche fand ihren Platz auf der verwaisten Seitenhaube, und auch eine neue Kamera kaufte ich mir. Feste drückte ich die Gastfamilie und verließ nach neun Tagen und unvergesslichen Lebenserfahrungen Panajachel und den Lago de Atitlán.

Auf dem Weg nach El Salvador fuhr ich über Monterrico, schaute mir die schwarzen Vulkanstrände an und machte in einem netten Hostal Station. Ich verschönerte mal wieder Elsi und machte mit einem lustigen Kerl eine Mangroventour, auf der wir

Alligatoren aus dem Kanu beobachteten. Die Jungs waren aber nicht gefährlich für uns und wirkten satt.

Mit einer Lancha, einer Art Holzfähre, durchquerte ich auf abenteuerliche Weise das Mangrovengebiet. Sah lustig aus: Neben der Vespa schwammen auch hier Alligatoren, während Fischer auf kleinen Booten an uns vorbeizogen und ihre Netze auswarfen. Ich war glücklich und befand einstimmig: ein absolut gelungenes Finale, das mir Guatemala auf den letzten Metern bot. War eine Wahnsinnszeit hier, die nicht einmal die Überfälle mies machen konnten.

VON EL SALVADOR BIS PANAMA

Diesmal war der Grenzübertritt anstrengender, permanent wuselten Menschen um mich herum, und alle wollten irgendetwas von mir. Allein fürs Verlassen Guatemalas musste ich alle Papiere kopieren und von diversen Stempelsoldaten checken lassen, bis ich ausreisen durfte.

Bei der Einreise nach El Salvador ging es dann ähnlich stempel- und kopierwütig zu. Pass, Fahrzeugpapiere, Führerscheine und den gestempelten Zollwisch von den Guatemalteken musste ich kopieren und wieder vorlegen. Dann füllte der Zollbeamte all seine Formulare aus und ging zur Vespa, um akribisch Fahrzeugnummer, Farbe, Modell und so weiter zu prüfen. Eine hübsche dunkelhaarige Beamtin hackte mühevoll, Taste für Taste wie ein Huhn, alle Daten in den Computer, druckte Barcodes aus, die auf zwei Dokumente geklebt und via Scanner in den Rechner eingelesen wurden – und »schon« war ich legal in El Salvador. Was für ein Aufwand, wo doch El Salvador und das folgende Honduras für mich nur Durchgangsländer sein sollten.

Müde und total nassgeschwitzt rollte ich in ein Land, das von Anfang an einen total anderen und irgendwie ernsteren Eindruck auf mich machte als sein ungeliebter Nachbar, den ich so mochte. Sicher auch, weil ich vorgewarnt war. El Salvador galt nicht gerade als ungefährlich. So richtig erfuhr ich davon erst, als ich in Nicaragua, also zwei Länder später, das Internet durchstöberte – manchmal war wenig Vorbereitung einfach die bessere Vorbereitung.

El Salvador, das kleinste Land Zentralamerikas mit der höchsten Bevölkerungsdichte, hatte schlimme Bürgerkriege, Massaker an der indigenen Bevölkerung und grausame Militärregimes erlebt, es klebte viel Blut an der Geschichte, und bis heute sollten viele bewaffnete Milizen und Rebellen das Land zu einem Pulverfass machen. Viel mehr wollte ich auch gar nicht wissen.

Die Küstenstraße schlängelte sich kurvenreich über Klippen hoch und runter. Als es so langsam dämmerte, hielt ich in einem Dorf nah am Meer. In einem für mich zu teuren Hotel gab man mir den Hinweis auf ein Hostal, das sich zwar als ausgebucht herausstellte, aber ich durfte mein Zelt auf dem Gelände aufschlagen – unter Palmen und sicher. Der nette Gärtner, Hausmeister oder was er sonst noch alles war, erklärte mir, dass ich mir keine Sorgen machen musste, weil er persönlich in der Nacht aufpassen würde.

Am Morgen brühte ich mir einen Kaffee auf, packte mein Zelt ein und schlängelte mich weiter an der Küste entlang. Die Hauptstadt San Salvador mied ich aus besagten Gründen bewusst, ich blieb, so lange es ging, an der Küste mit ihren schwarzen Stränden. Plötzlich bohrte sich die Straße in einen fiesen Tunnel: lang und unbeleuchtet, auch ohne Sonnenbrille ein halber Blindflug, und dann zogen auch noch Fräsrillen Elsi immer wieder unangenehm zur Seite. Als »Entschädigung« ließ ich mir von zwei Chicas ein Huhn grillen. Hhhmmm… Die Tacos hier waren viel dicker als die mexikanischen, dafür sind die kross und knacken beim Zerbeißen. Leckeres Essen konnte eindeutig die Laune heben.

Nach der Stärkung folgte ich am Nachmittag an einer Kreuzung einem Strandschild, in der Hoffnung auf eine günstige Unterkunft mit sicherem Platz für mich und meine Habseligkeiten. Die Hotelpreise schienen aus den USA oder aus Europa abgeguckt, richtig happig. Ein Familienhotel bot mir eine Bude ohne Klimaanlage mit ekelhaftem Badezimmer für 20 Dollar an – weit und breit die günstigste Unterkunft, die ich ausmachen konnte. Ich hatte keine andere Wahl, biss in den sauren Apfel und besorgte mir Feierabendtrostbier.

Elsi stand halb bepackt im Innenhof des motelartigen Gebäudes, ich holte meinen Leatherman raus, öffnete ein Bier und legte den Leatherman neben den Flaschen auf dem Tisch vor meinem Zimmer ab. Dann hängte ich mich in die Matte und checkte die

Internetverbindung. Während ich meine Mails las, rollte ein Auto in den Innenhof. Autotüren knallten, ein paar Menschen liefen umher, die ich nur am Rande wahrnahm. Als ich aufstand, den Laptop unter den Arm nahm und die paar Meter zu meinem Zimmer ging, bemerkte ich, dass eine Bierflasche fehlte. Wie dreist, dachte ich und schaute genauer hin. Schockiert und angepisst zugleich musste ich feststellen, dass der Bierdieb auch noch meinen Leatherman mitgenommen hatte. Scheiße, mein guter Leatherman aus Portland!

In erster Linie ärgerte ich mich mal wieder über mich selbst, weil ich für ein paar Minuten nicht aufgepasst hatte. Sofort packte ich die restlichen Gegenstände von der Vespa, kettete sie an, holte das Mückennetz raus, hängte es über mein Bett und schlief mit offener Tür, um so viel wie möglich mitzubekommen, was da draußen vor sich ging. Irgendwie übertrug ich den Diebstahl auf El Salvador und war nach dem Vorfall gleich vom ganzen Land enttäuscht. Schlecht gelaunt schlief ich ein, wachte in der Nacht bestimmt fünf Mal auf, beobachtete Gestalten im Innenhof und schlief unruhig weiter.

Die Nacht war alles andere als erholsam, und ich beendete sie schon früh, um mich zur honduranischen Grenze aufzumachen. Bis auf den Leatherman-Diebstahl blieb der kurze Trip durch El Salvador friedlich für mich – aber ich war keineswegs traurig, das Land nach wenigen Tagen schon wieder zu verlassen.

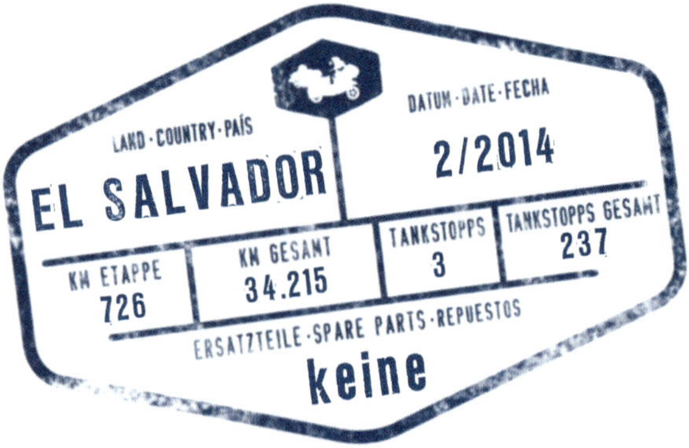

Honduras

Die Einreise hatte etwas von einem Bazar. Viele Menschen liefen im Grenzbereich umher, ich konnte kaum herausfinden, wer von den lauthals schreienden Typen nun ein offizieller Beamter war und wer nicht. Irgendwann zeigte sich jemand mit einer Uniform und bat mich, meine Papiere zu kopieren, damit er sie stempeln konnte. Das alte Kopier- und Stempelspiel begann von neuem. Die nervigen Jungs, die unbedingt für ein paar Dollar meinen Papierkram erledigen wollten, wimmelte ich mit »No tengo dinero« schnell ab, denn wenn sie nichts bekamen, ließen sie einen auch schnell in Ruhe.

Die Fahrzeugregistrierung wurde ausgetragen, ich selbst wurde ebenfalls ausgetragen und fuhr weiter. Keine 20 Meter weiter hielt mich der erste honduranische Beamte an. Sechs, sieben Jungs grölten, pfiffen und jubelten um mich herum. Einer meinte, dass ich ihm folgen sollte, was ich erst machte, als ich mich noch einmal vergewissert hatte, dass er ein Beamtenhelfer und kein herumlungernder Typ war. Die könnten den offiziellen Jungs echt mal ein paar Uniformen spendieren, da blickte ja kein Mensch durch.

Niemand war am Grenzposten, keine Touristen oder sonstige Reisende. Als ich an den Schalter herantrat, legte der Beamte sein Handy aus der Hand und fragte mich, was er für mich tun könnte. Ich erklärte ihm, dass ich mit meiner Vespa reiste, und legte ihm die Papiere vor. Er tippte, machte und tat und meinte dann, dass ich nun 35 Dollar bezahlen müsste.

»35 Dollar?!«, sagte ich und dachte mir: »Habt Ihr sie noch alle?« Die Einreiseshow mit Barcode nach El Salvador war kostenlos gewesen. Ich fragte den Beamten freundlich, ob es ein Transitvisum gäbe, eines, das nur ein paar Stunden galt, weil ich ja nur durch den Südzipfel des Landes fahren und mich nicht lange aufhalten wollte.

Daraufhin hob er seinen Kopf, schaute mich an, zeigte mit der Hand auf die blau-weiße, mit Sternen verzierte Fahne, unter der »República de Honduras« stand, und sagte in einem ruhigen, aber bestimmten Ton: »Wenn Sie die Republik von Honduras mit Ihrem Fahrzeug bereisen möchten, dann müssen Sie sich registrieren lassen, und das kostet 35 Dollar für jeden, auch für Sie.«

Nichts zu machen. Ich fragte den Beamten noch, ob die Grenze eigentlich Öffnungszeiten hatte. Er sagte: »Wir haben immer auf, auch sonntags und nachts, aber nachts kommst du nicht hierhin! Nicht zur Grenze und auch nicht in die Nähe der Grenze. Dann laufen hier Jungs rum, denen willst du nicht einmal tagsüber begegnen.«

Verstanden. Ich zahlte, alle Papiere wurden mal wieder kopiert und gestempelt, und ich war frei – fast zumindest. Nachdem sich der Grenzbereich ein bisschen entzerrt hatte, kam die obligatorische letzte Kontrolle. Ein Typ an einer geschlossenen Schranke sprach mich in unglaublich schlechtem Englisch an, ich verstand eigentlich kein einziges Wort. Er trug Sneakers, Shorts und ein T-Shirt. War er nur ein Streuner oder ein Beamter? Musste ich auf ihn hören? Er nervte und wollte einen Zettel sehen, den ich ihm schließlich überreichte.

Hinter mir stand plötzlich ein riesiger Truck, und weil ich nicht wusste, ob ich nun den Wisch zurückbekäme oder nicht, schob ich Elsi zur Seite, um dem Lkw Platz zu machen. Der Fahrer bekam das alles mit, sprang von seinem Fahrersitz auf die Fahrbahn und brüllte den Jungen an. Er fluchte, zeigte auf mich, dann auf seinen Lkw, kletterte wieder in sein Fahrzeug, während der Junge sich bei mir entschuldigte und mir erklärte, dass er den Wisch behalten müsste, weil ich das Original an meine Registrierung geheftet hatte.

Obwohl ich seit Mexiko ein gebranntes Kind in Sachen Einreise war, glaubte ich ihm einfach, ohne wirklich zu verstehen, was hier gerade mit dem Lkw-Fahrer abgegangen war, und rollte ohne weitere Fragen auf honduranischen Grund.

Es war heiß, heißer noch als in El Salvador, die Sonne verbrannte alles, was ihr ungeschützt ausgesetzt war. Es wäre möglich gewesen, in ein paar Stunden in Nicaragua zu sein, schließlich waren es hier unten keine hundert Kilometer Panamericana, aber für noch eine Grenze hatte ich keinen Nerv mehr. Nicht zwei an einem Tag.

Die Frau in dem Hotel, in dem ich absteigen wollte, schlug die Hände über dem Kopf zusammen, als sie mich sah: »Mein Freund, wie sieht deine Nase aus?! Du kannst doch nicht durch die Mittagssonne fahren!«

Sie hatte Recht, meine Nase leuchtete rot, glühte und spannte. Sie schenkte mir Sunblocker und befahl mir regelrecht, in der Apotheke mehr davon zu kaufen, denn hier gab es gute Qualität aus Deutschland. Ich dachte an meine Pappnase, die ich für karnevalistische Notfälle immer in meinem Rucksack hatte. Im Fahrtwind würde die zwar bestimmt nicht halten, wäre aber eine lustige und nasenschonende Lösung.

Vor der Grenze nach Nicaragua standen Jungs am Seitenstreifen und verkauften Leguane. Fast einen Meter lang waren die Tiere, die Beine auf den Rücken gebunden und von ihren Peinigern am Schwanz hochgehoben, um kopfüber hängend ihre gesamte Körperlänge zu präsentieren. Nein, danke – dann lieber wieder Zirkus an der Grenze.

Nicaragua

Wie zum Hohn war der Grenzübergang mit der entspannteste der ganzen Vesparicana. Er hatte aber auch gar nichts mit der Hektik und dem Chaos der letzten Grenzen gemein. Kids bewachten meine Vespa, während ich mich um den Papierkram kümmerte, was sehr zügig vonstattenging, weil es erstaunlicherweise einen Dokumentenscanner gab, der eine Kopierorgie überflüssig machte. Dubios war nur, dass keine Cordobas akzeptiert wurden. Der Staat Nicaragua nahm an den Grenzen nur US-Dollar und nicht seine eigene Landeswährung? Kein Problem für mich, ich hatte in El Salvador noch meine persönlichen Dollar-Reserven aufgefüllt.

Es blieb heiß und trocken. Passenderweise begleitete mich stundenlang ein qualmender Vulkan. Elsi litt unter der brutalen Hitze, sie stand kurz vor einem Kolbenklemmer, den sie mir gerade noch rechtzeitig mit einem krassen Leistungsverlust ankündigte.

Kurz vor León fuhr ich für eine Weile auf den Seitenstreifen und ließ die folgenden Fahrzeuge an mir vorbeiziehen, um mit niedriger Geschwindigkeit weiterzufahren. Bis mich ein Streifenwagen mit zwei Beamten anhielt, einem langen, dünnen und einem kräftigen, dicken. Der Dicke wollte meine Papiere sehen, checkte sie und stellte lauter dumme Fragen. Schon die zweite hatte etwas mit Geld zu tun, ich ahnte, was kommen würde, übernahm kurzerhand das Wort und strickte ein Spinnennetz aus Lügen zusammen. Ich erklärte wirr, dass ich bettelarm war und gerade einmal so viel Geld besaß, um nach Panama zu kommen und dort zu arbeiten. Damit er nicht dachte, ich würde das illegal tun, sagte ich, dass das nur ginge, weil ich eine Firma in Köln hätte. Das ließ ihn dooferweise vermuten, dass ich doch reich wäre, weshalb ich mich dann doch zu einem Angestellten machte, der händeringend von seinen Kollegen erwartet wurde, mit dem grandiosen Finale: »Ich habe kein Geld für einen Flug und muss deswegen mit der Vespa fahren.«

Er verstand, dass er bei mir auf Granit beißen würde, und ver-

suchte es auf einem anderen Weg: »Es ist verboten, auf dem Seitenstreifen zu fahren.«

Ich machte ihm klar, dass ich nur mich, die Überholer und den Gegenverkehr gefährdet hätte, wenn ich bei dem drohenden Kolbenklemmer nicht rechts rangefahren wäre. Und schließlich verstand er wohl endgültig, dass ich mich nicht ausnehmen lassen würde, und bat stattdessen um ein bisschen Deutschunterricht. Ich übersetzte ihm »Te amo«, also »Ich liebe dich«, und erklärte ihm, dass er das nicht zu einem Kumpel oder Kollegen, sondern zu seiner Frau sagen sollte. Er bedankte sich für den Unterricht, gab mir die Papiere zurück und zeigte, dass er nichts verstanden hatte, indem er sich mit den Worten »Ich liebe dich« verabschiedete.

Vulkane und Hitze blieben meine Begleiter. Hier waren keine feuchten Tropen, keine Plantagen und auch keine saftigen Felder zu sehen, stattdessen standen Kühe im roten Staub und zeigten ihre Rippen. Da konnte nicht viel dran sein. Die mussten wahrscheinlich froh sein, dass sie überhaupt durchkamen. Anders als das Pferd, das ich am Wegrand liegen sah und dem sich bereits die Geier widmeten.

Trotzdem hatte Nicaragua, seit ich das letzte Mal hier war, einen Charme entwickelt, der mich an Guatemala erinnerte. Die

Menschen waren freundlich, die Ortschaften wirkten vielerorts restauriert, und es ließen sich einige Hostels für Reisende wie mich finden. Ich war angenehm überrascht und genoss es. Richtig beeindruckt war ich von Granada am Nicaraguasee, einer kolonialen Schönheit, die sich aufgeräumt und verspielt präsentierte. Natürlich ging das Herausputzen auch mit mehr Tourismus einher, aber ich hatte eine richtig gute Zeit hier und lernte nette Leute kennen. Der See teilte das Land quasi in zwei Hälften und war nicht nur wunderschön, sondern gleichzeitig auch noch der größte Binnensee Zentralamerikas – riesig.

Über die Panamericana fuhr ich gen Süden, da ich auf die Isla de Ometepe wollte, die größte Vulkaninsel in einem Süßwassersee. Auf Ometepe wartete Dschungel pur, weil das poröse Lavagestein mit dem Süßwasser Platz und Feuchtigkeit für alles bot. Auf der Fähre lernte ich Olli, David und Alex kennen, drei Hamburger Jungs, und wir beschlossen spontan, die Insel gemeinsam zu erkunden. Wir kampierten zwei Tage und hingen zusammen an einem Wasserloch ab, schwammen in kristallklarem Wasser, gönnten uns ein Bierchen und beobachteten dabei die Affen, die genauso faul in den Bäumen hingen.

Relaxt ging es wieder Richtung Festland, doch die Fährmänner raubten mir sofort jede Erholung, meine Güte! Autos drauf, »Ach nee, passt nicht«, wieder runter, anders drauf, hin und her und am Ende mit offener Fährklappe aufs Wasser, weil es doch nicht passte.

Ich war froh, nicht mit Elsi abgesoffen zu sein, verabschiedete die Hamburger und steuerte mal wieder einen Grenzübergang an. Natürlich bei Affenhitze. Und in Erwartung des puren Lebens.

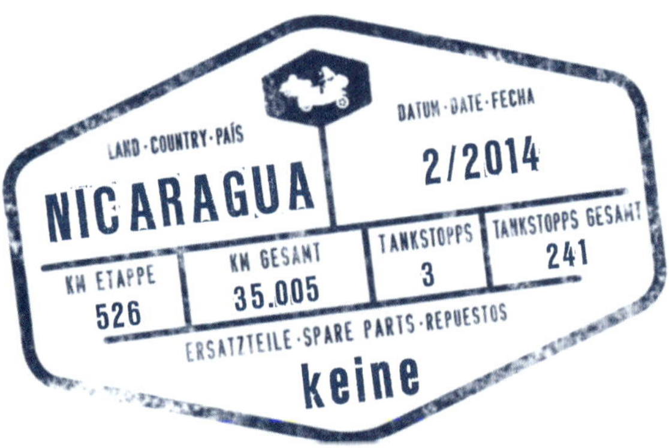

Costa Rica

Als ich die Grenze erreichte, fiel ich fast vom Glauben ab: Wie chaotisch war das denn hier? Erst stempelte ich mich als Person aus, dann ging ich zum Zoll und wollte die Vespa ausstempeln, ging aber nicht, weil ich vorher zu einem Polizisten musste, der mit Kollegen gerade ein Auto durchsuchte. Mit Spiegeln suchten sie unter der Karosse, schraubten Verkleidungen ab, suchten mit Metalldetektoren – das volle Programm. Nachdem ich mich bemerkbar gemacht hatte, kam ein Beamter zu mir, prüfte erst meine Papiere und wollte dann Kopien haben. Ich ging also in die Kopierbude und anschließend zurück zum Polizisten, der auf mein Gepäck zeigte und sagte: »Aufmachen.«

Als Erstes öffnete ich das hintere Gepäck und legte meinen Rucksack auf den heißen Asphalt. Er machte ihn oben auf, holte mein blaues Stoffsäckchen hervor. Griff rein und holte eine Hand voll Kölner-Dom-Anstecknadeln hervor: »Was ist das?«

»Eso es la catedral de Colonia«, was so viel hieß wie: »Dat es d'r Kölner Dom.«

Dann wühlte er weiter und zog die Tüte mit der roten Pappnase hervor. Wieder fragte er: »Was ist das?«

»Eso es un Pappnas!«, antwortete ich und griemelte in mich hinein. Natürlich verstand er nicht, also nahm ich ihm die Nase aus der Hand und setzte sie auf. Er hatte ein großes Fragezeichen im Gesicht, denn er war wohl kein Karnevalist, ließ aber davon ab und widmete sich wieder meinem Rucksack. Als er die Plastiktüte aus dem unteren Fach griff, dachte ich nur: »Dann mal viel Spaß.«

Als er die Tüte öffnete und eine gute Nase aus meiner dreckigen Wäsche nahm, war mein Rucksack auf einmal uninteressant, und es ging mit den anderen Gepäckstücken weiter. Am Ende stand die Hälfte meiner Sachen offen, er stempelte einen Wisch. Ich packte alles zusammen und ging nun zum Zoll, die stempelten meine Vespa einfach aus, ohne überhaupt nachzuschauen, ob ich mit der Karre da war – und ich war frei. Schon komisch: Auf der einen Seite nahmen sie es voll genau, und alles wurde kontrolliert, auf der anderen Seite war alles egal. Ein bisschen wie Karneval, nur ohne Pappnasen, claro!

Die Immigration nach Costa Rica war vergleichsweise schnell erledigt, ich ging zum Zollhäuschen, musste alles kopieren, wieder zurück zum Zoll, Stempel drauf, und ich fuhr durch. Am Ende war es fast dunkel, und ich war fix und foxi, als ich nach fast fünf Stunden Grenzübertritt Land Nummer neun betrat.

Am nächsten Tag empfing mich auch Costa Rica heiß und trocken, die Landschaft erinnerte mich ein bisschen an Kalifornien. Aber nicht sehr lange. Dann führte die zweispurige Straße mitten durch ein Urwaldgebiet bergauf und bergab. Riesige, voll beladene Obst-Lkws boten sich ein Elefantenrennen und mittendrin wir, auch voll beladen, aber anders. Elsi war gut drauf, trotz erheblicher Steigung drückte sie alles weg, solange ich ihr die Zeit geben konnte, die Gänge nach ihrem Gusto auszufahren. Nur wenn die langsameren Bananenbomber vorne die Anstiege verstopften und die von hinten heranrauschenden uns einfach ignorierten, weil sie ebenfalls den Schwung benötigten, bremste ich ab und zog freiwillig den Kürzeren. Auch hier galt safety first.

In Costa Rica gab es endlich mal wieder mehr Straßenschilder, eigentlich hilfreich, aber ich verfranste mich trotzdem auf der Suche nach dem Zentrum von San José. In der Hauptstadt gab es Vespas, überhaupt war Costa Rica das einzige zentralamerikanische Land, in das sie von Piaggio exportiert wurden, weshalb sie hier kein ungewöhnliches Bild im Straßenverkehr waren. Ich musste dringend mal nach dem Auspuff schauen lassen, und Costa Rica war wohl die beste Gelegenheit dafür. Als auf einmal im Stau eine Vespa neben mir stand, rief ich rüber: »Weißt du, ob es hier eine Vespawerkstatt gibt?«

»Fahr mir einfach hinterher.«

Als ich vor dem kleinen Laden auf der verranzten Straße im Mechanikerviertel hielt, bildete sich sofort ein Pulk um mein Fahrzeug. Alle schossen Fotos, stellten Fragen und reichten eiskaltes Wasser. Netter Empfang durch die Ticos, wie sich die Costa-Ricaner selber nannten.

»Ja, wir haben zwei Auspuffe hier, einen von der indischen Bajaj 125 ccm und einen originalen von Piaggio, der ist jedoch viel teurer und für eine 200 ccm, der passt nicht, da der Krümmer anders ist.«

Als er mir den Bajaj-Pott auf die verkratzte Glastheke legte, war der Qualitätsunterschied auf den ersten Blick sichtbar. Das Teil war grottenschlecht, hatte einen hauchdünnen Krümmer, der Pott selbst war auch total dünn und einfach schlecht verarbeitet. »Geht gar nicht. Ich brauche eine Lösung für länger. Das Ding hier will ich nicht.«

Der Verkäufer meinte, dass sie die Einzigen wären, die Original-Vespateile hätten, da die Regierung 40 Prozent Einfuhrzoll auf alles schlug und dann noch Transportkosten obendrauf kamen. Deswegen waren Originalteile so gut wie nicht im Umlauf.

Gegenüber war eine Vespawerkstatt. Mit dem ausgeliehenen Originalpott lief ich rüber, schilderte den Jungs das Problem und fragte, ob sie mir helfen könnten.

»Kein Problem, wir setzen dein altes Krümmerstück an den neuen Topf. Das geht gut, machen wir öfter. Mit 20 Dollar bist du dabei, amigo!«

Das war doch mal ein Wort. Also ging ich zurück, zahlte 130 Dollar für den Original Vespaauspuff, lud in der Werkstatt mein Gepäck ab, und die Jungs fingen sofort an. Der alte Pott war komplett eingedrückt, auch die Krümmer-Topf-Verbindung war schon gerissen. Es war wirklich höchste Zeit. Sie flexten das Kümmerstück vom alten ab, hielten es an die neue Position und tasteten sich mit mehreren Anpassungen heran. Als sie angekommen waren, punkteten sie das Rohr an, fragten mich, ob ich damit zufrieden sei, ich nickte, und sie schweißten die Naht ringsum zusammen. Zusätzlich bat ich sie, mir noch zwei Flacheisen als Verstärkung unter den Pott zu schweißen, damit der neue Topf nicht so leicht eingedrückt werden konnte. Auch kein Problem für die Jungs. Am Ende schliffen sie ’ne Runde, holten Auspufflack hervor und sprühten das Ganze ein paar Mal dünn ein. Gute Arbeit.

Ich war gerade wieder startklar und wollte mich Richtung Karibikküste verabschieden, da reichte mir einer der Mechaniker ein Telefon: »Warte, du hast doch nach einem Vespaclub gefragt.«

Am Apparat war Luis vom Vespa Club Costa Rica, er freute sich riesig und lud mich ein, bei ihm zu übernachten, mir die Stadt zu zeigen und vor allem den Rest vom Club vorzustellen. Wenig später stand er grinsend vor mir. Fast 20 Kilometer fuhren wir durch die gesamte Stadt und durch die Vorstadtgebiete, bis wir bei seinem vergitterten Heim ankamen. Er handelte mit Computerplatinen und auch mit alten Vespateilen. Einige Vespaleichen lagen zum Ausschlachten in der Ecke rum, im ersten Stock herrschte absolutes Chaos. Wir mussten Bildschirme, Computer und fettige Motorhälften übereinanderstapeln, bis Platz genug war für meine Siebensachen. Als ich ein gebrochenes Motorgehäuse in der Hand hielt, schien mir Luis meine Frage anzusehen: »Die Scheißtopes. Wir saßen zu zweit drauf, ich war abgelenkt und fuhr voll drauf. Der Schlag ging so heftig auf den Auspuff, dass der Motor brach.« Krass, dann hatte ich bisher ja fast noch Glück gehabt.

Wir fuhren zu Ingrid, einer Drahtzieherin des Vespaclubs, die ihre Vespa Arielle getauft hatte, und knatterten zusammen zum Nationalstadion der stolzen WM-Teilnehmer. Dort trafen wir weitere Clubmitglieder – mal wieder Wahnsinn, wie mich die Vespafamilie empfing. Acht Wespen, alles alte Blechroller, teilweise indische Bajaj, aber überwiegend Italiener waren dabei. Besonders auffällig war eine gelbe PX mit roten und grünen Streifen im Rastalook, vorne Bob Marley auflackiert. Der Besitzer hieß passenderweise Rasta, ein relaxter Typ, mit dem ich mich super verstand, obwohl das costa-ricanische Spanisch nicht so einfach zu verstehen war wie das guatemaltekische. Er schenkte mir ein kleines Vespamodel, das er detailverliebt genau wie seine Vespa angemalt hatte. Ab sofort war »Little Rasta« in meinem Gepäck, und ich versprach ihm, in Rio de Janeiro ein Foto mit ihr zu machen und ihm zu schicken.

Es wurde ein super Abend, den wir mit einer Nachtfahrt zu einem Aussichtspunkt über der Stadt begannen. Allerdings hätte ich auf meinen Geruchsinn vertrauen sollen, als ich vorher noch hastig alle Lebensmittel in mich reinstopfte, die ich bei mir trug. Den Geruch von Benzin hatte ich ignorant mit Salz und Pfeffer überwürzt. Als wir später in einer Kneipe standen, wo eine Ska-Band gerade alles für ihren Gig aufbaute, meldete sich mein Magen mit einem dubiosen Gefühl, das ich als Hunger interpretierte. Fette Pommes mit einem noch fettigeren Hamburger waren das Einzige, was ich auf die Schnelle fand, und schon lag der Fleischklops wie ein Stein in meinem nun total überforderten Körper. Ich liebte Ska, aber abrocken war unmöglich, ich musste schon bald die Segel streichen. Die ganze Nacht über meldete sich mein Magen-Darm-Trakt und schickte mich ein paar Mal aus dem Schlafsack.

»Lass mich das machen«, sagte Luis und nahm mir dem Lötkolben aus der Hand. Die Tachoverlötungen waren durchgescheuert, schon seit Tagen hatte ich keine funktionierende Benzinuhr mehr. Luis, der alte Computerfritze, lötete kleine Käbelchen auf und reparierte mir das frickelige Teil. Auch den Vergaser zerlegten wir komplett und tauschten alle Dichtungen. Elsi war nun wieder gerüstet.

Zu fünft starteten wir bei warmen Temperaturen, blauem Himmel und Sonnenschein. Vorsorglich hatte ich mir eine Imodium eingeworfen, um entspannter auf dem Bock sitzen zu können. Funktionierte. Mit mehreren Vespas zu fahren war immer geil, aber an diesem Tag genoss ich es wie lange nicht. Obwohl wir voll beladen waren und keine 150 oder 200 ccm hatten wie die anderen, zog Elsi alles weg und hielt ohne Probleme mit, was mich einmal mehr stolz machte und die erfolgreichen Reparaturen bestätigte.

Die Jungs begleiteten mich noch bis an die Karibikküste, wo es mal wieder Abschied nehmen hieß, und fuhren anschließend zurück nach San José, während ich der Küste nach Süden folgte. Dankbar für den unverhofften Support vom Vespa Club Costa Rica.

»Pura vida« hieß in Costa Rica die Antwort auf fast alles, aber besonders passend war es hier an der Karibikküste, wo sich die Menschen mit »purem Leben« begrüßten. In dem sehr, sehr entspannten Strandort Cahuita, nicht mehr weit von der Grenze zu Panama entfernt, unterhielt ich mich mit einem echten Rastafari, der seine dicken, verfilzten Dreadlocks mit einem Tuch zusammengebunden hatte.

»Jah ist unser Gott«, sagte er und machte dabei das Peace-Zeichen, wie ich es von den Hippies kannte. Er lachte über meine Bartzöpfe mit den Beads. Mein Kinn hatte ich seit Köln nicht mehr rasiert. »Als echter Rastafari musst du die Zöpfe nun verfilzen lassen.«

»Aha, und wie geht das?«

»Einfach nie waschen«, meinte er und grinste noch breiter.

Auf einem Campingplatz lernte ich Michael kennen, einen Deutschen Anfang fünfzig, der in einem Expeditions-Lkw lebte und schon seit fünf Jahren in Südamerika unterwegs war. Mehrere Stunden erzählten wir, durchkämmten Landkartenstapel, und ich saugte superviele Infos in mich auf. Weil Michael mir sehr genau sagen konnte, welche Klimaverhältnisse zu welchen Jahreszeiten herrschten, verschob ich so ziemlich jede Option auf meinem Weg in den Süden. Die wichtigste Erkenntnis war, dass mein selbsternanntes Ziel Ushuaia im Oktober und November nicht erreichbar war. Am südlichsten Punkt der Erde lag die letzten Jahre zwischen Oktober und Weihnachten immer Schnee. Der Weg dorthin war für seine Stürme berüchtigt und im Schnee auf zwei Rädern kaum machbar.

Als wir uns verabschiedeten, tickte es unaufhörlich in meinem Hirn. Doch wie ich es auch drehte und wendete – ich musste meine Pläne mal wieder ändern, und das bedeutete in diesem Fall, meine Rückkehr nach Köln nach hinten zu verschieben.

Ich mailte Ulla und meiner Familie die neuen Erkenntnisse, um sie so früh wie möglich darauf vorzubereiten. Statt 15 oder maximal 18 Monate, wie ursprünglich geschätzt, wäre ich dann eben gut 22 Monate weg. Das Streichen meines Zieles, nur um pünktlich zurückzukehren, stand nicht zur Debatte. Zeit für Kompromisse würde es im Leben noch genug geben. Ich könnte hier nun schlau über Egoismus schreiben, über Beziehungen, Familie, Arbeit, gesellschaftliche Verpflichtungen und so weiter. Aber es ging nun einmal um nicht weniger als meinen Lebenstraum. Meinen Traum zu erfüllen war kein Egoismus, das war Leben!

Wie schön, dass mich daheim ausnahmslos alle bestätigten und mir den Rücken freihielten. »Nimm dir deine Zeit. Mach in Ruhe deine Reise, und vor allem: Bring dich nicht in Gefahr.«

»Die Vespa! Atze, Atze!«

Ich stellte mich auf der Vesparicana normalerweise allen einfach als Alex oder Alejandro vor, kaum jemand kannte meinen Rufnamen Atze – deshalb war es nicht schwer zu erraten, wer da nach mir rief: Es konnten nur die vier Schweizer sein, mit denen ich den Vulkan Pacaya besucht hatte.

»Swisskids«, brüllte ich aus dem Zelt, und die Bande jubelte zurück. Ich streifte mir ein T-Shirt über, und noch vollkommen schlaftrunken fielen wir uns in die Arme. Wir erzählten uns gegenseitig die Reiseanekdoten, die wir seit Guatemala erlebt hatten, und verabredeten uns für den kommenden Tag.

Als ich gerade aufbrechen wollte, traute ich meinen Augen kaum, als vor mir ein kleiner, total überladener Honda-Roller stand. Auf dem Bock saß eine junge Frau, die mich direkt umarmte und wissen wollte, was ich mit meiner vollen Karre vorhatte. Die Krasse war aus Argentinien und schon seit zwei Jahren unterwegs, und das mit einer 100-ccm-Plastikmopete. (Plastikmopete ist beleidigend, ich weiß und entschuldige mich bei allen Fahrern, die Zweiräder mit Automatikgetriebe und Kunststoffkarosserie fahren.) Hätte ich echt nicht gedacht, dass sie ohne großartige mechanische Probleme über die Anden kommt. Fetten Respekt!

Sie kam aus dem Süden mit 33 000 Kilometern auf der Uhr, und ich aus dem Norden mit mittlerweile fast 36 000. Ob sie bis nach Alaska fahren würde, war allerdings unklar, da Argentinier nicht ganz so leicht ein Visum für die USA bekamen wie Deutsche. Aber egal – Hauptsache raus.

Punta Uva ist ein Traum: weißer Sandstrand, Palmen und keine Menschen, sehr paradiesisch. Die Swisskids saßen entspannt im Sand, ich kletterte eine Kokospalme hinauf und drehte einhändig sechs Nüsse ab, die wir uns zum Frühstück genüsslich ins Glas schütteten.

Wir Hippiekinder sammelten Holz für das abendliche Grillen und wanderten den Strand entlang. Auf den Bäumen saßen Affen und warfen mit Früchten nach uns, die Säcke. Viel cooler war ein anderer Kollege, der im Baum schlief: ein Faultier. Aus einem Bambusrohr baute ich mir ein Didgeridoo. Vor Jahren hatte ich in Australien das Spielen auf dem Holzrohr gelernt, in einer vollkommen anderen Ecke der Welt, allerdings passten die wiederkehrenden Rhythmen zu der Hippieszenerie. Genau der passende Ausklang für das Kapitel pura vida.

PANAMA, WIE SCHÖN

Der Grenzübergang nach Panama war sehr spannend, aber zum Glück nur baulich. Eine Stahlbogenbrücke mit losen Holzplanken führte über den krokodilbewohnten Grenzfluss. Der Rost hatte kräftig am Stahl genagt, alles war mehr als spartanisch, aber dafür auch sehr entspannt.

Neben der Brücke wurde eine zweite Fahrzeugbrücke errichtet, die auch sehr spannend aussah, aber wesentlich stabiler war, sodass auch die Swisskids sicher passieren konnten. Hinter dieser Brücke gab es eine Desinfektionsdusche, die bei mir zwar nicht ansprang, für die ich aber trotzdem 3 Dollar zahlen musste. Ich schloss mal wieder eine Versicherung ab, obwohl es mich ärgerte, dass kein Unterschied zwischen einem Lkw und einer kleinen Vespa gemacht wurde. Eigenartig auch, dass ich für Elsi nur eine Aufenthaltsgenehmigung für dreißig Tage bekam. Neunzig Tage waren erlaubt, aber ich sollte nach dreißig wieder zum Zoll. Woher sollte ich bei meiner Art zu reisen wissen, wo ich in einem Monat stecken würde?

Na gut, es schien nicht zu ändern zu sein, also nichts wie rein ins schöne Panama. Beziehungsweise ins steile Panama. Oh Mann, da musste die Kleine gleich mal ganz schön ackern, aber die Straßen waren zum Glück gut. Ab ging's durch den Regenwald.

Nach einem Abstecher auf die bunt-wuchernde Karibikinsel Bastimentos stach mich irgendwas auf dem Weg zum Pazifik – hier in Panama war Zentralamerika am schmalsten, und der wunderschöne Transkontinentalritt dauerte entspannte fünf Stunden. Ich hatte keinen Schimmer, was das für Biester waren, sie sahen aus wie schwarze Bienen und schienen recht aggressiv zu sein. Ich wurde gleich vier Mal gestochen, es brannte unangenehm auf der Haut. Die Kühlung übernahm kurzzeitig das Wetter, es wurde frisch und wolkig, doch kaum war der Pazifik zu sehen, wurde es schlagartig wieder warm. Insgesamt aber viel trockener als noch vor wenigen Kilometern, auch der Waldbewuchs änderte sich, der Geruch und die ersten Pinien seit Oregon erinnerten mich ans Mittelmeer.

An einer großen Kreuzung stießen wir wieder auf die Panamericana, die wir im Norden Costa Ricas verlassen hatten. In einer Holzbude am Strand bauten wir unser Lager auf, ich wollte zwei Tage pausieren, während sich die Swisskids direkt weiter nach Panama-City aufmachten. Während wir unter dem Holzdach saßen, beobachteten wir zwei fette, käferartige Insekten, die im Laufe von zwei Stunden ihre Körper aufbrachen und als leere Hüllen hinterließen, um als grüne Falter dem Licht entgegenzuschwirren. Die Live-Metamorphose war definitiv spannender als jeder Biounterricht. Am nächsten Tag stand ein anderes Tier auf meinem Stundenplan: ein riesiger Leguan. Der wohnte mit mir unter einem Dach, und ich legte ihm ein Ei hin, um ihn bei der Arbeit zu beobachten. Er konnte es nicht zerbeißen, also schleuderte er es gegen einen Stein, steckte den Kopf hinein und trank es genüsslich aus. Währenddessen schleifte ich an Kokosnüssen, mit denen ich Elsis Spiegeln einen karibischen Style verpassen wollte.

Die nächste Nacht war eigentlich gut, nur ein paar Ameisen meinten, eine Abkürzung über die am Boden liegende Matratze nehmen zu müssen. Am Morgen packte ich mal wieder zusammen und machte mich fix auf den Weg zurück zur Panamericana.

Je näher ich der Panamericana kam, desto windiger wurde es. Es wurde irgendwann so stürmisch und heiß, dass ich total ausgepowert war. Wegen des Seitenwindes fuhr ich in anstrengender Schräglage und musste höllisch aufpassen, wenn mich Lkws aus ihrem Sog ausspuckten.

Vielleicht sah ich so platt aus, wie ich mich fühlte, und die Chefin eines kleinen Hotels hatte Mitleid. Vielleicht war sie einfach nur nett. Jedenfalls hatte sie nichts dagegen, dass ich Elsi mit in mein Zimmer bugsierte. Sicherer konnte sie nicht stehen. Gerader Untergrund mit Fliesen, ein warmer Motor und ein bisschen Zeit? Klar, der Ölwechsel war fällig. Und ich schaffte meinen ersten Hotelzimmerölwechsel auch ohne große Schweinerei.

Von weitem schon konnte ich die unglaubliche Hochhauskulisse sehen. Und genauso unglaublich, wie amerikanisch Panama-City aussah. Passte gar nicht in mein bisheriges Bild von Zentralamerika.

Zu meiner Freude hatten sich die Swisskids gemeldet. Sie standen mit ihrem Camper im Hafen, also nichts wie hin und die Jungs aus dem Wohnwagen gehupt. Im Yachthafen checkte ich auch gleich mal die Arbeitssituation, mogelte mich in die eingezäunte Werft und unterhielt mich mit Bootcrews und Segelbooteignern. Aber niemand brauchte spontan Hilfe.

Der Panamericana fehlte ein Stück von rund 90 Kilometern zwischen dem Panamakanal und Kolumbien. Deshalb hatte ich den Plan, dieses Stück mit dem Segelboot zu reisen, und zwar durch den karibischen San-Blas-Archipel mit seinen 365 Inseln. Der war Teil eines Reservats der Kuna-Indianer und galt als eines der letzten Paradiese auf unserem Planeten. Dieses zu ersegeln und als Verbindung von Zentral- nach Südamerika zu nutzen reizte mich sehr. Allemal cooler als Fähre oder Flugzeug.

Lydia, die genau solche Segeltörns anbot, hatte mir geschrieben, dass für die fünf Tage pro Mann und Motorrad 550 Dollar, also insgesamt 1100 Dollar, fällig wären, Verpflegung, Besuch mehrerer Inseln, Angeln, Schnorcheln und sonstige Aktionen eingeschlossen. Ich schrieb ihr zurück, dass ich noch Zeit brauchte und auch noch gar nicht sagen konnte, wann genau ich fahren wollte, weil ich nach Arbeit auf Booten suchte. Keine zwei Minuten später machte mein Postfach »*pling!*«, und Lydia fragte: »Was für Arbeit suchst du denn? Wir haben ein Hostel, an dem einiges zu machen wäre. Und auch am Segelboot könnten wir Hilfe gebrauchen.«

Das wollte ich mir ein paar Tage später in Portobelo auf jeden Fall mal ansehen. Vorher versuchte ich, beim Zoll und der Immigration Elsis Aufenthaltsgenehmigung zu verlängern – leider vergeblich. Die schnallten irgendwie nicht, was ich wollte, und so musste ich das wohl im gefährlichen Colón regeln. Was für ein Mist.

Egal, erst mal fuhr ich mit den Swisskids nach Miraflores zu den gewaltigen Schleusen des Panamakanals. Wir gingen in das Museum, nahmen auf der Dachterrasse Platz und schauten uns das Spektakel live an. Bis zu 400 000 Dollar zahlte so ein Containerschiff oder Riesenkreuzfahrtschiff, das wurde nach Gewicht und Größe und komplizierten Nebengebühren berechnet. Ein Abenteurer, der vor Jahren den Kanal durchschwamm, kam wesentlich günstiger davon: Er zahlte nur 36 Cent.

Die Ozeane hatten keinen Höhenunterschied, warum also überhaupt Schleusen? Der Kanal führte durch ein Seegebiet, das als Wasserstraße gebraucht wurde, und dieser See lag über dem Meeresspiegel. Also wurden die Schiffe in den Kanal geführt, hochgeschleust, durch Kanal- und Seenverbindungen zur nächsten Schleuse geführt, wo dann abgeschleust wurde und das Schiff nach nur 80 Kilometern in den anderen Ozean entlassen wurde. Was die Schifffahrt sonst auf sich nehmen müsste, entsprach auf dem Landweg ungefähr dem Rest meiner Vesparicana, den ich noch vor mir hatte. Für die einen ein lästiger Umweg – für mich ein rollender Traum.

Über die neue Straße, die die beiden Weltmeere verband, fuhr ich mal wieder zurück in die Karibik, um in Portobelo die Segelbootleute um Lydia kennenzulernen. Kurz vor Colón fuhr ich auf die Küstenstraße und cruiste bis Portobelo, die alte Festung von Christoph Kolumbus, der hier Cristóbal Colón hieß.

Einige Kilometer weiter erreichte ich Puerto Lindo und das Hostel, wo ich mit Lydia und Dirk über die mögliche Arbeit sprach. Schnell wurden wir uns einig: Ich sollte ihnen eine Treppe im Hostel bauen und dem Kapitän auf dem Boot helfen – dafür könnte ich kostenlos bei ihnen wohnen und samt Elsi auf dem Segelboot nach Cartagena in Kolumbien schippern. Deal! So einfach konnte es sein, ohne Geld, nur Hand gegen Brot oder besser: Holz gegen Boot.

Ich hatte Spaß an der Arbeit, freute mich, eine sinnvolle Aufgabe zu haben, und haute voll rein. Als mich Daniel, der Kapitän, mit auf die *Island Fever* nahm, wurde mir allerdings klar, dass das mit einer pünktlichen Abfahrt schwer werden würde, denn die Ecken und Enden, die noch Liebe brauchten, waren zahlreich. Dafür gab es kaum einen schöneren Arbeitsplatz als ein dümpelndes Segelboot in der Karibik. In den Pausen sprang ich ins Meer und träumte mal wieder vom totalen Ausstieg … Eines Tages riss mich Dirk aus meinen Pausenträumen und erklärte mir, dass ich mich nun um die Treppe kümmern sollte, was Daniel gar nicht schmeckte, denn nun musste er alleine weitermachen.

Es gab eine absurde Abwechslung: Laute Musik quäkte aus Lautsprechern, Trillerpfeifen, und Sprechchöre hallten aus dem Dorf – es war Wahlkampf. Weiße Festzelte, Freibier und T-Shirts für alle. Die Dorfbewohner feierten ausgelassen und liefen auch die Tage danach alle mit den T-Shirts vom Wahlkampf herum.

»Und, wird das ein guter Präsident?«, fragte ich scherzhaft.

»Ach, Politik … Aber es war eine gute Feier, und ich habe ein T-Shirt am Körper – den werde ich wählen.«

Anna und Danni, ein junges Paar aus Ungarn, kamen als Hilfskräfte dazu. Ich fand die zwei super, sie waren unterwegs und suchten nach einem Lebensort, da Ungarn unter dem konservativen Rechtsbündnis keine Lebensoption mehr für sie darstellte. »Wenn wir nicht frei leben können, dann gehen wir eben.« Mir imponierte ihr Mut, das Glück woanders zu suchen, anstatt zu

Hause ein unglückliches Dasein zu fristen und nur davon zu träumen. Von geschenkten Wahlkampf-Shirts ließen die beiden sich jedenfalls nicht beeindrucken. Danni wurde mein Helfer beim Treppenbau. Er war ein leidenschaftlicher Angler, der mit einfachsten Mitteln die fettesten Barrakudas an Land zog. Die beiden ernährten sich auf diese Weise mehr oder weniger täglich aus dem Meer.

Irgendwann war die Treppe dann fertig, ich konnte mit dem Ergebnis zufrieden sein, denn die stumpfen Werkzeuge und das mit der Kettensäge abgerichtete Hartholz waren nicht gerade für gute Arbeit gemacht. »Also ich bin fertig, mein Teil der Abmachung ist erfüllt. Wann geht's denn los?«, warf ich am Anfang eher spaßig, später immer ernster in den Raum, denn mein Deal stand auf wackeligen Beinen: Maria, die »Crew« – also das Mädel, das mit Kapitän Daniel segeln und für die Gäste kochen sollte –, kam einfach nicht mehr. An einem heißen Nachmittag, als ich alleine im Hostel war, tauchte sie auf, packte ihre Sachen und erklärte mir beiläufig, dass der Kapitän ihr zweimal an den Arsch gepackt und sie keinen Bock auf so was hätte. Okay, wenn es wirklich so gewesen war, konnte ich sie natürlich verstehen. Für die pünktliche Abfahrt war das aber wohl der Genickbruch, befürchtete ich.

Am Abend sprach ich mit Lydia und Dirk und machte ihnen klar, dass ich nicht mehr lange warten wollte. Sie verstanden meine Sorge und sagten mir zu, dass sie mir ein anderes Boot suchen würden, wenn wir nicht pünktlich in See stechen konnten. Also blieb ich ruhig und fummelte an meiner Vespa.

»Die Vespa wird mit Seilen über die Umlenkrollen des Beibootes an Bord gehoben«, antwortete Daniel auf meine Frage, wie wir Elsi sicher an Deck bringen sollten. Das beschäftigte mich, denn an der Blechkarosserie gab es kaum Befestigungspunkte. Die Vorstellung, die Vesparicana abbrechen zu müssen, weil Elsi ertrank, war unerträglich. Also fertigte ich für den Transport Holzblöcke, die ich mit Silikon unter den Motorblock pappte, damit die Seile nicht die Brems- und Kupplungszüge beschädigen konnten. Beim Umrüsten stellte ich mit Schrecken fest, dass die Karosserie ge-

rissen war. Wo der vordere Gepäckträger am Blech aufsaß, waren die Verbindungen gebrochen. Zum Glück war ein Schweißgerät in der Nähe und die Bruchstelle schnell geflickt. Auch den vollkommen breitgeprügelten Silentblock, den massiven Gummiklotz, der auf dem Federbein saß, konnte ich aus meiner Ersatzteilkiste ersetzen.

Während ich mich so um Elsi kümmerte, füllte sich zu meiner Erleichterung das Hostel mit Leuten, die mit uns nach Cartagena segeln wollten. Es sah eigentlich gut aus, allerdings fehlte immer noch die Crew. Zwar fand sich mit Izaak ein junger Koch, der den Kombüsenpart übernehmen wollte, allerdings konnte der nicht segeln.

»Okay, ich hab den Sportbootführerschein, ich mach's«, sagte ich. Mir war es mittlerweile vollkommen egal, dass ich auf dem Trip bestimmt nicht relaxen, sondern schwitzen würde. Aber besser als hier noch weiter rumzuhängen.

Kurz vor dem Lagerkoller machte ich noch einen Ausflug auf Isla Grande und besuchte Danni und Anna, die beiden Ungarn, die vor Tagen auf der Insel einen neuen Job angenommen hatten. Sie bewachten ein Haus, das sie dafür umsonst bewohnen konnten. Zusätzlich hatten sie einen Job in einem Restaurant: für 1,50 Dollar die Stunde. Okay, ein Essen war auch noch dabei, ich fand es aber trotzdem krass. Danni meinte entspannt: »Weißt du, wir leben hier umsonst, und wenn wir heute zehn Stunden arbeiten, haben wir genug, um uns gute zwei Tage zu ernähren.« Ein Leben im wahrsten Sinne »von der Hand in den Mund« konnte ganz schön anstrengend sein. Respekt!

Es war Karfreitag, der Beginn der »semana santa«, als ich mich von ihnen verabschiedete und mit meiner zerrissenen Hose und nacktem Oberkörper am Straßenrand entlanglief.

»Mucha Policia«, rief einer aus dem Auto. Ein zweiter blinkte auf und wollte mir irgendetwas zeigen. Ich verstand nicht, was gemeint war, und ging weiter. Für den Segeltrip wollte ich mir noch ein paar Bierchen kaufen, aber alles war zu. In meinem Stammladen klopfte ich an die Hintertür, die Frau machte auf und sagte: »Komm schnell rein. Wie siehst du überhaupt aus? Nackter Oberkörper, zerrissene Hose, es ist doch Karfreitag!«

»Und?«

»Da draußen fährt die Sittenpolizei Streife. Es ist verboten, an Feiertagen so rumzulaufen, die stecken dich über die Ostertage in den Knast, wenn sie dich erwischen.«

»Ups.«

»Alkohol darf auch nicht verkauft werden.« Sie reichte mir das Bier in einer Mülltüte. »Lass dich bloß nicht erwischen. Und wenn doch: Das Bier hast du nicht von mir, okay?«

»Okay!«

Und so landete meine Hose noch an diesem heiligen Karfreitag in der Mülltonne.

Der Segeltrip nach Kolumbien

Ich checkte noch mal die Vespasituation, klemmte die Batterie ab und packte sie mit gefetteten Polen in eine Plastiktüte. Zum einen war ich überglücklich, dass es endlich losging, zum anderen war ich ein bisschen angespannt. Das Verladen der Vespa hatte ich zwar im Hirn schon hundert Mal durchgespielt, aber jetzt galt es.

Wie bei der Mangroventour in Guatemala erwartete uns eine kanuähnliche Lancha mit Außenbordmotor. Ich rollte Elsi längs

neben das Boot und kletterte hinein. Drei Leute hoben sie an, ich zerrte sie im Boot an eine gute Stelle und stabilisierte sie auf dem wankenden Untergrund. Langsam und bedacht fuhren wir auf die vor Anker liegende *Island Fever* zu und legten am Heck des etwa zehn Meter langen Segelbootes an. Zwei Helfer waren an Deck und spannten die Lancha mit Seilen fest ans Heck. An der hinteren Edelstahlkonstruktion, wo sonst das Dinghi, also das Beiboot, hochgezogen wurde, ließen wir Seile ab. Ich blieb unten bei Elsi, denn nur ich wusste, wo die Seile über meine Holzklötze gefädelt werden mussten. Dann gab ich das Okay, die zwei Helfer zogen gleichzeitig an, ich drückte von unten. Als die Deckhöhe erreicht war, zogen sie Elsi an Bord. Anschließend warf ich ein Seil und ein Zurrband nach dem anderen um Elsi, die schon ohne Befestigung sehr gut eingekeilt zwischen Kabine und Reling stand und sich seitlich nicht bewegen konnte. Am Ende war sie ein Seilknäuel und mit einer Abdeckfolie vor dem bösen Salzwasser geschützt.

Bei feinstem Wetter segelten wir zu elft los: Mateo und Flavia, zwei Fahrradreisende aus der Schweiz, Christian und Lisa, zwei Weltreisende, mit ihren zwei deutschen Freunden Benjamin und Angi sowie Dio aus den USA und sein kanadischer Kumpel, dessen Namen ich vergessen hatte. Außerdem Izaak, der Koch, der das erste Mal auf einem Boot arbeitete, Daniel, der Kapitän, und ich als offizieller Matrose. Als wir das küstennahe Gewässer verließen und ich das Vorsegel hochzog, fing es direkt an, wild zu werden. Wellen schlugen, Wind drückte, auf, ab, auf, ab. Den ersten Jungs und Mädels wurde schlecht, und sie hingen über der Reling. Ich war so beschäftigt, die Seile aufzurollen, die Luken zu schließen und das Hauptsegel vorzubereiten, dass mir der Seegang nichts ausmachte. Irgendwann musste ich aber unter Deck, um das Bordklo zu benutzen. Innerhalb dieser fünf Minuten unter Deck wurde auch mir so schlecht, dass ich mich neben die mittlerweile vier Leute setzte und mit ihnen die Fische fütterte. Ich verstand nun, warum es seekrank heißt, denn danach war ich so müde und matt, dass ich mich aufs Deck legte und einschlief. Dooferweise in der prallen Sonne.

Am Abend erreichten wir den San-Blas-Archipel mit seinen traumhaften Sandbankinseln. Kuna-Indianer verkauften in Einbaumbooten selbstgefangenen Fisch. Mein Magen hatte sich beruhigt, nur meine Haut glühte wie der Abendhimmel, als wir zusammen auf dem Boot frischen Fisch mit feinster Hummersoße aus der Kombüse gereicht bekamen.

Nach weiteren paradiesischen Abstechern auf ein paar Palmeninseln, auf denen ich spaßeshalber meinen Wasserkanister mit Kokosblättern einflocht, folgte ein ziemlich chaotischer Trip – um es vorsichtig auszudrücken. Die Lichtmaschine, die Benzinpumpe und der Autopilot verreckten, die Ersatzbatterien waren zu schwach, wir brauchten Starthilfe, der Sprit ging aus, und der am Ende komplett überforderte Kapitän musste auf hoher See Mayday funken, natürlich mit einem Funkgerät, das auch nicht richtig funktionierte. Am Ende konnten wir heilfroh sein, dass wir den Trip wohlbehalten überstanden. Auch wenn wir immer wieder leckeren Fisch am Haken hatten und begleitende Del-

fine die Stimmung wieder steigen ließen, blieb das ungute Gefühl, dass es eigentlich verantwortungslos gewesen war, Menschen mit diesem Boot in See stechen zu lassen.

Als wir Cartagena in Kolumbien erreichten, manövrierten wir uns erschöpft durch das Hafentor. Mit Mateos Hilfe holte ich die Segel ein. Als das Hauptsegel drin war und wir gerade das Vorsegel an der Reling befestigten, rief Daniel: »Zieh schnell das Segel wieder hoch, ich hab hier ein Problem.« Er konnte keinen Gang mehr einlegen, die Transmission hatte ihren Geist aufgegeben. Ich wusste nicht, ob ich lachen oder weinen sollte, als ich ins Dinghi stieg und mit dem 15-PS-Motor versuchte, die *Island Fever* in den Hafen zu schleppen.

Gut gelaunte Kolumbianer mit vernünftigen Booten erlösten mich und übernahmen den Job. Wenig später warfen wir den Anker und gingen an Land, machten den Papierkram, und ich packte schleunigst alles zusammen. Total übermüdet und platt verluden wir Elsi auf ein Boot, das eher ein Kanu war, doch die Pechsträhne war glücklicherweise vorbei – und wir betraten sicheren Fußes und gesund kolumbianisches Festland. Halleluja.

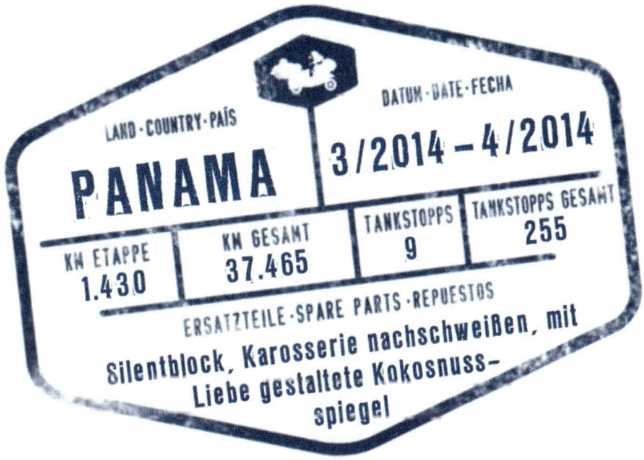

VESPARICANA

DIE ANDEN IM WEG

Südamerika 1

KOLUMBIEN – ENDLICH SÜDAMERIKA

Die Tage in Cartagena verliefen sehr langsam, denn ich war viel müder als gedacht. Auch als ich nach drei Nächten aufbrach, fühlte ich mich körperlich noch immer nicht komplett erholt. Und wenn ich die Segeltour in Gedanken noch einmal durchspielte, dann stieg selbst mit ein bisschen Abstand immer noch Wut in mir auf – das Boot war durch und taugte in diesem Zustand einfach nicht für so einen Trip, viel zu gefährlich. Doch ich wollte mir den Rest der Reise nicht vermiesen lassen, es war alles noch mal gut ausgegangen, und jetzt wartete mein geliebtes Südamerika auf mich. Endlich war ich wieder auf diesem Kontinent!

Zunächst musste ich aber auch hier zum Zoll. Ich hatte mit allem gerechnet, aber nicht damit: Ich saß in einem klimatisierten Raum auf einem ergonomischen Stuhl und schaute auf die Digitalanzeige für die Wartenummern. Alles top organisiert. Eine sehr feminin gekleidete Beamtin mit kolumbianischer Fahne auf der weißen Bluse empfing mich, prüfte meine Papiere und gab mir ein Formular zum Ausfüllen. »Gleich ist Mittagspause, mach schnell, dann musst du nicht mehr wiederkommen.«

»Sí claro.« Im Galopp schmierte ich alles auf das Formular, während sie die Dokumente scannte. Sie riss einen Durchschlag ab, stempelte alles, gab mir das unleserlich hingeschmierte Papier als offizielle Genehmigung zurück, und schon war ich wieder frei.

Eine Versicherung war Pflicht. Ich fand eine Agentur und erstand für 38 Dollar eine Versicherung für drei Monate. Die Frau hinter dem Schalter rief zwei Kollegen zu Hilfe, die mit ihr die Zollgenehmigung entzifferten und schimpften: »Diese Leute vom Zoll … Welcher Idiot füllt das nur so unleserlich aus?!« Im selben Moment sah ich, dass mein Schnürsenkel offen war, und zog schnell den Kopf aus der Schusslinie.

Zurück am Hostal trank ich mit den verbliebenen Matrosen noch ein, zwei Bierchen, bevor ich mich am nächsten Morgen endgültig von ihnen verabschiedete. Es war Zeit, das große Kapitel Südamerika richtig aufzuschlagen. Nach rund eineinhalb Monaten Vespaabstinenz freute ich mich wie ein kleines Kind an Weihnachten, als ich den Gepäckhaufen an seine Stellen schnürte.

Noch Anfang der Achtziger war Cartagena sehr gefährlich, da mächtige Drogenkartelle um die Vorherrschaft kämpften. Heute galt die kolumbianische Küste als sicher, auch der Rest sollte gut zu bereisen sein, worauf ich vertrauen musste und es auch tat. Beim Start Richtung Süden blieb es heiß, wurde aber langsam grüner, Bäume, Palmen und saftige Weiden, auf denen wohlgenährtes Vieh fleißig wiederkäute. Zum Kontrast standen Termitenhügel als kunstvolle Turmbauten auf der Weide. Verrückte Bauherren.

Die Straßenqualität war der Hammer, kein Schlagloch, keine Erhebung, keine Risse oder Löcher, einfach nur sauberer Asphalt, auf dem zwei gelbe Mittellinien die Fahrbahnen akkurat trennte. So war Vespafahren der pure Genuss.

Ein frischer Mangosaft, den ich einer freundlichen Familie am Straßenrand abkaufte, versüßte mir die Schattenpause. Da ich kein Kleingeld hatte, trank ich drei große Becher und füllte noch meine Flasche auf, bevor es erfrischt weiterging.

Waren die Häuser auf dem San-Blas-Archipel aus Holz und Palmenblättern und in Cartagena noch schöne zweistöckige Kolonialbauten mit verspielten Holzbalkonen, fiel mir auf, dass es hier überwiegend betongegossene Klötze mit Wellblech obendrauf gab. Eigentlich hässlich, aber die oft zweistöckigen Kisten waren allesamt mit bunter Farbe, Betonverzierungen, Blumenampeln oder Schneckenschnörkeln an den Fenstergittern charmant aufgehübscht.

Die Mautstation war ein riesiges Ungetüm aus mangosaft-gelb gestrichenem Stahlbeton. Ein Mann in blauer Uniform winkte mich mit einer ausschweifenden Handbewegung ganz nach rechts. Neben allen Schranken und Kassenhäuschen war dort eine Spur nur für »Motos«. Geil, Zweiräder zahlten keine Maut.

Mit einem lauten »Gracias, hermano« bedankte ich mich bei dem »Bruder«. Für ein freundliches Winken fehlte mir die dritte Hand, denn ich brauchte zwei, um Elsi auf Kurs zu halten. Irgendwie hatte ich das Gefühl, dass die Lenkung trotz aller Pflege und neuem Silentblock leicht schlug.

Plötzlich stand ich vor einer Polizeikontrolle. Von Kolumbien hatte ich nur gute Reiseberichte gehört, wenn mir jedoch jemand eine unschönere Erfahrung schilderte, hatte sie immer mit der Polizei zu tun, weshalb ich urplötzlich hellwach wurde. Ich hatte bereits ein paar Polizisten gesehen, doch die hatten mich in Ruhe gelassen. Die hellgrünen, fast neonfarbigen Uniformen sah man immer schon von weitem, die Polizei war wirklich sehr präsent, an Kreuzungen, auf dem Land, in Dörfern, überall. Und es war auffällig, dass die Polizisten sehr volksnah waren. Es waren überwiegend junge Kerle, die sich mit allen unterhielten und einfach ein Teil der Gesellschaft waren. Dieser hier stand auf der Fahrbahn und winkte mich zur Seite. Ich fuhr rechts ran und begrüßte ihn freundlich. Er grüßte zurück und fragte mich, wo ich herkam. Ich erzählte meine kleine Geschichte, drehte ihm dabei meinen Windschild zu und erklärte anhand der Amerikakarte mit meinen Wegpunkten und den bunten Länderfahnen, wie die Vesparicana bisher verlaufen war: Alaska … Mexiko … Guate … Panama. Dann zeigte ich auf den Kolumbienaufkleber, rief laut und enthusiastisch »COLOMBIA!« und klopfte mit der rechten Faust auf mein Herz.

Der Polizist kam mir einen Schritt entgegen, hielt mir seine Faust hin, und wir schlugen Faust auf Faust. Er wollte keine Papiere sehen, fragte mich stattdessen: »Was ist das denn?«, und zeigte auf mein Didgeridoo, das ich aus Costa Rica mitgenommen hatte. Ich zog es aus dem Gepäck und flowte ein paar rhythmische Atemzüge durchs Didge, der andere Polizist trommelte dabei im Takt auf seinem Gewehr. Am Ende klopften sie mir auf die Schulter und wünschten mir eine gute Zeit in Kolumbien. Als ich aus der Polizeikontrolle rollte, dachte ich nur: »So kann's weitergehen!«

Die Sonne machte mich platt, im nächsten Betonklotzhotel nahm ich mir ein Zimmer, legte mich aufs Bett und nickte ein. Durch fiese Bisse in den Rücken wachte ich auf. Na danke, Bettflöhe oder Wanzen oder was auch immer. So genau wollte ich es gar nicht wissen, nachdem auch die Dusche nicht auf hohe Hygienestandards schließen ließ. Ich kramte mein Mückenspray und meine Fleecedecke hervor, legte die Decke aufs Bett, tauschte das Kopfkissen gegen einen zusammengeknüllten Pulli und sprühte mich nach einer Dusche mit dem Spray ein. Zum Glück war ich so müde, dass ich eingenebelt bis zum Morgengrauen durchschlief. Ohne weitere Bisse.

Der kolumbianische Kaffee war lecker. Doch er wurde süß serviert, wenn man ihn nicht explizit ohne Zucker bestellte, wie ich am Morgen mit einem fast untrinkbar süßen Gebräu in der Tasse feststellen musste. Doch das war es nicht. Noch etwas war anders, mein Reisegefühl hatte sich irgendwie gedreht. Vielleicht waren es einfach das neue Land und die neuen Eindrücke, auf jeden Fall spürte ich eine eigenartige Langsamkeit, ich wollte gar nicht wirklich weiterkommen. Stattdessen hielt ich alle paar Kilometer an und liebte es ganz einfach, mich ablenken zu lassen.

Als ich freudig kopfnickend die Straße entlangcruiste, sah ich einen Mann am Wegesrand, der ein Tier in seinem Arm hielt und mir dieses durch ein Winken anpries. Was war das? Etwa ein Faultier?

Tatsächlich: Ein Babyfaultier klammerte sich an seinem rechten Unterarm fest und schaute mich mit seinem süßen Grinsen unter der Pottschnittfrisur verdöst an. Der hagere Kolumbianer wollte mir dieses Wesen als Haustier oder Maskottchen verkaufen, was ich natürlich nicht mitmachte.

Wenig später hielt ein Jeep neben mir. »Café, amigo?«

»Sí claro!«, antwortete ich und folgte ihm zur nächsten Tankstelle, wo der Fahrer mich mit seinen riesigen Armen umschlang. Holte Kaffee und Wasser und wollte mich zum Essen einladen. Hunger hatte ich nicht, dafür bekam ich eine Tasse Kaffee nach der anderen. Sehr nette Pause, die Kolumbianer waren bis jetzt alle sehr offen und freundlich.

Eine Militärstation mit hohen Sandsackwällen und gepanzerten Fahrzeugen erinnerte an ein altes, guerillazerfressenes Kolumbien. Ab hier führte die Straße kurvenreich bergauf, es wurde kühl und neblig, bis es schließlich anfing zu regnen. Es machte mir nichts aus, ich war regelrecht froh, als mich ein frischeres Klima umgab, denn seit fast fünf Monaten hatte ich nun permanent die brennende Sonne auf dem Schädel. Die Freude währte allerdings nicht lange, denn das kalte Nass zog unangenehm schnell in meine Kleidung.

Hier im nebelfeuchten, kalten Gebiet lebten Menschen, sehr arme Menschen, die am Straßenrand gezimmerte primitive Unterschlüpfe gebaut und mit massenhaft schwarzer Plastikfolie abgedichtet hatten. Was für Lebensbedingungen! Als ich mit nassem Körper in meine Regenkleidung stieg und die Kinder beobachtete, die im Regen zusammen auf einem Dreirad, das kein einziges Rad mehr hatte, die regennasse Fahrbahn herunterrutschen wollten, machte sich endgültig tiefes Mitleid in mir breit. Doch mehr als mir vorzunehmen, anderen davon zu berichten, konnte ich in diesem Moment nicht tun.

Nach einer Stunde fand ich ein Hotelverlies. Draußen sollte es noch über Stunden weiterregnen, während ich erst einmal unter eine heiße Dusche sprang. Das Wasser kam hier nicht heiß aus der Leitung, es lief durch einen Duschkopf mit integriertem Durchlauferhitzer. Das kalte Wasser drehte einige Runden durch eine Heizspirale und pinkelte einem dann mehr oder weniger heiß ohne erkennbaren Wasserdruck auf den Kopf. Wer beim

Duschen mit den Händen den Duschkopf berührte, bekam einen gewischt, weil die Verdrahtung abenteuerlich war. Nur so als Tipp.

Im Laufe der Reise hatte mir jemand auf meinem Blog ins Guestbook geschrieben, dass ich mich melden sollte, wenn ich in Medellín ankäme. Ich erinnerte mich, dass ich mich sehr freute, als ich den Eintrag zum ersten Mal las, jedoch waren Südamerika und Kolumbien damals noch in weiter Ferne. Morgen würde ich da sein. Wahnsinn.

Hoffentlich gab es dort trockene Handtücher. Auch am nächsten Tag sah ich dunkle Wolken am Berghang kleben, und wenig später öffnete der Himmel allerübelst seine Schleusen. Es war Regenzeit. Wenn sich das Wetter an die Spielregeln hielt, würde ich dieses Schauspiel in Kolumbien des Öfteren erleben. Heute war es aber nicht kalt und deshalb auch nicht so schlimm, dass weit und breit kein Unterstellplatz zu finden war. Und so genoss ich »liquid sunshine«.

Medellín – willkommen im Club

In Medellín angekommen suchte ich mir ein Hostal, nistete mich ein, meldete mich bei Sebastian, meinem unbekannten Freund vom Vespaclub, und verabredete mich mit ihm für den kommenden Tag. Entspannt saß ich im Schatten vor dem Hostal und wartete seit langem mal wieder auf eine knatternde Vespa. Die tauchte dann auch auf, und wie: knallrot, mit kleinem Frontkotflügel, fettem Luftfilter und Rennsitzbank. Einfach nur cool.

Sebastian hatte obendrein richtig Ahnung, weshalb ich nicht zögerte, ihn nach seiner Meinung zu dem Zittern im Lenker und dem unwuchtigen Fahrgefühl zu fragen. Er tippte auf die Felgen und wollte mir zeigen, wo ich hier welche bekam. Wie in Mexiko lagen alle Motorradgeschäfte in einem Viertel. Menschen wuselten umher, hupten, schrien, ein krasser Geräuschpegel. Dazu Straßenhändler, Autos und vor allem Motorräder. Trotz Gewirre und Gewimmel eigentlich praktisch – warum war das bei uns nicht so?

Sebastian fuhr erst auf dem Gehweg und dann über eine kurze Rampe in einen Laden hinein, über dessen Eingang »Repuestos« stand: Ersatzteile. Dort gab es kaum Qualitäts-, sondern fast nur Billigware aus Indien. Von der Verarbeitung waren die indischen Felgen zwar stabil, aber in der Feinarbeit ließen sie zu wünschen übrig: kantig, gratig und schlecht lackiert. Aber vor allem mussten sie rund sein, und nach genauer Inspektion hielt ich sie für fahrbar und erstand drei Stück für je 18 Dollar. Gutes Zweitaktöl fand ich auch. Zwar lief Elsi auch mit dem teilsynthetischen Billigöl, aber schaden konnte eine gute Runde Qualitätsöl bestimmt nicht. Prost, Elsi!

Sebastian hatte eine kleine Vespagarage, wir hingen zusammen im Schatten vor der Werkstatt ab, wechselten die Felgen, hörten Musik, erzählten und erzählten. Dabei kamen und gingen immer wieder Leute, manche auf Vespas, manche auf Fahrrädern, manche zu Fuß. Es war spannend, die Jugendkultur der Jungs kennenzulernen. Und ich konnte wissensdurstige Kolumbianer heiß auf Vespareisen machen.

Dank Pete, der inzwischen auch in Kolumbien angekommen war, fand ich problemlos durch die chaotische Stadt zurück ins Hostal, bevor am nächsten Tag ein Familienausflug anstand.

Die Vespagang hörte ich schon lange, bevor ich sie sah. Geführt von einer dunkelgrünen PX mit einem riesigen Windschild, folgten eine rote, eine gelbe und eine wunderschöne babyblaue GS. Sie hielten, stiegen ab und umarmten mich alle und hießen mich herzlich in Medellín willkommen. Als kleiner bunter Wespenschwarm schwirrten wir ins Zentrum, klapperten die superfetten Bronzestatuen des kolumbianischen Künstlers Fernando Botero an der Kathedrale und am Rathaus ab und schlenderten über eine Aussichtsplattform. Von dort oben schauten wir uns die 3-Millionen-Metropole an, die in einem Kessel lag und durch Bergwände förmlich eingequetscht war. Bogotá sollte fast dreimal so groß sein, auweia.

Auf dem Weg zum Restaurant eines Clubmitglieds fuhren wir kreuz und quer umher, der Verkehr war allgemein nicht so extrem schnell, aber alles quetschte und drückte sich irgendwie durcheinander. Die neuen Felgen fühlten sich irgendwie unwuchtig an, aber der Stadtverkehr forderte meine ganze Aufmerksamkeit. Als es dunkel wurde, fuhren viele Fahrzeuge ohne Licht, was die Sache nicht gerade entspannte. Die meisten Kolumbianer glaubten angeblich das Ammenmärchen, dass die Batterie des Autos litt, wenn sie mit Licht fuhren. Absurd.

Es war sehr cool, mit ihnen an einer großen Tafel zu sitzen, rumzuflachsen und natürlich auch was Leckeres zu essen. Der Koch und Restaurantbesitzer gesellte sich später zu uns und war so was wie ein echter Fan von mir. Er quetschte mich aus, ich laberte und laberte, noch immer viel mit Händen und Füßen, was in einer lustigen Scharade endete. Wir lachten uns kaputt, aber der Funke sprang definitiv über. So richtig glücklich machte ich meinen Fan, als ich ihn auf Elsi sitzen ließ, was in einem Blitzlichtgewitter endete. Am Ende stand er da, umarmte mich, packte sich zwischen die Beine und formte symbolisch mit den Händen riesige Hoden und meinte: »Du hast riesige Eier. Ganz alleine so eine Reise, ha, du bist verrückt!«

Als ich mich verabschiedete, war mir klar, dass wir uns wiedersehen würden. In ein paar Wochen sollte das kolumbianische Landestreffen hier in Medellín von ihnen ausgetragen werden. 300 Vespas waren schon angemeldet, ein Haus mit Pool angemietet, das konnte ich mir kaum entgehen lassen, oder?

In ein paar Tagen würde Ulla nicht weit entfernt in Bogotá landen. Gemeinsam wollten wir ein paar Wochen durch Kolumbien ziehen, dann könnte ich noch zwei Wochen planlos weiter durch Kolumbien streifen und zu den Festtagen wieder hierhin zurückkehren. Das hieße auch, dass ich die halbe Fußball-WM in Kolumbien und die andere Hälfte in Ecuador erleben würde. Was für Aussichten! Vollkommen aufgedreht realisierte ich, dass mir die Welt zu Füßen lag. Seit zehn Monaten lebte ich nun meinen Traum, und das Gefühl, noch über ein Jahr Zeit auf einem total spannenden Kontinent zu haben, Freiheit pur, hätte mich vor Energie fast platzen lassen. Ich musste an Blumentopf denken: »Hätt ich drei Wünsche frei, dann wüsst ich grad keinen.«

Euphorisch eierte ich durch saftig grüne, wunderschöne Täler mit einem ungewöhnlichen Mix aus normalem Wald und Tropenwald, es ging viel bergauf und bergab. Ich traf einen Tankwart, der nur 140 Kilometer von Bogotá entfernt wohnte und arbeitete und noch nie in der Hauptstadt war. Er fragte mich über alles Mögliche aus, holte Kaffee und wollte mich gar nicht mehr gehen lassen. Nur einer von so vielen super-interessierten, friedlichen, freundlichen Kolumbianern.

Big City Bogotá

Das grüne Umland wurde nach und nach von einzelnen hässlichen Betonbauten gestört. Bald erinnerte nichts mehr an die schöne Natur, die Straßen wurden breiter, der Verkehr dichter und chaotischer. Ich war am Rande der schnell wachsenden Hauptstadt mit ihren ungefähr acht Millionen Einwohnern angekommen. Was ging denn hier ab?

Gnadenloses Draufhalten, kein Verkehrssystem, keiner achtete auf den anderen, jeder fuhr sein eigenes Rennen – nicht ganz einfach für die kleine gelbe Postvespa. Alles wurde immer krasser: Ein Motorradfahrer überholte uns so extrem schnell und nah, dass wir um ein Haar kollidiert wären. Die Straßenverhältnisse waren plötzlich unter aller Sau, Schlaglöcher, fehlende Kanaldeckel und abgebrochene und gerissene Asphaltplatten. Die Busfahrer sahen mich, gaben aber offenbar einen Scheiß drauf und zogen einfach in meine Spur. Es herrschte nichts als das Recht des Stärkeren. Kein Spaß.

Als eine Bleibe gefunden war, traf ich mich mit den Leuten vom Vespa Club Bogotá. Für mich als handylosen Reisenden war das hier ein Kinderspiel, weil an jeder zweiten Ecke irgendwer sein Handy als Telefonzelle vermietete. Beim Treffen lernte ich den Club-Papa Andrés kennen und Maryzabell, die sich super um mich kümmerten, angestiftet von den Bekloppten aus Medellín. Aber die hier waren auch nicht ohne: Etwa zwanzig Leute wechselten ihr Vorderrad um die Wette, ich machte nicht mit, schaute mir das Schauspiel aber natürlich an und bekam nachher als Ehrengast den Hauptgewinn: einen Liter vollsynthetisches Zweitaktöl. Ein Platzregen verdarb uns den Spaß. Unfassbar, die Straßen wurden zu Flüssen, das Wasser reichte teilweise bis ans Trittbrett und machte die Schlaglöcher unsichtbar. Aber wir erreichten heile eine Pizzeria, wo mir noch das offizielle Clubschild überreicht wurde.

Andrés lieh mir eine Sitzbank, den Gepäckträger und den Einsitzer nahm ich runter und hatte nun Platz für meinen weiblichen Besuch aus Kölle. Ich freute mich sehr, Ulla wiederzusehen. Und weil der gesamte Club einen Sonntagsausflug ins Umland machte, konnte ich ihr direkt ein Stück Latino-Vespaszene bieten. Am Ende landeten wir bei Maryzabell, wo ich mein Gepäck und Elsi parkte, um am Tag drauf mit Ulla und den Rucksäcken loszuziehen.

Die Tage vergingen wie im Zeitraffer:

Mit Bussen und Pick-up-artigen Camionetas fuhren wir zur Tatacoa-Wüste, wo wir an einem Observatorium kampierten. Das Reisen ohne eigenes Fahrzeug war in dünn besiedelten Gebieten nicht ganz einfach. Mit der Familie, die auf die Sternwarte aufpasste, fuhren wir zu einem der Wasserlöcher in der Wüste, was allein schon deshalb lustig war, weil wir zu zehnt in ihrem alten Renault 6 saßen.

In San Agustín schauten wir uns Ausgrabungen an, über 3000 Jahre alte Figuren mit Fratzen, über die man so gut wie nichts wusste. Weiter ging es in die Eje Cafetero, das Kaffeegebiet von Pereira, Armenia und Manizales. Wir zelteten auf einer Finca inmitten von Kaffeeplantagen und lernten Trixi und Martin aus der Schweiz kennen, die lange mit Flo und Biggi, den beiden T3-Fahrern, unterwegs waren. Sie gehörten also quasi zur Reisefamilie. Martin zog mir neues Kartenmaterial auf mein GPS, nun kannte Pete jeden Feldweg.

In Medellín stiegen wir in den Flieger nach Cartagena und fuhren in den Westen. Der Osten an der Küste sollte zwar auch sehr

schön sein, allerdings war Hauptsaison, da verkrümelten wir uns lieber in die untouristischen Gegenden. Es war brutal heiß an der Küste, im Zelt kaum auszuhalten, trotzdem geil. Von Cartagena flogen wir zurück nach Bogotá, sattelten die Vespa mit kleinem Marschgepäck und fuhren nach Zipaquirá, wo wir in eine unterirdische Kathedrale aus Salz stiegen. Im Bergstollen bis zur eigentlichen Kathedrale war der Kreuzweg in die Salzwände des Bergwerkes geschlagen. Alles abgefahren beleuchtet.

Über 3000er-Berge erreichten wir Villa de Leyva, einen schönen Kolonialort, der uns allerdings ein Kopfsteinpflaster aus Felsblöcken bot, das selbst ohne Beifahrerin und Gepäck kaum zu befahren war. Einen Tag später mussten wir schon wieder zurück nach Bogotá, wo ich Ulla am Tag drauf zum Flughafen brachte und – *zack!* – schon wieder alleine war. Wie gesagt: wie im Zeitraffer.

Ulla hatte mir dankenswerterweise ein Paket vom Scooter Center mitgebracht: neue Felgen, made in Germany. Als ich bei Andrés endlich die indischen Eierfelgen gegen die deutschen getauscht hatte, war ich überglücklich. Endlich wieder zitterfreies Manövrieren.

Aber wie sich herausstellte, war Spiel in den Nadellagern. Die Nadellager hatte ich vor Reiseantritt nicht gewechselt, und wenn die spanische Post das nicht irgendwann gemacht haben sollte, dann hatten die Lager nun 64 000 Kilometer unter Volllast auf dem Buckel. Andrés hatte alte Lager da, die ich mir als Muster ins Motorradteileviertel mitnahm – zu Fuß, denn ich wollte mich auf ein ungeschminktes Bogotá einlassen.

Ich lief durch das Studentenviertel mit den schönen alten Häusern und den bunten Graffiti, bis das Menschengewimmel immer dichter wurde: Straßenstände mit Kleidung, Obst und Plastikwaren. Ein Blick auf die Karte schickte mich in eine kleinere Seitenstraße. Unten in den Häusern waren Geschäfte, in denen Haushaltswaren, Plastiknippes und sonstige lebenswichtige und lebensunwichtige Dinge angepriesen wurden. Ich bog rechts in eine kleine Straße ein, wo mich ein fieser Uringeruch begrüßte.

Ich schüttelte mich, drehte mich dabei nach links, schaute in eine Häuserecke, wo gerade eine Frau mit heruntergelassener Hose ihr Geschäft erledigte. Ich drehte mich weg, ging weiter und realisierte einen Mann, der auf dem Gehweg auf einem Pappkarton schlief. Dem Schweiß- und Fäkaliengeruch entfloh ich, indem ich zügig auf die Straße schritt und an der nächsten Kreuzung rechts abbog.

Ich hatte mein Ziel erreicht: hunderte Menschen, Motorräder und Geschäfte in einem hupend-bunten Treiben. Ich schlenderte wenig zielstrebig die Straße entlang, eingehüllt in eine süßliche Zweitakt-Abgaswolke, vorbei an zig zerlegten, halb auseinandergebauten Motorrädern, die zwischen Fahrbahn und Gehweg standen und von Mechanikern bearbeitet wurden. Abgelenkt vom Wirrwarr merkte ich gar nicht, dass ich in einem dünnflüssigen schmierigen Film aus Motoröl stand. Vorsichtig schlurfte ich auf der trockenen Fahrbahn meine Sneakers über den Asphalt, um die schmierige Soße wieder loszuwerden, und schon sah ich das Schild von »Centro-Motos«.

Behutsam schritt ich auf den Fliesenboden und legte dem dickbäuchigen, unrasierten Herrn im blauen Overall die Kugellager auf die Theke. Er wühlte, seine Frau wühlte, aber es waren keine passenden Lager zu finden, und ich schritt von dannen. Zwei Straßenkreuzungen weiter fand ich den zweiten Laden, den Andrés auf seiner Karte mit einem roten Stift für mich markiert hatte. Eine freundliche Frau bediente mich. Die Lager hatte sie nur »made in India« da. Nö. Aber sie hatte eine Batterie, die ich mitnahm. Weitere Versuche, die Lager aufzutreiben, endeten alle mit Wegbeschreibungen aus dem Motorradviertel raus. Na dann.

Ich ging eine Viertelstunde raus aus dem Zentrum, und schon änderte sich die Situation auf der Straße rapide. Der Uringeruch war zurück, ganze Familien lagen unter Kartons und Folien auf der Straße. Auf einem Platz standen viele Polizisten, immer zu zweit und in ihren neongrünen Westen, mit Schusswaffen und Schlagstöcken an den Gürteln, das ganze Treiben beobachtend. Über einen Gehweg mit riesigen Löchern und fehlenden Gullydeckeln lief ich einen Platz entlang, bog dann rechts in eine

Straße und tauchte wieder ein in eine andere Welt, die Welt der Autoersatzteilläden. Hinter Renault und Ford sah ich das Schild von »SKF Rodamientos« – europäische Qualitätslager – und legte die Lager auf die Theke. Der Mann im grauen Kittel holte eine Schieblehre hervor und verschwand. Er kam mit einer Kiste wieder, in der alle Lager in feinster Qualität lagen. Ich kaufte sicherheitshalber gleich die dreifache Menge und zahlte nur 3,50 Dollar je Qualitätslager. Die Billiglager hätten 2,00 Dollar gekostet.

Erleichtert und zufrieden kam ich auf die glorreiche Idee, eine Abkürzung durch eine andere Straße zu nehmen. Der Uringeruch war extrem, ich sah einen Mann, der ein Plastikrohr im Mund hatte, das er über Alufolie hielt, die er mit einem Feuerzeug erhitzte. Ich ging zügig weiter und sah einen Jungendlichen mit zotteligen Haaren in zerrissenen, verdreckten Klamotten am Straßenrand sitzen, eine transparente Plastiktüte, etwa so groß wie eine Butterbrottüte, mit einer gelblichen Flüssigkeit vor Mund und Nase gedrückt, durch die er permanent atmete. Die Tüte wurde groß und wieder klein. Ich erreichte wieder den Platz von vorhin und sah jetzt noch mehr Schnüffelkids, die auf Kartons in Ecken saßen und sich wegdröhnten. Diesmal querte ich den Platz mit den Polizisten, tauchte wenig später wieder in die Motorradwelt ein und freute mich schon fast, als ich mit meinen Füßen wieder in einer Pfütze aus Motoröl stand.

Wieder bei Andrés angekommen zerlegten wir Stück für Stück die Radaufhängung und trieben mit dem Hammer und einem Schlagholz die Lager aus. Beide waren komplett verschlissen und so korrodiert, dass sie sich gar nicht mehr vernünftig drehten, die Nadeln waren bauchig abgenutzt. Die neuen Lager hatten wir im Eisfach neben die Hühnchen gelegt und schlugen die kalten Dinger in die vorgewärmte Position – im wahrsten Sinne ein cooler Trick. Nachdem alles wieder mit viel frischem Fett zusammengebaut war, machte ich den finalen »Quer-Wackel-Test« am Vorderrad und war sehr zufrieden: Mit den neuen Felgen fuhr Elsi nun wieder wie auf Schienen!

Der erste Härtetest ließ nicht lange auf sich warten. Über zwei Andenstränge westlich von Bogotá quälten wir uns zunächst tapfer auf 3300 Meter hoch, bevor wir bis auf 300 Meter wieder bergab rollten. Mehrfach hielt ich und veränderte die Vergaserbedüsung, um aus den wenigen PS so viel wie möglich rauszuholen.

Im Tal der Andenketten angekommen rastete ich, bevor es auf den zweiten Andenstrang wieder für Stunden bergauf ging. An einer Baustelle quetschte ich mich an Lkw-Kolonnen vorbei, damit ich die Brummis nicht im Gegenverkehr überholen musste. Irgendwann war es jedoch so weit, und der Anstieg war fast nicht mehr machbar, weil überladene Lkws im Schritttempo die Bahn blockierten. Ich musste in den ersten Gang zurückschalten und lief Gefahr, dass Elsi das Gewicht im Schritttempo nicht gedrückt bekam. In einer Steigung musste ich komplett abbremsen und kam nur noch mit langsam kommender Kupplung und viel Gas überhaupt wieder in Fahrt.

Also blies ich zum Angriff, überholte Truck für Truck an einigermaßen einsehbaren Stellen auf der Gegenfahrbahn und in Kurven rechts innen. Weil die Brummis die engen Kurven nicht einfach fahren konnten, mussten sie weit ausscheren, sodass der Gegenverkehr ebenfalls abbremsen musste. In diesen Situationen nutzte ich die schmale Vespa und flitzte innen schnell durch. Ja, nicht ganz ungefährlich, aber ich schaute das anderen Motorradfahrern ab und fand es besser, als über Stunden wie eine Mücke zwischen Elefanten zu fliegen. Und weil ich so viel Vorsprung rausfahren konnte, entstanden obendrein Lücken, die ich zum Fotografieren nutzen konnte, ohne wieder im Mob zu stecken.

Im Hinterland Kolumbiens

Weiter oben in den Bergen schlich ein Lkw, der einen kleinen Anhänger zog. Dann erkannte ich, dass der kleine Anhänger ein Rollbrett war. Ein dunkelhäutiger Mann mit schwarzem Lockenkopf saß auf dem selbst gezimmerten Brett und hielt ein Seil, das er um die Stoßstange seiner Zugmaschine gewickelt hatte. Ob der

Lkw-Fahrer von seinem Anhängsel wusste? In einem Zwischental nahm ich Fahrt auf, kassierte den Brummi und flitzte wieder mal innen in einer Kurve an dem Lkw-Rollbrett-Gespann vorbei.

Am kommenden Hang quälte sich der nächste Lkw bergauf, ein etwa zehn Jahre alter Junge stand am Straßenrand. Als der Lkw ihn überholte, sprintete der Kleine plötzlich wie von der Tarantel gestochen los, auf die Straße, hinter den Lkw, dann sprang er auf die Stoßstange und hielt sich an den Containerverriegelungen fest. Gut 20 Minuten und bestimmt 600 Höhenmeter weiter drehte er sich in Fahrtrichtung um, ließ die Beine über dem Asphalt baumeln und rannte in der Luft – kein »Airwalk«, mehr ein »Airrun«. Als er genug Tempo aufgenommen hatte, ließ er sich mit einem Ruck auf den Asphalt ab und sprintete ein paar Meter dem Lkw hinterher, bis er sein Gleichgewicht gefunden hatte. Dabei war er so geschickt, dass der Fahrer davon definitiv nichts mitbekam.

Den Reservesprit aus dem Kanister hatte ich in den Tank gefüllt, denn der war noch aus Panama und fast drei Monate alt. Es war immer besser, den alten zu verheizen und gegen frischen zu tauschen, bevor er zu viel Brennkraft verlor. Dass ich allerdings mit leuchtender Reservelampe ohne Ersatzsprit an die Tanke kam, war ursprünglich nicht ganz so knapp kalkuliert – umso glücklicher konnte ich die 40 000-Kilometer-Marke feiern. Quasi einmal den Äquator entlang.

Die Sonne lachte mich schon wieder an, glücklich und entspannt machte ich mich auf den Weg nach Medellín zum Vespatreffen. Eine halb verrostete Vespa im bewussten »Abfuck-Style« war kurz nach mir am Treffpunkt, und wir fuhren zusammen zum Festivalgelände. Zum Glück ging es raus aus dem Großstadtgewimmel, gen Norden in eine etwas ruhigere Gegend, doch Jonny hatte mich vor der Abfahrt gewarnt, dass unser Ziel sehr weit oben lag und dass es sehr steil war. Klang nach erstem Gang und Knallgas. Und so kam es dann auch.

Die kleine Straße führte steil in den Hang. Jonny zog direkt ab und verschwand im Berg, ich quälte uns langsam hoch, doch Elsi schaffte es nicht. Ich benutzte alle Bremsen, kam zum Stehen, rutschte aber mit blockierten Reifen rückwärts und fiel volle Kapelle um. Ein Motorradfahrer hielt und half mir, sie wieder aufzurichten. Ich ließ sie noch mal mit Vollgas kommen, fuhr drei, vier, fünf Meter. Dann ließ die Kupplungskraft nach, und es begann, übelst nach verkohlten Kupplungsbelägen zu stinken. Ich fand mit Füßen und Bremsen Halt, saß auf dem Bock und wartete, dass irgendwas passierte, denn ich war in dieser Position am Hang gefangen.

Wenig später sah ich drei Jungs winkend und pfeifend den Hügel herunterkommen. Selbst zu viert schafften wir es nicht wirklich weit nach oben. Unglaublich, was so ein kleiner Motor für eine physikalische Leistung vollbrachte. Als wir total außer Atem vor einem Haus standen, kam der Besitzer raus und bot sein Auto als Zugmaschine an. Wir warfen ein Seil unter dem Gepäckfach um das Frontschild und befestigten es an der Anhängerkupplung. Natürlich kannte mich bei so einer Ankunft sofort jeder. Als Erstes stieß ich mit den Jungs an, baute mein Zelt neben den dreißig anderen auf, holte neue Kupplungsbeläge aus meiner Ersatzteilbox und legte sie in Getriebeöl ein.

Der Abend war super. 300 Vespisti, darunter auch altbekannte Gesichter von den Clubs aus Medellín und Bogotá, waren da und ließen die Kehlen nicht trocken werden. Irgendwann konnte ich den Gesprächen nicht mehr folgen und verkrümelte mich ins Zelt. Ich konnte mich mittlerweile zwar auf Spanisch verständigen, für lange und tiefere Gespräche reichte es aber immer noch nicht – zumal die angetrunkene Sippe einen Slang hatte, den ich nüchtern schon kaum entschlüsseln konnte. Während sich meine Kupplungsbeläge mit Öl vollsaugten, zechten ein paar Vespisti durch, bis der Morgen kam, und machten anschließend einfach weiter.

Sebastian, der Mechaniker aus Medellín, half mir, die Beläge zu wechseln. Die alten waren vollkommen verkohlt und stanken wie die Sau. Aber alles war geil, das Festival ging weiter, und die deutsche Nationalmannschaft gewann. Es wurde gegrillt, am und im Pool gechillt, und bei der offiziellen Ansprache drückte mir Nacho das Mikro in die Hand, und ich gab vor 300 Leuten spontan eine Zusammenfassung meiner Reise: Ohne Grammatik, dafür mit umso mehr Gesten und Geräuschen, keine Ahnung, wie viel sie wirklich verstanden, aber sie jubelten mir zu, als ich am Ende ins Mikro schrie: »Familia Vespa, Colombia es en mi corazón!«, und mir dabei heftig auf mein Herz boxte. Eine Band heizte der Meute mit Ska ein und ließ sie bei Pogo vollkommen ausrasten. Leute sprangen mit Klamotten in den Pool – Wahnsinn, wie die Latinos feiern konnten!

Am nächsten Morgen Aschermittwochstimmung in Kolumbien. Total verkatert wachte ich auf, alles tat weh, blaue Flecken vom Pogo, ich humpelte ein bisschen, die Hose war zerrissen und meine Brille zerkratzt, weil sie mir gestern von der Nase gepogt wurde. Egal, ich musste den Latinos ja zeigen, watt 'ne Kölsche Jung su alles kann.

Alle 300 Vespas setzten sich für eine Ausfahrt in Bewegung. Bei schönem Wetter machte es zwar Laune, aber ich war mehr oder weniger unbrauchbar. Am Abend saß ich brav und ruhig bei den älteren Herren, lernte Rubén aus Argentinien kennen, der mich nach Buenos Aires einlud. Auch »Tío Lalo« aus Cali saß in unserer Runde, und da Cali auf meinem Weg nach Ecuador lag und er morgen nach Hause fahren wollte, beschlossen wir, zusammen zu fahren. Lalo lud mich zu sich ein und sagte wie ein echter Onkel: »Mach dir keine Sorgen, ich kümmere mich um alles!«

Um sechs in der Frühe, als ich gestriegelt und geschnürt startklar war, dröhnte die Musik noch immer aus den Boxen, und die letzten halbverwesten Partyleichen hoben mit letzter Kraft ihre Arme und drückten mich zum Abschied.

Lalo und ich passten gut zusammen. Fast 500 Kilometer legten wir in acht Stunden zurück und kamen noch vor Einbruch der Dunkelheit in Cali an. Ich bekam ein eigenes Zimmer in Lalos großem Haus, perfekt, um einen gewissen Schlafmangel auszugleichen. Am nächsten Tag fuhren wir zum einzigen Vespaladen

der Stadt, wo ich drei Mäntel, Motoröl, Zweitaktöl und ein paar Kleinteile erstand. Die Pause bei Tío Lalo war genau das Richtige, ein bisschen Zeit für Elsi und mich tat sehr gut. Der Abschied war entsprechend herzlich.

In Popayán hielt ich noch mal und füllte alle Tanks randvoll. Dann machte ich mich auf und fuhr, fuhr, fuhr. Es wurde heiß und trocken, die Landschaft passte sich an, und die Strecke war wunderschön, aber ich fuhr durch, ohne zu fotografieren – die Gegend galt als nicht sonderlich sicher. Guerillaland. Das vorletzte Stück Straße war der mit Abstand schlechteste Teil der Panamericana bis hierher. Kein Wunder, dass hier Menschen überfallen wurden. Bald jedoch verbesserte sich der Belag wieder, dafür wurde es wieder steiler. Langsam quälte sich meine Kleine in die Serpentinen, fuhr im zweiten, manchmal auch im ersten Gang bis über den vorerst höchsten Punkt der Reise, über 3500 Meter.

Gut 1000 Meter tiefer erreichten wir in Pasto unser sicheres Tagesziel. Mit bestimmt 200 Mann sah ich, wie die Kolumbianer im Achtelfinale Uruguay mit 2:0 aus dem Turnier hauten. Auf dem Hauptplatz klinkten alle komplett aus: Autokorso, Hupen, Tröten, und dann zückten die Irren ihre Schaumflaschen und sprühten sich ein, um mit ihrem Mehl die Sauerei komplett zu machen. Panierte Menschen hüpften, sangen, sprangen und lagen sich in den Armen.

Als ich am Morgen topfit das verwaiste Pasto verließ, erinnerten die Partyreste auf der Straße an den Kölner Rosenmontagszug. Mit einem »Alaaf« auf den Lippen rollte ich dem Äquator entgegen. Kurz vor der Grenze fuhr ich noch in ein kleines Nest, das in einer Andenschlucht lag. Hier überspannte ein spektakuläres Kirchen-Brücken-Gebäude die Schlucht, das Santuario de Las Lajas. Teilweise in den Fels geschlagen stand die spektakuläre Kirche halb über der Schlucht, von riesigen Brückenbögen ge-

tragen, als wäre sie einem Fantasyfilm entsprungen. Was für ein Knallerfinale in Kolumbien!

Das Land war komplett anders als sein Ruf. Drogenkartelle, Terroristen, korrupte Polizisten, Paramilitärs, Mord und Totschlag mochte es geben, schienen mir aber keine größere Gefahr als in anderen lateinamerikanischen Ländern zu sein. Kolumbiens Natur und Kultur waren so schön und vielseitig, und die Kolumbianer selbst waren unglaublich offen, freundlich, hilfsbereit und familiär – und damit meine ich nicht nur die Vespafahrer. Nach zehn Wochen fuhr ich glücklich und zufrieden nach Ecuador, das Kolumbientrikot im Gepäck und die Kolumbianer in meinem Herzen.

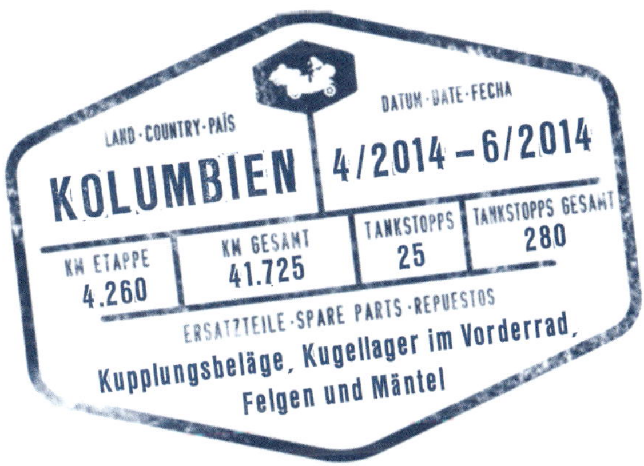

ECUADOR – VULKANE, ANDEN UND DIE BERÜHMTEN INSELN

Die Grenzprozedur zog sich, weil sonntags die Schalter nur dünn besetzt waren, verlief aber problemlos. Es gab auch in Ecuador eine Versicherungspflicht, und laut Grenzer konnte ich die Versicherung in Tulcán kaufen. Beim Tanken wollte ich auch den Reservekanister gefüllt haben, was mir aber verweigert wurde. In Grenzregionen durfte per Gesetz kein Treibstoff auf Reserve verkauft werden. Ich sollte um den Block fahren und wiederkommen, dann wäre es erlaubt.

»Was ist das denn für ein Kindergarten?«, regte ich mich scherzhaft auf, und nach ein bisschen Flachserei hielt die Tankwartin den Rüssel auch ohne Ehrenrunde in den Kanister. Spottbillig war es obendrein. Dafür gab es an der Tanke keine Versicherung zu kaufen, wie die Grenzbeamten behauptet hatten. Obwohl mir Tulcán nicht sonderlich gefiel, entschied ich, in der Stadt zu bleiben, bis meine Papiere komplett waren. Wer wusste schon, ob die Polizei hier so drauf war wie in Kolumbien.

Mein erster Eindruck von den Ecuadorianern war, dass sie irgendwie nicht sonderlich geschäftstüchtig und auch ein bisschen faul waren. An den Rezeptionen erhob sich keiner, um mir den Parkplatz zu zeigen, nur ein »Dahinten lang« wurde mir an den Kopf geworfen. Und wenn ich damit nicht weiterkam und zurückkehrte, hieß es nur wieder: »Dahinten.« Ich dachte nur: »Meine Kolumbianer wären aufgesprungen und neben mir hergelaufen, um mich glücklich zu machen und mich ins Hotel zu bekommen. Nehmt euch mal ein Beispiel an denen.«

Auch im zweiten Anlauf ging der Versicherungskauf in die Hose. Die einen versicherten keine Reisenden, die anderen keine Motorräder. Unmotivierte Angestellte fummelten hinter dem Schalter permanent an ihren Smartphones, auf meine konkreten

Fragen erhielt ich nur fadenscheinige Ausreden und wurde abgewimmelt. Ohne mich, dann fuhren wir halt doch erst mal so weiter.

Die Straßen waren erstaunlich gut: frisch geteert, sauber markiert und überall mit Seitenstreifen, was es mir leicht machte, den dicken Brummis Platz zu machen und notfalls rechts zu überholen. Über eine wunderschöne Strecke schraubten wir uns immer weiter in eine Wand hinauf, die wir später auf dem Kamm entlangfuhren, während uns das herrlich moosig-grüne Tal begleitete.

Leider fing es an zu regnen. Ich hielt kurz an, um alles anzuziehen, was ich hatte. Der Verlust meiner Jacke war die letzten Monate egal, aber hier oben in den Anden brauchte ich unbedingt Ersatz. Ich wurde nass, meine Klamotten saugten sich langsam voll, wurden schwer und weichten so langsam bis auf die Haut durch. Nässe und WM bewegten mich zu einem frühen Feierabend.

Zufällig entdeckte ich einen Campingplatz an einer Lagune nahe Ibarra, der sich als Geheimtipp für Reisende herausstellte. Zwischen einem Expeditions-Lkw, zwei Geländefahrzeugen und Motorrädern wurde ich begrüßt. »Da ist ja die Vespa, ich hatte gehofft, dass du bei uns vorbeikommst«, sagte der Besitzer des Platzes. Die bunte Reisetruppe aus Engländern, Schweizern und Deutschen, mit der ich einige nützliche Reiseinfos austauschen konnte, errichtete das WM-Lager, und bei Kaffee und frischen Papayas schauten wir den mühevollen Einzug der deutschen Elf ins Viertelfinale.

In Ibarra suchte ich fünf Versicherungen auf, wartete ewig, doch die einzige, die Ausländer bediente, versicherte natürlich keine Motorräder. Fast fünf Stunden wurde ich gequält und hörte am Ende immer nur: »Quito, Quito, Quito.«

Was folgte, war keine lange, aber eine sehr wichtige Etappe, denn wir überquerten den Äquator. Gut gelaunt, bei sonnigem Wetter, rollten wir Quito entgegen. Es war kaum Verkehr, dafür kurvig und teilweise steil. Immer und immer wieder drückte ich die

»Mark«-Taste auf Pete und sah, wie die Nord-Zahl immer kleiner wurde, bis es schließlich so weit war. Die Anzeige stand auf: N 00°00.000' – gleich würde unsere Position nur noch mit S für Südhalbkugel angegeben werden.

Nichts erinnerte oder erklärte, dass hier der Äquator war, aber das war mir egal. Mein persönlicher Äquator war genau hier. Ich legte mir Musik auf die Ohren und feierte diesen Ort, machte Fotos vom GPS, von Elsi, die ich liebevoll streichelte und mich bei ihr bedankte. Unfassbar, nach über einem Jahr und über 42 000 Kilometern hatten wir vom nördlichen Polarkreis in Alaska kommend den Äquator erreicht. Auf einer so langen Reise dachte ich nicht täglich darüber nach, aber wenn ich so besondere Meilensteine wie diesen erreichte, natürlich umso mehr. Ich war einfach nur stolz und dankbar.

Bestens gelaunt fuhr ich die letzten Kilometer in die Stadt, die mich zur Feier des Tages mit weniger schlimmem Verkehr als befürchtet empfing. Im Hostel »Zentrum«, das mir von den Reisenden auf dem letzten Campingplatz empfohlen wurde, drückte ich auf die Klingel, und Gerd, ein alter Hamburger, öffnete die Tür. Er

hatte einen langen weißen Zopf und erzählte mir, dass er mit 72 Jahren ausgewandert und nun 83 Jahre alt war. Krass. Ich errichtete meine Basis bei dem hilfsbereiten hanseatischen Schlitzohr und verbrachte einige Abende plaudernd in seinem Heim.

Arme Reisekasse. Das dünne Ding wurde noch dünner. Dafür hatte ich eine neue Winterjacke und einen fetten, andentauglichen Schlafsack.

Das Kolumbientrikot erhielt seinen letzten Auftritt. Ecuador hatte es nicht über die Vorrunde geschafft, deswegen fieberten sie hier nun mit ihren Nachbarn. Würden die Deutschen auch in Hollandtrikots WM gucken und Daumen drücken? Schwer vorstellbar. Leider verlor Kolumbien gegen Gastgeber Brasilien, was mich nicht davon abhielt, ein bisschen mit den Exilkolumbianern zu feiern.

Dann nahm ich den dritten Anlauf. Eine hochqualifizierte Versicherungsdame schaute in meinen Pass und fragte mich ernsthaft, ob ich im Juli 2006 geboren wurde.

»Nein, junge Frau, da wurde der Pass ausgestellt«, antwortete ich freundlich und dachte dabei: »Oder sehe ich aus, als wäre ich acht Jahre alt?«

Dann gab sie meine Passnummer in den Rechner ein, schaute wie ein Auto, schob mir den Dokumentenstapel rüber und sagte: »Das geht nicht.«

Nach ewigem Herumirren und kurz vor der Kapitulation sah ich zufällig eine weitere Versicherungsagentur. Okay, allerletzter Versuch. Ein junger Mann am Empfang begleitete mich in ein Büro, in dem mich eine ecuadorianische Schönheit bat, Platz zu nehmen. Abwertend dachte ich augenblicklich: »Die weiß, wie sie sich auf dem Laufsteg bewegt, welche Frisur gerade in ist und welche Pumps zu ihrer Bluse und dem Minirock passen, aber mehr bestimmt nicht.«

Höflich bat sie um meine Papiere, tippte alles ein, fragte noch, ob die Farbe Gelb bei dem Fahrzeug noch aktuell war und ob ich die Versicherung für 90 Tage wollte, entsprechend der Zollgenehmigung. Dann gab sie mir alles zurück und legte mir den

Versicherungsschein auf den Tisch. Ich grinste sie verblüfft über ihre Professionalität an und fragte, was das kosten würde.

»6 Dollar.«

Ich hätte sie heiraten können, schob ihr das Geld rüber und verabschiedete mich glücklich versichert.

Mit Mark, einem netten Kerl, der ebenfalls bei Gerd wohnte, stattete ich per Bus dem Äquatordenkmal »La Mitad del Mundo« im Norden Quitos einen Besuch ab. Den imposanten Turm mit einem Globus obendrauf hatten seinerzeit die Franzosen hier hingesetzt. Leider hatten sie die echte »Mitte der Welt« um über 200 Meter verfehlt. Trotzdem hüpfte ich über die gelbe Linie des symbolischen Äquators und hatte meinen Spaß.

Nebenan im Freilichtmuseum lag der echte Äquator, wo uns ein Guide spielerisch die Corioliskraft erklärte. Außerdem wurde ich Egg-Master. Bei der Eieraufgabe mussten wir ein rohes Hühnerei auf einen senkrecht nach oben stehenden Zimmermannsnagel stellen. Das konnte man zwar überall auf der Welt, aber auf dem Äquator war das Kunststück erheblich einfacher, wie meine Urkunde bewies. Am Ende sollten wir mit geschlossenen Augen auf der Äquatorlinie balancieren, was nicht klappte: Schon beim dritten Schritt kippte ich immer zur Seite weg, was nicht an den gestrigen Bieren lag, sondern daran, dass die nebeneinanderliegenden Magnetfelder ein bewegendes Objekt instabilisierten, im Gegensatz zum Ei. Schräger Ort.

Zurück in der Stadt scheiterte ich dann fast an einem ganz anderen Problem. Für eine Überweisung wurde dem modernen Bankkunden das Einmalpasswort aufs Handy geschickt. Kein Handy, keine TAN. Gerd lieh mir sein Handy. Mit meiner SIM-Karte bekam ich auch den Code, konnte die Überweisung aber nicht durchführen. Via Skype sprach ich mit der Kreditkartenbank, die mir sagte, dass ich inzwischen irgendwo zwischen Hartz-4-Empfänger und Heckenpenner einsortiert wurde. Das Konto war nicht gedeckt, ich hatte kein Einkommen, kein Auto, kein Haus, keine Bürgen und noch nicht mal einen Wohnsitz. Ein Nichts im Finanzwesen. Da ich gerade die Jacke und den

Schlafsack gekauft hatte, war mein gesamter Kreditrahmen ausgeschöpft. Am Ende schaffte ich nur über Paypal, einen meiner letzten Freunde im System, doch noch die Buchung und war nun stolzer Besitzer eines Fluges auf die Islas Galápagos.

Doch zunächst einmal stand das Halbfinale auf dem Programm. Zusammen mit Mark und seinen Kollegen fuhren wir mit zum Goethe-Institut, wo wir auf einer Großleinwand bei Bier und Brezeln das unglaublichste Spiel der WM sahen. 7:1 für Deutschland – ich hoffte nur, dass sie mich in Brasilien dafür nicht hassen würden.

Am Vulkankratersee

Bei schönstem Sonnenschein, aber auch viel Wind fuhr ich durch abwechslungsreiche, unglaublich schöne Täler. Zuerst verlief die Straße in einer Steilwand serpentinenartig hoch, doch es waren keine kurzen Serpentinen, sondern hunderte Meter lange Straßenläufe, bis die nächste 180°-Kehrtwende kam, die ich immer weit ausfuhr, um voll auf dem Gas bleiben zu können. Sobald die Drehzahl in den mittleren Bereich fiel, musste ich schon runterschalten, denn in der Höhe war die Motorleistung nur mit hohen Umdrehungen da.

Höher und höher, weiter und weiter, gegenüber im Tal war der Cotopaxi zu sehen, seine Spitze noch immer in den Wolken versteckt. Pete zeigte 3700 Meter an, dann 3800 … Über einem Bergkamm änderte sich die Vegetation und glich mit seinem moosigen Bewuchs auf einmal dem Norden Alaskas. Die Landschaft war schön, aber ich wagte es nicht anzuhalten, denn ich befürchtete, dass ich nicht mehr anfahren konnte. Bei derartigen Steigungen in der Höhe war der Schwung das alles Entscheidende.

Am Zenit musste ich einfach halten. Das langgezogene Tal stauchte den Wind, der frontal auf mir stand. Ein paar Kilometer ging es nun bergab, grün, hügelig, durchbrochen von schrofferen Felsen. Hirtinnen mit ihren Schafen blockierten die Fahrbahn. Die Frauen trugen Röcke, traditionelle Kleider und melonen-

artige rundliche Filzhüte, wie Pan Tau einen hatte. Dann pflasterten Felder wie Flickenteppiche den Hang. Wunderschön.

Als es wieder hoch ging, wurde es so steil, dass ich in den ersten Gang runterschaltete. In einer superengen Serpentine musste ich für einen kurzen Moment vom Gas gehen, um die Kurve nehmen zu können, und schon sackte die Drehzahl ab. Ich musste abdrehen und auf der Gegenfahrbahn halten. Mist, so kurz vor dem Ziel.

Ein Auto stoppte. Der etwa 13-jährige Fahrer fragte mich, ob er mein Gepäck den Berg hochfahren sollte. Ich lehnte dankend ab und erklärte ihm, dass ich nur etwas am Motor ändern musste. Ich rollte etwa 100 Meter bergab, öffnete den Vergaser, haute die 90er-Düse rein, die kleinste, die ich hatte, atmete kurz durch und holte Schwung.

Ich erreichte die Serpentine, hochgedreht im ersten Gang, in der Kurve fiel die Drehzahl leicht ab, ich brüllte: »Elsi! Elsieee!« – und sie fing sich wieder, die Drehzahl stieg langsam wieder.

Die kommende Serpentine war nicht ganz so steil, und dann folgte eine ewig lange Gerade, bis es nur noch wenige hundert Meter waren. Ich konnte die Spitze schon sehen. Im Ersten quälte ich Elsi weiter hoch, und noch einmal wurde es ein bisschen steiler. Die Drehzahl fiel wieder ab, und ungelogen, keine 50 Meter vor dem Zenit musste ich anhalten. Ich drehte noch einmal um und rollte wieder 100 Meter runter an ein flacheres Stück. Erster Gang, Vollgas, alleroberster Drehzahlbereich, ich brüllte und

brüllte, und mit Hängen und Würgen schaffte sie es ohne Maschinenbruch auf den Scheitelpunkt. Puhhh!

Ein netter Junge knöpfte mir 2 Dollar Eintritt ab. Das Dorf war gar kein Dorf, nur ein paar Häuser, aber alles sehr nett und sehr familiär. Ein anderer Junge zeigte mir, wo ich auf ihrem Grund campen konnte. Zwischen Eseln und Lamas schlug ich unter Beobachtung der neugierigen Kids mein Zelt auf. Keine 50 Meter von meinem Zelt lag der Kraterrand, ich stiefelte die paar Meter hoch und keuchte, auf 4000 Metern fehlte nicht nur einer Vespa die Luft.

Am Kraterrand staunte ich nicht schlecht. Überraschend tief war der Krater, bestimmt 200 Meter, und wahrlich beeindruckend. Die abgebrochenen Kraterränder warfen zackige Schatten auf das tiefblaue Kraterwasser, das einen Durchmesser von gut einem Kilometer hatte. Im Hintergrund türmten sich weitere schroffe »Dolomitenfelsen« aus der kargen Andenlandschaft. Der Hammer. Ich setzte mich an den Kraterrand, hörte Musik und hielt für einige Zeit inne. Mit einem tiefen Gefühl der Zufriedenheit ließ ich den Blick schweifen und den Tag mit dieser wunderschönen und spannenden Etappe, die zum Glück ein Happy End hatte, Revue passieren.

Außer mir zeltete niemand, denn es wurde ohne Sonne schnell arschkalt. Ein indigener Junge rief mich ins Lehmhaus. Ein Teller Suppe stand auf dem Tisch, er bat mich, am Ofen Platz zu nehmen, und drückte mir einen Löffel in die Hand. »Du musst was Heißes essen, bevor du ins Zelt gehst.«

»Das Fleisch in der Suppe ist aber lecker«, dachte ich beim Löffeln. Als hätte er meinen Gedanken gelesen, sagte er: »Cuy! Suppe mit cuy ist lecker. Cuy sind kleine Tiere.«

»Ja, es sind kleine Tiere, und sie heißen auf Deutsch ›Meerschweinchen‹. Es gibt sie auch in Deutschland, aber nur als Haustier, wir essen die nicht.« Dann verglich ich es mit den Chinesen und den Hunden und Katzen. Daraufhin verschwand der Sohn meiner Gastgeber hinter einem Vorhang und kam mit einer Katze wieder.

»Die Chinesen sind verrückt. Ich würde nie eine Katze essen, die sind so süß.«

Stimmt.

Ich blieb drei Tage bei der Familie. Sie besaßen drei Esel, die sie auch an Touristen ausliehen, um in der schönen Landschaft herumzureiten. Ich tauschte aber Elsi nicht gegen Esel.

Stattdessen wurde ich hier oben Weltmeister. WELTMEISTER! Unglaublich, die geilste WM meines Lebens, die ich mit den feierbekloppten Kolumbianern und am Ende mit den Ecuadorianern erleben durfte, gewann am Ende tatsächlich Deutschland.

Auf fast 4000 Metern Höhe vor einem kleinen Fernseher schaute ich mit 35 Leuten das Finale und wäre fast auf die Bretter gegangen, als ich bei dem Tor von Mario Götze aufsprang und jubelte, wie es der Weltmeister verdient hatte. Ein paar wenige Deutsche waren dabei, sonst nur Argentinier und Italiener, die mir zähneknirschend gratulierten. Danke, Jogi! Danke, Nationalelf!

Rauf und runter in den Anden

Es wurde kälter, nebliger und feuchter, je näher ich dem Scheitelpunkt des Passes kam. »Usselig« sagen die Rheinländer dazu. Mitten im Nebel sah ich Menschen auf der Fahrbahn stehen, na klar: Polizei und Militär. Recht bestimmend forderte mich einer der sechs Beamten auf, meine Papiere vorzuzeigen. Während ich sie herauskramte, predigte ich meine Reise von A wie Alaska bis S wie Südamerika herunter.

»Wo kommst du her?«

»Aus Deutschland.«

»Aus Deutschland? Gratulation zur WM«, sagte er und gab mir alle meine Papiere zurück, ohne einmal reinzuschauen. Ein anderer Beamter kam hinzu und fragte: »Hast du Waffen oder Drogen dabei?«

Der erste Beamte: »Er ist okay, er ist aus Deutschland.«

»Oh«, sagte der zweite, zog seinen Handschuh aus und reichte mir die Hand. Schnell zog ich ebenfalls meinen Handschuh aus und drückte seine Hand. Auch er gratulierte mir zur gewonnenen WM und wünschte mir eine gute Reise. Ich bedankte mich höflich und fuhr wieder in den Nebel.

Mein nächstes Ziel war, so nah und hoch wie möglich auf den Chimborazo zu kommen, mit 6310 Metern der höchste Berg Ecuadors. Natürlich über die Straße mit der Vespa und nicht mit der Spitzhacke in der Steilwand. Es war stürmisch, erst waldig und mit der Zeit immer staubiger, bis es etwas von einer Mondlandschaft hatte, durch die wilde Vikunjas streiften, die ähnlich aussahen wie Lamas, nur etwas kleiner und hagerer. Die Spitze des Chimborazos tauchte wie ein Eisberg aus den Wolken auf.

Langsam, aber ohne nennenswerte Probleme, erkletterten wir den höchsten Punkt, der mit Zweirädern erlaubt war: 4422 Meter. Zelten war wegen der extremen Stürme verboten, also fuhren wir auf der anderen Seite bergab.

Ein beladener Fahrradfahrer quälte sich den Berg hoch. Thomas aus Kanada war zu Hause mit dem Rucksack gestartet, kaufte sich irgendwann das Rad und beeindruckte mich auch sonst. Auf meine Frage, ob er auch in den Süden fahren wollte und ob er auch genug Zeit hätte, meinte er seelenruhig: »Ich habe ein Leben und keine Pläne. Ich reise und werde schon sehen, was passiert.« Geiler Typ, leider war hier auf der Straße nur eine kurze Begegnung möglich.

Zumal es schon bald ungemütlich wurde. Kaum rollten wir wieder, wurde es kälter und kälter. Regen setzte ein. Schneeregen. Ich zog meine Kapuze in den Helm, denn ich merkte den kalten Wind auf der frisch rasierten Platte. Die Anden zeigten ein böses Gesicht. Schneeregen, Nebel und Sturm machten das Reisen zur Herausforderung. Bald zog ich die Notbremse und schlief in einem heruntergekommenen Hotel.

Je weiter bergab wir kamen, desto tropischer wurde es. Die kleinen Orte erinnerten mich an Panamas Südküste, und die einfachen Holzhütten hatten was von Guatemala. Die Pflanzen waren mir auch vertraut: Palmen, Bananen, Papayas und all die anderen bekannten Großblattgewächse. Die östlichen Ausläufer des Amazonasbeckens waren erreicht, Wasserfälle stürzten sich in die Tiefe, es war nur noch dichter, saftig-grüner Wald zu sehen.

Durch die westlichen Ausläufer des Amazonasbeckens, die fast auf Meereshöhe lagen und sich tropisch präsentierten, fuhr ich zurück in die kühlen Anden auf 2850 Meter und erreichte meine Zwischenheimat Quito, wo mich Gerd freudig empfing

Der Abstecher auf die Galapagosinseln

In Quito verstaute ich Elsi, nachdem ich sie ein bisschen gepflegt hatte, warf eine Plane über sie und sortierte mein Gepäck für Galapagos. Nachdem der Flieger bei klarem Wetter abgehoben hatte, realisierte ich erst, was ich die letzten Tage eigentlich gemacht hatte. Hoch und steil reihten sich die Berge an die Täler. In Gedanken bedankte ich mich noch mal bei meiner treuen Vespa. Und dann tauchte der Cotopaxi auf, wow, komplett wolkenfrei ragte er aus der sowieso schon hoch gelegenen Umgebung empor. Der Knaller.

Es folgten 1000 Kilometer Meer und Wolken. In Puerto Ayora begrüßten mich erste Landschildkröten, während ich planlos aus dem Souvenirgewimmel rauslief. Nachdem eine mickrige, aber bezahlbare Unterkunft gefunden war, spazierte ich zur Darwin-Schildkrötenzucht, direkt um die Ecke. Nach Darwins Evolutionstheorie dürfte es in wenigen Generationen nur noch Vespafahrer mit Schildkrötenpanzer auf dem Kopf geben. Sie hätten ein extrem stark ausgebildetes rechtes Bein, um Kickstarter und Bremse zu treten, eine visierartige Augenhaut sowie Schraubendreher an den Fingerspitzen. Und natürlich würden sie Zweitaktgemisch pinkeln. Unausweichlich aber würde alles auf den Vespa-Pegasus hinauslaufen – oben Mensch, unten Vespa.

Auf einem Steg über dem Schildkrötengehege ließ ich die Beine baumeln und beobachtete das nicht gerade hektische Treiben von der Krabbelgruppe bis zum Altenheim. »Lonesome George, R.I.P., June 24th 2012« war in eine Holztafel eingraviert. Hier war also das Zuhause der berühmtesten Schildkröte der Welt gewesen. Der einsame Schorsch war der Letzte einer Unterart der Riesenschildkröten. Mit etwa 100 Jahren starb Solitario George, und somit verlor die Welt eine Spezies. Heute war er so etwas wie das Maskottchen der Galapagosinseln, ein Mythos, eine Legende und gleichzeitig der erhobene Zeigefinger aller ausgestorbenen Arten.

Die Tauchleidenschaft war der eigentliche Grund, warum ich hier war. Genauer gesagt: big fish! Haie und vor allem Hammerhaie gab es hier als Prachtexemplare mit bis zu sechs Metern Länge. Doch das Glück blieb aus. Zwei Tauchtage leistete ich mir, ohne was richtig Großes vor die Augen zu bekommen.

Mit einem Wassertaxi fuhr ich auf die Isabela, die größte der Inseln. Fast zwei Stunden gab der Käpt'n Vollgas. Schon bei der Ankunft stand eine Gruppe Pinguine auf den Felsen. An einem Schnorchel-Spot, der »Los Túnels« genannt wurde, hatten Vulkanbögen ein Labyrinth gezaubert, das der Unterwasserwelt Schutz vor den großen Raubfischen bot. Ein echt abgefahrener Ort. Vom Boot aus sahen wir Stachelrochen, Pinguine und kesse Seelöwen. Wie Kamikazepiloten stürzten sich Blaufußtölpel gekonnt auf ihr Mittagessen. Beim Schnorcheln gesellte sich eine riesige, unglaublich schöne Schildkröte zu uns. Es war einer dieser magischen Momente, die tief, tief in meine Seele eindrangen und für die ich unglaublich dankbar war. Im Hinduismus, im Buddhismus, im Islam, überall hatte die Schildkröte eine Bedeutung, wurde in vielen asiatischen Ländern als heiliges Tier angesehen. Seit meiner Weltreise trug ich eine hölzerne Schildkröte um den Hals. Mit keinem Tier fühlte ich mich so verbunden wie mit diesen Schildkröten.

Mit einem Mietfahrrad fuhr ich umher und sah zufälligerweise auch das Kraftwerk von Isabela. Ein stinkiges, unfassbar schwarz verrußtes Dieselkraftwerk. Und schuld daran war auch ich. Ja, es war ein zweischneidiges Schwert, wenn der Tourismus rapide wuchs und die Infrastruktur hinterherhinkte. Ich sah regenbogenfarbige Ölschichten im Wasser, keine drei Meter weiter arbeiteten Mechaniker an einem Motor. Und die Abwässer wurden garantiert auch nicht gefiltert. Hier gab es ganz offensichtlich Verbesserungsbedarf in Sachen Umweltschutz. Und Hochseeangeln gehörte meiner Meinung nach auch nicht in ein Naturreservat. Von dem wahnsinnigen Plastiktütenkonsum, der überall in Lateinamerika herrschte, mal ganz zu schweigen. So. Musste auch mal gesagt werden.

Für einen weiteren Tauchtag ging es zurück nach Santa Cruz. Schon am Morgen brannte die Sonne, als wir Gordon Rocks entgegenfuhren. Wir sanken auf fast 25 Meter Tiefe, als ich plötzlich zwei riesige Adlerrochen sah, die ganz gemächlich mit ruhigen Flügelschlägen an uns vorbeiflogen, was mich so fesselte, dass ich sie einige Minuten begleitete. Und dann kam er – der erste Hammerhai!

Er schwamm an mir vorbei und drehte seine Runde. Ein Blick nach oben zeigte, dass er nicht alleine war. Zwei Kollegen kreisten über unseren Köpfen im Gegenlicht der Sonne. Ein Galapagoshai von fast drei Metern Länge, zu erkennen an der riesigen Heckflosse, schwamm lauernd an uns vorbei. Sie galten als neugierig, aggressiv und als potenziell gefährlich für Taucher und Schwimmer. Hammerhaie gehörten zwar zu den scheuen Vertretern, allerdings waren sie im Normalfall recht gefräßig. »Hier ist alles anders«, hatte der Tauch-Instructor vorab gemeint, denn es gab genug Nahrung für sie. Noch nie wurde hier ein Haiangriff gemeldet. Natürlich war ich angespannt, aber Angst hatte ich keine da unten. Da war die Sorge vor einem Gizzlybärenangriff in Alaska größer gewesen.

Zum Finale erschienen noch einmal zwei Hammerhaie, die über uns kreisten und sich stolz von allen Seiten präsentierten. Mein Herz pochte wild, ich genoss den Ausstoß von Adrenalin gepaart mit purer Lebensfreude. Dann mussten wir Sauerstoffjunkees auch schon wieder aufsteigen. Zurück an der Oberfläche jubelte ich vor Freude und fiel meinen Tauch-Buddies um den Hals. Ein Hammererlebnis!

Natürlich war es ein schweineteures Vergnügen. Meine Philosophie des Reisens war schon immer, so günstig wie möglich durchzukommen. Aber man musste die Länder und Regionen auch leben. Es wäre für mich irgendwie am Ziel vorbei, wenn ich mitten im Dschungel vor einer Mayastätte stehen würde, es aber an 15 Dollar scheitern sollte, sie auch anzusehen. Die Tauch- und Schnorcheltrips hatten mir Galapagos erst wirklich nahegebracht und die Vesparicana definitiv bereichert, wenn auch abseits der Strecke. Nun war ich überglücklich und bereit, mich wieder aufs Wesentliche zu konzentrieren, denn da wartete noch immer eine kleine reisefreudige Vespa auf mich.

Zurück in Quito

Der gute alte Gerd war mir am Ende echt ans Herz gewachsen. Trotzdem war ich glücklich, als die kleine Vespa wieder unter meinem Arsch knatterte.

Nach dem hammerhaimäßigen Abstecher auf die Inseln wollte ich von Ecuador eigentlich nichts mehr. Es war ein sehr schönes Reiseland, und Galapagos war am Ende die absolute Krönung. Ich hatte mir eine riesige Holzschildkröte mitgebracht, die nun auf meinem Helm thronte. Nun konnte ich es kaum erwarten und fieberte Peru förmlich entgegen. Einen Schlenker zur Küste knickte ich aus diesem Grunde, lieber schaute ich, dass ich mal vorwärtskam. Genug des Lotterlebens mit Sonne, Strand und Meer, jetzt wurde gearbeitet.

Vorbei am Cotopaxi und Riobamba begleitete ich die Bahngleise der Andenstrecke, bis es extrem bergig wurde. Von 3500 Metern runter auf 2000, wieder hoch, wieder runter, wobei es kalt wurde und zu regnen anfing. Aber meine Stimmung hielt, und eine kleine Pause bei einer indigenen Familie putschte mich wieder auf. Die vielen Kids hüpften um mich rum, zuppelten an meinem Bart und freuten sich, als ich wie ein Zauberer Buntstifte aus meinem Helm hervortrickste.

Je weiter ich in den Süden kam, desto wärmer und flacher wurde es. An einer kleinen Einbuchtung an der Fahrbahn sah ich ein beladenes Motorrad, die beiden Fahrer standen am Seitenstreifen und signalisierten mir anzuhalten. Heidi und Jean-Luc waren zu zweit auf einer Honda Africa Twin unterwegs. Mein Gepäck war breit, ihres hoch. Der höchste fahrende Gepäckturm der Welt. Sie waren seit 14 Monaten unterwegs und kamen wie ich aus Kanada und hatten ähnliche Pläne für die Weiterfahrt. Sehr nette Begegnung, ich hoffte, die beiden später noch mal wiederzutreffen.

Die Etappe blieb unfassbar schön, indigene Bauern liefen mit Kühen an der Fahrbahn entlang. Ich musste in die Eisen, um nicht in ein Kalb zu fahren, das sich hinter einer Kurve versteckte. Genau wie der Drecksköter, der auf mich zulief, mich anbellte und mich beißen wollte. Nur gut, dass ich konsequent Wanderschuhe trug, wenn ich beladen fuhr, so konnte ich nach ihm treten und ihn loswerden. In befahreneren Gegenden lagen auffallend viele tote und zerfetzte Hundekadaver am Straßenrand, was wohl auch der Grund war, warum die Geier hier so entspannt und fett waren.

Ein anderes Federvieh hätte ich dagegen fast geplättet, weil der Otto von einem Hahn spontan die Richtung änderte und auf mich zuhüpfte. Nur ein instinktiver Schlenker verhinderte seinen Tod.

Das letzte ecuadorianische Etappenziel hieß Macará, aber ich entschied mich dazu, den Grenzübertritt zu vertagen. Eigentlich vermied ich es, mich lange in Grenzstädten aufzuhalten, weil sie in der Nacht oft ein anderes Gesicht zeigten. Vor allem in Ortschaften, die auf dem Drogenweg lagen. Allerdings musste man immer abwägen, was wirklich entspannter sein würde. Denn für mich gab es wenig Ätzenderes als ein hakender Grenzübertritt, wenn ich dann bei Dunkelheit in ein neues Land einreisen musste. Ohne Kohle und Orientierung, dafür hungrig und müde.

Ich checkte kurz die Karre und wechselte das Öl. Dabei stellte ich fest, dass das Alugewinde für die Ölablassschraube durchgedreht war. Ich beließ es dabei und notierte es auf meiner Liste: »Zu machen, wenn das Schaltkreuz dran ist.«

An der Grenze standen am nächsten Tag die Menschen Schlange, die Immigration ging zwar schnell, aber der Zoll war nicht besetzt. Die genervten Menschen warteten schon eine Weile in der Sonne und machten Druck auf den Soldaten, der das Zollhaus bewachte und kurzerhand zum Sündenbock gemacht wurde.

Eine Kolumbianerin beschwerte sich bei dem Soldaten: »Wie lange dauert es noch?« Darauf erwiderte der Soldat, dass der Chef in einem »Treffen« feststeckte. Er würde den Chef ja gerne anrufen, aber das Telefon funktionierte nicht. Daraufhin gab sie ihm ihr Handy und bat ihn, die Situation zu klären. Es sah sehr lustig aus, wie der Soldat mit geschultertem Gewehr ein pinkes Smartphone mit »Hello Kitty«-Schriftzug strammstehend ans Ohr hielt und mit seinem Chef sprach.

Da ich nur ausreisen wollte, drückte ich ihm den Zollwisch, den ich bei der Einreise erhielt, in die Hand und verließ Ecuador.

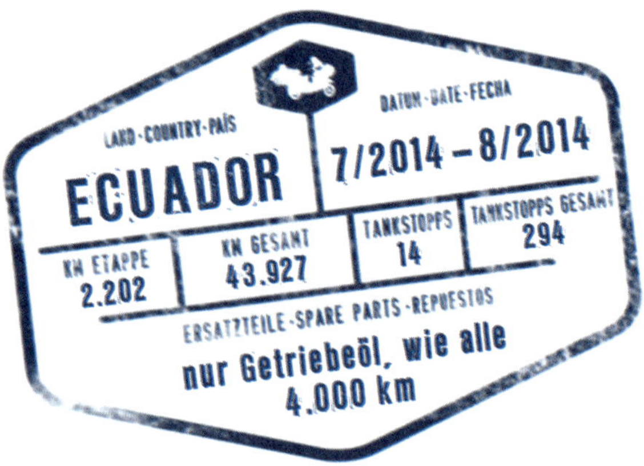

PERU – ERST STAUBTROCKEN, DANN ÖLVERSCHMIERT

Der Zöllner kannte aus Köln bisher nur Lukas Podolski. »Dä Poldi is ene Fründ vun mir!«, sagte ich beim Übergeben der Papiere, und sofort waren wir auf einer Wellenlänge. Ich erstand noch eine Versicherung für einen Monat – schneller, aber teurer als in Ecuador – und war drin.

Trocken und heiß waren die ersten Kilometer. Die Sonne knallte, die Häuser waren nur noch Hütten aus gepressten Lehmziegeln oder aus strandmattenähnlichem Strohgeflecht, es sah ganz so aus, als müsste ich hier nur mit wenig Regen rechnen. Der kleine, faltige Opa, der mir bei einer Pause einen Mangosaft überreichte, erklärte mir, dass es seit einem Jahr nicht mehr geregnet hätte. Seine Frau meinte, es wäre schon zwei Jahre her, konnte sich aber nicht durchsetzen, als er sich an einen angeblichen Regenschauer vom Vorjahr erinnern wollte. Auf jeden Fall unterschied sich das Klima hier deutlich von dem in Irland. Nur so als Beispiel.

Nach etwa 70 Kilometern schnöder Steppe tankte ich und staunte über recht gesalzene Spritpreise: umgerechnet 1,40 Dollar der Liter, und das im armen Peru. Die Preisunterschiede von Land zu Land waren so auffallend wie die klimatischen, nur anders. In Peru endete jedenfalls das spannende Wechselspiel von saftigem Regenwald und trockenen Passagen: Graue Steppenlandschaft prägte das Bild. Dafür sorgte etwas anderes für Abwechslung.

Der Kolben klemmte, ich zog instinktiv die Kupplung und rollte aus. Ich griff zum Trick aus dem Death Valley, nahm die Seitenhaube vom Motor runter, damit mehr Luft rankam, wartete ein paar Minuten, gab einen Schuss Zweitaktöl extra in den Tank und fuhr weiter. Beim nächsten Tankstopp verriet mir ein Blick auf die Karte, dass 220 Kilometer nichts als Pampa und Wüste auf uns wartete. Also kaufte ich vier Liter Wasser und ein paar Kekse, füllte den Tank erneut voll und machte mich auf in die Wüste.

Die Panamericana präsentierte sich feinst geteert, wenn auch nur einspurig. Den Seitenstreifen konnte ich nicht durchgehend nutzen, da er teilweise vom Dünensand verschluckt wurde. Kilometer über Kilometer zogen gleichförmig vorbei. Die Sonne brannte, doch mittlerweile kam angenehm kühler Wind vom Meer. Der Pazifik war nicht zu sehen, aber er musste irgendwo hinter dem Sand liegen. Bei entspanntem Reisetempo plätscherten Zeit und Raum vor sich hin, als ich wieder ein kolbenstoppendes Rucken verspürte. Nach einer kurzen Abkühlpause fuhr ich sachte weiter. Einige Zeit später dasselbe Rucken. Was hatte sie? Es konnte eigentlich nur an der Hitze liegen. Ich wartete, kickte den Starter, nix. Keine Kompression. Mist. Ich öffnete den Vergaser, nahm den Luftfilter ab und schaute hinein. Von unten sah ich Metallspäne im Filter. Metallspäne? Oh-oh, das war definitiv kein gutes Zeichen.

Ich nahm den Zylinderkopf runter und sah ein Loch im Kolben. Scheiße, da war tatsächlich ein Loch drin. Ich war mitten in der Wüste gestrandet, über 100 Kilometer Sand in beide Richtungen. Aber es war erst Mittag, also hatte ich Zeit nach hinten raus. Ich hatte einen Kolben im Gepäck und wusste theoretisch auch, was zu tun war, hatte aber noch nie einen Kolben gewechselt. Sah so aus, als wäre nun der Zeitpunkt gekommen.

Ich rutschte so weit wie möglich auf den Seitenstreifen, damit mich die Brummis nicht gefährdeten, und packte erst mal komplett ab. Ich stützte das Fahrzeugheck mit dem Benzinkanister ab, nahm das Hinterrad raus, löste den Auspuff und nahm auch ihn raus. Choke und Gaszug hängte ich aus und klappte den Motor aus der Karosserie ab, sodass er mit der hinteren Bremstrommel auf dem Asphalt lag. Ich versuchte, den Zylinder abzuziehen, doch der Winkel war nicht steil genug. Also demontierte ich auch noch das Vorderrad und unterlegte den Hauptständer mit zwei Büchern (neben meinem Fahrtenbuch war das *Into the Wild* – Alex Supertramp half mir nun also beim Kolbenwechsel in Peru).

Nun hob ich die Karosserie hinten an, die Vespa kippte nach vorne, und ich konnte den Zylinder herausziehen.

Mit der Spezialzange holte ich den Sicherungsring aus dem Kolben und drückte das VA-Querlager aus, was mich mächtig Kraft kostete, weil ich vorsichtig sein musste, um den Pleuel nicht zu beschädigen. Für den Trick mit dem heißen Wasser, durch das sich der Alukolben anders ausdehnt als das VA-Querlager, fehlten mir leider Wasserkocher und Strom. Zum Glück funktionierte es auch so.

Im Kurbelraum fand ich viele Metallspäne. Ich säuberte alles, so gut ich konnte, mit Benzin, Lappen und Wattestäbchen. Dann setzte ich den neuen Kolben ein. Als ich die Kolbenringe mit den Fingern zusammendrückte und den Zylinder drüberstülpte, musste ich die Karosserie wieder anheben, drückte seitlich gegen den Zylinder – und brach den Kolbenring ab. »Nein, nein, ich Otto!«

Ich beruhigte mich schnell, denn ich wusste, dass ich noch Ersatzringe und somit einen weiteren Versuch hatte. Vorher wollte ich aber erst das abgebrochene Stück Kolbenring sehen. Es lag nirgendwo vor oder unter dem Motor, dann sah ich die Sau im Kurbelraum auf der Kurbelwelle liegen und fummelte sie mit der Zange raus. Puh, zum Glück war mir das noch aufgefallen. Der Zylinder rutschte auf den Kolben, und ich konnte alles wieder Stück für Stück zurückbauen.

Als ich den Kickstarter trat, sprang der Motor an, doch es qualmte ungewöhnlich, und er lief sehr nervös hochtourig. Ich zog die Zylinderkopfschrauben nach, startete neu, und sie lief ruhig vor sich hin. Doch so ganz traute ich dem Braten nicht. Während ich Elsi wieder belud, ließ ich sie im Standgas laufen und gönnte den Kolbenringen die ersten Hübe ohne Belastung.

Es war windig geworden, was nachmittags und abends in Wüstenregionen normal war. Voll beladen im Starkwind zu fahren war nicht gerade optimal, um einen neuen Kolben einzufahren, aber ich hatte keine Wahl und versuchte einfach, so schonend wie möglich zu fahren. Höher als im dritten Gang fuhr ich nicht, trotzdem hielt mein Mechanikerglück keine 50 Kilometer. Plötzlich wieder dasselbe Kolbenklemmergefühl – ich rollte aus, kickte nach einer Abkühlpause den Starter, keine Kompression. »Fuck, Alter, du hast's verkackt!«

Woran auch immer es lag – ob die neuen Kolbenringe zu hart gegen den Wind kämpfen mussten, ob Aluspäne irgendwo angebacken waren oder ob ich irgendwas falsch gemacht hatte –, es machte erst mal keinen Unterschied. In einer Viertelstunde würde es dunkel sein, denn in Äquatornähe gab es kaum Dämmerung. *Zack* – dunkel. Also stellte ich mich an den Seitenstreifen und versuchte armewedelnd den vorbeifahrenden Fahrern zu signalisieren, dass ich Hilfe brauchte.

Ein Jeep hielt an, hätte mich auch mitgenommen, hatte aber keinen Platz für meine Vespa. Ich tigerte ewig in Kreisen um Elsi, meine Optionen gedanklich auflistend, als ich plötzlich aus meinen Gedanken gerissen wurde. Ein Polizeiauto hielt vor mir. Sehr freundlich gaben mir die zwei Beamten die Hand, ich erklärte kurz, was los war, und schon holte einer der beiden ein Seil hervor, das wir an Elsis vorderem Gepäckträger und der Stoßstange des Autos befestigten. La Policía schleppte mich ab.

Nach etwa 35 Kilometern änderten sie offenbar ihren Plan und hielten an einer einzeln stehenden Hütte. Mit Hilfe ihres Blaulichts, das in Peru rot war, stoppten sie Autos, um einen Transport für mich zu organisieren. Nett gemeint, allerdings waren die Lkws zu hoch, um die Vespa draufzuheben, und die Pkws und Busse hatten sowieso keinen Platz. Ich erwähnte mein Zelt und dass ich heute gar nicht in eine Stadt müsste, sofern es hier sicher war. In dem Haus wohnte eine Familie, die mir erlaubte, das Zelt neben einem öligen Kompressor aufzuschlagen. Egal. Müde war gar kein Wort, völlig ausgelaugt baute ich das Zelt auf und fiel in einen komatösen Schlaf.

Als um fünf Uhr Pete piepte, war ich total gerädert. In der Nacht hatte mich der Kompressor ein paar Mal aus dem Schlaf gerissen. Ich hätte gerne noch ein bisschen Schlaf getankt, aber die Polizisten hatten gemeint, dass ich um sechs startklar sein sollte. Um 5:58 Uhr war ich fertig und saß eine Stunde im Sand, bis sie auftauchten. Egal, Hauptsache, sie waren da.

Der erste Lkw wurde genötigt, mich mitzunehmen. Natürlich musste ich bezahlen, was mir aber auch egal war, ich wollte nur raus aus dem Sand. Über eine Planke rollten wir die Vespa auf die Ladefläche, wo Elsi und ich zwischen Obstkisten und Reissäcken Platz nahmen. Es ging alles sehr schnell, so schnell, dass ich meinen Helm mit der Schildkröte, meiner Motorradbrille und den Handschuhen vergaß, was ich leider erst feststellte, als wir 70 Kilometer weiter in einem sandigen Dorf namens Túcume strandeten.

Hier lud ich vor einer Mechanikerwerkstatt alles ab, zum Glück sturzfrei, denn meine peruanischen Chauffeure waren nicht gerade motiviert. Auch der Mechaniker konnte oder wollte mir nicht helfen. Vielleicht war es gut so, denn in dem trostlosen Wüstenkaff sah ich mehr Eselskarren als motorisierte Gefährte. Im Internetcafé gab es keinen Strom. Ich hätte mich gerne aufgeregt, trottete aber erst mal matt in das einzige Restaurant und

frühstückte. Es gab Reis mit knorpeligem Fleisch. Wenigstens gab es viel Kaffee.

Frisch gestärkt versuchte ich, aus dem stromlosen Kaff zu fliehen, was gar nicht so einfach war, denn niemand wollte mich mitnehmen. Der Mechaniker rief einen Cargador an, also einen Fahrer mit einem dreirädrigen Pritschengefährt, der 70 Sol von mir wollte, das waren 23 Dollar. Viel zu teuer für 50 Kilometer, allerdings hatte er ein Quasimonopol, und deshalb dachte ich mir nur: »Manchmal muss man das Maul aufreißen, um an sein Ziel zu kommen, und manchmal muss man einfach mitspielen.«

Vespa und Gepäck landeten mit mir auf der Ladefläche, und los ging die windige Fahrt. Der Fahrer war unfreundlich, aber wenigstens brachte er mich zu einem Mechaniker in Lambayeque. Dem erklärte ich, was geschehen war, öffnete den Zylinderkopf und war schockiert: ein Loch im Kolben, genau wie beim anderen. Nur hatte der neue Kolben gerade mal 50 Kilometer gemacht. Wie konnte das passieren?

Natürlich hatte der Mechaniker keine Vespateile auf Lager, also ab ins Internet. Das unglaubliche Internet in der unglaublichen Kombination mit freundlichen Vespafahrern spuckte kurze Zeit später eine Vespawerkstatt in Lima sowie eine Adresse, an die ich Ersatzteile schicken lassen konnte, aus. Dann wandte ich mich an das GSF, das German Scooter Forum, schilderte mein Problem und bat um Rat. Binnen weniger Stunden flogen gute Vorschläge zur Fehlerfindung ein. Daraus bastelte ich eine Ersatzteilliste für das Scooter Center, mailte diese nach Köln und kümmerte mich um den Transport.

Ich fand ein Busunternehmen mit Cargoabteilung. Nachdem ich die Details geklärt hatte, schob ich die Vespa vor das Büro und ließ mein Restgepäck mit einem dreirädrigen Motortaxi kutschieren. Den Windschild nahm ich runter und packte den Tacho, die Lampe und andere nicht so robuste Teile mit Karton und Klebeband ein. Dann kam der schmerzhafte Teil: Ich musste die Originalpapiere und den Schlüssel mit abgeben. Die Cargoleute machten einen professionellen Eindruck, trotzdem war es ein komisches Gefühl, denn nun war alles für einen kinderleichten Diebstahl vorbereitet. Die Schule des Vertrauens und Glaubens war manchmal nicht einfach, aber ich machte einfach. Ich selbst hatte ein Busticket und sprang am kommenden Tag in den Bus nach Lima – 800 Kilometer durch die Nacht. Draußen war nur dunkle Wüste, ich verpasste wohl nicht viel.

Am Morgen kam ich in der Stadt an, die ich eigentlich umkurven wollte. Ich hatte Lima damals auf der Weltreise besucht, und damit war mein Bedarf gedeckt. Jetzt war ich doch wieder da. Tja. Das Cargobüro lag in einem Stadtteil etwas weiter weg vom Zentrum. Als ich es betrat, sah ich sie hinter den Scheiben stehen und rief: »Elsiii!«

Der Mann hinter dem Schalter sah mich fragend an.

»Ihr habt meine Vespa, da, die gelbe, das ist meine Freundin, meine Familie, mein Ein und Alles.«

Er lachte. Ich auch. Alles war angekommen, und ich konnte mich auf die Suche nach einer Bleibe mit Parkplatz machen.

Müll, massenhaft Müll, ekelhaft und überall, kaputte Straßen, halb zerfallene Häuser, streunende Hunde, die Plastiktüten zerfetzten, wie gesagt, mein Bedarf an Lima war eigentlich gedeckt. Ohne das Zimmer gesehen zu haben, zahlte ich, denn das Hostal hatte eine Garage. Dort legte ich meinen Rucksack ab, ging zurück zum Cargo und schob Elsi durch das ghettoähnliche Viertel zum Hostal. Als ich die klemmende Zimmertür aufdrückte, schlug mir Uringeruch entgegen. Sofort schloss ich die Toilettentür. Der kalte Zigarettenqualm, der sich dann durchsetzte, war fast schon angenehm. Ich schleppte trotzdem alle Gepäckstücke in die Ekelbude, schnappte mir die nun leichte Vespa und schob sie gen Miraflores, den Stadtteil am Meer, der sicher und nett sein sollte und in dem auch irgendwo die Vespawerkstatt sein musste.

Ich brauchte zwei Stunden, bis ich klatschnass geschwitzt Miraflores erreichte. Dort ging es leicht bergab, mein Schieberoller wurde zum Tretroller, und irgendwann rollte ich unmotorisiert durch die kleinen Seitenstraßen. Eine kleine Hospedaje mit Vorgarten tauchte auf, die Frau war supernett, ließ mich aber draußen stehen und plauderte nur durch den Zaun mit mir. Ich ließ den Schwiegersohn raushängen und erzählte ihr mit leuchtenden Augen von meiner Reise und vom Motorschaden und vom Weg aus der Wüste bis an ihren Zaun. Sie öffnete die Tür und zeigte mir einen Platz für die Vespa und mein Bett im Sechser-Zimmer, wo ich freundlich von meinen rucksackreisenden Mitbewohnern begrüßt wurde. Bingo.

Ich brauchte echt eine Pause, aß in einem Restaurant ein leckeres Menü, schnappte mir ein Taxi und fuhr zurück in das ranzige Ekelhostal. Als wir in das Viertel fuhren, warnte mich der junge Taxifahrer: »Hier ist es nachts gefährlich. Bandidos rauben Menschen aus, und vor allem brechen die hier Autos auf. Pass auf dich auf.«

Gut, dass ich schon wieder so gut wie weg war. Der Typ hinter der Glasscheibe des Empfangstresens gab mir natürlich keinen Sol zurück, aber das Geld hatte ich eh schon abgeschrieben. Die doppelte Übernachtung verbuchte ich unter »Sonderkosten Maschinenbruch«, erreichte glücklich und erleichtert mein neues Heim in Miraflores, legte mich aufs Bett und pennte erst mal ein.

Später schrieb ich Sebastian vom Vespaclub an, der mir sofort antwortete. Wir verabredeten uns für den nächsten Tag im Vespaladen und wollten danach gemeinsam was essen gehen. Perfekt.

Was hieß hier Vespaladen? Es war eher ein Showroom und moderner Tempel gleichzeitig. Super stylish, nice and shiny, mega trendy und all so was. Weiß glänzende Fliesen und mittig im Raum ein quadratischer Tresen im hellgrünen Vespa-Originalfarbton. Im Eingang drehte sich auf einem kreisförmigen Sockel die Vespa 946, das neuste Modell. Von alten, knatternden Zweitakt-Rockern war nichts zu sehen, allenfalls in der historischen Werbeplakatgalerie.

Weil Ricardo nicht nur Chef der einzigen Vespa-Vertretung Perus, sondern auch Vorstand der Lambrespas Perú war, fand er meine Tour natürlich super. Ich bekam eine flammneue Primavera geliehen, und ein paar Clubleute fuhren mit mir durch die Stadt. Nichts rappelte, nichts knatterte, nichts stank, und das Automatikgetriebe nahm mir irgendwie den Fahrspaß. Natürlich verpackte ich mein Urteil diplomatisch, doch der einzige PX-Fahrer der Runde checkte, was ich meinte, und sagte: »Passt auch nicht zu dir.« Trotzdem saucool, mit einheimischen Vespisti durch ihre Stadt zu cruisen.

Es dauerte und dauerte, die Teile vom Scooter Center lagen schon nach drei Tagen in Lima beim Zoll, aber da hingen sie seither dumm rum. Ich nutzte die Zeit für die erste Revision – es standen ja auch schon 42 000 Kilometer auf der Uhr, und das Reparaturbuch hatte ich inzwischen fast auswendig gelernt. Also trennte ich alle Kabelverbindungen zwischen Karosserie und Motor und holte den Motorblock raus. Beim Reinigen fiel mir auf, dass ein Wellendichtring nicht mehr in Position saß, und ich hoffte, dass dies die Ursache meines Problems war. Viele der Stimmen im Vespaforum hatten ebenfalls auf diese Ursache getippt. Ob es stimmte, würde sich noch zeigen.

Erst mal ging ich meine imaginäre Liste an. Das Gewinde der Ölablassschraube stand ganz oben. Mit der Motorhälfte fuhren wir zu einem älteren Herrn, der Motoren überholte. Er bohrte das Gewinde auf, schnitt ein neues, größeres Gewinde ein und drehte dann eine Gewindehülse ein, damit ich die alte Schraube verwenden konnte.

Das defekte Nadellager der Antriebswelle wurde mit einer manuellen Presse in die Hinterseite der Schaltraste eingepresst. Alles, was sonst noch an Teilen getauscht werden wollte, hatte ich zum Glück noch. Und ich war sehr gut drauf, weil ich mich nicht überfordert fühlte, obwohl ich die meisten Reparaturen zum ersten Mal durchführte, auch den Tausch des Getriebeschaltkreuzes.

Nach über zehn Tagen kamen endlich die Teile aus dem Zoll. Da es keine Auszugswerkzeuge gab, schlug ich mit Hammer und Holzklotz die Kurbelwelle aus und trieb vorsichtig die neuen Wellendichtringe ein. Ich dichtete den Block mit neuen Papierdichtungen ab und baute alles wieder zusammen. Fehlte nur noch der Zylinder. Also fuhren wir kurze Zeit später zusammen zu einem Mann, der ein Experte für Zylinder sein sollte. Was für eine fiese Gegend, erinnerte mich an Bogotás Slums. Der Dreher und Polierer erklärte mir, dass mein Zylinder Schrott wäre, er ihn aber aufdrehen und ein Rohr einschweißen könnte. Mein Gefühl sagte mir aber, dass ich mit so einer Konstruktion nicht über die Anden käme. Oh Mann, ich überlegte hin und her, denn auf eine zweite Lieferung aus Deutschland zu warten hätte mir zu lange gedauert. Ich diskutierte im Netz, alle Clubs mischten mit, sogar die Jungs aus Kolumbien und ScooterWest aus San Diego waren involviert.

Am Ende ergab sich eine dritte Lösung: statt 125-ccm- ein 150-ccm-Zylinder und -Kolben mit allem Drum und Dran. Der alte Mechaniker drückte mir die neuen Teile in die Hand, zusätzlich noch einen Ersatzkolben mit Ringen, die ich als Vorrat mitnehmen würde. Beim Bezahlen wollte er lieber Teile haben, also verdealten wir meine 125-ccm-Kolben gegen die 150er, ich drückte noch 100 Dollar für den Zylinder und Kleinteile ab und konnte es kaum glauben, wie schnell es am Ende ging. Es war zwar kein Originalteil, aber ich hatte eine Lösung, die mich auf jeden Fall weiterbringen würde. In der Werkstatt setzte ich alles zusammen und passte die Vergaserdüse an. Dann kam der große Moment: Ich trat den Kickstarter – und sie sprang an. Ein dumpfer, satter Sound. Elsi hatte eine neue Stimme, und ich war fürs Erste wieder glücklich.

Wie in San Diego wollte ich so viel wie möglich ohne Gewicht fahren, bevor ich den neuen Kolben voll belastete. Minimal bepackt rollte ich drei Tage lang stupide durch die trockene Wüste und nahm mir streng vor, die 60 km/h nicht zu überschreiten, frühzeitig hochzuschalten und viele Pausen einzulegen. Der Motor brummte sauber vor sich hin. Nach 700 problemlosen Kilometern, auf denen ich in Paracas dämlicherweise mein Portemonnaie verpeilte, dafür aber noch Huacachina, eine knallermäßige natürliche Oase hinter riesigen Dünen besuchte, kehrte ich erleichtert in meine Lima-Bleibe zurück. Nun konnte es richtig weitergehen.

Mit den Leuten von den Lambrespas traf ich mich am Abend und merkte selbst, dass ich erheblich lustiger, spontaner und schlagfertiger war als bei unseren Treffen zuvor – definitiv war eine große Last von mir abgefallen. Ricardo vom Vespatempel überhäufte mich noch mit Vespaklamotten, bedankte sich bei mir und meinte, es wäre ihm eine Ehre gewesen, mir zu helfen. Sehr nett, aber erstens war ich es, der sich bedanken musste, und zweitens hatte er mir außer Pullis für mich im Überschwang auch noch die gesamte Kinder- und Damenkollektion aufs Auge gedrückt. Die würde ich auf meiner weiteren Reise nun wie St. Martin an frierende Menschen verteilen – und müsste sie vorher nicht mal zerschneiden, so viel war das.

Neustart durch die Wüste

Endlich erlebte die Vesparicana ihren nächsten Startpunkt! Voll beladen mit all meinem Hab und Gut fuhr ich wie beim Kolbentest wieder nach Süden. Es wurde schnell stürmisch, was das untertourige Fahren fast unmöglich machte. Auch wenn die

Anstiege nicht wirklich steil waren, wirkte die Kombination aus Gepäck und Wind dem neuen Kolben schon ganz ordentlich entgegen.

In Paracas wurde ich bei der Polizei schon erwartet. »Ach, da ist ja Alejandro. Dein Portemonnaie wurde gefunden.« Tatsächlich stand ein paar Minuten später ein Peruaner mit meinem Portemonnaie vor mir. Er hätte es auf der Straße vor dem Laden gefunden. Natürlich fehlte das Geld, das war klar, aber sonst war alles noch da. Die mittlerweile telefonisch längst gesperrten Karten konnte ich knicken, aber ich bekam meinen Führerschein zurück, das war die Hauptsache. Schwer zu sagen, ob der Typ selbst der Dieb war oder nicht, das interessierte mich auch nicht weiter. Wurscht jetzt. Ein letztes Mal kehrte ich Paracas den Rücken.

Beim Tanken las ich auf der Zapfsäule »Gasohol« statt »Gasolina«, und plötzlich durchfuhr mich ein Gedanke: Kam mein

Loch im Kolben vom Sprit? Angeblich gab es in ganz Peru nur Alkoholsprit, ob es auf der Zapfsäule stand oder nicht, hieß, dass 20 bis 40 Prozent Ethanol beigemischt wurden. Was sollte ich dagegen schon groß unternehmen? Mehr Zweitaktöl und regelmäßige Pausen – mehr konnte ich nicht tun.

Es blieb stürmisch, wurde aber immer heißer. Stunden und Aberstunden durchquerten wir Steppen und Wüstenregionen. Nach der Sahara das regenärmste Gebiet der Erde, wie mir ein Tankwart stolz erklärte.

Als ich das letzte Stück Richtung Nasca fuhr, war ich super drauf, das Vespafieber hatte mich wieder fest im Griff. Ich trommelte vergnügt auf den Tacho und jubelte: »Endlich, Elsi, endlich sind wir wieder unterwegs!« Ich hatte das echt schmerzlich vermisst. Die mysterösen Nasca-Linien ließ ich aus, die hatte ich 2007 schon mal aus einer Cessna heraus bestaunt und vermutete stark, dass sie sich seither nicht sonderlich verändert hatten. Mich zog es mit Elsi in die Höhe, und deshalb verließen wir die Panamericana.

Der Pazifik lag nun in unserem Rücken, die Straße wurde kurviger und schlängelte sich bergauf. Es blieb trocken, aber auf über 3000 Metern wurde es langsam frischer. Der Staub wich grünem Moosgewächs, und wilde Vikunjas kreuzten die Bahn. Menschen waren nicht so viele unterwegs. Auf 4000 Metern sah ich nach Stunden mal wieder ein Haus: Der erste Scheitelpunkt war erreicht. Serpentinen führten uns wieder herab auf 2000 Meter. Ohne Motor war es unglaublich still. Die Szenerie änderte sich: Bauern, Kühe, saftiges Land. Dann Felsformationen, die aussahen, als würde jeden Moment Winnetou ums Eck geritten kommen. Über weitere Serpentinen gewannen wir immer mehr Höhe, bis wir einen neuen Zenitpunkt der Vesparicana erreicht hatten: 4560 Meter.

Ein kleiner Ort lag malerisch vor den Andenspitzen, die Häuser aus Lehmziegeln gemauert, mit Stroh gedeckt, Lamas grasten, und indigene Frauen in bunten Strickkleidern zwirbelten entspannt Wollhaufen zu Fäden, die sie auf einem Holzstück aufspindelten. Kühe, Esel, Pferde und Hunde gingen ebenfalls ihren Beschäftigungen nach. Beim Wetter herrschte Arbeitsteilung: links hingen weiße Wolkenhaufen auf blauem Grund, und rechts in einem Tal zogen schwarze Wolken bedrohliche Regenfäden. Wer hier gegen wen kämpfte, wusste ich nicht, aber ich beschwor die Straße, dass sie bitte nach links führen sollte. Urplötzlich fing es an zu hageln, die Kügelchen hüpften nur so auf mir rum, prallten von Helm, Jacke und Elsi ab. Glücklicherweise erhörte mich die Straße doch noch und führte uns aus dem Hagelwetter raus in ein weiteres Tal und eine vollkommen andere Welt. Es war auf einen Schlag warm, die Lamas zeigten sich in großer Vielfalt und waren so zutraulich, dass ich sie anfassen konnte. Schöne Tiere in allen möglichen Fellfarben, die friedlich in ihrer Multikulti-Gesellschaft lebten.

An einem Lehmhaus hielt ich an und machte eine Kaffeepause bei einer indigenen Familie. Nach der Stärkung schlängelte sich die Straße über einen Pass, dann kippte sie über die Felskante und sauste steil in engen Serpentinen in ein Tal, wo ein Fluss das Leben fruchtbar und einfacher machte. Ich fand ein nettes Plätzchen in der Schlucht, mit Wiese und Mangobaum und sogar einem Holztisch samt Bank. Nach acht Stunden Serpentinenwedeln genoss ich den Feierabend.

Die Schlucht wurde im weiteren Verlauf flacher und offener, viele ausgetrocknete Bäume erwarteten offenbar sehnsüchtig das Wasser aus den Bergen. Felder wurden mühselig gepflügt. Ein Mann führte zwei Ochsen mit einem Seil, ein Junge lief hinterher und musste sie regelmäßig mit einem Stock antreiben. Der Boden war teilweise so fest, dass ein dritter Helfer benötigt wurde, der sich auf den Pflug stellte. Zwei Mädchen liefen in den Bodenfurchen hinterher und warfen kleine Kartoffeln in den frisch aufgerissenen Boden. Nebenan buckelten Männer auf dem Feld, geflochtene Körbe auf dem Rücken, was sie ernteten, konnte ich nicht erkennen. Vor den Lehmhäusern saßen Frauen mit Hüten inmitten aufgehäufter Maiskolben und entblätterten diese. Ein Mädchen kam mit zwei Blecheimern vom Fluss, während ein Junge mit einer Spitzhacke und einem Spaten einen kleinen Acker neben dem Haus lockerte. Ein Mann, vermutlich sein Vater, spaltete größere Baumstammstücke mit der Axt in Scheite. Aus dem Lehmkamin des Hauses zog Qualm, es roch nach Feuer.

Was musste die Landwirtschaft hart sein, wenn man alles von Hand machen musste, dachte ich mir. Hier ging es ums nackte Überleben, keiner ging ins Büro und bekam sein Gehalt überwiesen, alles musste selbst gemacht werden. Es machte *klick* in meinem Kopf, ich öffnete mein Gepäck und schenkte den Menschen die Vespa-Pullover, die ich in Lima von Ricardo bekommen hatte. Sie freuten sich – und ich mich auch.

Vorsorglich tankte ich in Cusco, der Provinzhauptstadt mitten im Andenhochland, voll. Im Hinterland würde es wahrscheinlich nur den vierzigprozentigen Alkoholsprit mit mickrigen 84 Oktan geben, der brannte etwa so gut wie destilliertes Wasser. Und dann erwartete mich auch schon eine feuchte Lehmpiste.

Ein Bauarbeiter, der die bisherige Piste als »muy bien« bezeichnete, warnte mich, dass meine geplante Route bald »muy mal« werden würde. Also änderte ich spontan den Weg ins Hinterland. »Immer weiter, amigo, immer weiter. In zwei Stunden bist du da.«

Halb leichtsinnig, halb abenteuerlustig fuhr ich über einen Berg statt um ihn herum. Die Lehmpiste wurde zu einem Viehweg, im Hintergrund erschienen die schneebedeckten Anden. Ich entdeckte mein persönliches Peru. An meiner neuen Route zweifelte ich zwar hin und wieder, aber ich lernte eine Menge Lamahirten kennen, die mir sehr persönliche Wegbeschreibungen gaben. Von »20 Minuten« bis »drei Stunden« war alles dabei.

Über eine uralte Kopfsteinpflasterstraße, auf der die Karosserie leider mehrfach aufschlug, erreichten wir Ollantaytambo. Ich packte Elsi unter eine olle Plane, dass Christo vor Neid erblasst wäre, stellte sie auf einem bewachten Platz ab und wechselte gezwungenermaßen das Gefährt.

Der Abstecher nach Machu Picchu

In Ollantaytambo zahlte ich für eine 90-minütige Zugfahrt nach Aguas Calientes, dem Ausgangspunkt nach Machu Picchu, stolze 70 Dollar. Die Rückfahrt würde noch einmal genauso viel kosten. Irgendwie unverschämt, denn es gab keine Straße und somit auch keine Alternative. Seit Machu Picchu zum Unesco-Weltkulturerbe ernannt wurde, war der Tourismus explodiert und machte die Inkastadt erst recht zu einem ähnlich zweischneidigen Schwert wie die Galapagosinseln. Für viele Einheimische einfach unerschwinglich.

Aguas Calientes glich einem Vergnügungsviertel: Hotels, Restaurants, Souvenirläden. Wenigstens belebte die Konkurrenz das Geschäft, und ich fand für 25 Sol, etwa 8 Dollar, eine saubere Bleibe. Um halb sechs am nächsten Morgen ging ich zur Bushaltestelle. Ich wollte die frühen Tagesstunden nutzen, um vor dem Mob oben zu sein, und mir das schweißtreibende Hochwandern ersparen. Die Schlange vor den Bussen war ungelogen schon mindestens 300 Meter lang. Und als mein Bus über die ausgewaschene Straße die Inkastadt erreicht hatte, standen schon einige Busladungen vor der Anlage, die just in diesem Moment die Pforten öffnete. Doch ich wurde mehr als entschädigt.

Es war einfach der Wahnsinn! Die terrassenförmige Inkastätte präsentierte sich, magisch erleuchtet von klaren Sonnenstrahlen und bewacht von ihren beiden charakteristischen Gipfeln, malerisch schön. Gedankenversunken setzte ich mich auf eine der Terrassen und genoss den Blick auf die geschichtsträchtige und so gut erhaltene Inkastadt – trotz der frühen Buslieferung noch fast ohne Menschen in bunter Outdoorkleidung.

Die Architektur, die passgenau gearbeiteten Natursteine, die ausgeklügelten Wasserkanäle, die Terrassenfelder, der Palast, die astronomischen Kenntnisse – es war einfach nur faszinierend. Ich saugte die ganze Anlage in mich auf und spürte der besonderen Energie dieses Ortes, so gut es ging, nach. Auf Machu Picchu, dem »alten Gipfel«, lebten nur die Regentenfamilie sowie die fleißigen Hände, die benötigt wurden, um den Laden hier oben am Laufen

zu halten. Das eigentliche Volk lebte im heutigen Cusco und kam nur vorübergehend über den heute durch Touris hochfrequentierten Inkatrail hierher. Am Ende war es wohl das Gelbfieber, gegen das auch die Heilkräuter der Mediziner nicht gewachsen waren, das dem Leben in Machu Picchu einen traurigen Schlusspunkt setzte. Viele Menschen starben, die Stadt wurde schließlich verlassen, der feuchte Wald holte sich sein Territorium zurück und überwucherte das Reich der Inkas. Glücklicherweise, musste man sagen, denn aus diesem Grunde erfuhren die spanischen Conquistadores nie von diesem Ort. Sonst würde hier heute garantiert eine Kathedrale stehen.

Die Besucherzahl war offiziell auf 2500 pro Tag beschränkt, was allerdings alle vier Guides, die ich fragte, bezweifelten. Sie schätzten, dass die tägliche Besucherzahl die 3000 weit überschritt. Als sich ab Mittag diese 3000+x Besucher überall auf den Füßen standen, verließ ich gegen den hereindrängenden Besucherstrom die Anlage. Langsam stieg ich über teilweise recht grobe, treppenartige Steine im Waldboden talwärts und spazierte zurück nach Aguas Calientes. Und von dort ging es per Zug zurück zu Elsi.

Ich freute mich, als ich sie von der Folie befreien konnte. Alle meine Gepäckstücke waren noch drauf, und weil es noch früh am Tag war, wagte ich ein weiteres peruanisches Hinterlandabenteuer.

Mein Ziel war Moray, eine ebenfalls clever ausgetüftelte Inka-Anlage aus kreisförmigen Ackerterrassen. Was mich in Moray sonst noch erwarten würde? Kein einziger Mensch, kein einziges Fahrzeug, da war ich mir sicher, denn die waren ja alle auf dem Machu Picchu, und auf meinem Weg begegnete ich nur Einheimischen. Die Menschen in dieser Gegend sprachen fast nur noch Quechua, eine der letzten lebendigen Inkasprachen. Aber in allen Dörfern wurde irgendwer gefunden, der auch Spanisch sprach und mir bestätigen konnte, dass ich richtig unterwegs war. Stundenlang fuhr ich über schlechten Lehmboden.

Das Erste, was ich in Moray sah, waren Reisebusse auf dem Parkplatz, und ich verstand schnell, dass ich durch die Hintertür angereist war, denn die Busse kamen und gingen allesamt von der anderen Seite. Das schmälerte meine Begeisterung aber in keinster Weise.

Auf dem Weg zurück nach Cusco sah ich dieselbe Andenkulisse, die mich schon auf dem Hinweg so fasziniert hatte. Anstatt den Schildern zu folgen, fuhr ich weiter über Lehmboden, orientierte mich nur an den Bergen und erreichte die geteerte Umgehungsstraße. Ich alter Andenkreuzer brauchte weder GPS noch Karte, mir reichte der Inkastyle-Navi aus Sonne, Mond und Bergen.

Das Zweitaktöl in Peru war grottenschlecht. Meist wurde es in kleinen transparenten Tütchen verkauft, und als ich es zwischen den Fingern rieb, entdeckte ich Bröckchen. Auch der Zylinderkopf hatte sich unnormal schwarz zugesetzt. Als ich in Cusco eine Flasche Castrol fand, freute ich mich, als wäre es flüssiges Gold.

Mit 95er-Oktansprit und klumpenfreiem Zweitaktöl im Tank konnte ich gut gelaunt die Reise fortsetzen. Alles lief nach Plan, und ich freute mich schon auf weitere »Altiplanos«. Die Hochplateaus fand ich superschön, und noch spannender war es, sie zu verbinden. Den ganzen Tag floss ich durch das Andenpanorama, immer entlang der Andenstrecke, jener Bahntrasse, die Machu Picchu mit dem Titicacasee verband.

An einer heißen Quelle kampierte ich. Die Dorfbevölkerung hatte sie in Betonbecken eingefangen, so was wie eine Freiluft-

therme. Hier setzte ich mich über Stunden ins heiße Becken, bis zufällig Daniel auftauchte, ein Leipziger Radfahrer, der in Bogotá gestartet war. Es war sehr cool, die Anden aus der Perspektive eines Fahrradfahrers erläutert zu bekommen.

Am Morgen war alles gepackt, und gerade wollte ich starten, da strömte eine Menschenmenge in die Therme und bildete eine Menschentraube um mich. Fragen über Fragen musste ich beantworten, immer wieder kamen und gingen Menschen, und ich wiederholte und wiederholte. Am Ende standen fast 20 Kinder im gleichen Trainingsanzug um mich herum, und alle wollten meine Hand schütteln und Elsi aus der Nähe bestaunen.

Vor uns lag ein Pass. Daniel war vorausgeradelt, ich überholte ihn und wartete am Gipfel. Gemeinsam knipsten wir uns fahrend auf unseren Gefährten, vor den Anden und vor dem Passschild. Obwohl wir uns ja eigentlich gar nicht wirklich kannten, hatten wir eine sehr freundschaftliche Zeit – ein Gefühl, das die Alleinreisenden irgendwie brüderlich miteinander verband, wenn sich die Wege kreuzten.

Wieder alleine lief es über Altiplanos, ich kam erstaunlich schnell voran, weil ich zwar fast 4000 Meter alti war, aber eben plano. Ich konnte fast durchgehend meine Reisehöchstgeschwindigkeit von 70 km/h machen, ohne voll durchzuheizen. Ich hatte das Gefühl, die 80 km/h wie mit dem 125-ccm-Kolben würde Elsi eh nicht mehr erreichen, denn die Drehzahl war irgendwann am Ende. Aber die Geschwindigkeit war mir sowieso egal, Hauptsache, sie hatte die Leistung, das ganze Gewicht wegzudrücken.

Juliaca erreichte ich am Nachmittag und wäre am liebsten sofort durchgefahren. Nach der ewigen, wunderschönen Andenkulisse war die Stadt voller Betonbauten samt Verkehrschaos und total aufgeweichter, ungeteerter Straßen überhaupt nicht mein Fall. Hier sollte ich nachts nicht alleine umherstreifen, sagte mir mein Bauch. Der sagte aber auch, dass ich Hunger hatte. Gab es in Kolumbien noch Soßen, ein bisschen Gemüse und auch frische Säfte dazu, waren es in Ecuador und Peru nur trockener Reis mit Hühnchen. Ohne Reis ging eigentlich nix, also gab es mal wieder Hühnchen mit Reis.

In der Frühe verließ ich die Stadt. Wirklich gut drauf war ich nicht und wusste gar nicht, warum eigentlich. Ich wusste nur, dass meine Seele gestreichelt werden wollte. Manchmal hatte ich

das, nicht oft, aber bei aller Lebensfreude und bei allem Spaß am Reisen konnte der Körper auch mal eine tiefsitzende Müdigkeit verdrängen, bis die sich dann ihrerseits rebellisch bemerkbar machte. Das Medikament hieß dann Ruhe und Gelassenheit.

Auf einem Altiplano kam ich zur Ruhe. Seit langem mahlte ich mir mal wieder einen Kaffee und brühte ihn frisch auf, aß Kekse und Obst, hörte Musik. Nach der Pause war ich wie ausgewechselt. Gut gelaunt und singend rollte ich über die Hochebene, langsam bergab mit einem frühen Feierabend im Hinterkopf.

Wenig später wurde es frisch. Wind zog auf und mit ihm dunkle Wolken. Ich zog mir sicherheitshalber schon mal die Regenhose über. So wirklich wohl war mir nicht, denn ich sah Blitze in der Ferne, und auf der absolut flachen Hochebene auf 4500 Metern gab es keine höheren Punkte, die als Blitzableiter aushelfen konnten. Als sich die dunklen Gewitterwolken von links und vorne rechts über mir vereinten und es plötzlich schneien ließen, fuhr ich längst Vollgas. Feuchtigkeit gepaart mit Elektrizität lag in der

Luft, die Gewitterwolken berührten vor mir fast den Boden, es hieß nur noch Augen zu und durch.

Der Schnee hörte zum Glück schnell wieder auf, und wenig später unterfuhr ich die Gewitterfront. Ich war nur ein bisschen nass geworden und trocknete dank der Sonnenstrahlen, die nach der Front auf mich warteten, schon wieder. Gegen Abend schlug ich mein Zelt zwischen alten Lehmziegelwänden auf, die mal ein Haus oder eine Scheune waren. In der Ferne donnerte es, als plötzlich ein Mann neben mir stand. Ich erschrak, beruhigte mich aber gleich wieder. Es war ein Hirte, der die Nacht in der Scheune etwa 300 Meter entfernt mit seinen Lamas und Schafen verbringen würde. »Pass auf dein Essen auf, meine Hunde sind lieb, aber immer hungrig.«

Als das Zelt stand, gab es ein kärgliches Mahl aus Reis mit Brühwürfeln, denn mehr hatten meine Vorräte nicht mehr zu bieten. Die Hunde des Hirten schauten mich schon ein bisschen schräg an, ließen mich aber in Frieden. Es wurde dunkel und die Nacht eiskalt.

Der Tag war noch jung, kaum saß ich auf dem Bock, stoppte ich schon wieder, denn ich sah die Afrika Twin mit dem Gepäckturm, den ich aus Ecuador kannte. Die Wiedersehensfreude war nur kurz, denn es wartete ein Pass, den jeder in seinem Tempo bezwingen musste, aber ich verabredete mich mit Heidi und Jean-Luc für ein Treffen in Arequipa ein paar Tage später.

Bis zum Gipfel ging es langsam und nicht zu steil bergauf. Ohne Probleme drückte Elsi uns auf den höchsten Punkt der Vesparicana – *ta-taaa!* –, stolze 4862 Meter über dem Meeresspiegel! Da oben war es wunderschön, der schneebedeckte Andenkamm stand wuchtig am Horizont, ein Riese qualmte stark, denn viele der Berge sind aktive Vulkane. Ich nahm mir Zeit, das Panorama ausgiebig zu genießen.

Nach diesem Höhepunkt rollte ich nach Chivay, wo ich Station machte, um einen Abstecher ins Colca-Tal zu starten. Die Schlucht ist tiefer als der Grand Canyon und für die majestätischen Condore bekannt. Doch die Piste in den Canyon war böse:

weicher Sand und Felsbrocken. Dazu kam der dunkelste Tunnel der Welt, der im Grunde nur ein Loch in der Felswand war. Die Idioten, die ihre Touristen mit den Jeeps zu den Condoren fuhren, bretterten gnadenlos rein und hüllten mich in eine Staubwolke. Es knirschte zwischen den Zähnen. Zurück im Tageslicht quälte ich mich noch einige Kilometer weiter – gab dann aber auf und drehte um. Der Canyon war zwar schön, aber das war die Belastung nicht wert.

Gauchos auf Eseln ritten lachend an mir vorbei.

»Der Esel ist besser als ein Motorrad«, rief ich ihnen zu.

»Willst du tauschen?«, fragte einer.

Wie am Kratersee in Ecuador tauschte ich Elsi natürlich auch hier nicht gegen einen Maulesel. So ein Scherzkeks!

In jedem Andental wartete anderes Wetter. Viel Hagel und Regen war dabei, aber auch Sonnenschein erhellte den Tag. So auch in Arequipa, wo Heidi und Jean-Luc mich schon erwarteten. Es war nett mit den beiden, sofort stellte sich das Reisefamiliengefühl bei mir ein. Als ich nicht gerade freudig über meine Eindrücke von El Salvador berichtete, widersprach mir Jean-Luc ungewöhnlich heftig. Ihm wären die Menschen dort mit am offensten und freundlichsten begegnet. Es ratterte in meinem Kopf: Wahrscheinlich war ich durch die Bandidos in Guatemala den folgenden Ländern, also zunächst El Salvador, besonders voreingenommen und kritisch begegnet. Auch mit einer anderen Reiseeinstellung war es bestimmt kein konfliktfreies Land, aber ich entschuldigte mich bei allen Bürgern von El Salvador für mein voreiliges Urteil.

Ich blieb eine Weile in der Stadt und buchte für fünf Tage noch einmal einen Spanischkurs. Da ich mitten in der Woche in den Unterricht einstieg, hatte ich fünf verschiedene Lehrer, was sich als gut herausstellte, denn ich erzählte und erzählte, wurde gefragt und gefragt und merkte selbst, wie ich durch die permanente Wiederholung besser wurde. Die Leute waren unkompliziert und freundlich, und ich lernte auch viel über die peruanische Kultur. Glücklich und selbstsicherer verließ ich die Sprachschule, bereit für das nächste Abenteuer.

Am Titicacasee über die Grenze

Von den sanften 2300 Metern in Arequipa startete ich in Jeans und T-Shirt Richtung Puno auf 3800 Metern und spielte Strip-Poker – nur umgekehrt. Bei jedem Höhenmeter zog ich mir mehr an.

Nieselregen ließ mich frösteln. So langsam musste ich das Fingerspiel spielen, also Finger und Zehen permanent bewegen, auch mit den Beinen auf und ab wippen, um nicht auszukühlen. Aus den Nieseltropfen wurde Sprühregen, als Elsi plötzlich schwankte.

»Oh nein, bitte nicht jetzt.« Da stand sie schon auf der Felge. Der Hinterreifen war platt. Also hieß es im Regen abpacken, Batterie raus, Hinterrad raus. Als ich das Reserverad montieren wollte, passte es nicht. Der Auspuff hatte am Colca-Canyon wohl doch einen zu viel abbekommen und sich mal wieder ans Hinterrad gedrückt. Der Hinterreifen war schon nicht mehr abgefahren, sondern vielmehr abgeschliffen. Auch der Auspuff hatte vom Reifen eine kleine Kehle eingefräst bekommen. Also raus mit dem Pott. Zange, Hammer und all die Werkzeuge waren ja da, aber meine Finger waren so eiskalt, dass ich sie immer wieder anhauchen musste, um das taube Gefühl loszuwerden.

Es war schon später Nachmittag, als ich weiterfuhr. Mir wurde so langsam klar, dass ich mein Ziel heute nicht erreichen und dass auf dem Weg vor allem keine Unterkunft zu finden sein würde. Hinter der nächsten Kuppe war alles weiß. Schnee war auf den Feldern, aber zum Glück nicht auf der Straße, dafür vermehrten sich die Schlaglöcher wie die Karnickel. Es dämmerte, und der Nebel verdichtete sich. Mit Fernlicht fuhr ich langsam bergab, als es heftig zu schütten anfing. Was nun?

Für »Augen zu und durch« wurde es zu gefährlich. Ich schlotterte schon, als ich hinter einem Acker eine kleine Lehmbude entdeckte. Durchs Fenster sah ich Kerzenschein. Ich klopfte. Eine kleine, pummelige indigene Frau öffnete die Tür und schlug die Hände über dem Kopf zusammen: »Amigo! Es regnet, ist kalt und dunkel. Komm schnell in mein Haus.«

Sie öffnete eine weitere Blechtür, die in eine Scheune führte. Wir schoben zusammen den Webstuhl zur Seite und hoben die frisch abgezogenen Alpacafelle auf einen Stapel, um Platz für Elsi zu schaffen. Dann sagte sie mir noch, dass ich auf den Fellen schlafen konnte, dass es zwar keine Toilette gab, ich aber einfach aufs Feld machen durfte. Dafür gab es Strom und eine Energiesparlampe. Ich war nass und fror und entschied mich deshalb, in der zugigen Notunterkunft mein Zelt aufzuschlagen. Als es stand, erhitzte ich Wasser, füllte meine Wärmflasche und legte sie mir schon mal in den Schlafsack. Da kam die Hausherrin mit einem Teller Suppe in die Scheune. Genau das Richtige. Im Schlafsack war es mittlerweile sehr warm, doch ich war so durchgefroren, dass es dauerte, bis ich einigermaßen aufgetaut war. Hundemüde schlief ich ein.

In der Nacht schmerzte mein Körper. Die Hände kribbelten und waren so kraftlos, dass ich sie nur mühevoll zur Faust formen konnte. Gedanken von steifen Handwerkerhänden und der Zerstörung meiner weiteren Tischlerkarriere geisterten durch mein schlaftrunkenes Hirn.

Früh am Morgen machte ich Tee, packte und wollte mich bei meiner rettenden Gastgeberin verabschieden. Mit einem Schein wollte ich meinen Dank untermauern, aber sie wollte mein Geld nicht und sagte immerzu »No, por favor«. Die Kids standen neben der Vespa, und ich machte sie mit den letzten Vespa-Pullovern glücklich. Ihr kaufte ich ein kleines Schaffell ab, wollte damit meinen Sattel füttern, verwarf diese Idee aber schnell und schenkte es unterwegs einem alten Mann auf einem Ochsenkarren.

Noch vor Puno schlug ich mit dem Auspuff auf und hatte am Fahrbahnrand eine weitere Operation. Der nächste Schweißer musste unbedingt die Aufhängung supporten, sonst würde ich im ungeteerten Bolivien keinen Spaß haben.

Das Hotel am Rande von Puno war sehr edel und ruhig, direkt am Wasser gelegen. Normalerweise wäre so was gar keine Option für mich, aber es gab einen Grund: Familienbesuch. Heike, die Freundin meines Bruders Ocki, die mir die Leberwurst im Gepäck untergejubelt hatte, war seit ein paar Jahren selbständig und organisierte Patenreisen, aber auch Reisen für kleine Gruppen mit sozialem Hintergedanken. Fast zwei Jahre vor dieser Reise hatte ich ja bei Heike und meinem Bruder gewohnt. Wir verstanden uns sehr gut, sie hatte mich in zweifelnden Zeiten immer ermutigt, an meinem Reisetraum festzuhalten. Nun hatte es sich zufällig ergeben, dass wir hier in Peru die Wege kreuzen lassen konnten. Überraschenderweise war in der kleinen Gruppe auch Anke, ihre Zwillingsschwester, und Kalle, der Vater der beiden. Ich schlug mein Zelt auf der Hotelwiese am See auf. Die Dusche nutzte ich bei den Mädels und wurde auch gekonnt mit ans Frühstücksbuffet geschmuggelt.

Ich schloss mich teilweise der Reisegruppe an und besuchte mit ihr unter anderem die schwimmenden Inseln der Uros. Es war spannend anzusehen, wie sich ein Volk auf dem Wasser ansiedeln und überleben konnte. Früher waren es eher große Fischerboote, heute waren es ganze Plattformen inklusive EU-geförderter Grundschule mit Solarpanels. »Das schwimmende Klassenzimmer«, wie Kalle sagte.

Bei einem weiteren Ausflug auf die Insel Taquile war die Gesellschaft am Abend müde, da sie alle mit der Höhe zu kämpfen hatten. Deshalb wurde nur klein reingefeiert: Es gab eine Kerze im Schokoriegel, wie in der »Yes-Törtchen«-Werbung, die Reisegruppe wie auch die indigene Familie gratulierte mir, und ich bekam eine Alpacamütze und Handschuhe geschenkt. Es war mein 37. Geburtstag.

Mit dem Boot schipperten wir am nächsten Morgen bei feinster Geburtstagssonne zu einer weiteren Insel, nahmen auch hier das fast originale Peruflair auf und schipperten zurück nach Puno. Wir feierten ein bisschen, wobei ich besser beim Bier geblieben wäre statt bei Pisco Sour. Mit Zitrone und Eis recht lecker, aber gefährlich.

Am Morgen verabschiedete sich die Reisegruppe, und mir war nicht gut. Mir war kalt, mir war heiß, meine Gedanken drehten sich im Kreis. Ich bekam Fieber. Vollkommen ausgelaugt schluffte ich zur Straße, um mir Gemüse und Wasser zu organisieren. Ein

Straßenköter bellte mich an. »Halt's Maul«, dachte ich noch, da sprang der Drecksack auf mich zu und biss mir in den Knöchel. Blut lief aus der Wunde, die ich tagelang mit Alkohol, Betaisodona und Bepanthen behandelte. Immer wieder suchte ich nach dem Blutvergiftungsstreifen, der sich zum Glück nicht abzeichnete. Langsam, aber sicher verheilte die Wunde, während ich mich für den nächsten Grenzübertritt bereit machte.

BOLIVIEN – UND DIE LAGUNEN

Noch immer war ich am Titicacasee, nach einem lockeren Grenzübertritt nun aber in Bolivien, und fuhr mit einem Boot auf die »Isla del Sol«, wo mich neben der namengebenden Sonne auch wieder ein Abstecher in die abgefahrene Inkakultur erwartete. Nach der Rückfahrt knatterte ich auf einer Art Kamm des bolivianischen Festlandes entlang. Größere freie Felsen waren bunt bemalt, wie sich herausstellte mit Wahlwerbung: »Con Evo todo bien.«

Evo Morales war fünf Tage zuvor mit 61 Prozent als Präsident wiedergewählt worden, nachdem der sozialistische Parteiführer bereits 2005 als erster Indigener zum Staatsoberhaupt gewählt und 2009 bestätigt worden war. Der Sohn eines einfachen Cocabauern verkörperte nicht nur die Nachkommen der Ureinwohner, sondern stand auch für die Verstaatlichung der wichtigsten Industrien, was in Bolivien vor allem alle möglichen Bodenschätze betraf.

Bei aller grundsätzlichen Sympathie für Solidarität und Sozialstaat: Tanken machte in Bolivien keinen Spaß. Immer war die Hölle los, man musste warten und warten, und dann noch das nervige Prozedere für »Extranjeros«. Als Ausländer musste ich alle möglichen Daten angeben. Pass, Fahrzeugpapiere, Zollwisch, und das alles, um am Ende den Liter für 9 statt 3,60 Bolivianos wie die Einheimischen zu bekommen. Sprit war subventioniert, aber eben nur für die bolivianische Bevölkerung.

Und dann hatte die Soße nur 85 Oktan, was ich extrem merkte. Elsi lief echt nicht rund, ging oft aus, buckelte, und das konnte nicht nur an der dünnen Luft liegen. Wenigstens war es Gasolina und kein Gasohol. Ich tankte also gerade Pest und nicht mehr Cholera wie in Peru. Hoffentlich überstand sie es, ohne Schaden zu nehmen.

In der Mittagshitze erreichte ich ein Dorf und schlug zur Begrüßung mit dem Auspuff auf. Mal wieder Zwangspause. Ein faltiger Opi rettete mich mit einer Mutter für die Aufhängung. Erst mal kam ich damit weiter, aber ich brauchte eine richtige Lösung. Auch der Alte lehnte den Schein, den ich ihm freundlich zum Dank anbot, ab und hieß mich in Bolivien herzlich willkommen. Die einfachsten Leute mal wieder.

Eine floßartige Lancha, ähnlich wie in Guatemalas Süden, brachte uns über einen Seearm, weil es keine Brücke gab. Das war der kürzeste Weg in die Stadt mit dem höchstgelegenen Regierungssitz der Welt. Nicht mehr weit, und ich konnte über den Kessel in den Krater von La Paz schauen, was für eine Stadt! Über schlechte Straßen rollte ich in die Schüssel bergab und hatte jetzt schon Sorgen, ob ich da wieder rauskam.

Ich nahm die erste Bruchbude mitten im Marktstandgewimmel, die ich fand. Zwischen Lammhälften und den Verkäuferinnen, die mit dem Lappen die Fliegen wegwedelten, lud ich ab und fuhr zum ersten Schweißer, den ich fand. Wie sich herausstellte ein netter Kerl. Wir zerschnitten fette Bolzen und schweißten sie an die Auspuffaufhängung. Natürlich alles auf der Straße, denn es arbeitete auch hier kaum einer in den Werkstätten, drinnen lagerten eigentlich nur die Werkzeuge. Als wir fertig waren, wollte der Schweißer 20 Bolivianos, knappe 3 Dollar. Ein anderer Mann, der bei uns stand, meinte, dass er mir doch nichts berechnen durfte, weil ich ein Reisender war. Ich protestierte und meinte: »Er hat gut gearbeitet, natürlich wird er für seinen Aufwand bezahlt.«

Daraufhin meinte der Zaungast: »Okay, er wird bezahlt, aber nicht von dir.« Er holte 20 Bolivianos raus und zahlte den Schweißer für mich.

Ein weiterer Schaulustiger beschwerte sich, dass auf meinem Windschild so viele Länderfahnen klebten, aber Bolivien fehlte.

»Die habe ich noch nirgends gefunden«, antwortete ich wahrheitsgemäß, denn ich hatte schon danach gesucht.

Keine zwei Minuten später kam er aus seinem Folienladen und klebte mir die frisch geplottete Fahne auf die Vespa. Ich gab im

Gegenzug eine Runde Vesparicana-Aufkleber aus, die ich über Heike nach Peru hatte bringen lassen. Und alle waren glücklich.

Es fehlte nicht viel, und ich hätte tatsächlich in La Paz bleiben müssen. Nur mit letzter Kraft und motorquälender Fahrweise schaffte ich es aus dem Kessel wieder raus. Krass, 900 Höhenmeter konnte man in dieser Stadt machen. Wirklich abdüsen ging nicht mehr, denn die kleinste Düse war schon seit Puno drin. Sonderpunkt Elsi!

Oben erreichte ich die Panamericana. Hä? Ich dachte, die blieb an der Küste. Hatte ich mich wohl getäuscht, auch gut. Eigentlich hatte jede Fahrtrichtung zwei Spuren, doch manchmal wurde der Gegenverkehr auf eine der beiden Fahrbahnen gelenkt. Das spannende dabei war, dass es dir keiner sagte. Dubios.

Schon seit Tagen wurde ich von meinem Gehirn terrorisiert. Es reifte etwas heran, was ich gerne verdrängt hätte, aber es klinkte sich in meinen Hirnwindungen ein wie ein Karabinerhaken. Wie bereits berichtet war ein ganz entscheidender Grundstein dieser Reise vor ein paar Jahren gelegt worden. Als ich mit meinen zwei Buddys Toni und Kwieso um den Globus reiste, waren wir auch in Bolivien gewesen. Auf dem Salar de Uyuni, der größten Salzfläche der Welt, und dem dahinter liegenden Gebiet, der Lagunenroute, erlebte ich das erste Mal diesen süchtig machenden Gefühlscocktail aus Freiheit, Leichtigkeit und der unbeschreiblichen Schönheit dieser fremden Welt. Dort sprach ich damals laut zu mir selbst: »Ich komme hierhin zurück! Aber nicht mit dem Rucksack. Ich komme zurück auf meiner Vespa!«

Das war mein erster Gedanke an eine Lateinamerika-Vespareise, aus dem sich im Laufe der Jahre die Vesparicana über den gesamten Kontinent entpuppte wie ein Schmetterling aus einer Raupe.

Nun näherte ich mich wieder dieser Wüstenlandschaft in den Anden, die Bolivien und Chile verband und mich magisch anzog: Dort ragten auf fast 4000 Metern Höhe schneebedeckte Andenspitzen empor, davor lagen türkisfarbene, rote und weiße Lagunen, die zu allem Überfluss von pinkfarbenen Flamingos bewohnt wurden. Das würde ich so gerne wiedersehen, die Euphorie wiederempfinden, auch wenn die Lagunenroute sehr sandig und nicht umsonst Teil einer Etappe der berühmten Rallye Dakar gewesen war. Letzteres erfuhr ich allerdings erst sehr viel später.

Mich ergriff dasselbe Gefühl, das mich vor der Reise immer wieder eingenommen hatte, das Gefühl, an meine Träume zu glauben und sich nicht in die Knie zwingen zu lassen. Das Gefühl, das mir signalisiert hatte, dass Fairbanks irgendwie nicht reichte, und mich zum Arktischen Ozean aufbrechen ließ. Das Gefühl, dass der Atze in mir stärker war, der Rebell und Chaot, der zwar überlegte, aber mit seinem verdammten Sturkopf manchmal an fixen Ideen festhielt und sie am Ende einfach machte.

Auch wenn der Alexander in mir gerade recht zufrieden damit war, wie alles bisher gelaufen war, hatte ich Respekt und manchmal auch ein bisschen Angst vor meinem eigenen Mut. Nun musste ich versuchen, diesen abenteuersüchtigen Typen in mir zu besänftigen, denn am Ende galt wie immer das höchste Gebot der Vesparicana: Pass auf dich auf und bring dein Leben nicht in Gefahr! Und pass auf deine Vespa auf, an der chilenischen Grenze sollte die Reise noch lange nicht zu Ende sein. Es warteten noch ein paar Länder auf uns!

Seit ich am ersten Tag in Bolivien mit ein paar Fahrradfahrern gesprochen hatte, die die Salar-Durchquerung planten, begleitete mich der Gedanke an eine Lagunen-Expedition. Doch die ganze Zeit hatte ich mich mit dem Gedanken begnügt, einen schönen Ausflug auf die Salzfläche zu machen. Je näher ich der Region nun kam, desto mehr nahm mich wieder das Gefühl ein, einen großen Traum realisieren zu können.

Doch dafür fehlten mir noch wichtige Informationen, ohne die alles Träumen nur wertlose Gedankenspielerei bleiben würde.

Potosí ist nicht nur eine der am höchsten gelegenen Großstädte der Welt, sie ist auch unverschämt steil. Nach 435 Kilometern und elf Stunden mehr oder weniger ununterbrochener Fahrt über die Anden war ich mit der Unterkunft nicht wählerisch. An meinem Feierabendbier musste ich nur riechen, und schon schlief ich ein.

Der folgende Ruhetag wurde ein großer Infotag. Im Netz fand ich GPS-Koordinaten eines Radreisenden, mit denen ich Pete versorgte. Das war schon mal gut, alles andere klang nicht gerade einladend: schwer, hoch, steinig, sandig, nachts eiskalt. Spontan konnte es schneien und stürmisch werden, und es gab nur wenige Verpflegungspunkte auf den über 500 Kilometern.

Andererseits wurde auch deutlich: Mit einer gründlichen Vorbereitung sollte es auch mit einer Vespa machbar und die überwältigende Schönheit jeden Schweißtropfen wert sein. Und so konnte Atze schließlich Alexander überzeugen, es zumindest zu versuchen – abbrechen konnte er ja immer noch.

Die Lagunenexpedition

Die Expeditionsvorbereitungen begannen. An der Tankstelle füllte ich den Reservekanister und drei Plastikflaschen à zwei Liter mit Benzin. Zusammen mit dem Sprit im Tank waren das gut 23 Liter Treibstoff. Acht Liter Wasser und jede Menge Fressalien fanden auch noch Platz.

Kurz vor dem Aufbruch las ich im Netz noch von drei Bergsteigern, wie ich Jahrgang 1977, die zwei 8000er im Himalaya erklimmen und die Bodenstrecke mit Mountainbikes und Steigeisen erkämpfen wollten. Krasses Abenteuer! So was rockte mich, da wollte ich auf jeden Fall am Ball bleiben. Doch jetzt stand erst mal mein eigenes Abenteuer an, und das bedeutete auch: Adiós, Che! Ursprünglich sollte die Vesparicana weiter östlich zum Todesort von El Comandante Guevara führen – nun hieß es umdisponieren: Ich versuchte zwar, so viel wie möglich mitzunehmen, aber das leere Grab von Che würde ich für die Lagunen opfern.

Tag 1

In Uyuni genoss ich noch mal die eiskalte Dusche und brach am frühen Morgen auf. Schon die Piste zur Salzfläche war übel matschig, teilweise mit fahrbahnbreiten Wasserlöchern, sodass ich die Bahn immer wieder verlassen musste.

Langsam fuhr ich einige Kilometer, bis die Piste weich wurde und Wasser auf dem größten Teil der Fläche stand. Die Räder drehten durch, ich schlingerte, und Elsi fiel in den Matsch. Aufheben ging nicht, ich rutschte weg. Also Gepäck runter. Unter meinen Schuhen klebte zentimeterdick der weiche Matsch. Ewig schleppte ich meinen Kram nach vorne und fuhr die leere Vespa mit durchdrehendem Hinterreifen auf festen Grund. Eine salzige Pfütze nutzte ich, um die vollkommen zugeschmierte Scheibenbremse zu säubern. Wenn das mal gut gehen würde. Ich sah ja jetzt schon aus, als hätte ich die Tour hinter mir.

Zwei Motorräder fuhren an mir vorbei, auf mein Warnsignal hörten sie nicht und fuhren in den Matsch. Doch selbst

die 1200-ccm-BMW-GS scheiterten an dieser Stelle. Fast ein Trost. Aber nur fast.

Zurück auf der trockenen Piste fand ich endlich den Weg aufs Salz. Die größte Salzfläche der Erde lag vor mir. In den kommenden Tagen würde ich nicht nur sie, sondern auch die dahinterliegende Wüstenlandschaft auf 4300 Metern Höhe durchqueren, die inmitten der Anden abgefahrene Seen gebildet hat. Also los.

Ich hatte gehört, dass man irgendwo Eintritt bezahlen musste. Keine Ahnung, ob das stimmte, mich hielt jedenfalls niemand an. Stattdessen fuhr ich anfangs wie ein Kind, das auf großen Steinen einen Bach überquerte, im Zickzack immer auf den trockenen Stücken, die einigermaßen fest und stabil aussahen. Die riesige weiße Fläche reichte weiter als der Horizont. Zum Glück hatte ich meine GPS-Daten, denn eine visuelle Orientierung war unmöglich. Es gab drei festgefahrene Spuren, die angeblich alle am gleichen Ort enden würden. Ich nahm die mittlere, denn die lag genau auf meiner GPS-Peilung. Schnurstracks und kerzengerade führte sie zuerst zu

einem Salzhotel. Ein riesiger vermummter Beduine aus Salz ragte vor dem Hotel in den Himmel, darunter stand »Dakar 2014«. Es hätte eigentlich in meinem Kopf klingeln müssen: Wenn die Rallye hier über das Salz und über die Lagunenroute führte, dann war es eigentlich logisch, dass mich dahinter nicht gerade eine gute, vespafreundliche Bahn erwarten würde. Aber es klingelte nicht.

Salz unter den Reifen fühlte sich ähnlich an wie grober Asphalt, unsicher fühlte ich mich auf dem Grund nicht, es machte sogar Spaß. Nur hatte ich das Gefühl, dass ich doch falsch gefahren sein könnte, denn die Jeeps mit den Touristen fuhren auf der linken Spur, die im Laufe der Kilometer vom Horizont verschluckt wurde.

Komisch war auch, dass alles irgendwie nah aussah und doch ewig weit weg war. Eine Insel am Horizont schien lustigerweise zu fliegen, denn nur die Spitze der Insel war zu sehen. Das bekannte Hitzeflimmern des Untergrundes ließ den Boden und auch die Ränder der Objekte verschwinden.

Nach insgesamt rund 80 Kilometern erreichte ich die Insel Incahuasi. Sie bestand tatsächlich aus Korallen, weil die Salzfläche irgendwann mal Meeresboden war, der sich mit der Entstehung der Anden nach oben gedrückt hatte. Auf diesen Korallen wuchsen Kakteen, die mich an die Baja California erinnerten. Diese hier waren teilweise über 1000 Jahre alt. Weil das natürlich alle Bolivientouristen toll fanden, standen auch gefühlte 50 Jeeps vor der Insel. Ich verzog mich auf die Rückseite und baute mein Zelt auf.

Das Einschlagen der Heringe war lustig. Was hatte ich nicht schon für verschiedene Untergründe gehabt – aber Salz war was Spezielles. Nachdem das Camp errichtet war, kümmerte ich mich um Elsi. Auf dem Auspuff war eine zwei Zentimeter dicke Salzkruste, die sich dagegen sträubte abzugehen. Eine Salzpfütze diente wieder als Putzeimer. Ich gab alles und versuchte einigermaßen die Funktionalität zu erhalten. Sauber war anders, aber entkrustet war sie.

Nun war Zeit zu kochen. Im Vorzelt schnippelte ich Gemüse,

öffnete eine Dose Thunfisch und machte Spaghetti dazu. Beim Kochen schmeckte ich das Gemüse ab – und groteskerweise fehlte Salz. Ich kratzte mit der Gabel am Boden und streute es in den Topf – einmalig!

Tag 2

Es war abgefahren, mitten auf der Salzfläche aufzuwachen. Allein schon der erste Blick aus dem Zelt haute mich um.

Die Piste war anfangs recht dreckig, weil sie extremen Abrieb von den Jeep-Reifen aufwies, wandelte sich aber bald schon wieder in eine schneeweiße Oberfläche. Die dahinter liegende Schotterpiste begrüßte mich mit dem neuen Untergrund, der mich in den kommenden Tagen erwarten würde: sandig, teilweise fest und vor allem voller grober Steine.

Im ersten Gang fuhr ich ein paar Kilometer und hielt an einem kleinen Laden am Wegesrand an und kaufte Wasser. Die Piste verbesserte sich kein bisschen. Im Gegenteil, sie wurde so wellig, dass ich oft bis auf null abbremsen musste, weil sich Elsi im Rhythmus aufschaukelte und der Auspuff aufschlug. Nach zwei Stunden hatte ich erst 17 Kilometer gemacht. Wenn das so weiterging, würden es lange Tage werden. Die Spurrillen der Jeeps waren irgendwann so tief, dass ich kaum noch über den mittig angehäuften Schuttstreifen die Spur wechseln konnte.

Plötzlich ein Ruck, ein Knall, und ich blieb an einem Stein hängen. Wer hätte es gedacht: Mein Auspuff verzog sich trotz der neuen Verstärkung, die in La Paz angeschweißt wurde, und mein Hinterrad war blockiert.

Bock hatte ich absolut keinen, aber ich musste mal wieder ran: abpacken, Vespa umlegen, Hinterrad rausnehmen. Als ich den Befestigungsbolzen vom Auspuff lösen wollte, drehte die Ratsche den Schraubenkopf rund. Ob es das Salz war oder Rost, konnte ich nicht sagen. Fakt war: Der Bolzen saß fest. Es dauerte ewig, bis ich den Drecksack mit viel Öl und Zuneigung losbekam. Als der Auspuff frei war, klopfte ich erst mal die Salzkruste ab. Unglaublich, was für Salzbrocken vom Kupplungsdeckel und dem Motorblock bröckelten. Auch der Reifen hatte schon einseitige Abnutzungen, weil er an der Salzkruste scheuerte.

Es war ein unendliches Gefummel, aber die Reparatur glückte. Da ich viel Zeit verloren hatte, musste ich schon bald den Feierabend einläuten. Das geschah in Julaca, gerade mal 30 Kilometer hinter dem Salar, nachdem ich weitere drei Stunden über sandige Pisten bis zu diesem klitzekleinen Ort gefahren war. Laut Volkszählung von 2012 wohnten hier 66 Menschen. Das könnte aber eine Übertreibung sein. Ringsum waren Vulkane, die schneebedeckten Anden leuchteten noch rötlich von der Sonne. Einfach nur schön.

In der Nacht wurde es dann einfach nur kalt. Mein Wasser fror zum Eisblock, und am Kanister wuchs ein Eiszapfen.

Tag 3

Der Auspuff randalierte wieder, da das Bolzengewinde vollkommen kaputt war. Mit Schlauchschellen, Zurrbändern und Klebeband versuchte ich, den Auspuff zu fixieren. MacGyver könnte das sicher besser, aber vorläufig schien es zu halten.

Der Untergrund wurde so sandig, dass ich nur im ersten Gang fahren konnte. Seit der Kakteeninsel war mir kein einziges Auto mehr begegnet. In einem Ort versuchte ich, Infos über die aktuelle Pistenqualität zu erhalten, aber jeder erzählte mir etwas anderes. Würde ich wohl selbst herausfinden müssen.

Die Piste wurde noch steiniger, und es ging in die Berge, mal hoch und wieder runter. Das Gemeine war, dass die Karosserie und das Fahrgestell auf dem schlechten Untergrund langsame Bewegungen haben wollten, der Motor jedoch schneller und hochtouriger fahren wollte, um auf dem sandigen Grund Kraft und Geschwindigkeit mitnehmen zu können. Was ich auch tat, war irgendwie falsch.

Eine extreme Steigung ließ mich stutzig werden. Unten vor der Anhöhe waren ein kleiner Bach und grobe Steine. Langsam fuhr ich über das Hindernis und gab dann Gas, aber in der Mitte der Steigung blieb ich stehen. Ich hatte zwar noch Kupplungsbeläge im Gepäck, wollte es aber nicht übertreiben. Außerdem verspürte ich hier im Sand kein großes Interesse, die Kupplung zu öffnen. Mir gelang es, Elsi in der Steigung aufzubocken. Dann packte ich ab und schleppte Teil für Teil zum Scheitelpunkt – in der prallen Höhensonne ein sehr schweißtreibendes Unterfangen. Nachdem ich sie halb leer zum Gepäckhaufen gefahren hatte, lud ich wieder auf und fuhr weiter.

Wellblechpiste, so nannte man die festen Querwellen zur Fahrbahn. Wir sprangen auf und ab, bis ein ohrenbetäubender Sound aus dem Auspuff knallte. Die Verbindung zum Krümmer war lose, da mein selbstgebasteltes Provisorium versagte. Also verknotete ich das durchgebrannte Seil, spannte es nach, zog die Schrauben wieder an und fuhr weiter. Keine 300 Meter weiter schlug ich wieder auf, und das ganze Prozedere begann von vorn.

Der Untergrund war so weich, dass ich nur noch in den Spurrillen der Jeeps vorankam. Wenn diese Spuren hart und zu wellig wurden, musste ich sie wechseln, sonst schlug ich auf. Vor einer Steigung wollte ich die Jeepspur von links nach rechts wechseln – und stürzte auf der sandigen Erhöhung zwischen den Spuren.

»Ruhig, Atze«, redete ich mir gut zu, fuhr in die Steigung, als sich mittendrin wieder der Auspuff löste. »Shit, so kann es nicht weitergehen.« Genervt lud ich ab und demontierte das Hinterrad, um den Auspuffbolzen ausbauen zu können. Dann hatte der Tischler in mir eine Idee. Ich suchte den besten Ast, schnitzte einen Keil, schlug ihn als Bolzen in die Aufhängung und fuhr weiter.

Der Boden blieb brutal schlecht und buckelig, und keine 500 Meter weiter fiel der Scheißauspuff schon wieder ab. So langsam konnte ich mich nicht mehr beherrschen und schrie den verdammten Auspuff an: »***###!!« Dann atmete ich durch.

Mit Blumendraht zwirbelte ich eine Konstruktion, hängte eine Stahlfeder vom Hauptständer aus und spannte damit den Auspuff an den Zylinderstutzen. Eine Bierdose vom Wegesrand quetschte ich zur Stabilisierung auch noch in den Zylinderauslass. Nach drei Kilometern wunderte ich mich, dass noch nichts auseinandergefallen war, und als ob mich irgendwer gehört hätte, ging in dieser Sekunde die Leier von vorne los. »Alter, was 'ne Scheiße!«

Wieder alles abgepackt und die Verbindung nachgespannt. Ein Lamahirte meinte, es seien noch sieben Kilometer bis nach San Agustín, und ich betete, dass der Sand nicht noch tiefer werden würde.

Erleichtert erreichte ich das Bergkaff. Was heißt Kaff, zehnmal so groß wie Julaca, es gab sogar eine Hospedaje, zwar nur mit kalter Dusche, aber Hauptsache ein Bett. Meine Hände waren blutig gekratzt. Das Salz hatte die Karosserie von innen so rau eingepökelt, dass ich mir beim Schrauben die Hände tief aufgeschürft hatte – schön mit Salz, das brannte natürlich fein. Zum Trost notierte ich im Geiste meine Tagesleistung – 32 Kilometer in zwölf Stunden – und schlief ein.

Tag 4
Der Mechaniker im Ort ging zu den Schrottautos und suchte einen Bolzen. Derweil reinigte ich den Vergaser und nutzte den Gartenschlauch für eine kleine Entsalzung. Während ich in der Sonne vor mich hin fummelte, kam ein kleines Mädchen angelaufen. »Amigo, Amigo, mein Papa hat mich geschickt, dahinten gibt es Benzin zu kaufen, soll ich dir sagen.«

Weil sie es so ernst und aufgeregt sagte, ließ ich alles stehen und liegen und marschierte mit dem leeren Benzinkanister über den sandigen Dorfboden Richtung Kirchturm. Auf dem Weg dorthin begegnete ich mehreren Menschen, die Kanister oder Gasflaschen trugen, auf Fahrrädern transportierten oder in Schubkarren vor sich her schoben. Auf dem Dorfplatz hatte sich eine kleine Menschentraube um einen Lkw mit Holzverschlag versammelt. Auf der Ladefläche standen eine Frau und ein Mann und nahmen die Gasflaschen und die leeren Benzinkanister entgegen.

Eine alte Frau in Rock und Kniestrümpfen mit den typischen langen, schwarzen, geflochtenen Zöpfen wollte eine Gasflasche entgegennehmen. Weil ich fast einen Kopf größer war als alle um mich rum, schritt ich an den Lkw und hob die Gasflasche über die Köpfe hinweg genau vor die Füße der Frau, die sich sehr bedankte. Ich blieb einfach stehen und spielte den Assistenten, reichte leere Kanister an und nahm volle wieder zurück. Alle bedankten sich herzlich. Meinen Kanister reichte ich auch nach oben und fragte die Frau neben mir, ob der Lkw einmal die Woche käme wie der Eiermann, der in meiner Kindheit mit der Glocke durch die Straße fuhr und seine Ware verkaufte. Die Frau allerdings entgegnete, der Lkw käme einmal im Monat, deswegen müsste sie neben dem Gas auch auf Holz kochen, denn sie hatte kein Geld für eine zweite Gasflasche. Wenn der Monat gut lief, dann könnte sie sich die Gasfüllung am Monatsende leisten, im Winter sei das manchmal schwierig. Hartes Leben hier draußen.

Mit meinem gefüllten Kanister, den ich sogar zum bolivianischen und nicht zum 2,5-fachen Touristenpreis bekam, schlappte ich durch den Sand zurück. Der Mechaniker hatte in der Zwischenzeit drei Bolzen gefunden, wovon zwei passten. Ich setzte einen ein, verklebte die Mutter mit Loctite und ballerte das Ganze richtig fest. Das sollte jetzt ein bisschen länger halten.

Recht langsam packte ich zusammen und beantwortete hundert Kinderfragen, denn es hatte sich im Dorf herumgesprochen, dass ein Reisender zu Besuch war. Dann zog die Attraktion weiter über unglaublich sandige Pisten – mit Abstand das sandigste Stück, das ich je fuhr. Mit Vollgas im ersten Gang schlitterte ich nur so rum, oft kurz vorm Stürzen, was ich jedoch bis auf ein Mal verhindern konnte.

Nicht anhalten war die Devise, denn das Anfahren im tiefen Sand mit all dem Gewicht ging voll auf die Kupplungsbeläge. Mit letzter Kraft und mit Zuhilfenahme der Füße ging es, auf Kosten eines blauen Flecks an der rechten Wade, die beim Abdrücken immer der Kickstarter von hinten erwischte.

Von anderen Fahrzeugen keine Spur. Aber ich hatte ja in San Agustín die Monatslieferung Benzin erwischt und war erst mal versorgt. In Villa Alota, einem staubigen Lehmziegelnest, nutzte ich das kleine Hostal, um mir und dem Vergaser Rast und Reinigung zu gönnen. Duschen kostete extra, aber nach den ersten vier Tagen meiner staubigen Expedition genoss ich die Körperreinigung und die anschließenden frischen Klamotten wie selten zuvor. Bonuspunkt: Heute kein Auspuffärger!

Tag 5

Zum Frühstück gab es weiche Wellblechpiste. Am Fahrbahnrand rumpelte es noch am wenigsten, allerdings wurde hier der Sand manchmal unüberwindbar tief.

Nach dem Frühstück verfestigte sich der Untergrund, aber ich bekam Wegfindungsprobleme: Erst landete ich in einer Art Felswandsackgasse, dann war der Weg von Gesteinsbrocken übersät, bis er eher an zerbrochene Treppenstufen erinnerte. Ich hatte Sorge, irgendwo reinzufahren, steckenzubleiben und hier am Arsch der Welt zu stranden. Es waren schon 35 °C, da sollte ich besser kein extremes Risiko eingehen. Also kehrte ich wieder um.

Als ich mit gezogenen Bremsen langsam bergab rollte und bei jedem Felsbrocken die Füße zu Hilfe nehmen musste, fragte ich

mich selbst, was eigentlich in mich gefahren war, dass ich so weit nach oben fuhr. Der genaue Blick in die Karte zeigte, dass die eigentliche Piste über einen Fluss geführt hätte, was ich dann auch an Reifenspuren erkannte, als ich ein zweites Mal an das Gewässer kam.

Zuerst schritt ich durch das Wasser, das an der flachsten Stelle bis zur Mitte der Waden reichte. Dann packte ich komplett ab, drehte am Gashahn und fuhr hochtourig durch den Fluss, um einen Wassereinbruch zu verhindern. An zwei Stellen drehte das Hinterrad fest, kam aber wieder frei, als ich mein Körpergewicht vom Bock nahm und zusätzlich mit anschob. Auf der anderen Seite zog ich die Stecker aus der CDI, der Zündungsbox. Zum Glück war sie trocken geblieben. Dann schleppte ich mein Gepäck durchs Wasser, lud auf und fuhr weiter. »Für die Anstrengungen hätte ich nun gerne eine gute Piste«, sagte ich zu mir selbst.

Knapp daneben! Tiefsand mit extremen Spurrillen, und das bergauf. Unter Vollgas im ersten Gang geriet ich in einer der Rillen ins Schlittern. Also durchbrach ich den Spurrillenhügel, um die andere zu erreichen – und stürzte in den Sand. Mühevoll wuchtete ich Elsi auf, fuhr weiter, stürzte, stand auf, fuhr weiter, stürzte.

Zwölf Mal bin ich gestürzt. Ich kam nur noch mit Hilfe meiner Beine und gnadenlosem Vollgas irgendwie vorwärts. Mein Windschild brach mehrfach. Alle meine Figürchen und Dekorationen brachen ab, inklusive der Kokosnuss-Spiegelverzierung. Am Ende war ich so kaputt, dass ich Elsi aufrichtete, aber nicht halten konnte, und sie auf der anderen Seite in den Sand fiel. Die schneebedeckten Anden zu sehen war traumhaft schön, aber die eigentlich nicht befahrbare Piste forderte mich komplett.

Es war schon Nachmittag, als ich irgendwie 65 Kilometer geschafft hatte und in Villa Mar ankam. Jeeps standen im Schatten, es sah ganz danach aus, als käme ich auf die Touristenroute. Mit der Karte in der Hand versuchte ich, Informationen zu ergattern, denn es gab zwei Routen Richtung chilenische Grenze: eine über alle Lagunen, die andere nahm nicht alle mit. Natürlich wollte ich die Lagunen sehen, aber nach allem, was ich die letzten Tage erlebt hatte, war es wichtiger, die weniger schlechte Strecke zu nehmen.

Wieder laberte jeder was anderes. Doch die meisten behaupteten, dass die Lagunenroute bergig würde, da käme ein sandiger 5000er-Pass, weshalb ich mich für die andere entschied. Bei einem der Jeepfahrer kaufte ich noch Sprit, der Elsi zwar wieder schwerer machte, aber der Verbrauch war bei der permanenten

Offroadstrecke ganz schön nach oben gegangen. Müde und eigentlich auch lustlos und das erste Mal mit echten Zweifeln, ob das hier wirklich machbar wäre oder ob mein Sturkopf Mensch und Maschine ernsthaft in Gefahr bringen würde, zuckelte ich weiter.

Die ersten Kilometer der weiteren Sandhölle verliefen zwar sturzfrei, aber ich musste immer wieder anhalten und versuchen, die tiefen Spurrillen zu wechseln. Der Rest war hart und buckelig mit ein paar Steigungen, aber machbar. In Soniquera gab es keinen Platz zum Pennen, und die Menschen machten mir unmissverständlich klar, dass dahinten für uns Ende Gelände wäre: riesige Felsen, ohne Allrad nicht befahrbar. Ich überlegte hin und her. Ich hatte keinen Bock auf extreme Experimente, auch wenn ich wohl gerade mitten in einem extremen Experiment steckte. Einer der Lkw-Fahrer meinte, dass auf der Lagunenroute »muchas touristas« wären, was auch ein wichtiges Argument war, denn die Jeepfahrer könnten im Notfall mein Gepäck übernehmen. Also quälte ich mich zurück nach Villa Mar.

In einer Lehmbude konnte ich schlafen, reinigte vorher den Vergaser und legte schon mal die Kupplungsbeläge in Öl. Ich war bestimmt nicht heiß darauf, die Beläge im Sand zu wechseln, sollten sie aber durchbrennen, konnte ich wenigstens sofort agieren.

Im Halbschlaf diskutierte ich mit mir. Keine Ahnung, ob das jeder oder kein Mensch außer mir so machte, aber wenn ich in einer bestimmten Traumphase zwischen Wachen und Schlafen war, dann konnte ich Dinge, die mich beschäftigten, recht frei von störenden Quergedanken abwagen. Und das Urteil war recht eindeutig: Ich musste mir eingestehen, dass die Grenze erreicht war, obwohl Elsi und ich seit Tagen alles gegeben hatten, um nicht unterzugehen. Weiterzufahren ware einfach dumm und verantwortungslos. Es musste eine andere Lösung her. Mit diesen Gedanken im Kopf wachte ich ruckartig auf, schlüpfte in meine Crocks und sprang auf den sandigen Innenhof. Ich schaute um die Häuserecke, und da stand ein Pick-up.

Tag 6

Am nächsten Morgen sagte der Hausherr, dass er mich mit seinem Pick-up »im Grunde« zu den Termas de Polques fahren könnte, dass er aber mit seinem Allradwagen eigentlich Express-Lieferungen machte. Ich verstand sofort: Wir sprachen über Geld.

Als er einen unverschämten Preis nannte, fing ich an zu diskutieren. Natürlich waren es arme Menschen, aber er musste mich nun auch nicht voll über den Tisch ziehen. Wir waren uns einig, dass es in einer Stunde losgehen könnte, aber wir hatten uns preislich noch nicht getroffen. Da ich keine echten Alternativen hatte und nicht wegen ein paar Dollar ins offene Messer rennen wollte, willigte ich bei knapp über der Hälfte des Anfangspreises ein.

Ein Felsbrocken fiel von meinem Reiseherzen. Über ein Brett schoben wir Elsi auf die Ladefläche und spannten sie mit alten Zahnriemen bombenfest nach unten. Natürlich schüttelte es auch im Auto, aber bei den Sandpassagen, die für die Vespa fast unüberwindbar gewesen wären, driftete der Wagen nur ein bisschen weg. Fühlte sich irgendwie bizarr an für mich.

Die ganze Zeit begutachtete ich die Piste: »Das hätte ich geschafft. Das hätte ich auch geschafft. Vielleicht hätte es hier ein Problem geben können. Hier wäre es hart für uns geworden.« Auch für einen Allrader wurde es definitiv anspruchsvoll. Es folgten Geröllfelder und einige steinige Passagen. »Hätte ich nicht geschafft.«

Wenn uns ein Fahrzeug entgegenkam, sahen wir das immer schon lange vorher an der Staubwolke. Dann war immer Zeit, die Fenster zu schließen, denn wenn uns das Fahrzeug erreichte, war für ein paar Sekunden Blindflug angesagt. Eine Schranke blockierte den Weg, und der Beamte knöpfte mir die letzten Bolivianos für den Nationalpark ab. Die Bergkette im Hintergrund spielte mit den rotbraunen Tönen – unfassbar, wie schön sie ineinandergriffen, dann mischten sich weiße Boraxschleier und gelblicher Schwefel hinzu. Dieses Mal konnte ich es noch intensiver genießen, weil meine Augen nicht mehr auf der Piste klebten.

Im Tal erschien eine Lagune. Weißes Salz, blaues Wasser vor rotbraunen Vulkanen, und da standen die pinken Andenflamingos in der Lagune. Das Ziel war erreicht: las Termas de Polques. Ein Restaurant stand im Staub, der Besitzer half mir beim Abladen und ließ mich für lau kampieren. Mein Elsi-Transporteur bedankte sich und fuhr zurück.

Als ich mein Zelt aufbaute, kamen neugierige Reisende herüber, und ich erzählte von meinem Abenteuer. Dabei war es null peinlich oder unangenehm, dass wir heute Huckepack fahren mussten. Im Gegenteil, ich war froh, denn das letzte Stück wäre ein Desaster geworden. Zur Belohnung für meine Entscheidung lud mich eine

dampfende Thermalquelle auf ein herrliches Bad in bizarrer Umgebung ein.

Tag 7

Der letzte Tag hatte es noch mal in sich. Die Sonne brannte extrem auf mich nieder, als ich über harten Untergrund zur Laguna Verde aufbrach – mit Abstand das schönste Stück dieser Expedition: Auf einem sandigen Plateau waren ringsum rotbraune Vulkane, mit weißen Borax-Verschleierungen vermischt. In das Panorama mischte sich irgendwann ein Gefühl der Euphorie: Hier war ein Moment, hier und jetzt, in dem ich realisierte, dass mein Traum wahr wurde. Genau das hatte ich gemeint, als ich vor Jahren aussprach: »Ich komme zurück, auf meiner Vespa.« Und jetzt war ich da!

Die Müdigkeit war wie weggeblasen. Allerdings mussten meine

Augen meist auf der Piste bleiben, denn die wurde natürlich wieder sandig, bis ich das letzte Highlight der Lagunenexpedition erreichte. Fast schon surreal präsentierte sich das karibische Türkis der Laguna Verde. Abgefahren!

Ich jubelte. Doch schon bald wirbelte ein Sandsturm unangenehme Böen auf. Ich verstand das Signal: Es war Zeit, sich aus dem Staub zu machen – im wahrsten Sinne des Wortes. Und ehrlich gesagt sehnte ich auch das Ende der Expedition herbei.

Die letzten Kilometer wurden zur Qual. Es ging noch mal bergauf, ganz im Gegensatz zu meinen Gedanken, dafür auf welligen Spurrillen, gespickt mit groben Steinen. Das bolivianische Grenzhaus stand einsam im Staub. Ich musste klopfen und mich bemerkbar machen, bis überhaupt jemand auftauchte. Der Grenzbeamte stempelte mich aus und wollte Geld haben, was ich nicht besaß, denn ich hatte die letzten Bolivianos für den Eintritt in den

Nationalpark abgedrückt. Er meinte ganz cool: »Dann zahlst du halt beim nächsten Mal.«

Allerdings ging die asphaltlose Piste noch eine uncoole halbe Stunde weiter, und zwar extrem steil – so steil, dass ich bergab bis in den dritten Gang hochschalten musste, um Schwung zu holen. Das mochte Elsi wegen des schlechten Untergrunds überhaupt nicht.

Als ich den Asphalt erreichte, küsste ich ihn und die dreckigen Reifen der Vespa – mein Ritual, das ich in Alaska begonnen hatte. Sieben Tage war ich unterwegs gewesen und war 416 Kilometer

zu 90 Prozent im ersten Gang gefahren. Es war wunderschön – aber auch ganz schön extrem.

Als Extremsportler oder Extremreisenden würde ich mich dennoch nie bezeichnen. Da waren andere viel krasser unterwegs. Ich dachte an die jungen Bergsteiger, die ich auf ihrem Blog lange begleitet hatte, und war schockiert, als ich erfuhr, dass sie im Himalaya ums Leben gekommen waren. In den Tagen danach fühlte ich mich noch mehr mit allen verbunden, die Gipfel erkletterten, Ozeane durchschwammen, sich in Wingsuites von Klippen stürzten und Weltmeere besegelten, weil es ihre Leidenschaft war, ihr Feuer, ihr Motor. Und ich dachte an die Angehörigen dieser Menschen, die mit Erinnerungen leben mussten, weil ein geliebter Mensch den kleinen Schritt zu weit gegangen war oder ihm ein unglücklicher Unfall ereilt hatte.

VESPARICANA
DIE GROSSE
SCHLEIFE
IN DEN SÜDEN
Südamerika 2

CHILE – EIN ERSTER KURZBESUCH

Eigentlich wollte ich einfach nur gar nichts tun, aber man bot mir einen Gartenschlauch an, und ich begann, Elsi vernünftig zu säubern. Ich holte noch mal den Pott raus, wechselte den Hinterreifen, denn die Felge hatte einen abbekommen, zog das Polrad ab und war schockiert, wie es dahinter aussah. Der feine Staub saß einfach überall. Ein Job für meine Zahnbürste. Am Ende holte ich noch den Vergaser aus der Wanne, reinigte auch diesen gründlich und setzte ihn wieder ein. Auch alle Taschen und Säcke sprühte ich ab.

Am Ende war ich nicht gerade ausgeruht, aber zufrieden. Alles war wieder in Stand gesetzt – bis auf mich selbst. Ich brauchte jetzt wirklich eine Pause: Zwei Tage machte ich nichts, um wieder zu Kräften zu kommen. Dann rollten wir weiter.

Die nächste Tanke war schwer zu finden, aber es gab 97-Oktan-Sprit, alkoholfrei. Geiler Stoff. Den brauchten wir auch, denn über eine superkrasse Rampe ging es von 2400 bis auf 4700 Meter ohne eine einzige Serpentine. So steil, dass ich nur im ersten Gang fahren konnte. Im Grunde lief die Maschine gut, aber ich stellte ein surrendes Nebengeräusch fest. Bisher hatte ich es dem Benzinkanister und der Stahlkette, die ihn vor den Dieben schützen sollte, zugeordnet, aber es schien nun doch vom Motor zu kommen, weil mit dem Surren auch die Leistung abfiel. Das war definitiv nicht gut, da sollte ich mich bald drum kümmern. Ich verdächtigte das Kurbelwellenkugellager, denn das hatte ich in Lima nicht gewechselt, obwohl ich das alte mit dem Hammer brutal ausgeschlagen hatte, und versuchte, so niedrigtourig wie möglich zu fahren, denn dann war das Surren nicht mehr da.

Wir erreichten den ersten Scheitelpunkt auf 4800 Metern. Auch hier gab es Salzflächen, den Salar de Atacama. Aber mein Salzbedarf war fürs Erste gedeckt – zu viel Salz sollte ja auch ungesund sein. Für 130 Kilometer war nur Sand, Salz und Staub zu sehen. Einsam und verlassen wirkte die Landschaft hier oben und dennoch schön. Andenwüste pur. Das erste Haus, das ich zu Gesicht bekam, war das Grenzhaus. Fast schon routiniert ging ich mit einem Laufzettel und meinen Papieren freundlich von Schalter zu Schalter, Immigration und Zoll von Chile, Immigration und Zoll von Argentinien, und gab den Wisch an der Schranke beim Überqueren der Grenzlinie ab.

Das war's schon in Chile – aber wir würden in Feuerland ja noch einmal kurz das Vergnügen haben. Also: Vamos.

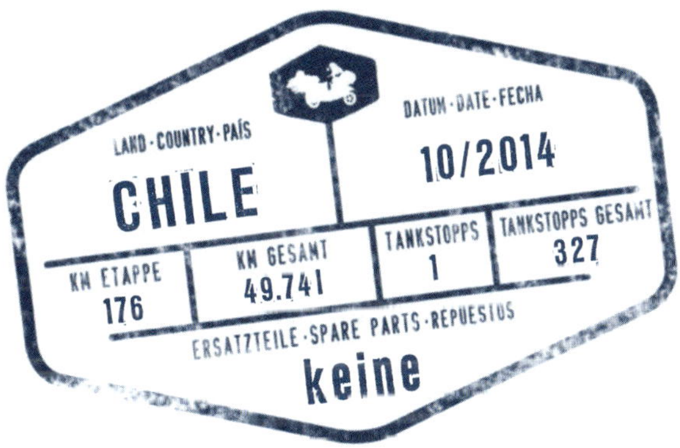

ARGENTINIEN – EINMAL QUER DURCH DEN NORDEN

Frühmorgens startete ich die letzte Andenetappe. Ein flaches, karges Hochplateau. Es war trocken, aber eiskalt. Ich hielt, um mir die Finger zu reiben, und wickelte mir meinen Schal vors Gesicht. Ein See war zugefroren, als hätte es noch einen Beweis für die Kälte gebraucht. Mit der Zeit wurde es etwas wärmer, und mir wurde warm ums Herz, denn es gab mal wieder was zu feiern: Wir machten die 50 000 Kilometer voll – und Patagonien war noch lange nicht in Sicht.

Das Hochplateau endete abrupt in einer Steilwand, die jeden Basejumper erfreut hätte. Extreme Serpentinen drehten uns in Minuten bergab, dass die Ohren knackten. Es folgte ein langgezogenes Tal, von Wolken gefüllt. Extremer Wind drückte in die Schlucht, und binnen Sekunden fing es an zu regnen. Nicht zu knapp. Bei San Salvador de Jujuy schlug ich das Zelt auf. Pete vermeldete 1500 Meter Höhe, und ich hielt stolzerweise fest, dass wir die Anden erfolgreich überquert hatten.

Hier »unten« war es spürbar wärmer geworden, fast schon heiß. Elsi lief eigentlich gut, allerdings war das Surren mittlerweile permanent da, und eigentlich war es eher ein Kratzen, bis wir das schöne Salta erreichten. Die Stadt war buchstäblich leer, weil Sonntag war. Total unstressig kurvte ich im Zentrum umher und fand ein nettes Hostal. Der Eingang war zwar durch Treppenstufen verbaut, aber zwei fleißige Argentinier packten mit an, und Elsi fand im Innenhof neben den Sonnenschirmen einen Platz. Zur Begrüßung reichte man mir ein frisch gegrilltes Steak im Brötchen, der Hammer.

Vespas gab es zwar in Argentinien, aber das Ersatzteilparadies lag definitiv nicht in Salta. Die Suche nach einem Mechaniker war nicht einfach, aber ich fand einen ausgewanderten Franzosen, der mir sofort den Spitznamen »El loco Aleman« verpasste. Wir lauschten zusammen dem Motor, doch er meinte, dass er nichts hörte und dass es wohl am besten wäre, den Motor zu öffnen und alles zu prüfen. Er zeigte mir seine Werkstatt, in der zwölf Motorräder standen. »Ich habe keine Zeit. Aber wenn du willst, kannst du es hier selbst machen. Ich helf dir auch, wenn du Fragen hast.« Perfekt! Gerard, wie er sich vorstellte, reichte dem verrückten Deutschen die Hand, und ich fing sofort an, zu demontieren und abzuklemmen.

Die Kunststoff-Zylinderabdeckung war zerschmolzen und hatte sich mit den Zylinderrippen vereint. Der Silentblock war ebenfalls durch, obwohl ich den erst in Panama gewechselt hatte. Die Lagunenexpedition ließ grüßen. Als ich das Polrad abzog, rüttelte ich am Kurbelwellenende, meinem Hauptverdächtigen. Klarer Fall: Das Hauptlager war hin.

Ich demontierte die Kurbelwelle, zog die Wellendichtringe und den Schulterring ab, erhitzte die Lagerschalen und trieb das Lager aus. Als das erledigt war, fummelte ich ewig am Innenring des Nadellagers, der extrem fest auf der Kurbelwelle saß, aber auch das gelang mir. Oder eher uns, denn Gerard kam mir zu Hilfe. Nach einer typisch französischen Mittagspause von fast drei Stunden dämmerte es draußen bereits, als ich wieder einen zusammengesetzten Motorblock vor mir liegen hatte, den ich am kommenden Tag einsetzte und Teil für Teil und Kabel für Kabel wieder anschraubte und anklemmte. Als ich den Kickstarter trat, sprang Elsi sofort an, auch wenn sie dabei irgendwie unrund lief. Gerard wollte essen gehen, ich klinkte mich höflich aus. Gegen Nachmittag sortierte ich mein Werkzeug und meine Ersatzteile, schwang noch großzügig den Besen und füllte einige Müllsäcke. Mit einem Kuchen und einer guten Flasche Wein verabschiedete ich mich bei Gerard, heilfroh und erleichtert, dass alles geklappt hatte.

»Keine Anden, alles geteert, das wird ein Kinderspiel«, lächelte ich fast spottend über den Chaco, das riesige, sehr dünn besiedelte Savannengebiet, das sich östlich der Anden über Nordargentinien, Südbolivien und Westparaguay erstreckte. Doch Pustekuchen: Ein stürmischer Wind machte mir das Leben schwer.

Nach all dem Sand und Salz war es hier sehr grün und saftig, auch leicht hügelig. Wirklich glücklich war ich aber nicht, denn die Maschine lief weiterhin unrund, nicht vom Motor her, ich hatte insgesamt ein instabiles Gefühl. Zweimal hielt ich an, aber der Hinterreifen schliff nicht am Auspuff, wie ich befürchtet hatte. Nach ein paar Kilometern schaltete ich runter: Vierter, Dritter, Zweiter … machte den Motor aus und hörte ein *Klack-klack-klack*. Das musste am Hinterrad liegen, da stimmte was nicht. Ich packte ab, um gründlich nachzuschauen, und bekam einen Schrecken. Die Bremstrommelmuttern, die die Felge halten, hatten der Belastung nicht standgehalten: Die Felgenlöcher waren zu Langlöchern gefräst worden und die Bolzen teilweise von der Felge eingeschnitten.

Nach Salta umkehren war sinnlos, da gab es ja keine Ersatzteile. Ich musste durch bis Paraguay. Wenn das mal gutging. Ich setzte den Reservereifen auf, klebte die Muttern mit Loctite ein und versuchte den Punkt zu finden, wo das Gewinde am besten zog. Bei einer war nix mehr zu holen, aber die anderen vier zogen vernünftig und sollten den Job schon machen.

Ich schrieb »neue Felgen« auf die gedankliche Liste.

Der Chaco an sich war eher unspektakulär. Oft waren an den Straßenrändern Hecken, die den Wind abhielten, dafür aber auch die Fernsicht verstellten. Hinter den Hecken waren immer wieder Weiden, auf denen saftige Steaks grasten. Über eine staubige Straße folgte ich einem Zeltschild, das aber zu keinem Campingplatz führte, sondern zu einer Polizeistation. Wie in Guatemala durfte ich mal wieder bei meinem Freund und Helfer zelten.

Vor der Weiterfahrt checkte ich mein Sorgenkind. Das Hinterrad saß fest auf der Trommel, alles so weit im Lot. Die Sonne ballerte so gnadenlos, dass Pausen ohne Bäume oder sonstige Schattenspender unerträglich waren. Am Nachmittag starb auf einmal der Motor ruckelnd ab. Ein Kolbenklemmer? Vorsichtig trat ich den Starter, keine Kompression. Erst mal richtig abkühlen lassen,

warten, Wasser trinken. Dann drehte ich die Zündkerze raus und sah Metallspäne. Vergaser auf, Luftfilter raus und von unten: Metall. Zylinderkopf auf: Im Kolben war ein astreines Loch. Fuck!

Abpacken, Werkzeug raus, Gas und Choke aushängen, Ersatzrad raus, Batterie raus. Benzinkanister raus, um Elsi am Heck abzustützen, Hinterrad raus, Auspuff raus. Mutter vom Federbein, Bolzen raus, Motor ablassen. Beim Abziehen hing der Zylinder an der Karosserie. Also Vorderrad raus, damit der Winkel steiler wurde, doch der Zylinder hing noch immer. Also löste ich den Hauptbolzen, der den Motorblock hielt, zog ihn halb raus, drehte den Block aus der Karosse und zog den Zylinder ab. Dann löste ich den Kolben. Kolben raus, Kolben rein, neue Dichtung, Zylinder und Kurbelraum mit Benzin reinigen und über die Kolbenringe stulpen. Ich brauchte meinen ganzen Körper, weil ich mit den Knien den Motor aus der Karosse hielt, während ich mit der linken Hand die Ringe eindrückte und mit der rechten den Zylinder aufschob. Dann baute ich alles wieder zusammen, trat den Kickstarter, und sie sprang qualmend an. Sie lief mit ihren neuen Kolbenringen vor sich hin, während ich die Taschen packte und alles wieder auflud.

Langsam und bedacht fuhr ich im untersten Drehzahlbereich und war froh, als ich keine zehn Kilometer später eine Hospedaje fand. Das ersparte mir so manchen Camping-Handgriff. Die Bude war zwar einigermaßen ekelhaft, aber es gab eine Dusche.

Ich war gerädert, wollte es aber trotzdem wagen, die 120 Kilometer bis zur nächsten größeren Stadt zu kommen. Alle 20 Kilometer hielt ich an, ließ Elsi eine Viertelstunde abkühlen, trank Wasser, aß einen Apfel und fuhr weiter, maximal im dritten Gang bei etwa 35 bis 40 km/h. In Mini-Etappen zuckelte ich dem klangvollen Presidencia Roque Sáenz Peña entgegen, das sich als hässlich herausstellte, aber einen kleinen Motorradladen beherbergte. Der Mechaniker war sehr nett und meinte, er müsse morgen mal telefonieren, dann wüsste er mehr. Also ließ ich den Kolben da und suchte mir eine Bleibe.

Vor einem Hotel, an dessen Tür viele Aufkleber von Motorradreisenden pappten, fiel mir beim Aufbocken die Vespa um. Das Hotel war viel zu teuer – wieder mal ein Zeichen, dass viele Motorradreisende definitiv eine andere Reise reisten als ich. Wieder draußen sah ich einen fetten Ölfleck unter der Karosse. »Scheiße, was ist das?« Finger rein, riechen: Ölivenöl. Elsi war auf die Küchentasche gefallen. Selten habe ich mich über eine Olivenölsauerei so gefreut. Am Ortsausgang fand ich einen Campingplatz, kochte in der Abendsonne irgendwas mit Olivenöl und versuchte, die katastrophalen sanitären Anlagen zu ignorieren.

Am Morgen setzte ich mich mit einem frischen Kaffee vor die Vespa und machte den Vergaser auf. Dann holte ich das Ding raus und musste erst mal mich selbst zur Sau machen: »Schau, du Trottel! Schau es dir an! Wo sitzt die Papierdichtung? Wo sitzt sie, du Idiot?«

»Original nur halb in Position«, antwortete ich mir kleinlaut.

Der Chef in mir hielt dem Azubi eine Standpauke, wie er sie selten erlebt hatte. Wahnsinn, ich war echt stinksauer über meinen dämlichen Flüchtigkeitsfehler, den die Mechanik gnadenlos bestraft hatte. Dann versuchte ich, konstruktiver zu werden, und erklärte mir: »Jung, pass ma op. Wenn du den Gasschieber aufmachst, kannst du doch kontrollieren, ob du die Dichtung siehst oder nicht. Ohne Kontrolle keine fertige Arbeit! Haben wir zwei uns verstanden?«

»Ja, Chef.« Der Azubi setzte alles zusammen, der Chef kontrollierte, dann brachen wir das Zelt ab und fuhren zum Mechaniker, der aber leider nichts hatte auftreiben können. Na egal, da ich den Fehler ja wahrscheinlich ausgemerzt hatte, hoffte ich, die Provinzhauptstadt Resistencia ohne weitere Kolbenprobleme zu erreichen. Also shoppte ich noch Proviant, um flexibel zu sein, und startete in brütender Mittagshitze.

Ich erhöhte die Länge der Mini-Etappen auf etwa 30 Kilometer. Nach etwa 130 Kilometern, noch etwa eine Stunde vor Resistencia, entdeckte ich an der Straße eine Art Rastplatz, auf dem Zelten erlaubt war, was ich dankend annahm. Lieber im Zelt für lau als wieder eine teure Gammelbude in der Stadt. Kontakt mit den Vespaclubs in Asunción und São Paulo, die sich schon vor längerem bei mir gemeldet hatten, konnte ich auch noch morgen aufnehmen.

Krasserweise wurde es in der Nacht immer schwüler, ich lag in meinem eigenen Schweiß auf der Isomatte, als ich ein Donnern schnell näher kommen hörte. Schnell aus dem Zelt, das GPS-Kabel ins Gepäckfach gesteckt und den Kocher mit ins Zelt geholt, als auch schon riesige Tropfen fielen. Normalerweise machte mir ein Gewitter nicht viel aus, aber es rummste heftig, und der nächste Baum war keine fünf Meter entfernt. Keine Ahnung, wann ich einschlief.

In Resistencia sagte mir der Typ vom Motorradladen, dass es hier nichts für mich gab, aber definitiv in Asunción. Im Internet beruhigten mich die Leute vom Mamanga Vespa Club aus Paraguay: Sie warteten schon auf mich, und ich sollte mir keine Sorgen machen. Auch Marcio von der Scooteria Paulista in São Paulo ließ mich wissen, dass sie mich ebenfalls erwarteten. Was wäre diese Reise ohne die Vespaclubs?

Also nichts wie rüber nach Paraguay. Der Wind stand frontal auf der Vespa, und die Regenhose erinnerte mich daran, dass sie in den Müll gehörte. Regelmäßig machte ich Pausen unter Bäumen, diesmal nicht wegen der Sonne, sondern wegen des Regens. Am späten Nachmittag erreichte ich das grenznahe Formosa. Fürs Zelten war der Boden zu durchgeweicht, überall standen Pfützen, und der Regen prasselte. Doch ein kleines Hotel mit Innenhof hatte ein Zimmer frei.

Eigentlich war ich müde von der Regenetappe, aber ich musste die Hinterradbremse checken, irgendwie hatte ich auf dem letzten Stück ein Gefühl der Unwucht. Und ja: Die Trommel hatte vier Haarrisse, die sternförmig aus dem Zentrum zum Trommelrand verliefen. Auch hier kombinierte ich: »Schönen Gruß von der Lagunenroute!« Die Trommel war durch, würde mich aber noch die letzten 100 Kilometer bis Asunción bringen. Die Vorderradbremse befreite ich noch vom Dreck, alle weiteren Operationen vertagte ich ebenfalls auf Asunción. Zeit fürs Bett.

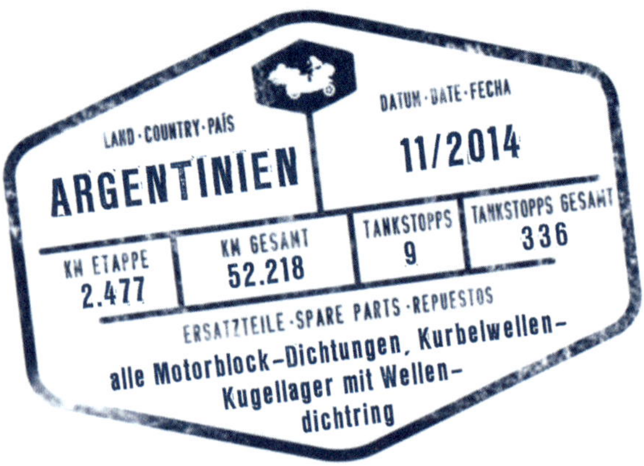

PARAGUAY – SOFORT INS HERZ GESCHLOSSEN

Na ja, Frühstück konnte man das nicht wirklich nennen: Kekse und Instantkaffee, aber egal, es war trocken und sonnig, das zählte nach dem ganzen Regen. Ich wässerte noch mal die Scheibenbremse, lud alles auf und machte mich auf. Der Grenzbeamte war total entspannt, begrüßte mich sehr freundlich und bedankte sich, dass ich Paraguay besuchte.

»Sí claro, amigos!« Ich fühlte mich direkt wohl in diesem Land.

Die Sonne setzte sich mehr und mehr durch und brannte schließlich unerbittlich auf mich herab. Der Asphalt war hier und da etwas brüchig, aber es waren nur noch 42 Kilometer bis in die Hauptstadt. Winkende Menschen, die ich mit »Paraguay, Paraguay« Rufen begrüßte, gaben mir von der ersten Minute an ein angenehmes Gefühl willkommen zu sein.

Asunción hatte ich mir vorgestellt wie Mexiko-City, Bogotá oder Lima: überfüllt, hektisch, chaotischer Verkehr. Nichts davon traf zu. Nix. Ruhig und weiterhin entspannt floss erstaunlich wenig Verkehr. Eine Unterkunft fand ich allerdings erst mal nicht. Ohne zu wissen, wie und wann, stand ich auf einmal vor einem bunt bemalten Haus. »Könnte auch ein Kindergarten sein«, dachte ich mir, als ich auf die Klingel drückte. Ein blonder Kerl in meinem Alter öffnete die Tür und frohlockte, als er Elsi und mich sah: »Ja, das ist ein Hostal, und wir freuen uns immer, Verrückte zu Besuch zu haben.«

Zwei Leute halfen mir mit dem Gepäck, und ich quetschte Elsi durch die schmale Tür. Es gab einen Garten, Schatten, Hängematten, alles sehr nett. Internet hatten sie auch, und ich nahm Kontakt mit dem Club auf. Perfekt. Zwei Stunden später standen Roger und Marco vor der Tür. Marco rief den Club-Mechaniker an und machte für mich ein Rendezvous für morgen klar. Perfekt. Ohne Gepäck knatterten wir durch die unhektische abendliche Stadt, sie zeigten mir das rosa Regierungsgebäude und den rosa Präsidentenpalast, und am Ende war es zwei Uhr, als ich nach einer Bierprobe im Hostal war.

Der Wecker ging um sechs. Wir fuhren hintereinander etwa zehn Kilometer in einen anderen Ortsteil, wo schon von weitem etwa 15 Vespas unter einem Vordach zu sehen waren. Nestor, der supersympathische Werkstattchef, umarmte mich und beglückwünschte mich zu meiner Reise. Dann erzählte ich ihm, was geschehen war, und zeigte ihm den Kolben mit dem Loch. »Kein Problem«, meinte er: Block rausholen, reinigen und neu dichten. Rudolfo und Raul, die beiden Angestellten, legten direkt los, und ich erkannte sofort, dass sie wussten, was sie taten. Was für eine Erleichterung!

Ich machte mich derweil an die Vorderradbremse und zerlegte sie komplett. Das Federbein nahm ich ebenfalls raus, löste die Bremszange und befreite alles vom angetrockneten Matsch. Eine ganze Handvoll Gebrösel holte ich raus. Nestor zeigte mir den Kolben, den ich ja erst vor ein paar Kilometern gewechselt hatte: Der hatte leider auch schon gelitten, weil sich wohl ein paar Metallspäne vom Kolbenloch ins System geschlichen hatten. Er holte einen neuen Kolben hervor und meinte: »Lass uns den lieber tauschen. Den gebrauchten kannst du ja als Ersatzteil mitnehmen.« Gute Idee.

Irgendwann stand ein pummeliger weißhaariger Mann in der Werkstatt. Nestor erklärte ihm, wer ich war, und dann fing Julio an, mich zu löchern. Er fragte und fragte, während ich die Bremse mit neuen Belägen wieder zusammensetzte. Als sich alles drehte und die Bremse griff, meinte Julio: »Vamos.«

Ich verstand nicht recht. Nestor erklärte mir, dass er mich zum Essen einladen wollte. »Keine Sorge, er bringt dich später wieder zurück.« Manchmal musste man die Dinge einfach passieren lassen, dachte ich, als ich auf der Sitzbank hinter Julio saß, der seiner Vespa ordentlich die Sporen gab. 20 Minuten später standen wir

vor einem Haus, er schloss auf, und drei kleine weiße Hunde flitzten wild bellend um mich herum. Julios Frau kam herein und begrüßte mich in astreinstem Hochdeutsch, wie es in Deutschland kaum noch jemand sprach. Gisela war hier geboren, wie viele deutsche Familien waren ihre Eltern damals nach Paraguay ausgewandert. Beim Essen erzählte sie mir von einer unabhängigen Kolonie, und Julio, der ihr auf Spanisch ins Wort fiel, verkündete, dass wir bald zusammen einen Ausflug dahin machen würden. Kauend ließ ich alles geschehen.

Zurück in der Werkstatt lag mein Block feinst säuberlich gereinigt auf der Werkbank. Das Antriebswellenlager hinter dem Getriebe tauschten wir auch noch, nun waren seit Lima alle Lager einmal ausgetauscht. Dann erneuerten wir noch das Kupplungskabel und den Benzinschlauch, der teilweise gefährlich angekokelt war – bevor Elsi unfreiwillig Feuer fing. Der Motor wanderte wieder in den Rahmen, und dann drehte ich freudestrahlend eine Proberunde. Sehr gute Arbeit!

Während ich meine Ersatzteile und mein Werkzeug sortierte,

kam die Nachricht, dass leider keine Bremstrommel und keine Felgen aufzutreiben waren. Schade, aber die bekam ich sicher in Brasilien.

»So, Nestor, lass uns übers Geld sprechen. Was kostet mich die Operation?«

Er stellte sich vor mich, öffnete seine Arme und sagte: »Un abrazo.« Eine Umarmung.

»Was? – Die kriegst du gerne.« Wir umarmten uns. »Aber ganz ehrlich, ihr habt stundenlang zu dritt an der Karre gearbeitet. Also ganz im Ernst jetzt: Was zahle ich für den Spaß?«

»Nee, du nicht, du gehörst zur Familie.«

So ganz wollte ich nicht, also ging ich zur Ersatzteilkiste und holte die Zündungsgrundplatte hervor und schenkte sie ihm im Tausch gegen das Material und die Arbeit. Ich glaubte ganz naiv, dass ich das Ding eh nicht tauschen müsste und zur Not irgendwie reparieren lassen könnte. Er freute sich, da es ein Original Piaggio-Teil war und auch in Paraguay nur viel gebrauchtes und asiatisches Ersatzmaterial umherschwirrte. Trotzdem: Wieder mal waren es die einfachen Handwerker, die mir ihre Arbeit schenkten, nur weil sie mir helfen wollten. Unglaublich! In westlichen Kulturen im Grunde nicht mehr vorstellbar.

Natürlich lief ich los und kehrte mit eiskalten Bierchen zurück, um mit den Jungs den Feierabend einzuläuten. Nestor lud mich für den nächsten Tag noch zum Grillen ein, und ich fuhr platt und glücklich in mein Hostal. Dort gab es so was wie eine Party. Pünktlich zum Anschnitt des Fleischhaufens kam ich rein und durfte mich hungrig dazugesellen. Was will man mehr! Bienvenidos a Paraguay!

Die Tagesordnung lautete eigentlich »Nix tun«, aber ich musste mein Zimmer wechseln. Also gab es Gepäckwuchten als Frühsport, und gegen Mittag war es auch schon Zeit, zu Nestor und den Jungs zu fahren. Hier frühstückte ich ein saftiges Steak, das frisch vom riesigen Fleischklumpen runtertranchiert wurde. Julio war auch da und erklärte mir, dass wir für zwei Tage zu der deutschen Kolonie fahren würden, von der mir Gisela erzählt hatte.

»Ich hol dich morgen ab, komplett mit allem Gepäck. Um vier.«

»Sach ens, hatt ihr se noch all? Vier Uhr?!«

Ich ließ es natürlich trotzdem geschehen, nutzte am Nachmittag aber schnell noch die Gelegenheit, meine Mails zu checken. In der Mailbox lag eine Buchungsbestätigung von der Agentur, über die ich die Containerverschiffung von Uruguay nach Hamburg gebucht hatte. Das Ende war zwar noch nicht in Sicht, aber die Containerschiffe durften nur sechs Passagiere mitnehmen, da sollte man möglichst früh alles unter Dach und Fach bringen. Ausdrucken, unterschreiben, scannen und senden durfte ich großzügigerweise alles im Hostalbüro machen, so wirklich überall konnte ich solche Dinge ja nicht regeln.

Dann packte ich schon mal ein bisschen zusammen, damit es am Morgen nicht zu stressig wurde, als mir jemand sein Handy in die Hand drückte. »Hier, ist für dich.«

»Ich bin Marco, weißt du wer?«

»Marco? Marco?«

»Vespa rot und schwarz, auf meinem Helm sind Flammen.«

»Ach, Marco! Ja klar, wie geht's dir? Alles gut?«

»Ich bin gerade bei Juan.«

»Juan? Juan?«

»Vespa blau, mit eckiger Lampe.«

»Ah, Juan. Grüße an ihn!«

»Wir haben eine Bremstrommel für dich, sie ist gebraucht, aber wir haben sie hier. Bist du im Hostal?«

»Yo, bin ich. Okay, bis gleich.«

Lustig, dass ich mir so schlecht Namen merken, aber die Fahrer den Vespas immer zuordnen konnte. Ein paar Minuten später klingelte es, und sie schenkten mir eine total vergammelte Trommel. Ich bedankte mich und versuchte, sie mit Scheuermilch und Benzin zu reinigen. Der Körper war ganz gut, aber die Radaufhängungsbolzen waren voll durchgedreht. Egal, darum würde ich mich später kümmern, es war schon 23 Uhr, ich musste ins Bett. Ich stellte mir den Wecker auf halb drei, was an einem Samstag wohl eher noch ein Freitagabend war.

Als ich gerade fertig war, alle Gepäckstücke in den Eingangsbereich zu schleppen, hörte ich auch schon Julio anknattern, der laut hupend mit hochdrehendem Motor vorm Hostal rumproletete. Ich fühlte mich recht fit, zumindest oberflächlich, denn eigentlich brüllte mein Körper nach Schlaf und Ruhe. Egal, es ging los. Bei Julio lud ich bis auf ein paar Klamotten und meiner Ersatzteilkiste alles ab, wir fuhren zu einer Tankstelle, an der innerhalb der nächsten Minuten drei weitere Vespas aufkreuzten. Wir waren komplett: fünf Vespas, sieben Leute. Rudolfo hatte seinen Kollegen Raul und Nestor seinen Sohn hintendrauf. »Vamos.«

So früh war es recht kühl und angenehm und so gut wie niemand auf der Straße. Doch es wurde schon bald hell und immer schöner: Grün wie im Chaco, aber mit bizarren Felsen zeigte sich das paraguayische Inland.

Julio trommelte auf seinen Bauch und schlug Alarm: »Hunger!« In Villarrica hielten wir länger an. Julio lief in den Ort, während der Rest schon mal was aß. Als er zurückkam, meinte er nur: »Wir müssen warten.« Ich hatte keine Ahnung, warum, aber wir waren schon fast am Ziel, wie mir mitgeteilt wurde, also entspannte ich einfach. Irgendwann verschwand Julio ein weiteres Mal. Als er wieder auftauchte, sagte er nur kurz: »Es ist fertig.« Er drückte mir eine Plastiktüte in die Hand, ich zog den Inhalt heraus und hielt ein knallrotes T-Shirt mit einem weiß-blauen Aufdruck »Vespa Club Paraguay« in der Hand.

»Wie geil«, entfuhr es mir laut. Ich sagte es anscheinend so oft, dass ich den Jungs erklären musste, was es bedeutete, und sie irgendwann vor mir standen und laut im Chor »wie geil« riefen.

Wenig später erreichten wir die Colonia Indepencia. Auf dem Begrüßungsschild klebten die paraguayische und die deutsche Fahne. Es waren noch ein paar Kilometer bis zum Haus von Giselas Großcousinen, der Asphalt endete, und wir buckelten über eine hässliche, vespa-unfreundliche Traktorenpiste.

Der kleine Bauernhof hatte wenig Romantisches, nur ein paar Tiere streiften umher, Hunde, Katzen, Enten, Hühner. In einer Ecke stand ein Käfig mit einem Affen, der irgendwie verhaltensauffällig wirkte. Dann fielen mir fast die Augen aus dem Kopf.

Die Familie war durch die Bank fett. Sorry, aber die waren nicht dick, die waren fett – und begrüßten uns mit lauter deutscher Volksmusik. Puh.

Wir nahmen draußen im Schatten Platz und tranken erst mal einen Tereré, den eiskalten Matetee, den ich so liebte. Ich baute mein Zelt auf und berichtete viel von meiner Reise, während im Hintergrund »Oans, zwoa, g'suffa« aus der Stereoanlage dudelte. Trotz der dubiosen Musik war es sehr entspannt. »Tranquilo« und »sin problema« waren die entscheidenden Vokabeln des ganzen Ausflugs, ruhig und problemlos.

Später spielten wir eine Runde Volleyball, lagen faul in Hängematten, aßen Schnitzel im Haus, quatschten und stellten gemeinsam fest, dass paraguayisches Bier nicht alkoholfrei war. Die Paraguayer bezeichneten sich als die glücklichsten Menschen der Welt, was sich in ihrer Lebensfreude widerspiegelte und an diesem Abend auch schwer zu widerlegen war.

Ich hatte mich früher als der Rest der Gruppe ins Zelt verkrümelt und war am Morgen entsprechend fitter als die meisten anderen und konnte das Frühstück genießen. Man sage über die korpulenten Deutschen, was man will, aber Frühstück machen, das konnten sie. Mit Rührei und Speck im Magen fuhren wir zurück nach Asunción und ließen uns auch nicht von zwei Plattfüßen aus der tranquilidad bringen. Einmal musste ich dem neuen Kolben eine Viertelstunde Abkühlpause gönnen, dann trennte sich die Gruppe, und ich fuhr mit Julio nach Hause, wo ich mich die kommenden Tage einquartieren konnte.

Am nächsten Morgen fuhr ich zu Nestor, Rudolfo und Raul, und wir kümmerten uns um die Bremstrommel, die mir die rotschwarze und die blaue Vespa mit der eckigen Lampe geschenkt hatten. Marco und Juan, schon klar. Den Mechanikerfüchsen gelang es, die durchgedrehten Radbolzen zu ersetzen, und sie gaben mir noch zwei lose Bolzen als Ersatz mit. Clever gelöst.

Weil die Kupplung seit ein paar hundert Kilometern hakte, zerlegten wir die auch noch und entdeckten erhebliche Verschleißspuren. Beläge und Federn waren top, aber das gute Ding hatte nun fast 80 000 Kilometer gemacht, deswegen schickte ich es in Rente und holte unter staunenden Mechanikerblicken eine rattenscharfe Rennkupplung hervor, die seit Reisebeginn brav auf ihren Auftritt gewartet hatte. Bis auf die Felgen war nun alles wieder in bester Ordnung, und ich sollte die Reise ohne größere Operationen beenden können. Dachte ich zumindest in diesem Moment.

Am Abend traf sich dann noch der gesamte Club, um mich zu verabschieden. Sogar ein TV-Team war da, dem ich ein improvisiertes Interview gab. Vollgestopft mit Grillwürstchen und gedrückt von den Vespisti fuhren wir ein letztes Mal zurück zu Julio.

Es war früh, als ich auf der Vespa saß, und es war schon 35 °C heiß. Ich hatte mit Chaco-ähnlicher Landschaft gerechnet und lag komplett daneben, denn es ging permanent hoch und runter. Ätzend zu fahren, denn ich wollte bergab noch kein Vollgas geben. So schonend wie möglich quälte ich mich gen Osten, doch trotz einiger Pausen klemmte der Kolben.

Als ich abgekühlt weiterwollte, riss – *plitsch!* – der Kupplungszug. Der erste auf der Tour, der einfach riss. Das Abpacken, um an den neuen Bowdenzug zu kommen, war der größte Aufwand bei der Aktion. Ich spannte gerade den Zug nach, als ein Motorradfahrer hielt und mir helfen wollte. Sehr nett, denn in Argentinien war noch fast jeder an mir vorbeigefahren. Er allerdings fragte und fragte und eskortierte mich noch 20 Kilometer, bis er mich irgendwann hupend überholte und winkend abbog.

Die Stadt im Osten erreichte ich bei Einbruch der Dunkelheit. Keine drei Kilometer hinter Ciudad del Este lag der Grenzposten zu Brasilien, und da ich nicht wusste, ob oder wie gefährlich es hier war, checkte ich in einem eigentlich viel zu teuren Hotel ein. Dafür hatte es natürlich auch Internet. Ich nahm Kontakt mit dem hiesigen Vespaclub auf. Weil ich mir nicht sicher gewesen war, ob ich es von Asunción in einem Tag hierher schaffen würde, hatte ich mich vorab nicht unter Druck mit irgendwelchen Verabredungen setzen wollen. Während ich den Club anschrieb, klingelte an der Hotellobby das Telefon und wurde mir gereicht. Es war ein Freund von Nestor, der wissen wollte, ob alles gut wäre oder ob er irgendwas in die Wege leiten solle. »Danke, amigo, alles okay!«

In der Zwischenzeit hatte ein Typ vom hiesigen Club geschrieben, dass sie in ein paar Minuten vor meinem Hotel aufschlagen würden. Und tatsächlich fuhr wenig später eine Vespa vor, gefolgt von zwei Autos, und ich wurde herzlich begrüßt. Wir tranken zwei Bierchen, unterhielten uns, und ich änderte spontan meinen Plan und blieb einen Tag länger. Am nächsten Tag würde ich zu José umziehen und den Tag mit der Bande verbringen. Sehr cool. Aber jetzt schrien erst mal Dusche und Bett nach mir.

Bei José war es ziemlich chaotisch und dreckig, er hatte drei Kinder und etwa acht bis zehn Hunde, Katzen und eine Schildkröte, alles lief kreuz und quer. Das Haus war nur zu Hälfte bewohnt, oben lagen eigentlich nur Vespateile und ein staubiges Bett. Hier schleppte ich meinen Kram hin und widmete mich in aller Ruhe meinem Windschild. Wir tranken kalten Tereré, Leute kamen, Leute gingen, alles sehr unstressig in Paraguay.

Am Abend folgte ich dem Auto zum Vespatreffen, wo zwar zehn Leute waren, aber außer Elsi keine andere Vespa. Zuerst gab es Clubgelaber, dem ich nicht weiter folgte, dann sollte ich von meiner Reise erzählen, was ich gerne tat. Am Ende bekam ich ein Geschenk: einen kleinen Kompressor. Höflich bedankte ich mich, wusste aber sofort, dass ich ihn nicht lange behalten würde, denn Elsi hatte ja auch ohne ihn immer noch genug zu schleppen.

Zu den Iguaçu-Fällen fuhren wir mit dem Auto, denn es waren viele Grenzen, die wir übertreten mussten, da war es einfacher, wenn ich das ohne Elsi machte. Zumal ich nach dem gemeinsamen Ausflug noch weiterreisen wollte, was die Grenzprozeduren noch mal verdoppelt hätte. Also stand ich morgens um fünf auf und packte, damit ich später auch wirklich noch wegkam. Wir fuhren raus aus Paraguay, rein nach Brasilien, raus aus Brasilien, rein nach Argentinien.

Die Iguaçu-Fälle waren natürlich der Knaller: Mehr als 270 einzelne Wasserfälle, es war wie eine riesige Stufe, abgesunken mitten im Regenwald und unablässig eine unfassbare Masse an Wasser durch den Dschungel ballernd, das sich auf seinem Weg hunderte Male in einzelne Wasserfälle teilte.

Dann fuhren wir zurück: raus aus Argentinien, rein nach Brasilien, raus aus Brasilien, rein nach Paraguay. Ich verabschiedete und bedankte mich, setzte mich auf die gepackte Vespa und peilte schon wieder die Grenze an. Als neuer Fan des Landes fuhr ich mal wieder raus aus Paraguay … und rein nach Brasilien.

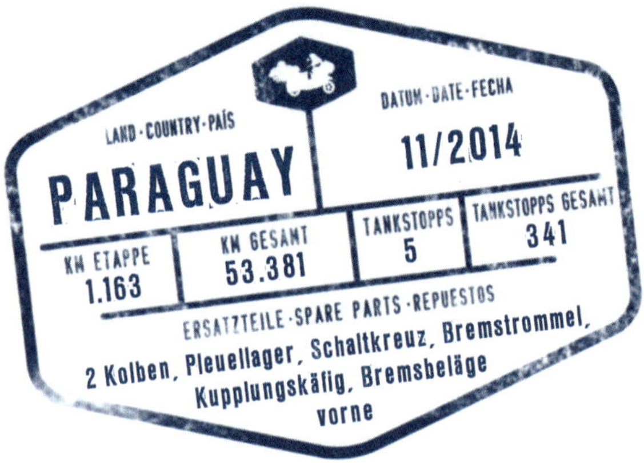

BRASILIEN – SKINS, MODS UND VIELE CLUBS

»Hä?« – Ich verstand kein Wort.

Ich hatte ja die Hoffnung gehabt, dass ich das Portugiesisch schon irgendwie entschlüsseln könnte. Dem war aber nicht so. Null. Am Zoll lief ich deswegen so lange umher, bis ich jemanden fand, der mir auf Spanisch bestätigte: »Es gibt keine Fahrzeugregistrierung in Brasilien.« Na dann, umso besser.

So langsam war mein Pass voll. Ich bat den Beamten, eine Stempellücke zuzuparken. Bis Patagonien kamen noch ein paar Grenzregionen auf mich zu, und ich hatte keinen Bock, dass mir ein spießiger Grenzer aus Stempelplatzmangel das Finale verweigerte.

Es war früher Nachmittag, als ich vor dem Eingang der brasilianischen Seite der Iguaçu-Fälle in einem kleinen Öko-Hostal abstieg. Mehrbettzimmer und günstig und mitten im Dschungel gelegen, mit Küche und Pool und sehr ruhig. Auch einige Nasenbären waren wieder da, was bedeutete, dass ich auf mein Futter aufpassen musste. Und auf meine Zahnpasta.

Am Morgen schlenderte ich zum Eingang, drückte den Eintritt ab und ließ mich noch einmal von der Gewalt des Wassers überwältigen. Wahnsinn! In Argentinien stand man unten am Fuße der Fälle, in Brasilien konnte man oben auf dem Kamm fast drei Kilometer entlanglaufen und erst so richtig realisieren, wie riesig das Ganze war. Langsam schlenderte ich vor mich hin und ließ mich von den eiligen Touristen überholen. Die meisten wollten nur das Selfie vor der bombastischen Kulisse und tschöö – echt krass, wie unterschiedlich Menschen die Natur wahrnahmen. Es war bedeckt und wurde immer dunkler, als ich die gigantischen Wasserfälle hinter mir gelassen hatte. Dann fing es an zu schütten. Binnen Sekunden lief mir das Wasser in die Hose, die Brille beschlug, und die Handschuhe zogen Wasser. Weit und breit kein schützender Platz. Langsam fuhr ich einfach weiter, es wurde nicht besser. Und dann folgte als Höhepunkt ein wahrer Wolkenbruch.

Eine Tankstelle kam zum Vorschein. Ich stellte mich unter, wartete und hoffte, dass der Regen nachließ. Tat er aber nicht. Die nette Tankwartin brachte mir einen Gratis-Kaffee, gerne hätte ich ihr mehr als danke gesagt, aber es stellte sich wieder die Sprachbarriere in den Weg. Mit Händen und Füßen erklärte sie mir, dass das hier auch eine Hospedaje wäre. Nass wie ich war, musste ich nicht lange zum Bleiben überredet werden.

Sonnenstrahlen weckten mich. Draußen sah es nach Hochsommer aus. Nur noch Restpfützen erinnerten an das Land-unter-Wetter vom Vortag. An der Tanke frühstückte Elsi »aditivo«, denn das »comum«, das es überall gab, hatte nur 87 Oktan, und die einzige weitere Alternative war ein Alkohol-Sprit. Nein danke!

Der sonnige Tag wurde eine Berg-und-Talfahrt. Eigentlich rechnete ich damit, von Iguaçu bis zur Küste durch dichten Wald zu fahren. Aber nein, Soja- und Maisfelder, so weit das Auge reichte, nur ab und zu sah ich zur Abwechslung riesige Silos. Flugzeuge drehten kamikazeartige Pirouetten und stürzten sich in den Tiefflug, um dann lange Bahnen aus Pestizidregen über die Felder zu sprühen. Absurderweise sah die Landschaft teilweise aus wie in Deutschland. Echt traurig, wie brutal der Urwald über endlose Strecken der Landwirtschaft weichen musste. Möglichkeiten zum Zelten boten sich kaum, da die Felder eingezäunt waren und nur wenig Platz bis zur Straße blieb. Die Bauernhöfe waren Industriehallen, weiträumig abgesperrt. Das Auf und Ab forderte den Kolben, der nach 1700 Kilometern noch immer nicht sauber eingefahren schien, was mich ein bisschen besorgt stimmte.

Ich war eh etwas angespannt, denn die brasilianischen Lkw-Fahrer stellten sich als die schlimmsten von allen heraus: asozial, respektlos und einfach dreist überholten sie keine Handbreit neben mir, schnitten mich, scherten viel zu früh wieder ein, und vor allem fuhren sie wahnsinnig dicht auf, hupten dabei wie blöde und drängten mich teilweise wirklich von der Bahn. Unfassbar! Ich wusste gar nicht, wohin mit meinen Augen, im Chamäleon-Style hatte ich immer ein Auge im Rückspiegel und verließ, sobald wieder ein Idiot auf mich auffuhr, die Bahn. Das Problem war, dass die Seitenstreifen voller Rollsplit und Steine waren. Löcher und Nägel zwangen mich mehrmals zu waghalsigen Bremsmanövern. Echt krass hier.

Es dauerte nicht lange, und der Hinterreifen war platt. Abpacken, Karre umlegen, Hinterreifen raus. Den Übeltäter, eine Tackerklammer, konnte ich schon von außen sehen. Schlauch raus, Flicken drauf, Schlauch rein. Dann fiel mir das Geschenk vom letzten Vespaclub ein. Ich schloss den Kompressor an die Batterie an, und – *brrrrr!* – ratzfatz war der Reifen gefüllt. Vor dem nächsten Regen schaffte ich es in ein Motel. Wenig später donnerte es, doch ich war erst mal in Sicherheit.

Auf nach São Paulo

Über Nacht hatte es heftig geregnet, doch als ich am Morgen nach São Paulo aufbrach, war die Fahrbahn schon wieder trocken. Die ersten 100 Kilometer rollten zügig vor sich hin, nach einer ausgedehnten Pause fluppten die zweiten 100 Kilometer ebenfalls fast wie von selbst. Langsam, aber sicher näherte ich mich meinem Ziel. Trotz immer dichteren Verkehrs kam ich gut durch, da Motorradfahrer in der Stadt mehr be- und geachtet wurden als auf den Fernstraßen von den rücksichtslosen Brummifahrern. Konsequent wurde eine Gasse frei gelassen, was die Sache erheblich erleichterte. Breit beladen, wie wir waren, sortierte ich uns aber immer wieder zwischen den Autos ein, um die Motorräder hinter mir durchzulassen. Unerwartet problemlos fand ich in der Megastadt schließlich die Scooteria Paulista.

Ich hupte und wurde schon aus dem Haus winkend von Marcio begrüßt. Wir umarmten uns brüderlich, und er hieß mich im Club willkommen – auf Englisch übrigens, Spanisch fanden die meisten Brasilianer, die ich traf, irgendwie doof. Er schien sich wirklich zu freuen, mich bei sich aufzunehmen. Marcio hatte kurze Haare, riesige Koteletten und bunte Tatoos auf den Unterarmen – ein linker Skinhead: bei Punkrock, Ska, 60s, 70s, Fußball und Dosenbier fühlte er sich wohl. Die Scooteria Paulista hatte ein kleines Clubhaus angemietet. Dem kleinen Zwei-Zimmer-Haus hatten sie weinrote Wände und Hunderte von Vespabildern und Poster verpasst, und das wurde nun mein vorübergehendes Zuhause. Wie cool. Normal wohnte Marcio auch hier, denn er hatte gerade keinen Job. Morgen würde deshalb auch eine seiner Vespas abgeholt, wie er mir erzählte, denn irgendwo musste das Geld ja herkommen.

Aden gesellte sich zu uns. Zusammen schlenderten wir durch Mooca, einen alten, traditionellen Stadtteil, den man mit Köln-Ehrenfeld oder Berlin-Kreuzberg in eine Gruppe einsortieren könnte, wenn man wollte. Beim Fußballstadion zeigten sie mir stolz die goldene Pelé-Statue. »Hier hat Pelé gespielt? Das ist sein Zuhause?«

»Nee, er kommt aus Santos, er hat nur hier gegen uns seine meisten Tore in einem Spiel geschossen, deswegen haben wir ihm ein Denkmal gesetzt.«

Darauf musste man erst mal kommen. Wir gingen weiter, machten Station in einer Skin- und Hooligankneipe, doch meine Müdigkeit setzte sich schon bald durch. Vor allem hatte ich nur gefrühstückt. Im Platzregen marschierten wir zurück zur Scooteria, wo ich mich nur kurz auf die Isomatte legte – und dann irgendwann mit nassen Klamotten und den Wanderschuhen an den Füßen aufwachte.

Trotzdem halbwegs erholt fuhren wir zusammen zu China, dem Mechaniker. Ich staunte, dass uns die Autos Platz machten und wir ungehindert zwischen dem stauenden Verkehr durchfahren konnten.

»Das ist heute normal. Vor ein paar Jahren, als die Kurierfahrer mit ihren Boxen auf dem Gepäckträger immer mehr wurden, blockierten die Autofahrer immer die Zwischenräume. Aber die Kuriere wehrten sich und traten den Autos, die keinen Platz machten, die Spiegel ab.« Es gab also eine Art Straßenkrieg zwischen Zwei- und Vierrädern. Das ging so lange, bis auch der letzte ignorante Autofahrer schmerzhafterweise die neue Verkehrsordnung einsehen musste.

China war cool, er hatte noch mehr Tatoos, bis auf die Fingerspitzen und bis hinter die Ohren, sah krass aus, war aber total entspannt und nett. In seiner Garagenwerkstatt Scooterboys standen restaurierte und unrestaurierte Vespas, an den Wänden hingen zahllose Zeitungsausschnitte, Fotos und Poster rund um den italienischen Zweitakter. Die Jungs lebten Vespa mit jeder Zelle ihres Körpers – und hatten ganz guten Durst. Natürlich trank ich zwei, drei Bierchen mit, hatte aber keine Sauflaune heute.

The Who schallte aus den Boxen, Marcio klickte die nächste Dose Bier auf und sagte: »Wir reden nicht über Vespa-Mechanik, wir leben mehr die Vespa-Kultur.« Absolut!

16 Leute trudelten ein, Skins und Mods, fast alle im Parka mit Aufnähern, die Mädels im Pettycoat und mit pottschnittigen Frisuren. Wir saßen draußen, tranken Bier, hörten Musik, und ich stand Rede und Antwort und versuchte, die Reise so realistisch wie möglich wiederzugeben.

Gustavo hatte eine Vespawerkstatt in Pelés Heimat Santos und hatte zwei Felgen mitgebracht. Es waren alte brasilianische Felgen, denn auch hier war Neuware kaum zu kriegen, weil die Regierung unfassbare 100 Prozent Einfuhrzoll auf Überseeware draufschlug. Fünf Jahre lang waren in Brasilien Vespas gefertigt worden, 200 ccm, deswegen bekam ich hier auch keine Ersatzkolben oder Papierdichtungen für meine kleine Elsi. Die Felgen hatten 35 Jahre auf dem Buckel. Nicht mehr wirklich gut, aber besser als die, die ich gerade fuhr.

Dann bekam ich einen ernst gemeinten Ratschlag: In Rio de Janeiro regnete es seit Tagen, die Jungs meinten deshalb, dass ich noch bleiben sollte, denn bei dem Wetter wären eh keine Schönheiten in Mikrobikinis an der Copacabana. »Geht gar nicht.«

Bei Punk, Ska, Northern Soul und Rock'n'Roll verstrichen die Stunden, bis sich die Scooterboys und Paulistas mit ihren spiegellastigen Modvespas auf den Weg machten. Als ich sie verabschie-

dete, drückte mir einer noch eine geschlossene Flasche Bier in die Hand. Ich wühlte in meinen Hosentaschen nach etwas, um sie zu öffnen. »Hier«, meinte er, ging zu seiner Vespa, setzte die Flasche an dem fest installierten Öffner an und ließ es ploppen. Fehlte nur noch der Wurstblinker.

Mit Marcio verstand ich mich einfach super, was wohl auch daran lag, dass er selbst schon viele Tausend Kilometer auf seiner Vespa durch Südamerika gereist war und mich ausquetschte wie eine Zahnpastatube. Er stellte irgendwie die besten und sinnvollsten

Fragen von allen, und deshalb war er auf der ganzen Reise wohl auch der Mensch, der am meisten über mich und die vergangene Zeit erfuhr. Einfach weil er mich verstand.

»Weißt du eigentlich, was du für die lateinamerikanische Vespaszene tust?«, fragte er mich einmal.

»Nee, was meinst du?«

»Du verbindest uns alle! Die gesamte Szene spricht über dich, und vor allem haben wir, seit du unterwegs bist, super viel Kontakt. Na klar kennen sich einige Clubs untereinander, ich war auch schon in Kolumbien, aber keiner zieht einen internationalen Faden und nimmt sie alle mit.«

Wow, so hatte ich das noch gar nicht betrachtet. Geschweige denn geplant. Aber er hatte schon irgendwie Recht damit, wie er mir mit Maryzabell verdeutlichte, die ich vom Club in Bogotá kannte: »Sie ist gerade in Uruguay bei den Vespisti von Montevideo. Und die Crew aus Medellín ist in Mar del Plata, Argentinien. Und wir Paulista wissen darüber Bescheid. Sehr viele Verbindungen entstanden zum Beispiel, weil die Kolumbianer allen gesagt hatten, dass wir dir ein Zuhause geben sollen – und kaltes Bier dazu.«

Schon abgefahren, ich reiste und war froh, wenn mir jemand half, und die Latinos sahen das als Ehre an, mich aufzunehmen, und bedankten sich, dass ich ihren Einladungen folgte. Wenn das nicht die »Power of Vespa« war, was dann?

»Marcio, was sind eigentlich Skinheads? Für mich sind das pöbelnde Rechtsradikale, die Molotowcocktails auf Flüchtlingsheime werfen. Mit denen wollte ich nie im Leben was zu tun haben.«

»Skins sind quasi die Kinder der Mods, also fang ich vorne an«, antwortete Marcio und fing vorne an. Er klärte mich über die Subkultur auf, die Mitte der Sechzigerjahre in England ihren Ursprung hatte. Mod stand für Modernist, so bezeichneten sich Jugendliche der Arbeiterklasse, die sich anfangs durch teure Markenkleidung und italienische Anzüge von anderen Jugendbewegungen abgrenzten. Der Parka, der zuerst als Schutz der Anzüge getragen wurde, wurde später zum Erkennungsmerkmal.

Ein italienischer Motorroller, Vespa oder Lambretta, mit möglichst vielen Chrombügeln, Spiegeln und Lampen war ein Muss für echte Mods. An den Wochenenden ging es nur ums exzessive Feiern, auch Schlägereien und Straßenschlachten mit der Polizei, aber auch mit Rockern gehörten dazu. Amerikanische Soulmusik, R'n'B, Ska und Jazz waren prägend. Später entstanden große Musikerkarrieren aus der Mod-Bewegung, vor allem The Who.

»Kommen wir zu deiner Frage mit den Skinheads. Die Kinder der Mods, also die nachkommende Generation, wurden unter anderem Skinsheads. Ebenfalls aus der Musikszene entsprungen gruppierten sich weiße Jugendliche und eingewanderte jamaikanische schwarze Jugendliche in der Early-Reggae-Szene. Aus den schwarzen Rude Boys und den weißen Mods entstanden erst die Hard Mods, die sich von der modebewussten Mod-Szene und der Hippiekultur abgrenzten. Sie zelebrierten und kultivierten das Proletariat. Ich zähle mich dazu, schau mich an.« Er zeigte auf seine Klamotten und sagte: »Wir tragen schwarze Doc Martens, umgekrempelte Hosen, Hemden, rasieren uns die Köpfe nicht kahl, sondern lassen ein paar Millimeter Haare stehen, tragen Koteletten und sind tätowiert, vor allem da, wo man es sieht: an den Unterarmen, den Händen, am Kopf. Ein Skin lebt nicht nur fürs Wochenende wie die Mods, wir sind immer Skins. Jobs brauchen wir auch nicht, nur ein bisschen Geld, denn ein Skin will eigentlich nur eins: Spaß und Bier.«

»Aber woher kommt das Politische? Und die rechte Szene?«

»Die schwarzen Skins wandten sich mehr der Reggae-Szene zu. Da die weißen Skins sich nicht mit der neuen Richtung identifizieren konnten, spalteten sich die Gruppen. Durch die Verstrickung mit der Hooliganszene wurde es aggressiver. Anfang der Achtziger begann sich die politisch sehr gemischte Skinhead-Szene zu spalten: in linke, rechte und traditionelle. Wir sind Trad-Skins – im Grunde politisch neutral. Dass in Europa der Skinhead pauschal als rechts eingegliedert wurde, lag wohl vor allem daran, dass durch gewalttätige Akte und Neonazi-Aufmärsche kaum jemand was von der linken und traditionellen Skinheadszene mitbekam.«

Dann sprang Marcio auf, plusterte die Brust und spielte anschaulich den Unterschied zum Hooligan vor. »Ein Hooligan ist so was von stolz auf seine harte Arbeit, dass er sich am Wochenende erst mal sein stolzes Bier reinzieht, das ein stolzer Bierbrauer für ihn gebraut hat. Die Hooligans sind so stolz auf das harte Leben, dass sie das auch verteidigen. Ihre Umgebung ist ihre Heimat, und die verteidigen sie überall – vor allem im Fußballstadion. Ein Hooligan ist alles andere als tolerant, deswegen sind viele Hools auch Nazis.«

Okay, verstanden. Marcio schaute mich an: »Und zu welcher Gruppierung gehörst du?«

»Ja, dann ratet mal.«

»Mit Turnschuhen, umgekrempelten Hosen, Kapuzenpulli und der Northface-Jacke auf jeden Fall ein Hool«, warf China ein.

»Nee, schau dir doch mal den langen, geflochtenen Bartzopf an und vor allem die bunte Vespa. Der kann doch nur ein Hippie sein.«

Wir einigten uns auf »Hool of the Hippies«.

Der Abschied aus São Paulo war herzlich. Marcio stand mir wirklich nahe, und ich war ihm, der ganzen Scooteria Paulista und den Scooterboys sehr dankbar für die Zeit, die ich bei ihnen erleben durfte. Aber nun war es so weit, dem Ruf von Rio de Janeiro zu folgen.

Die Fahrt war nicht wirklich spannend, es war heiß, und ich befand mich auf der Schnellstraße, die kostenpflichtig war, aber dafür auch zwei durchgehende Spuren hatte.

Plötzlich starb der Motor ab. Da es sehr laut unter dem Helm war, konnte ich keine Spontandiagnose abgeben, ich rollte zur Seite und ließ Elsi abkühlen. Dann versuchte ich zu starten – ging nicht. Ich öffnete den Vergaser und versuchte, sie mit offenem Wannendeckel und demontiertem Luftfilter zu starten, und stellte fest, dass kein Sprit aus dem Röhrchen in den Brennraum strömte. Also zog ich den Benzinschlauch ab, aber – Scheiße! – trotz geschlossenem Benzinhahn lief und lief der Sprit. Ich hielt den Finger drauf und wühlte einhändig in meinem Bordwerkzeug. Doch bis ich eine Schraube als Stöpsel fand, stand der Vergaser schon voll bis oben mit Benzin. Kein Lappen griffbereit. Was machen? Ich zog den Pulli aus, dann das T-Shirt, riss es auseinander und stopfte es in die Vergaserwanne, um sie zu trocknen. Dann baute ich den Vergaser aus und sah, dass die Schwimmerkammer voll mit rostbraunen Partikeln war. Wahrscheinlich Korrosion im Tank. Jetzt aber egal. Die Hauptdüse war verdreckt, also: reinigen und wieder alles zusammensetzen.

Ich erinnerte mich daran, was der Azubi in mir in Paraguay geschworen hatte, nachdem ich den Kolben nur wegen einer verschobenen Papierdichtung kaputtgefahren hatte: Alles kontrollieren! Weil mein Kopf für eine gute Sichtkontrolle aber leider nicht zwischen Gepäck und Motor passte, packte ich ab und warf einen Blick unter den Gasschieber und sah, dass ich Trottel die Papierdichtung wieder verschoben hatte. Oh Mann. Aber gut, dass ich kontrolliert hatte! Also alles wieder auf, vorsichtig zusammen und alles wieder zu, Sichtkontrolle, alles gut, Kickstarter treten – und weiter.

Ich hatte natürlich Zeit verloren und knickte deshalb den Plan, heute noch in Rio anzukommen, denn in Rio wollte kein wachsamer Reisender in der Dunkelheit umherirren und eine Bleibe suchen. Also schlief ich unspektakulär in einer Brummi-Absteige, bevor es am nächsten Tag spektakulär wurde.

Von Rio wieder in den Süden

Ich liebe Rio de Janeiro, es ist eine meiner absoluten Lieblingsstädte, doch die Ankunft war derbe. Auf der Hostalsuche kackte Elsi in einer Steigung ab, der Kickstarter drückte sich in meine

Wade und schnitt sich ins Fleisch. Humpelnd begann das Vergnügen, aber nicht einmal das konnte meine Stimmung trüben. Rio machte mich irgendwie einfach glücklich!

Da sich die beiden brasilianischen Metropolen auch unter Vespisti nicht sonderlich mochten, wurde ich hier von keinem Club erwartet, der mir seine Stadt aus einheimischer Vespasicht zeigen konnte. Aber das schmälerte meinen Spaß in keiner Weise. Nach den feierwütigen Jungs in São Paulo tat es auch mal gut, eine Stadt »für sich« zu haben. Gemeinsam mit Elsi klapperte ich alles ab, was man gesehen haben sollte, und saugte Rio in mich auf: Corcovado, die Christus-Statue, Zuckerhut, wo ich mit »Little Rasta«, dem kleinen Vespamodel aus Costa Rica, ein Foto für Rasta schoss – versprochen war nun mal versprochen. Der Atlantik war recht frisch, aber die Copacabana ließ ich mir natürlich nicht entgehen.

Allein durch Rio zu fahren war schon ein Vergnügen, aber als ich das Stadion Maracanã sah, freute ich mir den Arsch ab, obwohl ich fünf Monate zu spät war. Ich schaute mir bis in die Umkleidekabinen jeden Winkel des Stadions an. Im Allgemeinen nahmen uns die Brasilianer den WM-Sieg nicht übel, weil wir wenigstens im Finale Argentinien geschlagen hatten. Ein argentinischer WM-Sieg in Brasilien, das wäre für sie das Allerschlimmste gewesen.

Nachdem ich seit dem Gran Chaco in einer großen Ostschleife über den südlichen Wendekreis wieder ein bisschen nach Norden gefahren war, begab ich mich nun – geputscht und aufgedreht von zwei Tagen Rio – wieder auf den Weg in den Süden. Immer die Küste entlang.

Das klang gut, war aber erst mal ungemütlich, weil extrem viele Autos die Räume eng machten. Wenn man sich verfranzte, waren die Fernstraßen sehr anstrengend, denn manchmal wurde die Überholspur zum U-Turn, und man musste irgendwie rüberkommen, manchmal kamen Kreisverkehre, die ebenfalls innen lagen, und machmal gab es Kreuzungen. Es war alles dabei, nur keine Brücken oder Unterführungen, die so manches Manöver erleichtert hätten.

Geduldig suchte und fand ich meine Lücken und fuhr stoisch so weit, bis mich eine gewisse Verkehrsfreiheit umgab. Über breite, gut geteerte Straßen erreichte ich die industrielastige und unspektakuläre Küste. Das änderte sich zum Glück bald, und plötzlich zeigte die brasilianische Küste verspielte Buchten und wilden Dschungel bis an den Atlantik. Ein Traumstrand reihte sich an den anderen, und schattige Campingplätze luden zum Rasten ein.

Es wurde hügelig und teilweise sehr steil. Mir fiel ein klickerndes Geräusch auf, das irgendetwas mit der Drehzahl zu tun hatte und bei starken Anstiegen immer schlimmer wurde. Es hörte sich an, als würde der Kolben zittern. Ich legte eine Abkühlpause ein, doch der nächste steile Anstieg brachte mich schon wieder in die Bredouille. Es fühlte sich so an, als würden jeden Moment die Kolbenringe brechen, so laut klimperte es im Brennraum. Dann ging plötzlich der Motor aus und ließ sich nicht mehr starten. Die Steigung war zweispurig, ohne Seitenstreifen. Also stieg ich ab und schob sie, so schnell es ging, die letzten 50 Meter hoch, bis die rechte Spur wieder zum Seitenstreifen wurde.

Sie wollte nicht wiederkommen. Mist. Vielleicht hatte wieder Dreck die Düse zugesetzt, das wäre schlecht, denn das hieße, dass der Tank derbe rostete und ausgetauscht werden musste. Also nahm ich die Seitenhaube ab, öffnete den Vergaser, checkte die Lage, zerlegte das Ding.

War ja klar, dass es zu schütten anfing. Ich zog meine Jacke aus, kniete mich vor den Motor und bildete ein Dach über dem Vergaser, indem ich die Jacke auf die Sitzbank und halb auf meinen Kopf legte. Diese Dschungelregenfälle hatten es wirklich in sich, binnen Sekunden saugte sich mein Pulli voll, das Wasser lief mir in die Hose und, noch viel schlimmer, es tropfte vom Jackenzeltdach in die Vergaserwanne, wo sich ein Benzin-Wasser-Gemisch bildete, denn die Benzinhahndichtung war ja auch kaputt.

»Scheiße!«, brüllte ich, verstopfte die Benzinschlauchöffnung mit einer Schraube und machte schnell den Vergaserdeckel wieder drauf. Mit Benzin, Öl und Wasser gleichzeitig an den Fingern war es kaum möglich, irgendwas anzufassen. Ich scheiterte endgültig beim Luftansaugschlauch, weil mir die Sau immer wieder

aus der Hand flutschte. Dann rastete ich aus, schaute gen Himmel und brüllte: »Was willst du von mir? Hör auf, verdammt noch mal! Was hab ich dir getan? Hab ich nicht genug zu kämpfen auf dieser Reise?«

Eigentlich war ich immer friedlich mit dem da oben, mit Mutter Natur und allem anderen, was ich nicht beeinflussen konnte, aber seit ein paar Wochen standen wir in harten Diskussionen. Ich wusste, was er wollte, ich wusste es genau. Er wollte mich vor Patagonien warnen. Trotzig wie ein kleines Kind dachte ich: »Ich werde alles geben, um Feuerland zu erreichen – alles«, und sprach kein Wort mehr. Mir war allerdings auch bewusst, dass mein Ausbruch ein Ausdruck der Überbelastung war. Ganz klar, ich brauchte Schlaf, so viel stand fest.

Mit der zweiten T-Shirt-Hälfte trocknete ich den Vergaser und versuchte zu starten. Aber sie kam nicht. Also rollte ich bergab, sie buckelte und sprang wie ein Rodeopferd. Hochtourig versuchte ich, das Wasser rauszubrennen, doch leider brannte Wasser so schlecht. Es dauerte einige Kilometer, bis sie so lala lief, während ich innerlich mit dem Himmel um die Wette grummelte.

Am kommenden Tag hörte sich Elsi scheiße an, sie hatte definitiv einen Schluck zu viel genommen. Die Anstiege wurden böse, im ersten Gang schaffte ich es mit Mühe. Irgendwas stimmte grundsätzlich nicht, denn ich war auf Meereshöhe und sollte eigentlich volle Kraft haben. Der Fahrspaß war bei null angekommen. Ziemlich down erreichte ich Santos und traf Gustavo, der mir die Felgen bei den Paulista gegeben hatte, und seinen Mechaniker Luca aus Italien.

Sie freuten sich, mich zu sehen, und fragten, wie es mir ginge. Geknickt sagte ich, dass ich ein Kolbenproblem hätte, ein Surren im Zylinder und Kraftverlust.

»Was? Beschreib es uns genauer.«

Ich erklärte das Scheppern, wann und wo es auftrat, und Gustavo meinte eiskalt: »Das ist kein Problem, das ist der Sprit. Das haben wir alle. Der Sprit hier hat nur 87 Oktan und 25 Prozent Alkohol. Ist dir aufgefallen, dass der Sprit immer gleich teuer ist? Wenn das Rohöl teurer wird, dann mixen sie bis zu 40 Prozent Alkohol dazu. Das bestimmt die Regierung, und deswegen weiß noch nicht mal der Tankstellenpächter, was er da verkauft. Wenn die Verbrennung nicht kraftvoll genug ist, dann bewegt sich der Kolben hin und her und scheppert. Durch den Alkohol reißt der Schmierfilm oft ab, weil der Alkohol eine andere Lösungsbasis hat. Du brauchst mindestens 50 Prozent mehr Öl, sonst wirst du nicht glücklich. Und mach Pausen, wenn es zu extrem wird.«

Dann verriet er mir noch eine Tankstelle, die Pedrobras, die einen Sprit verkaufte, der 96 Oktan und im Normalfall keinen Alkohol beigemischt hatte. Ungläubig füllte ich den Tank, und noch ungläubiger war ich, als sie erheblich besser lief. Wir fuhren bis nach São Paulo, gestatteten der Bande einen Besuch ab und fuhren wieder zurück. Der Sprit war die Rettung, mein Problem gab es nicht mehr. Das eine zumindest.

Mit Gustavo holte ich den Tank raus. Der Spritfilter lag lose im Tank, womit sich die rostbraunen Krümel in der Schwimmerkammer erklärten. Die Benzinhahndichtung war kaputt, aber Empório Motoneta (Gustavos und Lucas Werkstatt) schenkte mir eine neue. Ich bedankte mich mit meinem kompletten portugiesischen Wortschatz: »Obrigado!«

Der Tank lag auf der Werkbank, und im Rahmen lag die kleine Dose: das Wasser der Arktis, unser Auftrag. Die Dose zu schütteln brachte einen zusätzlichen Motivationsschub. »Antarktis, wir sind auf dem Weg!«

Elsi war wieder fit, ich selbst war versöhnt mit der Welt, und Brasilien versprach gesellig zu bleiben, denn auch Gustavo und Luca informierten befreundete Vespaclubs, die fast alle auf meinem weiteren Weg lagen. Im Grunde freute ich mich darüber, denn so lernte ich super Land und Leute kennen. Allerdings war es mittlerweile so, dass sich das soziale Netzwerk verselbstständigte und mich manchmal fast erdrückte. Also sagte ich mir: »Wenn es klappt, besuche ich die Clubs, aber ich kann es nicht allen recht machen.« Ich meldete mich deshalb immer erst, wenn ich in unmittelbarer Reichweite war.

Als ich wieder alleine weiterzog, sah ich etwas ganz anderes in der Luft. Brannte es dahinten? Schwarzer Qualm zog über die Bäume. Als ich näher kam, sah ich Lkws, die langsam den Berg hochzuckelten. Unvorstellbar, diese runden Karosserien von Mercedes waren noch aus den Fünfzigern und ballerten tiefschwarzen Qualm in den Himmel. Die Kleine dagegen war gut drauf und zog sie alle an den Bergen ab, ohne viel von dem Qualm abzubekommen.

Der Geruch des Waldes war einzigartig, ein Gemisch aus grünem Tee, modrigem Holz, nasser Erde, aber da war auch eine würzige Note, die mich an den Geruch erinnerte, wenn ich in der Küche meiner Mama den Gewürzschrank aufmachte. Im Gegensatz zum Geruch nahm ich die Geräusche erst wahr, als der Motor eine Pause bekam. Ein Gezirpe und Gezwitscher schwang als Grundton in meinen Ohren, überlagert von lärmenden Affen, die sich allerdings nicht blicken ließen.

Entlang der Küste blies mich der Wind in den Süden. Seit langem spielte ich mal wieder das Spritspiel. Als der Motor abstarb, hatte ich 253 Kilometer auf der Uhr, inklusive Reservekanister schaffte ich 560 Kilometer. Geil!

Dann ein Kulturschock. Blumenau war mir ans Herz gelegt worden, denn, wie der Name bereits erahnen ließ, war es von deutschen Auswanderern gegründet worden. Ziemlich durchgeknallt, es sah aus, als wäre ein Stück Bayern oder Schwarzwald hierhergebeamt worden. Fachwerkhäuser, Brauereien, Oktoberfest. Künstlich und kitschig war ein deutsches Dörfchen mit Souvenirshops voller Bierkrüge, Lederhosen und sonstigem Kram, den kein Mensch brauchte, aufgebaut. In den Biergärten versorgten Brasilianerinnen im Dirndl die Gäste mit Brezn und Weißbier. Wieder tropfte mir »Oans, zwoa, g'suffa« schmierig entgegen, gefolgt von einer schlechten Technoversion von »Mer losse d'r Dom in Kölle«. Schnell weg!

Aber selbst in Blumenau gab es einen Club, bei dem ich mich kurz vorher gemeldet hatte, einen Lambrettaclub. Zwei Jungs hatten Zeit und kamen mit ihren Vespas vorbei. »Warum Vespas, ich dachte, ihr seid ein Lambrettaclub?«

»Egal, Hauptsache wir sind genug, um zusammen zu fahren!«, sagte der eine, holte eine Tüte hervor und überreichte mir Geschenke: drei Shirts mit einer knallgelben Lambretta drauf. Er war extra in einen Printladen gefahren und hatte die Club-Lambretta in Gelb auf die Shirts drucken lassen, weil meine Vespa ja auch gelb war. Knallkopp. Aber sympathischer Knallkopp.

Das Meer warf Wellen mit weißen Kämmen, vor mir lag Florianópolis, eine Stadt auf einer Insel, die ich über eine Brücke erreichte. Camping, Strand und zwei Nächte ausschlafen schwebte mir vor, denn seit dem Titicacasee, seit etwa 9000 Kilometern und zwei Monaten, hatte ich fast pausenlos durchgerockt. Laute Musik und klickende Bierdosen hatten die Pausen nicht immer erholsam gemacht.

Es ging leicht bergauf, als sich plötzlich – *brrrr* – das Hinterrad nicht mehr drehte. Zum Glück gab es eine Haltebucht. Der Motor lief noch, ich zog die Kupplung, legte den ersten Gang ein, ließ sie kommen. Nichts passierte. Fuck. Mein erster Tipp war die Bremstrommel, denn Motor, Kupplung und auch die Schaltraste schienen zu funktionieren. Und so war es auch: Die Bremstrommel war hin, eine Mutter hatte sich gelöst, und die Hauptwelle hatte daraufhin die Verzahnung abgefräst. Klarer Fall von schlechter Wartung. Doch mich rettete mal wieder ein Vespaclub. Diesmal der Vespa Clube do Florianópolis.

Der gesamte Club holte mich ab: zwei Vespas. Dafür waren die zwei ein gutes Team und lebten ihren Miniclub sehr aktiv. Wir fuhren zu ihrem Mechaniker, einem alten Hasen, der vor vielen Jahren einen Unfall mit der Lambretta hatte. Seither lief er schief und litt unter Rückenschmerzen. Die Jungs meinten, dass er oft grummelig und schlecht gelaunt wäre, zu mir war er aber nett, und er hatte eine gebrauchte Trommel. Nicht billig, aber in top Zustand. Zurück bei Elsi montierte ich das gute Stück – und sie lief wieder. Der alte Mechanikerhase freute sich, der ganze Club auch, und ich erst recht, denn jetzt konnte ich es doch noch rechtzeitig nach Uruguay schaffen, denn in sieben Tagen sollte ein Termin sein, den ich nun wirklich nicht verschieben konnte: Heiligabend.

Über die Brücke verließ ich Florianópolis wieder aufs Festland. Alles fühlte sich wieder super an, Elsi zog gut. Doch drei Kilometer hinter der Stadt knallte – *paff-paff-paff* – der Auspuff. Schon wieder Ärger, das konnte doch nicht wahr sein! Angenervt stieg ich ab und warf all mein Gepäck auf den Seitenstreifen. Ich operierte das Hinterrad raus, und schon fiel mir der Auspuffbolzen in die Hand. Das Gewinde war vollkommen ausgeschlagen. Es fing leicht an zu tröpfeln, als ich die Werkzeuge und die Ersatzteilekiste öffnete und vergeblich nach einem anderen Bolzen suchte.

Über die Monate hatte ich reichlich Gelegenheit, meine Fähigkeiten, im prasselnden Regen zu schrauben, auszufeilen. Als ich die Zirkusnummer mit dem Bolzen irgendwie über die Bühne gebracht hatte, ärgerte ich mich schon gar nicht mehr darüber, dass es in die Werkzeugkiste und meinen Helm geregnet hatte. Viel ärgerlicher war der Motorradfahrer, der sich nicht zu blöd war,

Fotos von mir zu schießen anstatt zu helfen. So ein Depp. Und natürlich hörte der Regen genau in der Sekunde auf, in der ich nass den Kickstarter trat.

Entschädigt wurde ich durch einen Wald-Battle. Im Grunde herrschte der Regenwald mit seinen Hortensien, aber in den Bergregionen hatten Nadelbäume die Macht, die dicke Stämme und oben ausladende Äste hatten. Daneben standen absurderweise Palmen. Es folgten riesige Farnbäume und blühende pinke Fliedergewächse. Absolut verrückte Show in Grün.

Zehn Minuten vor der vereinbarten Zeit stand ich am Treffpunkt in Dois Irmãos. Fabio und ein namenloser Clubkollege holten mich ab. In Dois Irmãos, das nach zwei Bergen »Die zwei Brüder« benannt war, trafen wir uns mit weiteren Brüdern der Vespisti.

»Kommscht aus Daitschland?« Ich hatte nun ja schon deutsche Kolonien in Paraguay und Fachwerkhäuser in Blumenau gesehen, aber das Hunsrückisch hier war mir neu. Der Dialekt war in Rio Grande noch unverfremdet, dass sogar deutsche Germanistikstudenten hierherkamen, um das reine Hunsrückisch zu lernen. So wurde mein Sprachmix noch dubioser, als er hier in Brasilien eh schon war: Englisch, Spanisch, Kölsch und ein paar Brocken Riograndenser Hunsrückisch.

Rolf wuchs hier auf, lebte aber seit 20 Jahren in Deutschland. Er erklärte mir viel über das Land, die Menschen, Kultur und die Politik. Smarter Typ. In Fabios VW Kombi, wie der T1 hier genannt wurde, drehten wir eine Runde. Es war warm, alle hatten kurze Klamotten an. 98 Prozent der Unterarme und Waden waren tätowiert, so krass war das nicht mal bei den Mods in São Paulo.

Die Clubleute um Fabio waren dabei, einen brasilianischen Dachverband zu gründen, den Vespa Clube do Brasil, der dann offiziell dem Weltverband angeschlossen sein würde. War wohl nicht ganz einfach, die letzten Reibereien unter den einzelnen Clubs aus dem Weg zu räumen. Aber hier hatten sie auf jeden Fall schon mal ein Clubhaus und eine Garage, wo ich mich ausbreiten durfte.

Am Tag drauf wurde gegrillt, der ganze Club traf sich. Der

Reporter einer Lokalzeitung kam dazu und bohrte mir Löcher in den Bauch. Als wäre ich ein Superstar, kamen später noch ein Radiosender und eine weitere Zeitungsjournalistin aus Novo Hamburgo, und ich zog die Show noch mal von vorne ab. Dann hieß es auch schon wieder Abschied nehmen und im Alleingang weiterreisen.

Nach Novo Hamburgo wurde es schnell flach und gerade. Eine ewig lange Straße führte am Meer entlang, nicht direkt an der Küste, eher so ein, zwei Kilometer im Inland. Weiden und Äcker wurden von einem Sumpfgebiet abgelöst. Kühe und Pferde schienen übers Wasser zu gehen. Immer wieder lautes Vogelgezwitscher und -geschnatter. Das Geklapper wurde so laut, dass es meinen Motor übertönte. Ich hielt und schaute mir die Störche an, die durch das überspülte Grün marschierten und fischten. Riesige Wasserschweine versanken geräuschlos wie Nilpferde im Wasser. Die Sonne war draußen, und der erfrischend kühle Wind wehte schwach, als ich die Grenzstation durchfuhr.

URUGUAY – WEIHNACHTEN AM STRAND

Uruguay war die Nummer 19 meiner Reiseländer und der letzte Neuling der Vesparicana. Entsprechend gut gelaunt, aber auch müde fuhr ich die ersten 30 Kilometer bis Punta del Diablo, einem Ferien- und Badeort. Unmengen von Bungalows, Hotelchen, Hostals und Hängematten-Bars standen hier bunt gemischt und angemalt in Strandnähe. Genau das Richtige für Weihnachten.

Mit der Vorfreude auf ein paar entspannte Tage verdoppelte sich auf einmal mein Motorengeräusch: Wie aus dem Nichts tauchte plötzlich eine zweite Vespa auf, der Fahrer winkte mir fröhlich zu, kam zu mir herüber und schlug kräftig ein. Zu zweit fuhren wir zum Hostal, wo ich Ariel »Molfi« Molfino kennenlernte – einen ausgewanderten Paulista, der den vespafreundlichen Laden hier schmiss. Alles sehr entspannt und freundlich. Allerdings war für mich nur noch ein Bett im Dormitorio frei, wo fünf Hochbetten so eng aneinanderstanden, dass es schon schwer war, ins Bett zu gelangen, zumal man vorher über chaotische Klamottenhaufen steigen musste. Das war zwar nicht der Ruhepol, den ich erhofft und gebraucht hätte, aber nach dem netten Empfang blieb ich zuerst mal und verbrachte einen sehr ruhigen Tag mit anderen Reisenden.

Abends drehte ich gut auf, denn ich genoss die spanische Sprache, die mich nun wieder umgab und den portugiesischen Legastheniker in mir in Vergessenheit geraten ließ. Auch wenn ich die Grammatik noch immer nicht komplett beherrschte, bekam ich einen Laberflash und füllte die Lücken spontan mit Pantomime oder lauten Geräuschen, die mir viele Lacher einspielten. Als alle zusammen gut gelaunt zum Feiern aufbrachen, sprang ich allerdings vom Zug und rollte mich in mein unteres Etagenbett, drückte mir die Stöpsel in die Ohren, damit mir die Meute bei ihrer Rückkehr im Kampf durch den Klamottenberg nicht den Schlaf rauben konnte. Anders als kleine Kinder, die vor lauter Aufregung kein Auge zudrücken konnten, fiel ich in einen tiefen Schlaf und träumte Heiligabend entgegen.

Zwar lief keine »Pipi Langstrumpf« im Fernsehen, aber ich konnte mit den Liebsten zu Hause telefonieren und wenigstens diese Tradition aufrechterhalten. Plätzchen ersetzte ich mit Obst und die Sicht auf das trübe Köln mit Sonnenschein und Meer. Auf einem Felsen mit Musik auf den Ohren kehrte ich ein wenig in mich. Weihnachten!

Letztes Weihnachten hatte mich Ocki in Mexiko besucht – krass, ein ganzes Reisejahr war seither vergangen, und was für eines! Im Grunde brauchte ich kein Weihnachten, denn auf meiner Reise feierte ich das Weihnachtsfest in Etappen, nach dem Motto: »Advent, Advent, die Elsi rennt.« Wie oft war ich schon auf der Suche nach einer Bleibe gewesen?! Und jedes Mal hatte mir jemand seinen Stall geöffnet. »Wer klopfet an?« Die Lateinamerikaner ließen mich nie im Dunkeln stehen, und ich war in diesem Moment fast schon selig. Dann war es Zeit für die Bescherung, und ich packte das große Geschenk aus, das ich mir selbst gemacht hatte: Auf mich warteten noch über drei Monate Abenteuer! Jetzt freute ich mich doch wieder wie ein kleines Kind. Sí claro, amigo!

Ariel hatte den Grill angeworfen. Er holte unglaublich saftiges Fleisch und kross gegrillte Würstchen, die typischen Chorizos, vom Rost. Die lustige Runde saß schmatzend und trinkend zusammen, als um Mitternacht mit Raketen und Böllern angestoßen wurde. Dieses Weihnachten hatte schon was von Silvester. Zusammen liefen wir am Strand entlang, wo eine größere Gruppe mit laut dröhnender Musik an einem Lagerfeuer im Sand tanzte. Ich setzte mich lieber mit ein paar netten Reisenden an ein anderes Feuer, mir war eher nach Ruhe als nach Party. Der ruhige Weihnachtstag hatte meinem Körper irgendwie klargemacht, wie plattgeschlagen er war, ich fühlte mich, wie ich es nur nach Saunabesuchen kannte, und verkrümelte mich schon bald ins Bett.

Ich brauchte echte Erholung. Am Morgen wechselte ich deshalb den Ort, den Jungs sagte ich, dass ich Ruhe brauchte und die Tage noch mal auf einen Matetee vorbeischauen würde. Alles easy.

Nicht weit entfernt fand ich einen kleinen Campingplatz, ruhig und schattig und freundlich. Unter Pinien schlug ich mein Zelt auf, legte mich auf die Matte und schlief tief und fest ein.

Der Campingchef war super drauf, ein Skater, überall tätowiert. »Wir sind mit den Rucksäcken durch Uruguay gereist und haben hier einen Campingplatz gesucht. Es gab keinen, also haben wir selbst einen aufgemacht.« Es schien ein glücklicher Mensch zu sein, das strahlte er förmlich aus. Auf seinem Auto klebte demonstrativ ein Aufkleber mit der Aufschrift »Estación Libertad«, und man konnte nicht anders, als es ihm abzunehmen, dass er seine »Haltestelle Freiheit« hier gefunden hatte. »Leider ist es hier ungeteert, deswegen musste ich das Skateboard gegen das Surfboard tauschen. Komme mittlerweile aber gut damit klar.« Ein cooler Aussteiger, dessen Geschichte mal wieder meine eigene Aussteigerseele kitzelte.

Total verstrahlt und langsam packte ich fast vier Stunden. Eigentlich ein gutes Zeichen, denn ich merkte, dass mein gesamtes System in den Tagen am Strand runtergefahren war. Langsam und gemütlich fuhr ich noch mal kurz zum Hostal und verabschiedete mich. Die Jungs wünschten mir eine gute Reise und vergaßen bewusst die offene Rechnung. Vielleicht weil Weihnachten war. Danke.

Entspannt fuhr ich eine Weile, zum Teil an kilometerlangen Palmenalleen entlang, aber schon drei Stunden später fand ich einen netten Platz am Strand, dem ich nicht widerstehen konnte. Montevideo ließ ich sausen – dorthin würde ich eh zurückkommen, um auf das Containerschiff nach Hamburg zu rollen.

Irgendwann kam ich in die Nähe der Kleinstadt Colonia del Sacramento – für den geborenen Rheinländer war das ganz klar das »Heilige Köln«. Hier fand ich Bankautomaten, die mir Dollar ausspuckten, was günstiger war, als in Argentinien teure Pesos zu ziehen. Überhaupt herrschte in meinem Portemonnaie Chaos:

Reais aus Brasilien, US-Dollar, Uruguayische Pesos und andere Restmünzen bunt gemischt. Sonst hatte ich vor den Grenzen die Münzen konsequent ausgegeben, aber da ich Argentinien, Chile und auch Uruguay ein zweites und drittes Mal durchfahren würde, kam es nun ein paar Mal vor, dass ich beim Zahlen in den Läden die unterschiedlichsten Währungen hervorholte. Dem nächsten Kind schenkte ich das Klimpergeld und entlastete damit meine vollen Hosentaschen vor dem nahenden Grenzübertritt.

Um Silvester in Buenos Aires feiern zu können, hatte ich nach dem Strandcamping den Rest des Landes recht schnell durchkreuzt. Die vorerst letzte Nacht in Uruguay verbrachte ich auf einem Campingplatz am Grenzfluss gemeinsam mit Hunderten von Mücken, obwohl ich sie nicht eingeladen hatte. Gegen die penetranten Viecher zog ich freiwillig den Kürzeren, verkrümelte mich ins Zelt und ließ noch kurz die Gedanken um Uruguay schweifen, bevor ich einschlief.

»Uruguay ist eine Stadt mit ein paar Bauernhöfen im Hinterland«, sagten die Uruguayos über ihre Heimat. Im kleinsten spanischsprachigen Land Südamerikas lebten nur knapp 3,5 Millionen Einwohner, davon rund 1,5 Millionen in der Hauptstadt Montevideo. José »El Pepe« Mujica, der Präsident des Landes, war ein Mann aus dem Volke, von Beruf Blumenzüchter. Er wohnte in keinem Palast, fuhr keinen dicken Schlitten und spendete fast sein gesamtes Gehalt. Privat fuhr er einen alten VW-Käfer und – wie mir versichert wurde – eine Vespa. Fast jeder, mit dem ich mich unterhalten hatte, sprach gut und auch stolz über ihn, doch die Tage des beliebten Präsidenten waren gezählt, denn die Präsidentschaft war auf eine Legislaturperiode begrenzt. Wenn ich im März in Montevideo das Containerschiff entern würde, wäre sein Nachfolger bereits in Amt und Würden. Hoffentlich war auch der ein Vespafreund.

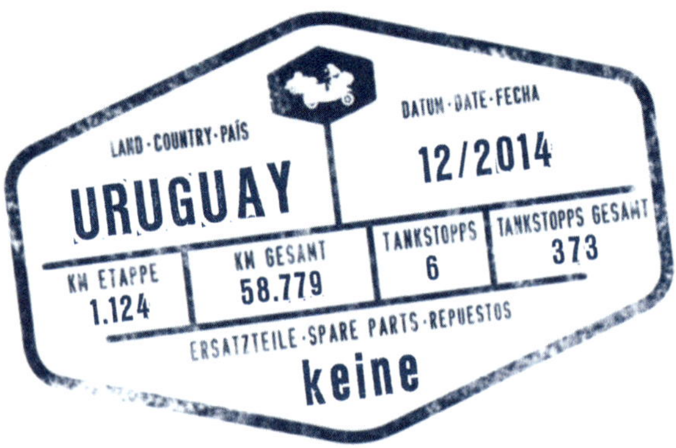

ARGENTINIEN – SILVESTER IN BUENOS AIRES

Freundlich drückte mir die Beamtin den Stempel in den Pass und schickte mich mit dem üblichen Laufzettel in den Zoll. Von A nach B, von B nach C, und schließlich war ich bei Schalter D angelangt. Der Beamte wollte meine Versicherungsbestätigung sehen, die ich nicht vorlegen konnte. Es ging ein bisschen hin und her, dann stempelte er die Fahrzeuglizenz und meinte: »Lass dich nicht erwischen, die Polizisten in Argentinien sind streng, wenn die Papiere nicht komplett sind. Am besten, du holst dir eine in Buenos Aires.«

»Sí claro, Señor.«

Draußen gab ich den Laufzettel wieder bei der ersten Beamtin ab, die freundlich lächelnd die Schranke öffnete. Bei frischem Wind überquerte ich auf der »Puente Internacional« den Río Uruguay zurück nach Argentinien, wo der letzte große Abschnitt der Vesparicana beginnen sollte. Im neuen Jahr dann.

Schlechte, bröselige und zerrissene Straßen empfingen mich. Dann kam eine zweite riesige Brücke, die über den Paraná führte, der auf seiner Reise bis hierher unter anderem die Iguaçu-Fälle passiert hatte und mich somit – wie Argentinien – ebenfalls ein zweites Mal begrüßte. Und dann war ich auch schon in der Hauptstadt.

Mit Mühe konnte ich mit Dollars tanken, denn ich hatte noch keine Pesos Argentinos. Auf den Stadtstraßen war der Verkehr überraschend dünn, doch abrupt stoppende Taxis und brutal überholende und bremsende Busse machten das Fahren nach den entspannten Tagen in Uruguay nicht gerade zu einem Vergnügen.

Es war bereits der Silvesterabend und so gut wie alles ausgebucht. Ein unspektakuläres Hotel im Zentrum hatte noch ein

Zimmer frei, da konnte ich nicht wählerisch sein, war aber völlig in Ordnung. Rubén, den ich in Medellín bei dem Treffen mit den 300 Vespisti kennengelernt hatte, würde ich erst an Neujahr treffen, und so streunte ich den letzten Tag des Jahres durch die Straßen von Buenos Aires, aß etwas und spazierte die Avenida 9 de Julio entlang, die mit 140 Metern einstmals breiteste Straße der Welt, die als Hauptschlagader in jede Richtung sechs Fahrstreifen hatte und zusätzlich noch einen Grünstreifen und Buslinien. Hier saß ich rum und sah mir das bunte Treiben an.

Um Mitternacht ballerte es nur mäßig – zumindest hätte man bei 2,7 Millionen Einwohnern und über 13 Millionen im ganzen Ballungsraum mehr erwarten können. Gefährlich war nur, dass etliche Raketen nicht abhoben, sondern inmitten der Fußgänger explodierten, aber ich blieb verschont und konnte das Jahr 2015 sehenden Auges am berühmten Obelisken begrüßen. Recht früh und müde fiel ich in mein Hotelbettchen.

Rubén holte mich ab, es war schön, ihn wiederzusehen, und obendrein konnte ich zu ihm umsiedeln. Er wohnte recht einfach, quasi in einer alten Werkstatt – ein Teil Wohnraum, ein Teil Garage –, was ihn aber nicht daran hinderte, mich bei sich aufzunehmen. Die große Vespa-Familie mal wieder. Und ich konnte mich hier perfekt um Elsi kümmern, bevor es zum Finale nach Feuerland gehen sollte.

Am kommenden Tag ging es los, ich hatte super geschlafen und fühlte mich fit und bereit für eine Ersatzteiljagd, bei der mich Rubén und der Vespa Club Buenos Aires unterstützte – einer der »reifsten« Clubs auf meiner Reise, ich senkte den Altersdurchschnitt deutlich.

Eine gute Anlaufstelle waren die Schrauber von den Motonetas Clásicas, die nur mit Originalteilen tunten und reparierten, die sie aus Deutschland bezogen. Doch der einzige Kolben, den sie auf Lager hatten, war ein 58-mm-Kolben, normal waren 57 mm, und man musste kein Profi sein, um zu erkennen, dass ich erst einen Dreher brauchte. Auch neue Mäntel konnte ich nur mit Mühe auftreiben. Ich kaufte noch Regenklamotten, was mir von

mehreren Feuerlandfahrern ans Herz gelegt worden war. Am Ende ging es noch um die dubiose Zylinderkopfdichtung, die ich suchte. Ich fand nur Aluringe, die zwischen den Kopf gequetscht werden. Sollte eigentlich klappen.

Ich war also wieder einigermaßen ausgestattet und konnte mich ein paar Reparaturen widmen. Da ich vermutete, dass der Silentblock mal wieder durch war, holte ich den Tank raus, um das Federbein zu lösen, auf dem dieser Gummipuffer lag. Komischerweise war die Befestigungsmutter so lose, dass ich sie von Hand abdrehen konnte.

»Liegt sie eigentlich immer so tief?«, fragte mich Rubén.

»Was soll ich sagen, ich glaube: ja.«

Dann realisierten wir erst, dass der Rahmen rings um die Federbeinaufnahme mehrfach gerissen war. Die Schweißnähte waren offen, das Stahlblech hatte Haarrisse. Wir legten sie um, demontierten das Hinterrad, und mir wurde schlecht bei dem Anblick. Der Rahmen war an der Federbeinstelle um fast zwei Zentimeter eingedrückt.

Zum Glück war ich gerade bei Rubén, denn der wusste genau, was zu tun war. Ich überließ ihm den Job und versuchte mit schlauen Sprüchen und Werkzeug reichen meinen Teil dazu beizutragen.

»Um ein Karosserieloch kommen wir nicht rum«, meinte er.

Das war mir egal, ich brauchte eine stabile Lösung. Dann streichelte ich Elsi über den Tacho und sagte: »Das pikst jetzt ein bisschen, aber alles wird gut.«

Obwohl Rubén kein Deutsch sprach, verstand er mich doch. »Wir alle sprechen mit unseren Vespas.« Er bohrte ein Loch von oben in den Rahmen, steckte einen Rundstahl rein und schlug das Blech zurück. Dann setzte er ein L-Blech ein, was er motorseits verbolzte, holte das Schweißgerät und verschweißte die Nähte. Heini vom Scooter Center in Köln hatte vor meiner Abreise noch gemeint, dass das ein Schwachpunkt sein könnte. Es wäre im Nachhinein wohl besser gewesen, es vorher zu verstärken. Aber ich hatte als Kind schon auf die heiße Herdplatte gefasst und schmerzhaft erfahren, dass die Warnungen und Ermahnungen meiner Mutter doch nicht alle geblufft waren. Manchmal musste man Erfahrungen einfach erst selber machen. That's life. And life is for living!

In dieser Sekunde kam Héctor vom Club vorbei und drückte mir einen Silentblock in die Hand: »Hier, ein Geschenk.« Der Knaller! Der alte war vollkommen kaputt – der alte Silentblock natürlich, nicht Héctor –, und Ersatz hatte ich keinen mehr. Perfekt!

Voll beladen und gut gelaunt fuhren wir zu zweit los. Rubén eskortierte mich fast 100 Kilometer, hielt an, drückte mich und sagte: »Pass auf dich auf und melde dich, wenn du auf dem Rückweg bist.«

Das Gefühl war krass: Ich war wie frisch verliebt in die Reise. Nun war ich schon ewig unterwegs, eigentlich Routine, aber ich spürte etwas Neues. Etwas Ehrfürchtiges war das. Ganz klar: Es ging ins Finale. Als hätte ich mich gerade warmgelaufen, war ich nun bereit für die Schlacht. Elsi war wieder fit, die Ersatzteilkiste geladen, und sogar eine Versicherung hatte ich in den Papieren – wer sollte mich jetzt noch aufhalten?

VESPARICANA
AB DURCH DIE
PAMPA ZUM
GROSSEN FINALE
Südamerika 3

EIN JECK IN DER PAMPA

»La Pampa, Patagonia, Argentina« stand in großen Lettern auf dem Schild. Und das wurde auch Programm. Mit langen Klamotten gegen die Sonneneinstrahlung fuhr ich die recht öde Landschaft entlang. Hupende Autos und Lkws begleiteten mich, und ein wahnsinnig gutes Gefühl für die letzte große Vesparicana-Etappe machte sich in mir breit. Ich genoss sie wie in Trance.

Es war so unfassbar heiß, der Fahrtwind kühlte kein bisschen mehr, es war, als hätte jemand im Backofen die Umluft eingeschaltet. Der Wind nahm zu und wurde so heiß, dass ich mich hinterm Windschild verkroch. Dazu wurde es bergig und ich müde. Ein Glück lief Elsi, ohne zu murren, der Sprit hier schien wirklich alkoholfrei zu sein. Und das gute Zweitaktöl obendrauf hatte nicht nur auf Elsi eine beruhigende Wirkung.

Ich dachte gerade daran, beim nächsten Schattenplatz mal ein Päuschen einzulegen, als – *drrrrrr* – die Kolbenringe klapperten, ich sofort die Kupplung zog und an einem zufällig auftauchenden Schattenplätzchen ausrollte. Elsi glühte förmlich. Während wir beide abkühlten, schnappte ich mir die Karte. Wie ein kleiner Junge zählte ich mit den Fingern die Etappen, baute ein paar Pausentage ein und war erstaunt, dass ich, wenn sich meine Finger nicht verzählt hatten, in zwei Wochen in Ushuaia sein würde. Mein kleiner Lastenesel war in den vergangenen 18 Monaten fast 60 000 Kilometer voll beladen gerannt – ich sollte das letzte Stück nicht runterhetzen.

Erst jetzt realisierte ich, dass ich vor einem Tor in einen Nationalpark stand. Der symbolische Eintritt betrug 1 Peso, offiziell gewechselt: 12 Cent – wie süß. Ich fuhr etwa drei Kilometer hinein und teilte meinen Zeltplatz mit straußenähnlichen Emus und unzähligen Papageien. Erst spät registrierte ich das riesige Nest über mir: Fast einen Meter hatte das Nestgebilde, und ich zählte fünf, nein, sechs Einfluglöcher. Ein Mehrfamilienpapageiennest. Zwei weitere Emus spazierten sehr nah an mir vorbei. Gutes Omen, fand ich. Mit der Aussicht auf die trockene Steppe mit den markanten, weit ausladenden Bäumen und der tiefstehenden Sonne erinnerte es mich an Uganda. Traumhaft. Würde mich nicht wundern, wenn gleich eine Giraffenfamilie zum Schichtwechsel vorbeistolzieren würde.

Meine Schicht war jedenfalls vorbei. Früh schlüpfte ich ins Zelt, denn um fünf Uhr wollte ich aufbrechen, um der Hitze zu entkommen. Nun war ich schon viele Kilometer durch Pampas gefahren, aber alle hatten bis jetzt in den Anden gelegen, und ich musste mir bei den ersten Etappen in Argentinien sogar einen Schal umbinden. Hier war es das komplette Gegenteil. Es war gerade mal halb elf, als ich im kleinen Schatten eines Baumes anhielt, um dem Motor und mir eine Verschnaufpause von der extremen Hitze zu gönnen.

An einer Tankstelle wurde ich freundlich umarmt, die Leute wollten wissen, was ich Jeck hier mit der Vespa in der Pampa verloren hatte. Dann folgten 150 Kilometer dorf- und tankstellenloses Gebiet, und jemand stellte wieder die Umluft im Backofen an. Unter dem Helm wurde es durch den Wind fast zu laut, um den Kolbenringen zu lauschen. Kein Klappern, die Kraft blieb konstant. Trotz Affenhitze schien die Luftkühlung auszureichen, und so erreichte ich ohne Komplikationen einen Ort, der eigentlich nur eine Tankstelle samt riesigem Picknick- und Campingplatz mit Bootsanlegesteg war. In Casa de Piedra lag einer der wenigen Seen in dieser Gegend, und das, was sonst so knapp war: Schatten unter Bäumen.

Kaum stand das Camp, donnerte es am Himmel. Doch es fielen nur sieben Tropfen, keine Abkühlung in Sicht. Dafür randalierte die Heißluft die ganze Nacht und rüttelte am Zelt. Auch am frühen Morgen war es sehr stürmisch, ich hätte so gerne öfter gehalten und gerastet, aber ohne Schatten wurde ich sofort gegrillt. Es dauerte ewig, bis ich mal wieder einen Baum zum Unterstellen in Fahrbahnnähe fand. Ich setzte mich auf das Fußbrett der Vespa, die Thermoskanne in den Händen, und ließ den Kopf ein bisschen hängen – binnen Sekunden nickte ich ein. Irgendwann entspannten sich die Hände, die Thermoskanne fiel scheppernd auf den Boden und weckte mich. In Mexiko und anderen heißen Ländern wurde dieser Trick gerne in der Mittagsruhe angewandt – mir zeigte er eher, wie platt ich war.

Nach dem Nickerchen wies mir irgendwann ein riesiger Dinosaurier den Weg zu einem See. Vor Urzeiten gab es die hier in echt, heute standen die als Pappkameraden am Fahrbahnrand. Mit meinem Primatenhirn dachte ich nur: See, Campingplatz, Ruhe, hinfahren, rasten. Na ja, das mit der Ruhe war so eine Sache, denn die Argentinier liebten Camping und spielten dabei jedem ihre Lieblingsmusik vor. Ich brauchte jedenfalls keinen Aufwachtrick.

Der Wind war und blieb einfach eine Sau. Zwar war ich inzwischen so weit im Süden, dass ich morgens die Winterjacke über den Pullover werfen musste, um nicht zu erfrieren. Mit jeder Minute und jedem Zentimeter, den die Sonne in den blauen Himmel stieg, stieg dann aber auch die Temperatur wieder auf Höchstwerte. Ich machte eine Pause, weil das eine halbe Stunde später

schon nicht mehr möglich war. Zumindest nicht ohne Schweiß »op d'r Plät«.

Auch Elsi hatte guten Durst. Beim Spritspiel schaffte sie im heißen Wind gerade mal 380 Kilometer, sonst waren bei derselben Spritmenge locker 100 Kilometer mehr drin, denn wir fuhren ja auf ordentlichen Pisten durch flache Pampa.

Irgendwer mockerte in meine Nase. Mein Schweiß war es ausnahmsweise mal nicht, das hier hatte dann doch ein anderes Bukett. Es war ein Stinktier, das widerlich aufgerissen auf der Straße klebte. Die Geier freuten sich und saßen zu zweit vor dem Leckerbissen. Wie konnte man sich so was nur reinziehen?

Am Horizont kamen links und rechts langsam Bergketten zum Vorschein. Sie kamen immer näher und pferchten das vorher offene Pampa-Plateau langsam ein. Es wurde hügliger und kurviger, und binnen Minuten änderte sich um uns herum alles. Ein See, Tannen und die ersten dolomitenartigen Karstfelsen standen wie Möhren aneinandergelehnt. Ich jubelte laut und freute mich, dass die öde Pampa nach vier Tagen vorerst ein Ende hatte.

Sofort kamen Erinnerungen an Kanada in mir auf. Dann erreichte ich eine Schlucht, die aussah, als hätte sie die Beulenpest. Wohlgemerkt, eine sehr schöne Beulenpest: Abgefahrene rundliche Monolithen pflasterten mit gräulichem Gestein die Schlucht, ein tiefblauer See und dahinter schneebedeckte Anden. Ich hatte San Carlos de Bariloche erreicht, wo ich mich kurz sammeln, ins Internet springen und in einem Supermarkt die Reserven auffüllen wollte. Die Supermärkte waren knüppelvoll mit Menschen und fast ausverkauft. Auch vor den Tankstellen bildeten sich ewig lange Schlangen. Keine Ahnung, ob das normal war.

Was ich dagegen sicher wusste, war, dass ich die Ruta Nacional 40 erreicht hatte – eine Legende, die als spannend, schön und streckenweise schwer befahrbar galt. Vor allem wegen der extremen Winde. Für die nächsten knapp 2000 Kilometer bis Ushuaia musste ich theoretisch nur noch zwei Mal abbiegen. In der Praxis erwartete mich zunächst einmal eine wirklich schöne Landschaft aus den verschiedensten Bergkombinationen. Doch es dauerte nicht lange, bis mich der erwartete Sturm forderte. Um für die

gefährlichen Böen gewappnet zu sein, konnte ich nicht nah am rechten Fahrbahnrand fahren, sonst wäre ich ruckzuck im sandigen Seitenstreifen gelandet. So mancher Pkw-Fahrer verstand das offenbar nicht. Anstatt mal kurz vom Gas zu gehen und auf eine Lücke zu warten, schossen sie hupend an mir vorbei und brachten uns alle in Gefahr. Was für leichtsinnige Vollidioten.

Die Temperaturen wurden erst mal angenehmer, ich fuhr im Pullover. Dafür forderte der Wind auch beim Zelten die Ausrüstung. Aus frischen Ästen schnitzte ich mir Extra-Heringe, um jeden nur möglichen Ankerpunkt zu nutzen. Das Klima wurde spürbar rauer, und mir kamen meine ungeschriebenen »Alaska-Gesetze« wieder in den Sinn, die ich über ein Jahr lang nicht mehr gebraucht hatte, zum Beispiel: »Lass keine Tanke aus.« Ich traute meinen Augen kaum, als bestimmt 40 Autos vor der nächsten Tanke warteten. Ich fuhr an allen vorbei und sprach mit dem Tankwart, der mir sagte, dass die nächste Tankstelle in 240 Kilometern kommen würde. »Okay, überzeugt«, sagte ich und stellte mich brav hinten an.

Die Strecke wurde kerzengerade, die Landschaft langsam karg. Wild campen ging kaum noch, weil die Ruta 40 hier unten fast komplett mit Weidezaum abgetrennt war. Und in diesem Sturm auf freier Fläche zelten war fast unmöglich. In einem Ort, der nur aus zwei Häusern und einem Funkmast bestand, kam ein alter Mann auf mich zu und freute sich, denn schon zwei Leute hatten ihm von einer beladenen Vespa erzählt. Er fuhr wie viele Arbeiter Argentiniens früher eine Siambretta. Die Firma Siam Di Tella, ursprünglich ein Haushaltswarenfabrikant, hatte hier in Argentinien die Lambretta produziert, allerdings nicht den Motor, der wurde aus Italien geliefert. Allerdings wurde sie nur ein paar Jahre lang hergestellt, danach gab es kurz noch die Frambretta, aber auch die wurde eingestellt. Umso mehr freute sich der Mann über Elsi.

Es wurde langsam spät. Feierabendlust machte sich breit, als irgendwann der Teerbelag endete. Der Untergrund war richtig scheiße, wie ein Kiesbett grob und weich. Ein bisschen genervt, aber tapfer kämpften wir uns wackelig durch den Wind. Eine neue Straße war zwar fertig, lag aber etwa drei Meter höher als diese Kiespiste, und ich kam da nicht hoch, weil Baggerfahrer Schutzwälle aufgeschüttet hatten. Kurz bevor meine Schotterpiste auf den nun freigegebenen Teerbelag stieß, sah ich zwei »illegale« Radfahrer auf der neuen Straße. Ich hupte und winkte ihnen zu, sie blieben stehen, und wir quatschten ein bisschen. »In drei Kilometern gibt es einen Campingplatz. Hast du Hunger? Lass uns zusammen grillen.«

»Sí, sí, sí, sí clarissimo, amigos!«

Mir lief schon das Wasser im Mund zusammen, denn für das Asado, wie das Grillen genannt wurde, wurden mindestens 500 Gramm Fleisch pro Nase gegrillt. Nicht als Scheiben, sondern ein dicker Block, und dann wird saftig runtergeschnitten. Die argentinischen Jungs standen an der Fleischtheke wie Kinder vorm Eisverkäufer. Während ich mein Zelt aufschlug, loderte schon das Feuer. Ich baute einen Salat zusammen und organisierte eine

Runde Quilmes. Wir saßen zusammen, aßen leckeres Fleisch, tranken das Bier und quatschten. Ein lustiger, spontaner Grillabend.

Wieder mal traf ich auf eine lange Autoschlange vor einer Dorftanke. Man erklärte mir, dass es keinen Strom gab und deswegen die Pumpe nicht lief. Ich schaute auf den Tank und schätzte, dass ich die 120 Kilometer nach Perito Moreno schaffen müsste. Die Straße war wie geleckt, und ich erlebte eine spektakuläre Luftspiegelung – als ob die Ruta in den Himmel führen würde. Es war mittlerweile recht frisch, ich trug meine Winterjacke, aber die Sonne war trotzdem noch stark und erwärmte den Asphalt, was ein so faszinierendes Flimmern hervorzauberte. Mit flimmernder Reservelampe schaffte ich es gerade noch so nach Perito Moreno.

Es war schon Nachmittag, als ich eine weitere Tankstelle erreichte und ein kleiner Disput ausbrach. Der eine Atze wollte bleiben, aber der andere setzte sich durch: »Wir machen jetzt noch zwei stramme Tage und rasten in El Calafate.« Gegen den verdammten Zielstrebigen in mir hatte ich nur selten eine Chance. Sturkopp.

Vor mir lag eine ortlose 200-Kilometer-Etappe. Der Wind wurde endgültig zum Sturm, kam erst von der Seite, hinter einer Kurve hatten wir ihn aber im Rücken, und er blies uns mit Höchstgeschwindigkeit gen Süden. Vollkommen im Arsch erreichte ich die Zivilisation.

Mein Plan war eigentlich, früh zu starten. Aber als ich um sechs Uhr aus dem Schlaf gerissen wurde, fühlte ich mich platt, draußen windete es stark, und ein kurzer Blick aus dem Zelt zeigte mir graue und schwarze Wolken. Also schaltete ich das Piepen aus und drehte mich noch mal um.

»Kein Problem, das ist alles geteert«, sagte der eine. Ein anderer meinte: »Das ist die schlimmste Schotterpiste, die ich je gesehen habe.« Die Meinungen über das kommende Stück der Ruta 40 konnten unterschiedlicher nicht sein. Keine Schilder auf der neuen Ruta 40, das GPS lief eh nicht mehr, und mein Kartenmaterial stellte sich als teilweise grotesk fehlerhaft heraus. Wenn es nicht wasserabweisend und reißfest gewesen wäre, hätte ich es als Klopapier verwendet.

Der Sturm hatte eine fast unmachbare Stärke erreicht. Wie am Grand Canyon kreuzte ich wieder wie ein Segler die Fahrbahn. Dieses wellenartige Fahren ging natürlich nur, weil kein Verkehr herrschte. Irgendwann näherte sich von hinten dann doch mal ein Auto. Lange beobachtete ich den weißen SUV im Spiegel, bis er sehr nahe kam, im Spiegel verschwand und nicht mehr auftauchte. Wo blieb er nur? Ich drehte den Kopf: Er fuhr fast auf meiner Höhe, die Fenster offen und gleich drei Fotoapparate auf mich gerichtet. Alter, wie nah wollt ihr denn bitte noch ran? Uns trennte kein halber Meter mehr. In dem Moment knallte eine Böe in mich rein, ich musste sofort Gegendruck geben, um nicht mit den Paparazzi zu kollidieren, die Gas gaben und vor mir wieder auf die Fahrbahn einscherten, so nah, dass ich sie fast berührte. Dabei blitzten erneut die Kameras, und sie zogen davon. Ich musste erst mal anhalten und sie alle anbrüllen: die Paparazzi, den Wind, das GPS, die Kartenhersteller und den Trottel, der seit 80 Kilometern vergessen hatte, auch nur ein einziges verdammtes Schild aufzustellen. Dann ging es mir wieder gut, und wir rollten weiter.

Und tatsächlich: Ein Schild zu einem See, den ich sogar auf meiner miesen Karte fand, verriet Kommissar Pfadfinder, dass er doch noch richtig war. Auf dem nächsten Schild wurde offiziell das Ende des Teerbelags verkündet. Der Schotter begann, und es dauerte ein paar Kilometer, bis ich den Beat gefunden hatte und mich im ersten und zweiten Gang auf der total ungleichen Piste zurechtfand. In den Anstiegen ersetzte festgewalzte Erde den Schotter. Der aufgewirbelte Staub flog so schnell weg und bedeckte grau den Pampabewuchs neben der Piste, dass die Steine wie Golfbälle und Hühnereier aus der festgedrückten Bahn standen.

Die hohe Drehzahl, der Wind und auch der schlechte Untergrund tranken den Tank leer. Ich füllte den Reservekanister ein. Die Trasse der halbfertigen Ruta 40 tauchte auf. Keine 100 Meter weiter entdeckte ich ein Schlupfloch, stampfte Sand und Steine fest und machte einen Satz auf die neue Piste. Die war zwar grob, hatte allerdings keine Löcher und war bestimmt 30 Meter breit, genug Platz für mein kräftezehrendes Pendelspiel.

Es nahm und nahm kein Ende. Als ich endlich das Teerband erreichte, hielt ich kurz und flog fast um, so brutal war der Wind angefacht. Was nun folgte, war mit weitem Abstand das Krasseste, was ich je fuhr. Auf bester Straße lehnte ich mich wie in einer Steilkurve in den Wind. Wenn eine Böe kam, wurde ich manchmal zwei, drei Meter zur Seite versetzt. Bei 30 km/h war ich nur noch der Ping-Pong-Ball des Sturmes, der sich wie ein Orkan anfühlte. Das Gewicht war zwar eine Last, aber es gab mir auch Stabilität – ohne den Gepäckberg wäre ich wahrscheinlich davongeflogen.

Die Straße verlief hier im Zickzack: eine lange Gerade, dann eine Kurve und wieder eine lange Gerade. Bei Gegenwind quälten wir uns im zweiten Gang. Doch zum Glück lief die Maschine einwandfrei, alle Probleme, die ich in den Monaten zuvor hatte, waren – Achtung, Windwitz – wie weggeblasen. Das Ende der nächsten Geraden war erreicht, der Knick führte fast 90 Grad aus dem Wind, kaum war ich rum, schob der Wind wie bekloppt, dritter Gang, vierter Gang, wir flogen mit 80 km/h die Straße entlang. Ein Anstieg folgte, kein Problem, wir ballerten mit 70 Sachen hoch. »Nur fliegen ist schöner«, hieß es ja. »Die sind noch nie Vespa mit Rückenwind gefahren«, wusste ich nun.

Und weiter ging's, nur noch geradeaus, der Wind drückte von hinten. Manchmal hatte ich das Gefühl, dass er nicht mehr da war, weil er meine Fahrt nicht mehr beeinflusste. Arbeiter walzten den Schotter am Seitenstreifen fest, dabei wirbelten sie eine Menge Staub auf. Als ich an ihnen vorbeiflog, hatte ich gut 80 km/h drauf. Eine Böe griff von hinten, und der Staub überholte mich nicht gerade langsam. Das waren bestimmt 100–110 km/h. »Alter, konzentrier dich, bau keinen Scheiß«, musste ich mich immer wieder ermahnen. Wenn ich mich hier mit Vollspeed von der Piste schoss, würde das Wasser der Arktis nicht in der Antarktis ankommen.

Tres Lagos lag vor mir, der einzige Ort weit und breit und die erste Menschenansammlung seit 200 Kilometern. Ich fuhr zur Tankstelle, die nicht mehr als ein Bretterbau mit Zapfsäule war. Eine hübsche Argentinierin kam aus dem Haus und sagte grinsend: »No hay gasolina.« Sie ging zur Diesel-Säule und betankte einen Pick-up. Ungläubig fragte ich nach: »Kein Benzin?« Ich war 200 Kilometer über Schotter und durch Sturm gefahren, und es gab keinen Sprit? »Wo ist denn die nächste Tankstelle?«

Sie lächelte immer noch und sagte: »In El Chaltén gibt es eine, das sind nur 130 Kilometer.«

Meine schlechte Stimmung kehrte zurück. Mit dem Restkanister hatte ich etwa sechs, maximal sechseinhalb Liter im Tank. Hier zu warten, dass etwas passierte, schien mir eine schlechte Lösung zu sein, denn jeder, der hier ankam, hatte einen fast leeren Tank und versuchte selber, mit den letzten Litern zur nächsten Tanke zu kommen, oder fuhr einen Diesel. Schöne Scheiße.

Ein Schild prophezeite 119 Kilometer nach El Chaltén und 152 Kilometer nach El Calafate. El Calafate war definitiv nicht machbar, also entschied ich mich für El Chaltén, hatte aber Sorgen, denn der Ort lag an den Bergen und davor der Gletschersee, das hörte sich nach verdammt starkem Gegenwind an. An der Kreuzung, die die Wege nach El Calafate und El Chaltén trennte, bog ich ab. Es waren noch 100 Kilometer und der Tank war halb voll – ich sprach es nicht aus, aber ich wusste: Das konnte nicht gutgehen.

Mein Rücken piekte mich. Bisher hatte ich keine Probleme mit meinem Körper, aber die aerodynamische Körperhaltung und die täglichen zehn, zwölf Stunden auf dem Bock machten sich bemerkbar. Die Tanknadel fiel stetig, die Kilometerzahl stieg nur spärlich. Als die Nadel auf null sank, folgte ein Schild: El Chaltén 60 Kilometer. Jetzt war ich in den Arsch gekniffen. Die Reserveleuchte ging an und aus, an und aus. Das war normal, weil der Schwimmer für die Anzeige im Tank schwappte. Wenig später leuchtete sie durchgängig, der Motor buckelte, der Tank war endgültig leer. El Chaltén hieß »rauchender Berg«, ein bisschen passte das jetzt auch zu mir.

Als ich abstieg, lag links vor mir der stahlblaue Gletschersee und schneeweiß bedeckt türmte sich der Cerro Fitz Roy, diese Steilwand mit ihren majestätischen Granitstelen, in den Horizont. Die Sonne tauchte alles in ein rötliches Abendflair. Auch Platz zum Campen hätte ich am Seitenstreifen gehabt, denn der Zaun lag hier etwa 50 Meter vom Fahrbahnrand entfernt. Mit einem Liter mehr im Tank hätte ich es richtig genießen können.

Wenig später hielten mehrere Autos an, doch die einen hatten Diesel im Tank, die anderen keinen Schlauch. Ich auch nicht. Ein weiteres Auto hielt, und eine nette Frau beruhigte mich: »Keine Sorge, in 17 Kilometern ist der Ort, zur Not fahre ich hin und komme zurück.« Aber dann fand sie auch schon einen Schlauch. Bestimmt 20 Mal versuchte ich es, Benzin anzusaugen, doch es wollte nicht richtig klappen. Plötzlich stand ein Mann vor mir und sagte: »Halt, ich hab Benzin.« Danke, das war die Rettung! Ich umarmte die Frau, die mit ihrem Schlauch und ihren Kindern wieder aufbrach. Der Mann war auch nicht alleine, seine Frau und drei Kinder standen um die Vespa und staunten. Zuerst erzählte ich ein bisschen, dann floss auch schon der Sprit vom roten Bootskanister in meinen Tank. Zur Sicherheit gab ich noch eine gute Ladung Zweitaktöl drauf, und es begann eine Fotosession. Glücklich, mich kennengelernt zu haben, bedankte sich die Familie bei mir, überglücklich, Benzin im Tank zu haben, bedankte ich mich bei meinen Rettern.

Der Motor sprang an, und ich fuhr diesem abgefahrenen Berg entgegen. Keine fünf Kilometer später hielt ich wieder, zu fies war der Benzingeschmack, den ich von meinen Ansaugversuchen im Mund hatte. Die Zahnbürste und eine krass schäumende Dosis Zahnpasta sollten es richten, dabei saß ich auf einem Stein und dachte mir meinen Teil über diese immer wieder unberechenbare Vesparicana.

Vor dem Ort stand eine Überseecontainertankstelle, in die ich mit Minzgeschmack einfuhr. Der Tankwart freute sich so über Elsi, weil auch er früher eine Siambretta gefahren hatte, dass er nicht hinschaute und der Reservekanister überlief. Voll bis zum Rand ließ ich das Öl weg, das ich normalerweise immer sofort beimischte.

»In Tres Lagos gibt es kein Benzin an der Tankstelle«, sagte ich.

»Ja, das weiß ich. Ich glaube, der ist bei denen schon vor einem Monat ausgegangen.«

»Warum hängst du kein Schild auf und warnst deine Kunden?«

Er zuckte mit den Achseln und füllte meinen Tank, in den ich vorher schnell noch Öl gefüllt hatte. Ich fuhr in den Ort, wo direkt am Hauptplatz ein Campingplatz war. Dicht an dicht standen die Zelte. Alles egal, mit letzter Kraft kochte ich, versuchte dabei ein paar Gedanken niederzuschreiben, was mein Hirn aber nicht mehr schaffte. Als ich satt war, war es ein hartes Stück Arbeit, das Kochgeschirr ins Vorzelt zu räumen. Die Zahnbürste gab noch mal alles, dann rief die Isomatte. Koma.

Ruhetag. Einfach nur Ruhe. Herrlich. Bis zum Abend, denn die Argentinier warfen den Grill an und beschallten den gesamten Campingplatz bis tief in die Nacht. *Grrrr!*

Alles schlief noch tief und fest. Während ich packte, kam ein Typ mit einem Karton zu mir: »Hier, ich fahre weiter, vielleicht kannst du es ja gebrauchen.« Ich bedankte mich für Sonnenblumenbrot und andere Leckereien und frühstückte ungewöhnlich üppig. Es war zwar kalt und bedeckt, aber der Blick auf den Cerro Fitz Roy mit dem angegliederten Cerro Torre war umwerfend. Immer wieder hielt ich an und schoss Fotos von dieser majestätischen Größe, die dennoch so greifbar wirkte.

Die fast 100 Kilometer zurück auf die Ruta 40 verliefen im Gegensatz zum Hinweg überraschend windfrei. Danach begann ein kurviges Stück, das immer wieder Ausblicke auf den karibisch-blauen Gletschersee und die dahinter liegende Bergkette preisgab. An einem Aussichtspunkt lernte ich zwei Deutsche kennen, die dreizehn Jahre um die Welt gesegelt waren. Wir verquatschten uns lange, bis sich ein Fahrradreisender, ebenfalls aus Deutschland, dazugesellte und wir uns für später auf dem Campingplatz in El Calafate verabredeten.

Die Reserveleuchte ging an. Ich hielt und füllte den Kanister in den Tank. Dabei umringten mich Menschen, weil zufälligerweise ein Kleinbus hielt. Es ging bergauf, bergab und plötzlich – *quiiiiie* – ein Haken, ein Ruckeln … sofort zog ich die Kupplung und rollte aus. Der Motor war sofort ausgegangen, und mir schoss es durch den Kopf: »Oh-oh, da ist grad irgendwas verreckt.«

Der Motor war extrem heiß, obwohl er noch vor ein paar Kilometern beim Tanken abgekühlt war. Tanken? Da war doch was. Oh nein, Scheiße! Ich öffnete den Tankdeckel, fasste mit den Fingern in den Sprit, rieb ihn zwischen den Fingern. Er verflog spurlos. Ich drehte die Zündkerze raus: Sie war weiß. Ich ahnte Schlimmes. Es war kein Öl im Sprit. Mir wurde ganz anders. Langsam drückte ich den Kickstarter, der Kolben hing. Sofort füllte ich Öl in den Sprit, dann nahm ich den Zylinderkopf runter, ließ alles abkühlen, packte ab, holte die Sprühdose Kriechöl raus und tränkte den Brennraum mit Öl. Langsam ließ sich der

Kolben etwas bewegen. Ich wiederholte den Vorgang und sprühte gleichzeitig Öl in den offenen Zylinder. Mit Fett bestrich ich die Zylinderwände, setzte alles wieder zusammen und ließ etwa einen halben Liter Benzin ab, bis das Gemisch wieder schmierig wurde. Mehrfach musste ich kicken, dann sprang sie qualmend an. Rauchender Berg, Teil 2.

Ohne Gepäck fuhr ich etwa zwei Kilometer, wendete, fuhr zurück. Fürs Erste lief meine arme Elsi wieder. Ich verstaute alles und zuckelte langsam weiter. Beim nächsten Anstieg hörte ich ein Surren und Klickern. Die Kolbenringe. Klar, die werden nicht mehr sauber funktionieren. Zum Glück riss der Pleuel nicht ab, denn das hätte das Aus so kurz vor dem Ziel bedeuten können.

Ich checkte auf einem Campingplatz ein, setzte mich auf eine Bank und atmete erst mal durch. Die Zeltplane wurde zum Werkstattboden, und ich begann unter freiem Himmel die Operation. Der Kolben hatte Riefen und war schwarz verkokelt, das Alu war verschmiert, und die Kolbenringe bewegten sich nicht mehr vernünftig. Der Zylinder hatte ebenfalls Riefen, das geschmolzene

Alu des Kolbens hatte sich punktweise festgesetzt. Ich entdeckte eine kleine Stufe in der Zylinderwand, genau da stockte er. Bei der letzten großen Revision in Paraguay hatte ich den fertig eingefahrenen Kolben gewechselt, weil er kleine Kratzspuren hatte. Der sollte nun sein Comeback feiern. Ich holte ihn aus der Ersatzteilkiste, tauschte das Pleuellager und setzte ihn ein. Den Zylinder schliff ich ewig mit Schleifpapier aus, bis ich einigermaßen zufrieden war. Nach fast vier Stunden Arbeit war aus dem Einzelteilhaufen wieder eine Vespa geworden.

Qualmend sprang Elsi an, Menschen auf dem Campingplatz klatschten, denn so mancher hatte Anteilnahme an meinem Reiseprojekt genommen und mir beim Zerlegen auf die Finger geschaut. Ich drehte eine Runde. Richtig glücklich konnte ich so schnell nicht werden, aber ich war so weit erst mal zufrieden.

Meine Stimme war eine Oktave tiefer, als ich erwachte. Mir ging es nicht wirklich gut, mein Hals kratzte, die Lippen waren trocken, und ich hatte ein herpesähnliches Ding an der Unterlippe hängen. Ganz klar, mein Akku war leer. Trotzdem sagte ich mir: »Ein paar Meter bis Chile, ein Katzensprung bis Ushuaia, dann nehm ich noch einmal Fahrt auf und rolle ins Ziel.« Jetzt musste ich mir nur noch selbst glauben.

Es war windstill, aber Elsi war instabil und schwankte. Ich bewegte das Vorderrad quer und erschrak: Mehrere Millimeter konnte ich es hin und her bewegen – es war die Schwinge. In dieser Sekunde hätte ich lieber einen Tritt in die Weichteile bekommen als diese Diagnose. Alle Lager waren an Bord, aber das Schwingenlager war ein verdammtes Spezialteil. Wie auf rohen Eiern fuhr ich die fehlenden Kilometer zur nächsten Stadt. Wenn Ushuaia mein absolutes Endziel gewesen wäre, dann wäre ich weitergefahren, aber ich musste ja noch 6000 Kilometer zurück bis Montevideo – das war einfach zu riskant.

In Río Gallegos gab es einen Mechaniker, der war nett, aber weiter auch nichts. Ich schlug Alarm in den sozialen Netzwerken. Gustavo, die treue Seele aus Santos, hatte das Teil da, allerdings konnte keiner sagen, wie lange ein Paket von Brasilien nach Ar-

gentinien, und dann noch bis ans südliche Ende, unterwegs sein würde. Auch das Einpressen war nicht einfach. Die Motonetas Clásicas in Buenos Aires hatten das Teil ebenfalls: »Wir haben das Kit hier und auch das richtige Tool, am besten schickst du die Gabel zu uns, wir machen das Ding fertig und schicken es wieder zurück.«

Der Gedanke gefiel mir, zumindest der Teil mit dem Einpressen in Buenos Aires. Wenn ich aber an die Post und das Warten dachte, wurde mir schlecht. Also köpfte ich meine Elsi, zog den Lenkkopf ab, löste den Kotflügel vom Steuerrohr, demontierte den Stoßdämpfer, das Scheibenbremsengebilde und zog das Steuerrohr raus.

Mein grauhaariger Hostalvater war nett und wollte mir hilfreiche Tipps geben. »Pass auf die Vespa auf, das wäre eine große Hilfe«, sagte ich, verstaute all mein Gepäck unter dem Bett und fuhr mit leichtem Marschgepäck und dem Vespateil zum Busbahnhof.

42 Stunden waren nicht kurz: Eine Nacht, einen Tag, noch

eine Nacht und noch einen halben Tag fuhr ich mit dem Bus zurück nach Buenos Aires. Als der Bus, der passenderweise Don Otto hieß, losrollte, klappte ich förmlich in mich zusammen. Ich steckte mir die Kopfhörer in die Ohren – mit meiner Playlist, die ich vor Monaten in Alaska zusammengestellt hatte. Dabei wurde ich sentimental und ließ den Gedanken freien Lauf: Alaska, Kanada, die USA, Zentralamerika, Südamerika, ähnlich wie bei einer Beerdigung flossen einzelne Situationen, Gefühle, Menschen, Probleme, Lösungen, Straßen, Landschaften und all das durch meinen Kopf. Als ich an meine Familie und an mein Zuhause dachte, rannen mir Tränen über die Wangen. Das Gefühl, gerade am Ende meiner Kräfte zu sein, kurz vor dem Ziel stark sein zu müssen, anstatt schwach sein zu dürfen, nahm mich komplett ein. Diese Reise, mein Traum, meine eigene Herausforderung waren das, was ich wollte, das, was ich war – und nun musste ich mich zusammenreißen und wieder drei Schritte zurück, um einen nach vorne zu kommen. Mit den Kilometern im Bus sammelte ich wieder Zuversicht und Kraft, ich würde natürlich weiterfighten, auch wenn ich mich momentan dazu nicht in der Lage fühlte. »Das wird nicht mein Waterloo. Nicht hier und jetzt.« Gerade die Gedanken an meine Familie und an die wenigen guten Freunde, die mich seit einer gefühlten Ewigkeit unterstützten und die mir das Gefühl gaben, dass ich nicht alleine an dieser Reisefront kämpfte, bauten mich wieder auf.

Ich schlief. Eine Nacht, einen Tag und noch eine Nacht. Eigentlich bekam ich nichts von der Busfahrt mit. Ein monströser Busbahnhof mit über 150 Halteplätzen und dem dazugehörigen Menschengewimmel begrüßte mich bei fast 35 °C in Buenos Aires. Total nassgeschwitzt erreichten das Steuerrohr und ich die Motoneta-Jungs. Die verrosteten Kugellager sträubten sich, also fuhren wir zu einem Mechanikerkollegen mit Hydraulikpresse und dickem Kugelbauch. Er drehte schnell ein paar Werkzeuge und drückte gekonnt den Achsstift und die Lager aus und die neuen ein. Fertig war der Lack – ich konnte wieder zurück.

Aber nur fast, denn der nächste Bus nach Río Gallegos fuhr erst am nächsten Tag. Ich hatte mich verzockt, setzte mich im Busbahnhof in eine dunklere Ecke und schmierte mir erst mal ein Brötchen. Ein Obdachloser tippte mich an und zeigte auf meine Lebensmitteltüte: »Por favor!« Ich sagte ihm, dass er sich doch setzen solle, baute ihm auch ein Käsebrötchen mit Tomate zusammen und gab ihm einen Apfel dazu. »Muchas Gracias«, sagte er grinsend und biss hungrig rein.

Mein kleiner Rucksack trug so ziemlich alle Wertsachen, die ich besaß, deswegen legte ich mich mit dem Kopf drauf, damit mir in der Nacht keiner was stibitzen konnte. Der Pulli wurde meine Matratze, Ohropax rein und »Buenas Noches«. Schlafen ist eine meiner Begabungen, ohne die ich niemals meinen Lebensstil so durchziehen könnte. Dafür, dass die Bedingungen nicht wirklich top waren, schlief ich gut. Auch im Bus konnte mich der korpulente Kollege neben mir beim Schlafen nicht stören. Wieder eine Nacht, ein Tag, eine Nacht. Wenn ich überlegte, wie ausgebrannt ich in den Bus gestiegen war, dann hatte die Zwangspause auf jeden Fall für Regeneration gesorgt.

Im Hostal ging ich als Erstes duschen, denn der Unterschied zwischen dem Obdachlosen vom Busbahnhof und mir war nicht der Geruch. Dann setzte ich das Lenkrohr ein und den Lenkkopf wieder drauf, befestigte das Federbein, die Bremszange, die Radaufhängung und schließlich das Rad. Ich versuchte, quer am Vorderrad zu wackeln, und stellte ein Spiel von null Millimetern fest. Geil, es hatte geklappt und konnte sicher weitergehen. Eine Nacht im Bett gönnte ich mir noch, stand auf und rief: »Jetzt wird nicht mehr gefaulenzt, los geht's.«

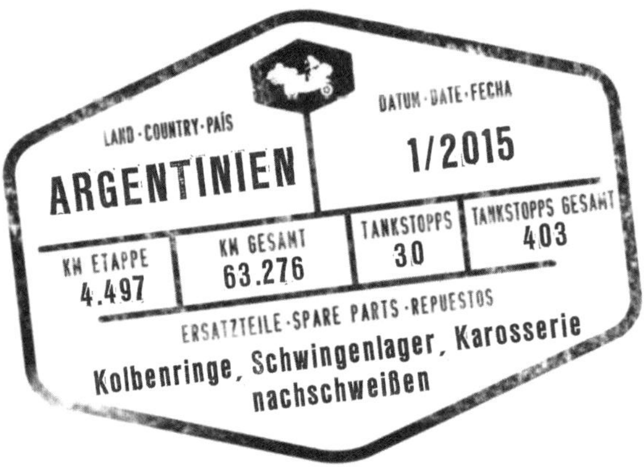

CHILE – EIN ZWEITER KURZBESUCH

Nach 70 Sturmkilometern erreichte ich die Grenze, die mit mir gleichzeitig Hunderte anderer Menschen besuchten. Es dauerte ewig, bis ich die Schalter nach und nach durchgenudelt hatte und nach den Ausreiseformalitäten auch die Einreiseformalitäten erledigt hatte.

In Chile gab es keine Blattlaus und kein BSE, deswegen war es strengstens verboten, Lebensmittel einzuführen. Heidi und Jean-Luc, die Afrika-Twins, hatten bei der Deklarierung »Nein« angekreuzt und mussten 200 Dollar Strafe zahlen für zwei Pflaumen. Deswegen kreuzte ich »Ja« an, wurde gecheckt, und man klaute mir meinen Honig. Aber wenigstens ohne Strafe.

Nach der Lagunenexpedition betrat ich nun also ein zweites Mal Chile. Auch jetzt lag wieder nur ein kurzes Stück vor mir, diesmal allerdings knapp 5000 Kilometer weiter südlich. Doch bis zur nächsten Ausreise war es nicht weit, denn der Südzipfel mit Ushuaia war wieder argentinisch. Die allersüdlichste Siedlung des Planeten war das chilenische Puerto Williams. Das war allerdings keine Stadt wie Ushuaia, weshalb sich die beiden Länder bis heute kabbelten. Aber nicht nur deshalb waren auch diese Nachbarn keine besten Freunde. Der Pampa war das natürlich egal, sie sah aus wie immer, wurde vielleicht noch ein bisschen karger, bis am Horizont irgendwann Wasser zu sehen war. Aber nicht nur irgendein Wasser: Das war der Estrecho de Magallanes, zu Deutsch: die Magellanstraße, die Feuerland vom Festland trennte.

Für die Segler war es nicht nur sehr weit, sondern auch sehr gefährlich, um Kap Hoorn, den südlichsten Inselzipfel Südamerikas, herumzusegeln, weil dort unten heftige Stürme, Windkreuzungen und extremer Wellengang herrschten. Magellan hatte

1520 eine Abkürzung durch das Inselgewirr gefunden, bis heute eine wichtige Seestraße.

Nach den langen Tagen des Busfahrens war ich nach dem Übersetzen mit der Fähre endlich wieder aufgedreht und glücklich, denn die Magellanstraße war nicht nur eine historische Marke, das Überqueren und damit das Erreichen der Tierra del Fuego war natürlich auch epochal für die Vesparicana. Als Magellan aus dem Osten in den Estrecho einsegelte, war die südliche Küste durch Feuer der Indigenen erleuchtet, weshalb er das neue Land Feuerland taufte. Diese Indigenen gab es kaum noch, weil wie so oft auf dieser Welt jemand meinte, die Urbevölkerung auslöschen zu müssen wie ihre Feuer. Das galt für Nord- wie für Südamerika und zu allen Zeiten.

Mein Kartenmaterial stammte offenbar aus Magellans Kindheitstagen. Als ich mich zur Grenze aufmachte, endete plötzlich der Teer. Ein Blick auf meine Karte verriet mir, dass da wohl jemand nicht wirklich gut recherchiert hatte, als er die Ruta 3 mit einer dicken roten Linie versehen hatte. Und dann auch noch 125 Kilometer. Zum Glück hatte ich genug Proviant an Bord und war gut drauf.

Stempel fielen, Fahrzeugregistrierungen wurden ausgetragen, und weiter ging es durch ein Niemandsland bis zum argentinischen Grenzposten. Auch hier ging alles gewohnt seinen Trott – und ich befand mich wieder in Argentinien.

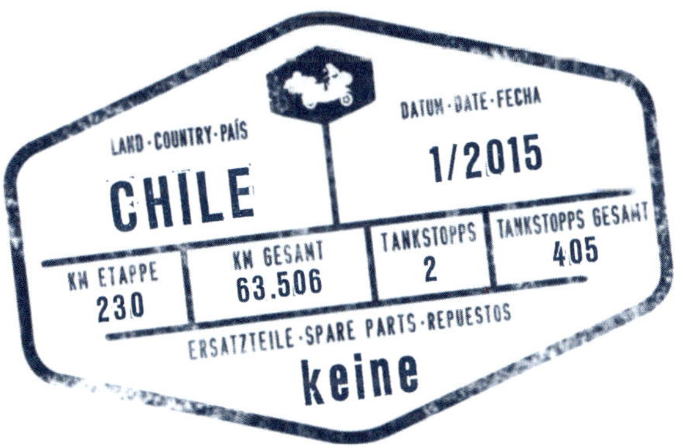

AUF NACH UTSCHE-WUTSCHE

Vorbei an langsam drehenden Ölförderpumpen fuhr ich durch schwachen Wind. Der Himmel war unverschämt blau, die Sonne gab alles, und Elsi lief auch gut. Es wurde leicht bergig, eigenartig knorrige, teils tote Bäume waren mit Mooslametta geschmückt. Streckenweise erinnerte es mich an Alaska. 100 Kilometer vor Ushuaia, das ich irgendwann für mich in Utsche-Wutsche umgetauft hatte, tankte ich. Dabei unterhielt ich mich mit dem Tankwart, der seinen Augen kaum traute, als er uns sah. Beim Zahlen meinte er nur: »Nein, amigo, du musst nicht zahlen, das Finale geht auf mich!«

Dann wurde es noch mal unerwartet bergig, sogar ein Pass von etwa 1000 Metern Höhe machte es noch mal spannend. Mitten in dieser wunderschönen Bergkulisse wurde ich langsam nervös und drehte voll auf. Wie ein Radioreporter kommentierte ich die letzten Kilometer, dabei ließ ich jede der kleinen Figuren, die sich während der langen Reise auf und hinter meinem Windschild angesammelt hatten, zu Wort kommen und dachte mir nur: »Zum Glück bekommt das keiner mit, sonst würden die mich in Ushuaia mit der Zwangsjacke empfangen.« Doch ganz ehrlich, wenn ich nicht ein so gutes inneres Team wäre und nicht mit Elsi, GPS-Pete und den Figürchen auf dem Windschild sprechen könnte, dann wäre ich in gewissem Sinne mutterseelenalleine gewesen. Aber nicht ich alleine hatte es bis hierhin gerockt, es war das Team!

Da unterbrach mich der Reporter: »Wo sind die BMW-Fahrer? Nirgends zu sehen. Auch keine KTM ist in Sicht. Keine Honda. Und weit und breit keine Harley! Wo sind sie nur mit ihren schweren Reisebikes? Moment mal, wer kommt denn da? Ist das …? Das ist doch … das ist doch nicht die Möglichkeit … die kleine gelbe Vespa, voll beladen, langsam, aber sicher fährt sie auf

das Ziel zu. Nach 64 000 Kilometern gibt sie noch immer alles. Und da kommt sie, die letzte Kurve, die allerletzte …«

Auf zwei riesigen Holztürmen, die eine Art Eingangsportal bildeten, stand jeweils von oben nach unten »USHUAIA«. Ich hupte und hupte, jubelte und jubelte, ich hielt an, bockte Elsi auf und schrie: »I made it! I made it!«

Auf der anderen Straßenseite stand ein Rucksackreisender, der darauf wartete, dass ihn jemand mitnahm. Er kam zu mir rüber, öffnete seine Arme, umarmte mich und gratulierte mir. Dabei sprang mein Hirn in die Vergangenheit, und ich erinnerte mich, wie ich oben in Deadhorse in Alaska den argentinischen Fahrradfahrer aus Ushuaia traf und ihm gratulierte. Nun war ich derjenige, der es geschafft hatte. Absolut unfassbar! Wie im Film, nur tausendmal besser.

Utsche-Wutsche war schön und erinnerte mich an Norwegen, also mehr an Europa als an Alaska. Aber mir war das im Grunde egal, denn das war ja noch immer nicht mein Ziel. Der Auftrag war noch nicht vollständig ausgeführt. Also ab in den Supermarkt. Ohne Rücksicht auf die Reisekasse schleppte ich alles aus dem Laden, worauf ich Bock hatte. Dann folgte ich dem Schild »Parque Nacional Tierra del Fuego« und quälte mich noch einmal fünfzehn Kilometer über staubigste Schotterpisten. Hier drückte ich den Eintritt ab, fuhr noch mal acht Kilometer in den Park. Wunderschöner Wald, vom Sturm und dem rauen Klima gezeichnete Bäume, die teilweise auf felsigstem Untergrund wuchsen. Harte Jungs, meine neuen Baumfreunde. Zwei Adler flogen parallel zu Elsi und begleiteten uns im Zieleinlauf.

Das alles sah so schön aus, aber ich wollte nur eins: ankommen. Auf einem kleinen Parkplatz standen Busse und Autos. Ich fuhr an ihnen vorbei, bis Holzpfosten und ein Schild das offizielle Ende der Ruta 3 markierten. Ich fuhr noch durch die Absperrung und parkte Elsi fotogerecht neben dem Schild, stieg ab und reckte beide Arme in den Himmel. Dann kniete ich mich vor Elsi und küsste ihr die Reifen. Irgendeinem Typen drückte ich die Kamera in die Hand, stellte auf Video und holte den Schampus vom Supermarkt raus. »Von der Arktis zur Antarktis, 64 000 Kilometer, 20 Monate, 19 Länder und 23 Vespaclubs – es ist vollbracht!«, rief ich und sprühte Elsi mit der klebrigen Brühe ein. »Unfassbar! Ich bin daaaaa!«

Die Menschen um mich herum genoss ich nur kurz, im Gegenteil, die angekarrten Touristen gingen mir bald auf den Nerv, ich wollte lieber alleine sein. Aber dieser Moment gehörte eh mir allein – so oder so!

Es gab super Naturcampingplätze im Park. Ein kleiner war komplett leer und wie geschaffen für uns. Das Camp in einer Baumschonung zu errichten war pures Vergnügen. Immer wieder sprang ich zu meiner Kleinen, streichelte sie, bedankte mich und sagte allen Figürchen auf dem Windschild, dass wir es geschafft hatten.

Das Essen war lecker, zuerst kochte ich das Gemüse, dann haute ich mir ein dickes Steak in den Topf. Man konnte auf einer Vespa von Alaska nach Ushuaia reisen und sich zur Belohnung einen frischen Kamillentee aufgießen. Kein Thema. Aber ich ge-

nehmigte mir zur Feier des Tages einen. Musste heute ja nicht mehr fahren. Prost!

»Mr. Postman, der Auftrag ist zu erfüllen!« Wir fuhren zurück zum Ende der Ruta 3, hier stellte ich Elsi auf dem Parkplatz ab und wanderte einen Pfad entlang durch eine moorartige Landschaft. Nach 20 Minuten erreichte ich den Antarktischen Ozean.

Okay, okay, es war eigentlich nicht der Antarktische Ozean, der beginnt geografisch korrekt noch ein paar Seemeilen weiter südlich, genau genommen war das hier noch der Süd-Atlantik. »Von der Arktis zur Antarktis« war für alle Oberlehrer also ein bisschen geschummelt. Aber darum ging es nie, es ging um die Symbolik. Und ganz ehrlich: Mir doch egal – er lag recht ruhig da, »mein« Antarktischer Ozean, keine tosende See. Ich öffnete die Dose mit dem Arktiswasser, das ich 18 Monate zuvor in Alaska eingefüllt hatte, und sprach laut: »Asche zu Asche, Staub zu Staub und Ozean zu Ozean.« Ich drehte die Dose um und vereinte die

beiden Ozeane unter einem lauten Schrei, der alles in sich hatte: Freude, Euphorie, Müdigkeit, Trauer, Stolz, Erleichterung, Leben … Mein Schrei wurde von der Felswand zurückgeworfen, bis er auf dem vereinten Vesparicana-Ozean angemessen würdevoll verstummte.

Nun zog ich die Klamotten aus und ging auch noch rein, zwar nur kurz, weil es arschkalt war, aber das musste einfach sein. Wie in Alaska ja auch. Zwei Döschen füllte ich mit Wasser, das eine sollte mit nach Hause gehen, das zweite kam nicht weit. Als ich wieder vor meiner tapferen Elsi stand, öffnete ich die Dose, bat das Grobvolk zur Seite, bedankte mich noch einmal offiziell bei ihr und bat sie um eine weitere Heldentat: eine sorgenfreie Rückfahrt in unsere Heimat – wobei ich sie mit dem heiligen Wasser segnete.

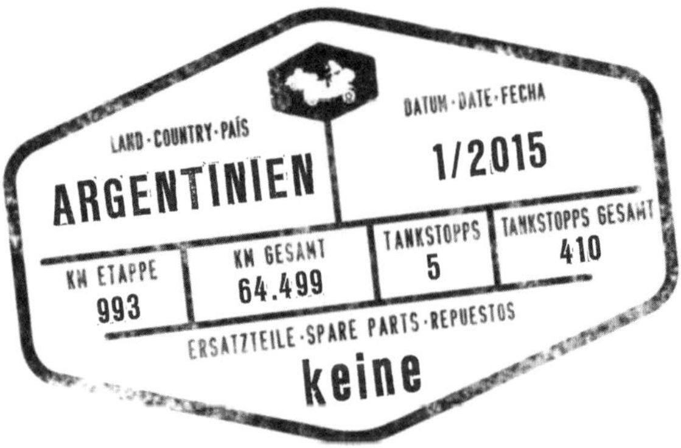

AUF DEM WEG NACH HAUSE

Heimweg

DIE LETZTEN TAGE IN AMERIKA

Die letzten beiden Tage waren sehr freundlich und sonnig, mild und angenehm gewesen. Normal war das nicht, denn Ushuaia war dafür bekannt, dass es hier ganz anders abgehen konnte. Auch deshalb war es Zeit, die Feierlichkeiten zu beenden und zurück zur Realität zu kommen. Und zum Reisealltag. Denn vor uns lagen noch gut 6000 Kilometer und viele Nationalparks, eine Atlantiküberquerung und, nicht zu vergessen, die Strecke Hamburg–Köln. »Es ist erst vorbei, wenn wir wieder in Köln sind und nicht schon in Ushuaia«, sagte ich laut. Ab sofort konnte ich aber immerhin schon mal allen erzählen, dass wir von oben nach unten gereist und nur noch auf dem Heimweg waren. Hammer, wir fuhren nach Hause. Elsi is coming home.

Es war grau in Ushuaia, und ich fühlte mich ein bisschen ausgelaugt und müde. Der neue Rückfahrt-Rhythmus glich eher einem Blues als einem Technohit. Als ich in Tolhuin, nicht weit von Utsche-Wutsche, einen netten Campspot am Fagnano-See fand, blieb ich doch noch zwei Tage in der Ecke. Der Besitzer war hin und weg von meiner Reise und Elsi, die er zärtlich streichelte. Er klopfte mir auf die Schulter und sagte, dass ich nicht bezahlen brauchte und so lange bleiben dürfte, wie ich wollte. Kaum auf der Rückreise, schon wieder diese Vesparicana-Begegnungen gegen jeden Blues.

Ich fühlte mich viel besser, als ich wieder auf der Vespa saß. In Río Grande kaufte ich ein, ohne daran zu denken, dass ich ja gleich nach Chile einreisen würde und die Chilenen bekanntlicherweise kein Obst und Gemüse einreisen ließen. Erst regelte ich die Zoll- und Immigrationsformalitäten, dann musste ich meine Dinge deklarieren. Also kreuzte ich brav »Ja« an und fuhr mit dem Zettel zu der Zöllnerin, die natürlich meine Lebensmittel sehen wollte.

»Obst, Gemüse, Wurst und Käse, amigo, die bleiben hier. Aber du kannst hier noch so viel essen, wie du schaffst.« Also setzte ich mich auf eine Bank und musste an den Fressklötsch denken, der einer Kölner Sage nach mal ein ganzes Käserad verdrückt hatte, nur um am Eigelsteintor keinen Wegezoll dafür abgeben zu müssen. So fühlte ich mich auch, als ich Salami und Käse daumendick auf zwei Brötchen verteilte und in mich hineinstopfte und mir satt und glücklich über den Bauch streichelte, als ich an den Zöllnern vorbei nach Chile fuhr.

Der Staub machte mir echt zu schaffen. Den Luftfilter der Vespa konnte ich ja tauschen, aber mein eigener Luftfilter ließ sich nur schwer freikriegen. Müde schlug ich mich ins Gestrüpp und schlief am Straßenrand. Am Morgen schaffte ich es kaum, die Augen zu öffnen, so viel Staub verklebte meine Lider.

Über die Magellanstraße verließ ich Tierra del Fuego wieder und vergaß den Staub für einen Moment, als ich einen Baumarkt betrat. Baumärkte in Chile waren der Knaller: Alle US-Produkte waren zu finden, ich konnte beste Vergaserreiniger auftreiben und sogar Papier, um Vergaserdichtungen selbst auszuschneiden.

Doch lange machte mich der Baumarkt nicht glücklich. Irgendwie fehlte Elsi der richtige Zug, im Standgas ging sie von alleine aus. Als ich den Zylinderkopf öffnete, fand ich die Aludichtung als Oval vor, die Verbrennungsexplosion hatte sie aus der Position gedrückt. Also packte ich ab, holte eine neue Dichtung aus dem Gepäck und versuchte die Zylinderkopfschrauben wieder anzuziehen – die Muttern waren total ausgelutscht. Bei einem der Stehbolzen war auch das Gewinde bedrohlich beschädigt. Es staubte, und ich wurde von bestimmt 300 Kühen belagert, die Gauchos gerade an mir vorbeitrieben. Zu meiner Verwunderung waren sie nur an den Grasbüscheln neben meiner Open-Air-Werkstatt interessiert und ließen mich in Frieden, während ich mit den seltenen M7-Muttern kämpfte. Nach einer Harakiri-Operation mit dem Bolzen und viel Fett zogen die Muttern – normales Vespageknatter erklang. Ufff.

Die nächsten drei Häuser sollten ein Ort sein. Gleich im ersten Haus wurde ich freundlich empfangen: »Wie schön, eine Vespa! Na klar, mein Freund, hinter dem Haus kannst du dein Zelt aufschlagen, da ist es windgeschützt.« Dieses Fahrzeug öffnete alle Türen.

Puerto Natales war dann schon eine Stadt und wahrscheinlich der stürmischste Ort, den ich je besucht hatte. M7-Muttern waren ja schon in Deutschland nur im Fachhandel zu kriegen, deshalb wunderte es mich nicht, dass ich überall abgewiesen wurde. Letzte Chance war eine Autowerkstatt.

»M7? Ist sehr schwer zu bekommen. Hat keiner hier in der Stadt. Aber ich!« Der Mechaniker zwinkerte mir zu. »Komm mit.« In einem kleinen Raum standen unzählige aufgeschnittene Plastikflaschen voller Schrauben und Muttern. Er drückte mir fast 20 M7-Muttern in die Hand. »Kann ich noch was für dich tun?«

Gerade wollte ich »No, gracias« sagen, als ich die Drehbank in der Ecke sah. »Können Sie mir einen Kolben anpassen?«

»Sí claro.«

Ich gab ihm den Auftrag, den 58-mm-Kolben auf 57 mm und den Kolbenboden um die Aludichtungsstärke von 0,8 mm abzudrehen, und gab ihm zwei Tage Zeit – die ich im Nationalpark Torres del Paine verbringen wollte. Passte doch perfekt.

Unglaublich, wie das hier stürmte. Am frühen Morgen wurde ich beim Packen belästigt, beim Aufbruch in den Nationalpark behindert und dann auf gerader Strecke in den zweiten Gang gequält. In den Böen musste ich zeitweise in den ersten runterschalten. In Wellenbewegungen tanzte ich über den Asphalt, der leider irgendwann endete und über 60 Kilometer als Schotterpiste in den Park führen sollte. Elsi war kaum noch zu manövrieren. Wir waren keine 500 Meter auf der Piste, der Wind schlug von der Seite auf uns ein, ich kämpfte – verlor aber das Gleichgewicht und stürzte in den Seitenstreifen. An ein Aufheben war beladen nicht zu denken, ich konnte mich kaum auf den Beinen halten. Also packte ich ab und schaffte es nur mit Mühe, sie ohne Gepäck aufzustemmen. Er hörte einfach nicht auf, gnadenlos fauchte er mich an und ließ sich auch von meinen bösen Worten nicht beeindrucken.

»Schade, Elsi, aber nichts wie raus hier.« Ich drehte und fuhr zum Glück sturzfrei vom Schotter und dann zurück zu dem Kreisverkehr, wo ein Grenzübergang war. Am liebsten wäre ich direkt rüber nach Argentinien gefahren. Aber ohne den Kolben wollte ich nicht aufbrechen. Außerdem würde ich zu gerne die Torres sehen, die »Türme des blauen Himmels«. In einem Hotel drückte ich auf die Klingel, eine Frau öffnete, und ich erklärte ihr meine Lage. »Natürlich musst du dir den Nationalpark anschauen! Du kannst deine Vespa hier abstellen.« Cool, also packte ich um, machte mir meinen Rucksack mit dem Nötigsten zurecht, erreichte per Bus den Park und schlug mein Zelt an einem windgeschützten Plätzchen auf.

Am Morgen lagen die Torres hinter dicken Wolken versteckt. Trotzdem machte ich mich auf. Man hatte mich gewarnt, dass auf der Wanderung so viele Touristen unterwegs wären, dass man sich gegenseitig auf die Füße trat – doch nichts dergleichen, fast alleine schritt ich gut gelaunt und schwitzend bis an den Fuß der

Türme. Dann führte der Weg über steile Geröllfelder. Ein paar Wanderer kamen mir entgegen und munterten mich auf: »Man sieht alles! Wunderschön, es lohnt sich!«

Und es lohnte sich wirklich. Petrus, der alte Sturmbezirzer, war auf meiner Seite und schickte mir für eine halbe Stunde Sonnenschein, der die Torres fast golden wirken ließ. Traumhaft. Eiskalt und windig war es da oben und ich selbst nassgeschwitzt, aber die Magie dieses Ortes war überwältigend. Noch besser gelaunt stiefelte ich wieder bergab, diesmal ermunterte ich die ankommenden Wanderer, und nach drei Stunden war ich frisch geföhnt zurück am Zelt – und schlief wie ein kleines Kind.

Zurück bei der Vespa packte ich alles wieder um und machte mich auf den Weg zurück nach Puerto Natales. Es war wieder unvorstellbar stürmisch. Der Zylinderkopf schien irgendwie nicht wirklich dicht zu sein, die Kolbenringe surrten, und es tropfte aus dem Zylinder auf den Auspuffkrümmer. Ich fuhr sofort zum Mechaniker, der meinen Kolben fertig hatte. Er meinte: »Wenn du irgendwas machen willst, kannst du deine Vespa gerne hier reinschieben. Da draußen ist es extrem windig, selbst für hier nicht normal.« Ich dachte an den Zylinderkopf und nahm das Angebot dankend an.

Mein geflickter Stehbolzen war lose. Ich versuchte, ihn wieder anzuziehen, und ahnte schon, was passierte. Der Bolzen riss aus dem Alugewinde im Motorblock raus. Nun hatte ich ein noch größeres Problem. Einer der Angestellten hatte sehr interessiert zugeschaut, was ich da tat. Er meinte, er könnte mir das Gewinde auf M8 öffnen und eine Spezialschraube drehen. »Dafür musst du nur den Zylinder demontieren.«

Also zerpflückte ich mal wieder alles, was nötig war, und der Mechaniker weitete das Gewinde auf M8 aus. Die anderen Bolzen schnitt er nach, entgratete die Gewinde. Ich entschied mich dazu, bei der Gelegenheit den wirklich unansehnlichen Kolben durch den neu gedrehten zu ersetzen. Der Kolben passte zwar, allerdings waren die Kolbenringnuten nicht tief genug, und der Kolben passte nicht in den Zylinder. Ehrlich gesagt hatte ich keine

Ahnung, ob die Ringe zum Nutboden Luft benötigten. Ein Dremel fiel mir ins Auge. Als wüsste ich, was ich da tat, schnappte ich mir das Ding und fräste die Ringe innenseitig ab. Auch die Länge passte nicht, deswegen kürzte ich die Ringe, bis sie passten.

»Weißt du, was du da machst? Das kannst du doch nicht einfach so tun«, kommentierte der Mechaniker kritisch.

»Doch, doch, das passt schon«, sagte ich und schob allen Zweifel beiseite. Als der Kolben in den Zylinder rutschte, war ich erst mal froh und machte Feierabend.

Im Hostal lernte ich Jenny kennen, die aus einem Dorf im Norden von Köln kam. Dieses Dorf war auch die Landeshauptstadt, und wir Kölner konnten mit den feinen Pinkeln nichts anfangen. Die konnten kein Fußball spielen, tranken altes Bier und dachten, sie wären die Macht am Rhein, aber lassen wir das. Heute war es nämlich anders. Dat Mädche war krank. Sie litt unter einer Krankheit, die nur einmal im Jahr ausbrach: Die-Jecken-feiern-ohne-mich-Krankheit. Denn es war Weiberfastnacht am Rhein. Wir hatten einen witzigen Abend mit Bier, das weder Alt noch Kölsch war, uns Exil-Rheinländern aber dennoch ein Stückchen Heimat nach Südamerika brachte.

Am Morgen ging ich zur Arbeit und erledigte den Rest. Als ich fertig war, sprang Elsi beim ersten Kick an und schien gute Kompression zu haben. Okay, sie klackerte ein bisschen, aber bei der Probefahrt fühlte sie sich gut an.

Nachdem ich mich bei den Mechanikern für ihre Unterstützung bedankt hatte, verabschiedete ich mich von Jenny, die mir noch ein paar Luftschlangen schenkte. »Aber nicht vor Rosenmontag auspusten!« Wie im Märchen wurden auf dieser Reise sogar Kölner und Düsseldorfer Freunde. »Das glaubt mir zu Hause kein Mensch«, dachte ich – aber es stimmte. Wie zum Beweis war es fast windstill.

Die Grenzformalitäten waren schnell erledigt, und – *zack* – war ich wieder zurück in Argentinien. Am Horizont waren schon bald die Anden mit dem Gletscher zu erkennen, den ich mir anschauen wollte. Es regnete wie Sau, und ich dachte, der Sturm würde mich bald umbringen. Die Klamotten zogen Wasser, der Regen presste sich in die Brille und den Helm. Frierend eierte ich im ersten Gang.

Ein Berg änderte alles, das Zauberwort hieß Mikroklima. Es blieb zwar stürmisch, wurde aber freundlicher, wärmer und trockener, als die Tachonadel auf null fiel. Die Tachowelle hatte ich in Mexiko eingesetzt. Unfassbar, die ersten brachen alle nach etwa 5000 Kilometern, diese Heldin hatte 39 000 gemacht. Schade, ich hätte ihr gewünscht, dass sie durchkommt. Aber egal, eine neue Kollegin bekam die Ehre, denn jeder Kilometer sollte auf die Uhr. Bei dem kurzen Stopp stellte ich fest, dass ich nicht gerade wie das blühende Leben aussah. Ich hatte Augenringe schwarz wie der Dreck unter meinen Fingernägeln. Die Nägel wurden wieder weiß, die Ringe blieben. Jede Pandafamilie hätte mich aufgenommen.

Weiter ging es, zunächst mit Rückenwind, dann mit Seitenwind. Die Ringe klapperten, der Kolben wollte immer noch nicht so recht, beim Hochschalten verlor Elsi Kraft. Ich musste hochtourig fahren, dann ging es. In Tres Lagos gab es mittlerweile wieder Sprit, das nutzte ich natürlich aus. Um halb sechs begab ich mich auf die ungeteerte Etappe. Vielleicht ein bisschen übermotiviert, so spät. Die Piste kam mir noch schlechter vor als auf dem Hinweg, aber zum Glück drückte der Wind von hinten.

Irgendwann kehrte der Sturm zurück, diesmal von der Seite. Weil er extrem viel Staub aufwirbelte, war wild Campen undenkbar. Ich musste durchhalten bis Gobernador Gregores, da gab es einen windgeschützten Campingplatz mit heißer Dusche. Die Dämmerung färbte alles rot, rot wurde zu dunkelblau, und es waren noch 60 Kilometer. Ich fuhr aufrecht sitzend, die Augen aufgerissen, als die Birne zu flackern anfing. »Bitte, bitte, brenn nicht durch«, flehte ich. Sie erhörte mich und hielt. »Keine Nachtfahrten« hieß eine eiserne Vesparicana-Regel, die ich gerade leichtsinnig brach. Ein Hase rannte kurz vor dem Scheinwerferkegel über die Bahn. Ein zweiter Hase. Ich wurde langsam unruhig. Frierend und erschöpft erreichte ich den Campingplatz. Es war fast 23 Uhr und längst stockdunkel. Es gab die verdiente heiße Dusche, dann kochte ich und ging schlafen. Vor dem Pennen verkündete ich aber noch: Morgen Ruhetag!

Ich putzte Elsi, kümmerte mich um kleine Reparaturen und aß Unmengen, dass der Fressklötsch gestaunt hätte. Dann zog der Rosenmontagszoch vorbei, Luftschlangen flogen um Elsi, und wir grüßten Jenny mit einem »Alaaf«, die Pappnase im Gesicht.

Nach dem Ruhetag kam erst mal kalte Pampa, ziemlich öde bis auf eine Begegnung mit zwei KTM-Fahrern, den Monkeyriders, die fast 20 Mal so viel PS hatten wie ich. Nach einer wenig erholsamen Nacht wachte ich ein bisschen gerädert auf, dafür lief Elsi ganz gut. Pampa, nichts Spannendes, ich sah einen plattgefahrenen Hasen auf der Bahn kleben. Und was war das? Ein Gürteltier! Ich hielt sofort an, stellte den Motor ab und ging langsam näher. Das Gürteltier bemerkte mich und lief weg, ich hinterher. Lustig, weil man die Beine nicht sehen konnte, lief dieser tiefliegende Panzer über den weichen sandigen Boden wie eine riesige Küchenschabe. Gepusht von dieser Begegnung fuhr ich weiter. Auf dem nächsten Campingplatz machte ich mich an die Reifen, die vordere Felge war reif für den Schrotthandel. Ich selbst war gut drauf und spendierte den Hunden und Katzen mein halbes Salamipaket, was mich zum Tageshelden der streunenden Vierbeiner machte.

Die nächsten Kilometer waren ungeteert und unangenehm, aber egal, ich nahm mir meine Zeit. Elsi konnte den vierten Gang kaum drücken, die Kolbenringe rasselten, und die Kraft ging verloren. Wir machten in der Stunde etwa 30 Kilometer, da konnte sich das riesige Patagonien ganz schön hinziehen.

Ein Motorradfahrer hielt neben mir. Andy aus England, der seit sieben Jahren alleine durch die ganze Welt kreuzte, nun noch nach Utsche-Wutsche fahren und dann die letzte Etappe in Südafrika beginnen wollte. Er hatte schon kräftig Fahrzeugprobleme gehabt und wechselte öfter das Motorrad. »What's the point?« Der Erste, der nicht mit seinem Bike verheiratet war. Auch eine sehr unkomplizierte Einstellung. Überhaupt ein cooler Typ, sein Vater war ein echter Mod, sie fuhren früher immer zusammen zu Scooter Rallyes. Er hatte nur noch einen Liter Sprit und fragte mich nach der nächsten Tanke. Ich scherzte: »Da hat wohl einer nicht aus seinen Erfahrungen gelernt, was? Ich habe Benzin für dich, ist aber Gemisch.«

»Ach, das Öl brennt sich schon raus.«

Andy gab im Stand Vollgas und hielt die Hand an den Auspuff. Dann rieb er seine Finger: »Ölige Abgase, das wird schon laufen.« Er bedankte sich bei mir, dass ich ihm aus der Patsche geholfen hatte. Es war so wie in *The Big Lebowski*: »Es gibt Tage, da verspeist man den Bären, und Tage, da wird man eben vom Bären verspeist.« Tage später las ich eine Mail von Andy: Das Gemisch lief gut, und er plante, sein Motorrad zu verkaufen und auf einem kleinen Moped Afrika zu bereisen. Verrückter Kerl!

In El Bolsón fand ich einen schattigen Campingplatz und blieb ein paar Tage. Es tropfte aus dem Zylinderkopf, weshalb ich auf die Idee kam, diesen mit feuerfestem Silikon zu dichten. Ich war guter Dinge, es waren ja nur noch 3000 Kilometer bis nach Köln, das sollte schon klappen. Ansonsten hatte Elsi absolute Bettruhe, ich bewegte sie nicht einen Millimeter, bis das Ding schön ausgehärtet war.

Als wir wieder starteten, schien der Zylinderkopf tatsächlich dicht zu sein, doch die Kraft änderte sich nicht wirklich, sie wollte noch immer nicht so gerne den vierten Gang drücken. Es war windstill und sonnig, als ich einen See etwa 30 Kilometer vor Bariloche erreichte. Ein Campingplatzschild zog mich magisch an. Ich legte mich auf eine Bank und schlief sofort ein. Mit Mühe errichtete ich später noch das Camp, kochte die Reste zu einem Mahl und lag noch vor neun Uhr im Schlafsack. Als es Aufstehzeit war, ging nichts. Mein Magen randalierte. Außer Tee trinken und schlafen machte ich den ganzen Tag nichts. Irgendwie lief ich schon auf der vorletzten Rille.

Die Ruta de los siete Lagos erinnerte mich ein bisschen an den Yosemite Nationalpark, weißlicher Fels, viele Bäume und gute Campingmöglichkeiten. Die Straße der sieben Seen war das würdige Ende des eigentlichen Patagonienabenteuers, denn danach wartete nur noch Pampa auf mich. Die Seen hatten alle verschiedene Farben, manche waren grünlich, manche schwarz oder tiefblau. Bei feinstem Sonnenschein genoss ich es noch einmal, zeltete an einem See und erfreute mich ein letztes Mal an den Falken am Himmel.

Bevor es in die Pampa ging, mussten noch Berge gequetscht werden. Randale im Zylinder, trotz Pausen hatte ich einen, dann einen zweiten und an einem Anstieg noch einen dritten Kolbenklemmer. Der dritte war krass, denn der Motor roch extrem nach heißem Metallabrieb. Mittlerweile zweifelte ich an meiner Kolbenoperation in Puerto Natales. Trotzdem kam ich gut voran, weil der Wind von hinten half und es zeitweise bergab ging.

Dann drehte der Wind, wir bekamen Druck von vorne, und auch der Verkehr war unangenehm dicht geworden, Brummis ohne Ende. Plötzlich ging – *quiiiietsch* – der Motor aus. Kupplung ziehen, ausrollen, anhalten und abkühlen lassen. Dann trat ich den Starter. Nix. Noch mal und noch mal. Nix. Elektrostartergeeier. Nix. Fuck!

Also Vergaser auf, Innengaser raus, säubern. Im Spritsieb hing ein flusiges Gewebeteil, vielleicht war es das. Sauber setzte ich alles wieder zusammen. Starter. Nix. Kerze raus, Kopf auf, zum Glück kein Loch, wieder zu. Kickstarter. Nix. Fuck!

Dann versuchte ich, sie anzuschieben, vielleicht kam sie ja dann. Ich lief und lief, ließ die Kupplung kommen. Nix. Lkws donnerten nah an mir vorbei, immer wieder musste ich auf den sandigen Schotterstreifen ausweichen. Ich schob sie zurück zu meinen Klamotten, als ein Kleinbus hielt.

»Alles in Ordnung?«

»Nein. Ich hab Probleme und weiß nicht, was es ist.«

»Ich fahre nach Villa Regina, willst du mit?«

Die Gelegenheit ließ ich mir nicht entgehen. Wir luden ein und fuhren etwa 30 Kilometer zurück nach Regina, ich musste mich bemühen, freundlich und kontaktfreudig zu sein, denn mein Kopf platzte vor Sorgen. Da mein unbekannter Helfer weitermusste, warf er mich an einer Tankstelle in Villa Regina mit all meinem Plunder raus und wollte nichts, gar nichts für seine Hilfe. »No, por favor.« Er wünschte mir viel Glück und machte sich wieder auf.

Ich fing sofort an. Zündung, CDI, alles okay. Ich checkte den Tank, auch sauber. Dann nahm ich den Benzinhahn auseinander, putzte alles, so gut es ging, mit Wattestäbchen, setzte die Dichtung wieder ein und zog die Schrauben an, eine, die zweite rutschte weg, traf noch mein Knie und war weg. »Halt!«, rief ich noch, legte alles aus der Hand, wischte mit den Händen und streifte mit den Augen über den Kieselfliesenboden. Weg. Weg für immer. »Das darf doch nicht wahr sein!« Eine gequälte, überanstrengte Stimme kam aus mir raus. »Was machst du mit mir? Was hab ich dir getan? Wieso ist die Scheißschraube weg?«

Elsi lag in Teilen vor mir, all mein Gepäck auch, es wurde dunkel, ich hatte noch keinen Schlafplatz, die Karre war im Arsch, und ich selbst war ratlos und am Ende. Der Nullpunkt war erreicht!

Ein Motorradfahrer hielt nach dem Tanken und fragte zaghaft, wie es mir ginge.

»Entschuldigung, eigentlich bin ich nicht so, aber im Moment ist gerade alles scheiße. Ich muss aufhören für heute, ich kann nicht mehr, ich bin am Ende meiner Kräfte.«

Während ich alles wieder zusammensetzte, blieb der Motorradfahrer die ganze Zeit bei mir. Auf seine Fragen antwortete ich nur kurz. »Ich komme aus Alaska und aus Ushuaia, ich lebe gerade meinen Traum!« Er war nicht unsympathisch, aber es ergab sich kein richtiges Gespräch. Er konnte null nachvollziehen, warum man so etwas machte. Aber er sagte auch: »Mach nur in Ruhe fertig, ich bleibe hier, dir passiert nichts.« Dann zeigte er auf einen Park und sagte, dass dahinter Favelas wären und in der Dunkelheit hier keiner alleine sein sollte, schon gar nicht, wenn man fremd war. Ich verstand und bedankte mich für seine Hilfe.

»Kein Problem, Bruder.«

Als alles wieder aufgeladen war, trat ich den Starter, aber wie erwartet sprang sie nicht an. Wir schoben unsere Fahrzeuge zu einem Hotel, und ich wurde freundlich empfangen. Die Frau zeigte mir einen riesigen Innenhof für Elsi. Mein Beschützer bekam noch einen Vesparicana-Aufkleber und eine Umarmung von mir, dann nahm ich den Rucksack ab und sagte zu Elsi: »Ruh dich aus. Morgen geb ich alles, was ich noch kann.«

Ich setze mich vor dem Hotel auf einen Stuhl und beruhigte mich erst mal: »Morgen ist Sonntag, da hat alles zu, also hast du einen Tag, um noch mal alles zu versuchen. Wenn es nicht klappt, gehst du am Montag zu den Speditionen und lässt sie nach Mar del Plata oder nach Buenos Aires zu den Motonetas Clásicas bringen.«

In der Verlängerung ein Gegentor zu kriegen war derbe, aber es waren noch ein paar Minuten zu spielen. Ohne Dusche, sogar ohne Zahnbürste fiel ich auf das Bett und schlief sofort ein.

Es war noch dunkel, als ich mit Kolbenringen und Benzinhähnen im Kopf erwachte. Ich lag wach auf dem Bett, schaute den Ventilator an der Decke an und schmiedete einen Plan: »Erst hole ich den Kolben und den Zylinder raus und schaue mir das Spiel in Ruhe an. Vielleicht baue ich auch den alten Kolben wieder ein.«

Ich schritt zur Tat und nahm im überdachten Teil des Hofes alles auseinander. Krass: Das Alu hatte sich über die Kolbenringe gezogen und diese außer Betrieb gesetzt. Ich schöpfte Hoffnung, denn nun könnte ich meinen Joker einwechseln. Mit Liebe und Sorgfalt holte ich den alten Kolben raus, den ich in Chile getauscht hatte, schliff, kratzte und wischte so lange an ihm und den Kolbenringen rum, bis diese sich wieder frei bewegten. Der Zylinder hatte auch Silikonspuren vom Abdichten und extrem schwarze Brennrückstände. Vielleicht war auch die Flüssigdichtung der Auslöser?! Den ausgebauten Kolben behielt ich, zwar war er definitiv schrottreif, aber vielleicht konnte mir jemand in der Heimat später mal erklären, was hier wirklich schiefgelaufen war. Ich hatte keinen Schimmer.

Ich setzte alles wieder zusammen, trat den Starter – und sie sprang an. »Puh!« Eine erste Erleichterung. Ich drehte eine langsame Runde und war erst mal zufrieden. Gleichzeitig aber auch selbstkritisch: Es war leichtsinnig gewesen, sich mit dem ausgelutschten Material in die unbesiedelte Pampa zu stürzen. Aber auch das war ein Teil des Abenteuers. Jetzt hoffte ich einfach, dass sie mich gut und heile ans Ziel bringen würde, und nahm mir vor, möglichst materialschonend weiterzufahren. Ehrenwort.

Langsam zu fahren und trotzdem viele Kilometer zu schaffen bedeutete logischerweise viele Stunden auf dem Bock zu sitzen. Also ging es früh ins Bett.

Um fünf wurde ich aus dem Schlaf gebimmelt, duschte und packte die letzten beiden Gepäckstücke auf. Es war noch immer stockfinster, und ich fragte mich, ob es nicht sinnvoller gewesen wäre, eine halbe Stunde später zu starten. Nun denn, ich tankte und brauste in das tiefe Schwarz. Zuerst ging es bergauf und wurde auch sehr kurvig, weshalb ich maximal im dritten Gang fuhr. Auf den Geraden merkte ich aber, dass sie mehr wollte, schaltete in den vierten und ließ sie in angenehmen Drehzahlen zwischen 60 und 70 km/h laufen. Zu meinem Erstaunen lief sie sehr gut.

Die Pausen machte ich eher für mein übermüdetes Hirn und meinen bettschweren Körper. Als der Tank fast leer war und ich an einer Tankstelle hielt, war es gerade mal hab zehn, und wir hatten schon 200 Kilometer gemacht. Neben Kaffee für mich gab es Druckluft für Elsi, denn der Asphalt war recht gut. Es wurde heiß, und die Sonne verbrannte mir mein Knie in der aufgerissenen Jeans.

Bei einer Limonadenpause im Schatten checkte ich die Karte. Bahía Blanca, eine große Hafenstadt, war nur noch 80 Kilometer entfernt, und dahinter wartete ein Campinglogo mit Sonnenschirm: der Atlantikstrand. Mit der immer tiefer sinkenden Sonne im Rücken fuhr ich gen Osten. Kurz vor der Strandabzweigung checkte ich die Uhr. Krass, ich saß schon über zwölf Stunden auf der Karre.

Der Campingplatz war nicht wirklich sexy, irgendwie hatten die Argentinier das mit dem Campingflair nicht so raus. Aber egal, ich setzte mich an den Atlantik und entspannte meine Muskeln im Sand. Zuversicht machte sich breit: 630 Kilometer hatten wir heute gemacht, die längste Tagesetappe der gesamten Vesparicana.

Nach der erfolgreichen Marathonetappe nahm ich am nächsten Tag ein paar Mal das Gas nicht raus, und sie lief fast auf 80 km/h. Dann beherrschte ich mich, konnte mir aber sagen, dass die Mechanikprobleme behoben waren, momentan zumindest. Südlich von Mar del Plata fand ich einen Campingplatz und las online, dass der Ablegetermin des Containerschiffs um fünf Tage nach hinten verschoben worden war. Also rastete ich ausgiebig.

Daniel war ein Freund von Rubén aus Buenos Aires. Im November, als in Mar del Plata das Landestreffen stattfand, zu dem auch meine Freunde aus Medellín hier waren, steckte ich zu weit im Norden, aber jetzt, auf den letzten Kilometern, besuchte ich auch noch den Vespa Club Mar del Plata. Daniel hatte irische Wurzeln und freute sich, dass auch Elsi eine irische Vergangenheit hatte, denn von dort hatte ich meine kleine spanische Postfreundin ja importiert. Daniel hatte eine Werkstatt voller Vespas, aber er sammelte nicht. »Alle werden genutzt.« Jeder aus der Familie besaß eine, und ständig wurde an irgendwas geschraubt und gebohrt.

»Das lass ich alles sein. Eine gute Generalüberholung, Original-Zylinder und Kolben – und jut is'. Aber das werde ich in Ruhe in der Heimat machen.«

Wir machten eine kleine Ausfahrt durch die Stadt und an die ewig langen Strände. Im Hafen lagen Seeelefanten und Seelöwen faul in der Sonne. Wir landeten bei Benjamin am Küchentisch, Vespas kamen, Vespas fuhren, es war sehr cool. Wir sprachen über Vespas, das Reisen und irgendwann auch über Fußball. Meine Freunde sagten, dass sie ein Geschenk für mich hätten, und überreichten mir ein hammergeiles Argentinientrikot. Ich freute mich tierisch, vor allem, weil es ein älteres dunkelblaues war. Die Argentinier waren vielleicht die stolzesten Fußballfans, dennoch konnte ich mir nicht verkneifen zu fragen, warum sie nur zwei Sterne auf ihrem Trikot hatten. Ein Löffel kam geflogen und traf mich fast am Kopf. Lachend beruhigte ich sie, und sie nahmen es leicht und freuten sich, dass mir das Geschenk so gut gefiel.

Am kommenden Abend lernte ich noch die letzten Club-Mitglieder kennen. Einer der Jungs hatte ein Restaurant in Kombination mit einem Weingeschäft. Wir saßen im Hinterraum, aßen und laberten, die Stimmung war sehr familiär und ausgelassen. Daniel hielt eine »offizielle« Ansprache und bedankte sich stellvertretend für alle Clubmitglieder bei mir, dass ich der Einladung gefolgt war. Dann überreichte er mir einen Umschlag, in dem neben Aufnähern und Aufklebern noch einige Geldscheine steckten. »Wir haben gesammelt«, sagte er und zwinkerte mir zu. Unglaublich.

Ich bedankte mich und erzählte lang und breit von Elsi, der Vesparicana und Lebensträumen. Ich hatte das Gefühl, die Jungs verstanden genau, was ich meinte. »Fast zwei Jahre in Amerika, davon eineinhalb in Lateinamerika, frei auf meiner Vespa, keine Arbeit, keine Verpflichtungen, keine Uhr, kein Kalender, nur das Abenteuer an sich ist mein Leben. Wie soll ich da unglücklich sein?«

Es war gut, es auszusprechen, weil ich die vergangenen Tage eher auf der dunklen Seite der Vesparicana gelebt hatte und mir wieder bewusst wurde, dass das nur eine Momentaufnahme gewesen war. Auch dafür war ich dem Club sehr dankbar.

Beim nächtlichen Corso brach von Daniels GS das Auspuffrohr ab. Lautest knatternd führte er die Bande an, und ich hatte seit langem mal wieder fetten Spaß in einem großen Wespenschwarm. Als ich die Vespa in die Garage schob und all mein Gepäck da liegen sah, sagte Daniel, Mr. Gedankenleser: »Gar kein Problem, du kannst morgen gerne auch noch bleiben.« In Anbetracht der Tatsache, dass es fast drei Uhr morgens war und ich eigentlich um sieben aufbrechen wollte, nickte ich nur dankbar und fiel ins Bett.

Es war Nachmittag, als ich aufwachte. Unglaublich. Nichts geschah. Ruhe pur. Am Tag drauf startete ich dann tatsächlich um sieben nach Buenos Aires. Das Wetter war seltsam, irgendwie küstenneblig, aber auch sonnig. Der Wind kam frontal auf uns drauf, trotzdem lief sie gut und prügelte sich durch. Weil es im Helm zu laut wurde, steckte ich mir Ohropax rein und fuhr stupide durch die flache Weidenlandschaft.

Nach etwa 80 Kilometern ging der Motor aus. Einfach so. Kupplung ziehen, ausrollen, da roch ich schon heißen Stahl. Als ich Qualm aus dem Polrad steigen sah, befürchtete ich, dass da gerade was durchgeschmort war. Ich wollte den Zylinderkopf öffnen, aber dafür war Elsi viel, viel zu heiß. Nach ein paar Minuten nahm ich die Verkleidung vom Zylinder runter und realisierte, dass sie teilweise flüssig war. Krass. Dann nahm ich den Kopf runter, und was sah ich? Ein riesiges, fast 15 Millimeter großes Loch. Na danke! Jetzt hatte ich bereits sieben Kolben verheizt.

Der Kolben, der den krassen Klemmer vor El Calafate hatte, musste uns nun also nach Hause bringen. Die Späne im Kurbelraum versuchte ich so gut wie möglich rauszuwischen, ich wechselte den Luftfilter und schüttete noch mal einen Extra-Schuss Öl in den Tank. Wie beim Kolbenloch in Peru war ich mir absolut nicht sicher, ob die wahre Ursache behoben war. Ich hoffte nur, dass der Block nicht kurz vor Schluss verreckte.

Mit etlichen Pausen kam ich Buenos Aires immer näher. Das ging schon, blöd war nur, dass Rubén, die gute Seele, mich an der Mautstation 80 Kilometer vor der Hauptstadt erwartete und ich gute drei Stunden verspätet ankam. Rubén und seine Freundin wussten bereits von meinen Problemen, weil sie die Leute gefragt hatten und einigen der gelbe zerpflückte Roller aufgefallen war. Obwohl ich bei Rubén in besten Händen war, entschied ich mich gegen ein Öffnen des Motors. Die 600 Kilometer nach Montevideo würde ich mit Pausen schon noch schaffen. Die Revision verlegte ich auf Köln, mit Ruhe, Zeit und dem Scooter Center in der Nähe. Rubén und meine Freunde vom Club redeten auf mich ein, ich solle doch die Fähre nach Montevideo nehmen, aber ich blieb stur auf meinem Standpunkt und wollte unbedingt aus eigener Kraft ins Ziel kommen.

Ich bekam noch eine nächtliche Stadtrundfahrt durch Buenos Aires, und am Tag drauf wurde ich sogar noch freundlich nach Norden eskortiert. Bei gutem Wetter erreichte ich pannenfrei den Grenzposten und kampierte am Río de la Plata. Das Zelt lag mittlerweile auch in Fransen und wurde nun ein letztes Mal aufgebaut.

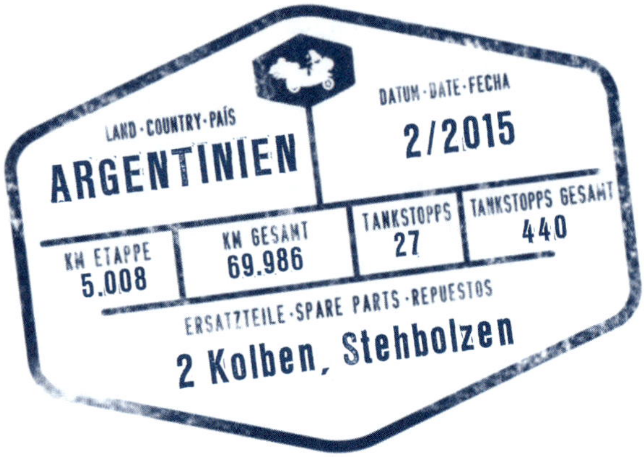

Die Melancholie kehrte zurück, denn ich vermisste die Vesparicana jetzt schon, obwohl sie noch gar nicht vorbei war und bis zum letzten Tag spannend blieb. Die letzte Etappe sollte ein Fest werden, und das war sie auch, denn es gab fett was zu feiern: Es war kaum ein Auto auf der Bahn, und die Sonne ballerte, als der Tacho auf 95 470 Kilometer umsprang. Bei 25 470 war ich vor Urzeiten in Vancouver aufgebrochen, das bedeutete: In diesem Moment war die 70 000-Kilometer-Marke erreicht. Yeah!

Okay, ich freute mich schon sehr darüber, aber im Grunde war es natürlich irrelevant. Am Ende war es total egal, wie viel man fuhr, wohin man fuhr und wie lange man fuhr. Es war total egal, ob man den Bus nahm, das Fahrrad, das Auto oder die Vespa. Hauptsache war doch, den faulen Arsch hochzukriegen und sich die Welt anzuschauen! Man durfte die Dinge nicht kaputtdenken. Ich hatte mich extrem fallen lassen, bewusst kaum Informationen gesammelt, fast nur die, die mir auf dem Weg gegeben wurden. Mich treiben zu lassen, zu reagieren und mich von den Menschen inspirieren zu lassen – das war es, das war mein Ding. Freiheit, Mut und Zuversicht, und vor allem Lebensfreude. Sich nicht unterkriegen lassen, dranbleiben, weitermachen. Und auch die Chaostage und Kolbennächte gehörten dazu. Das pure Leben eben.

Ich hatte die Flasche der Vesparicana auf ex gesoffen, ohne wirklich zu wissen, was drin war. Diese Reise hatte mir alle Energie geraubt, mir aber auch alle Energie gegeben. Ich war euphorisch wie ein kleines Kind, ich habe rebelliert wie ein Jugendlicher und bin auf eine gewisse Art auch ein bisschen erwachsener geworden.

Meine Medikamentenbox war noch randvoll. Zum Glück musste ich nicht erfahren, wie eine Arztpraxis oder ein Krankenhaus von innen aussahen. Wenn es mir nicht gut ging, war Schonung angesagt, auch wenn ich auf der finalen Etappe megaplatt war. An langen Reisetagen hatte der Wecker geklingelt, aber sonst hatten der Rhythmus meines Körpers, die Sonne und der Mond meine Tage bestimmt, keine Stechuhr, kein Hamsterrad, keine Termine. Und ich hatte das alles bewusst gelebt.

Natürlich waren woanders fette Partys gestiegen, die ich durch meine Reise verpasste. Und es wäre gelogen, wenn ich sagen würde, dass es mir egal wäre, wenn in der Heimat alle auf den Tischen tanzten. Ohne mich. Aber auch diesen Preis hatte ich bewusst gezahlt. Denn ich lebte das womöglich wichtigste Kapitel meines Lebens. Jetzt! Und auf den Tischen wurde immer wieder getanzt.

Während der Kilometerzähler also an seinem Ziel angekommen war, genoss ich mit Gedanken wie diesen die letzten Stunden. Am Ende wurde ich ganz schön nervös, als ich am Abend Montevideo erreichte – mein letztes Ziel in Lateinamerika.

Hier erlebte ich dann noch einmal eine schon fast klassische Vesparicana-Zeit: Meine Unterkunft war familiär, das Stadtleben ruhig und entspannt, und ich schaute mir die Umgebung an. Natürlich nicht alleine, denn es gab auch hier einen Vespaclub: Los Antiguos Vespa Club, zu dem auch Molfi zählte, mit dem ich Weihnachten gefeiert hatte. Alles war cool, sie zeigten mir ihre Stadt, nahmen mich auf in ihre Familie.

Mein Hauptgefühl war eine Mischung aus Erleichterung, Freude und Stolz – doch ich wurde die unterschwellige Melancholie nicht mehr los. Die Abfahrt verzögerte sich noch einmal, was mir aber nicht viel ausmachte, denn ich hatte viele neue Vespa-Freunde, die dieser Reise einen passenden Abschluss gaben. Und dann, auf den Tag genau nach 21 Monaten, legte die *Grande Francia* ab. Die Kolbenringe des Containerschiffes hatten 620 mm Durchmesser und verbrauchten 2000 Liter in der Stunde – ein bisschen weniger als ich für die gesamte Vesparicana. Adiós Latinoamérica!

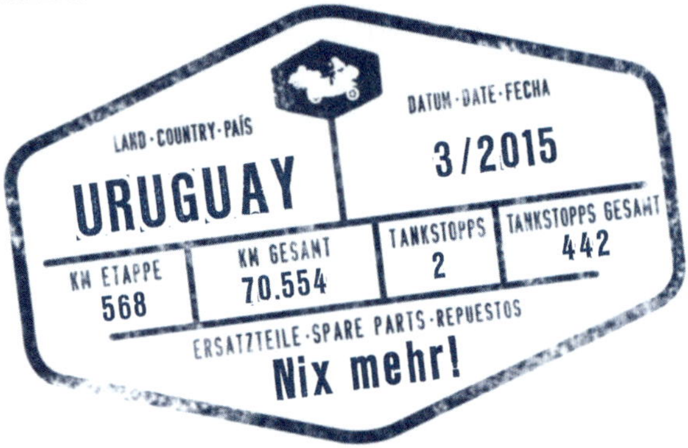

EIN OZEAN UND DANN NOCH 400 KILOMETER

Zwar dümpelten wir noch ein paar Tage vor der Küste des Kontinents, aber als die Vespa verstaut und meine Klamotten in meiner Kabine waren, begann für mich ein neuer Abschnitt.

32 Nächte verbrachte ich auf dem Schiff, wobei ich die ersten zwei Wochen fast ununterbrochen schlief. Über ein paar Zwischenstopps erreichten wir Rio de Janeiro, kreuzten den Äquator mitten auf dem Atlantik, stoppten in Dakar im Senegal, bis wir den grauen Ärmelkanal und später Hamburg erreichten. Die deutschen Zöllner waren direkt, sachlich und unkommunikativ, alle Formalitäten liefen reibungslos ab, und am Abend traf ich Ulla in der Lüneburger Heide. Nach ein paar Tagen Ruhe im

Norden startete ich schließlich die wirklich letzte Etappe nach Köln.

Für die rund 400 Kilometer plante ich zwei Tage, weil ich die Autobahn meiden wollte. Irgendwo hinter Hannover – es musste wohl so kommen – ging der Motor aus. Ich rollte auf einen Feldweg und wunderte mich kein bisschen, als ich den Kolben sauber gelocht vorfand. Also holte ich den verschmolzenen Kolben hervor, der mich in Patagonien schon geärgert hatte und den ich eigentlich nur noch mitschleppte, damit mir irgendjemand das Schrottmysterium noch im Nachhinein erklären konnte, schliff ihn mit dem letzten Schleifpapier, popelte die Kolbenringe mit dem Taschenmesser aus den Ringnuten, setzte zwei total abgewrackte Ringe ein, badete das Ganze in Öl und startete den Motor. Nach einer guten Stunde war ich fertig, als ein Fahrradfahrer anhielt und mich nach meinem Befinden fragte.

»Du rettest gerade die Ehre unseres Landes«, entgegnete ich ihm, denn sämtliche Autofahrer waren an mir vorbeigefahren.

Am Abend schlief ich nun wirklich ein allerletztes Mal in meinem Zeltwrack. Am Morgen brach der Kickstarter, die Batterie für den E-Starter war seit der Containerschiff-Pause auch hin. Zum Glück schleppte Elsi seit fast zwei Jahren einen Ersatz-Kickstarter, den ich schnell wechselte, und dann begab ich mich auf die letzte Tagesetappe.

Bei Wuppertal brannte noch der Spannungsregler durch, die Fahrzeugbeleuchtung ging nicht mehr, passend zum einsetzenden Regen. Doch kurz vor den Toren Kölns hörte der Regen wieder auf, ein Sonnenstrahl brach durch die Wolken und erleuchtete den Kölner Dom, der so dastand, als hätte er auf mich gewartet.

Dass es eine unvergessliche Ankunft wurde, dafür sorgten die Rheinschalter, der Kölner Vespaclub, der mit fast 50 Vespas erschien und mit mir im Korso durch unsere Heimatstadt fuhr. Am Rheinufer war die endgültige Zieleinfahrt. Mit der schwarz-weiß karierten Zielfahne in der Hand rief ich: »22 Monate, 19 Länder, 71 000 Kilometer, 24 Vespaclubs und nur eine Heimat!«

DANKSAGUNG

Ich bedanke mich bei meiner Familie und meinen Freunden, dass ihr mich im Vorfeld unterstützt und dazu ermutigt habt, an meinen Träumen festzuhalten. Ihr, die losgelassen habt, auch wenn es euch bestimmt nicht leichtfiel. Die treuen Seelen, die während meiner Tour Kontakt gehalten haben.

Mein Dank geht an die Menschen, die ich auf der Reise traf, an euch, die nicht fragten, wo ich herkomme, wie meine Hautfarbe ist oder wie hoch mein Kontostand. Die Hände reichten, Fische teilten, Türen öffneten, Werkstätten zur Verfügung stellten, Bier, Brot und Kaffee spendierten.

Die verstanden, dass ich Hilfe brauchte, und halfen, nicht weggeschaut, sondern mit angepackt haben.

Menschen, die mich hinterfragten bei tausend kleinen Gesprächen an Tankstellen, in Supermärkten und in Werkstätten. Die mir auf die Schulter klopften, Mut zusprachen, den Daumen hochstreckten. Die mit mir reisten, ein Teil dieser Reise wurden und mir das Gefühl gaben, dass ich nicht alleine war.

Was die Vespaclubs und Werkstätten gemacht haben, ist unfassbar. Ihr habt mich durch diese Reise getragen, habt auf mich aufgepasst. Ihr wart es, die diese Reise zu dem gemacht haben, was sie geworden ist.

Ich bedanke mich bei:

Scooter Center	Glessen bei Köln, Deutschland
Powergarage und Dave Power	Dungarvan, Irland
Worst Scooter Club ever	Vancouver, Kanada
Metro Bettics Scooter Club	Seattle, Washington, USA
Twist & Play SC	Portland, Oregon, USA
Slugrockets	Humboldt County, Kalifornien, USA

Scooterwest	Kalifornien, USA
Club Querétaro	Mexiko
Malportados-Gang	DF Mexiko
El Soltero	Guatemala
Club Costa Rica	San José, Costa Rica
Club Bogotá	Kolumbien
Club Medellín	Kolumbien
Lambrespas	Lima, Peru
ZuAuto	Lima, Peru
Vespaamigos	Paraguay
Naranja-Hai	Asunción, Paraguay
Mamanga	Asunción, Paraguay
Scooteristas Marginales	Asunción, Paraguay
Club Ciudad del Este	Paraguay
Scooteria Paulista	São Paulo, Brasilien
Scooterboys	São Paulo, Brasilien
Empório Motoneta	Santos, Brasilien
Jack	Curitiba, Brasilien
Lambretta Clube Blumenau	Blumenau, Brasilien
Clube do Florianópolis	Brasilien
Confaria Dois Irmaos	Brasilien
El Indio	Punta del Diablo, Uruguay
Club BsAs	Buenos Aires, Argentinien
Motoneta Clásicas	Buenos Aires, Argentinien
Club Mar del Plata	Argentinien
Los Antiguos Vespa Club	Montevideo, Uruguay
Rheinschalter	Köln, Deutschland

Auf der Vespa zu reisen heißt nicht nur, mit dem kleinen Zweitakter zu fahren. Wer auf der Vespa reist, hat überall Familie.

Castrol
HUILE À MOTEUR
2 TEMPS SUPER

Vespa
GOMERIA